作者简介

徐光华，江西财经大学法学院教授、博士生导师，法学博士、博士后。国际刑法学会中国分会理事、江西省犯罪学研究会理事、江西省经济犯罪研究中心理事、南昌仲裁委员会仲裁员，北京市中银（南昌）律师事务所律师。近年来，先后在《中国法学》《法学家》《法商研究》《法律科学》《政法论坛》《政治与法律》等刊物发表学术论文60余篇，10篇论文被人大复印资料全文转载。主持国家社科基金项目、教育部人文社科项目、司法部项目各2项，其他各类省、部级课题十余项。出版个人学术专著《犯罪既遂问题研究》《刑法文化解释》《转型期刑事司法与民意互动的实证研究》三部。研究成果获江西省社科优秀成果一等奖（1次）、二等奖（3次）。代理了部分有影响的案件。入选江西省百千万人才，江西省青年井冈学者。

2022年觉晓法考培优系列

刑法主观题

知识点+小案例

徐光华◎编著　觉晓法考◎组编

中国政法大学出版社

2022·北京

声　明　1. 版权所有，侵权必究。

　　　　2. 如有缺页、倒装问题，由出版社负责退换。

图书在版编目（CIP）数据

2022年觉晓法考培优系列.刑法主观题：知识点+小案例/徐光华编著；觉晓法考组编.—北京：中国政法大学出版社，2022.3

ISBN 978-7-5764-0373-2

Ⅰ.①2… Ⅱ.①徐… ②觉… Ⅲ.①刑法－中国－资格考试－自学参考资料 Ⅳ.①D92

中国版本图书馆CIP数据核字(2022)第029885号

出 版 者	中国政法大学出版社
地　　址	北京市海淀区西土城路25号
邮寄地址	北京100088 信箱8034分箱　邮编100088
网　　址	http://www.cuplpress.com（网络实名：中国政法大学出版社）
电　　话	010-58908285(总编室) 58908433(编辑部) 58908334(邮购部)
承　　印	北京鑫海金澳胶印有限公司
开　　本	787mm×1092mm　1/16
印　　张	16.75
字　　数	430千字
版　　次	2022年3月第1版
印　　次	2022年3月第1次印刷
定　　价	68.00元

我们需要一套什么样的法考主观题教材
（代序）

在通过客观题考试之后，如何顺利进入主观题的备考，进而最终通过法考，是最为关键、重要的一环。主观题的考试不同于客观题，尤其是就刑法学科而言，存在重大区别。诸多客观题以高分通过的考生，主观题却未能顺利通过。也有很多客观题低分飘过的考生，主观题得以顺利通关。这至少说明，考生客观题的成绩与主观题的成绩不完全成正比，主观题考试有着不同于客观题的考试方法。客观题的考试注重的是对知识的理解，只要对知识点理解到位，答案已经通过ABCD的选项列明了，考生只要选择其中的正确选项就可以了。甚至，即便不会的同学，都可能"蒙"对。但主观题不同，不仅要懂知识点，而且要能以规范化的文字清晰地、有层次性地表述出来。因此，更加强调考生的动手（笔）能力。这也是未来从事法律职业的我们必须要有的一项基本文字能力，未来我们作为律师、法官、检察官，要写大量诸如辩护意见、答辩词、起诉书、判决书等文书，仅仅知道这个案件应该定什么罪还不够，还要写出理由与依据。因此，法律职业资格考试越来越注重主观题是必要的，也是对法律职业人才提出了更高的要求。

一、主观题考试的重要性

在2018年以前的司法考试年份，客观题、主观题是一次性考完的，总分为600分（更早的年份，总分是400分），其中，客观题450分、主观题150分。考生只要考到了360分即可通过司法考试，即便主观题没有及格甚至只获得了更低的分数，只要客观题加主观题的总分达到了360分即可。因此，对主观题学习方法、教学方法的重要性没有得到应有的、独立的重视。各大辅导机构及授课教师，也很少有专门应对主观题的备考课程及书目，主观题的重要性因为客观题、主观题统一计分而被掩盖了。但是，2018年以后，主观题考试与客观题考试分别计分，考试一分为二，客观题满分300分（180分通过），主观题满分180分（108分通过）。通过了客观题的考生，无论考分有多高，主观题考试只要差一分，也不能通过法考。因此，主观题的重要性才得以被独立得到重视。由于此次自2018年以来的考试改革时间不长，对主观题的重要性，无论是各法考培训机构还是授课教师，都是在逐步调整自己的教材、授课内容以应对主观题的考试。甚至网上有不少学生责备机构和老师，认为很多主观题的教材与客观题并没有什么显著的差异，很多参加主观题考试的考生，尤其是二战主观题的考生甚至用客观题的教材复习主观题，不专门购买主观题的教材，网上各大书商主观题教材的销量也能说明这一问题。很多考生向我表示，不是他们不想要专门的主观题的教材，而是主观题教材与原有的客观题教材几乎没有太大的区别。虽然作为老师的我们也一直在改进，但是，学生的需求究竟在哪里，是我们授课老师需要明白的。所有接受过法学博士以上教育，或者大学法学教授，即便没有受过专门的主观题训练，只要对相关知识点了解，当然可以很清楚地做对主观题试题。但是，考生群体主要不是这一类人，他们大多是在法学硕士以下，甚至是非法本的考生，知识储备相对有限。大学教授、博士一样，有过写论文、辩护意见的经历，能够较为熟练地写作。因此，作为授课教师的我们，如果仅停留在授课老师的角度，忽略了考生的实际需求，哪怕我们讲得再好、对知识点的讲授再全面，考生也未必会做题。

客观题的备考，授课老师只要让考生弄懂了知识点就可以了，考生只需要从 ABCD 的选项中，选一个或多个即可。但主观题真的不同，授课老师就算把知识点说得让你明白得不能再明白，你也未必能写好主观题。尤其是以非常清晰、有逻辑和层次性、以符合采分点的方式写出来，这确实是一件非常难的事情。说得更通俗一点，你就算看了一年的网球教学视频，叫你做选择题，哪种发球姿势、计分规则是对的，出选择题让你选，当然你会。但是，让你去参加一个网球比赛，你想想，你看过再多的网球教学视频、甚至看过无数的现场教学、甚至国际性的网球大赛，就是没有练过，你觉得你会打网球吗？从这个意义上来讲，主观题的"写""练"这种实践性需求是必要的。你看过 100 篇甚至 500 篇优秀的作文，自己从来没有写过一篇，你能保证你写的第一篇作文就是非常优秀的吗？不可否认，之前看网球教学视频、听老师讲课、看优秀作文固然重要，但想打好网球、写好作文，我觉得练也是非常重要、乃至更重要的环节。但非常遗憾是：我们没有重视这一"练"的环节，不知道怎么"练"，就算"练"完了也不知道怎么给自己打分，从而判断自己所回答的是对还是错。顺便多说一句，法学本身是一门实践性很强的课程，我们对知识的学习如果始于书本、终于书本，就难以真正领悟法治的精神与意义，理论与实践的不断往返，才能成就未来法治之光的你。这种理念，你们一定要有，未来要多投入实践去"练"。

二、主观题备考中我们面临的问题

针对主观题考试，考生需要什么样的教材、什么样的授课内容与方式，是作为授课教师所不能回避且必须正确面对的问题。考生们也应该勇于把自己关于主观题备考的经验、教训等，向授课教师的我们表白，这是我们共同的目标与期待。这四年来，我做了近 5000 份的调查，其中主要集中在没有通过主观题的考生，尤其是二战、三战甚至四战主观题失利的考生，他们为什么没有通过法考主观题？他们备考过程中究竟存在哪些问题？在这里我也想真心感谢觉晓教育及蒋四金老师，他们做了大样本数据，对通过主观题的考生以及未通过的考生，进行了大量的数据分析，比如做题数量、听课数量等与主观题通过的关系，使我进一步通过大数据了解了考生的成功与失利。就我所做的调查研究，发现的问题主要集中在如下方面：

第一，不知道怎么写主观题。不知道怎么写结论、写理由、写到要点，也不知道哪些是该写的、哪些是不该写的。即便是很熟悉的知识点所对应的主观题，也不知道如何全面地把参考答案所要求的采分点写出来。从应对法考刑法主观题的角度看，要掌握一些基本的规律，而且要站在读者（阅卷老师）的角度看自己写的答案。比如，先写结论，再结合案件事实（小前提）与法律规定或理论（大前提）写理由；如果理由有好几点，应该分别一、二、三来写，这样阅卷老师才会看得更清晰。当然，具体的演练过程中，还需要注意，同一知识点的相关试题，都是有大致相似的答题模板的。

第二，不能把题目全部做完。正是因为上述第一点问题的存在，诸多考生在答题时，无法切中要领，导致回答问题没有头绪，部分试题花费很多时间，最后不能全部做完试题。一般而言，每道主观题的字数应该是要控制在 1000 字以内（850 字左右为宜），而我们用电脑打字的速度大约为50至60字每分钟。也就是说，我们打字的时间需要20分钟。再加上每道题目，我们还需要思考、修改等，所以，每道题目控制的时间大约应为40—45分钟为宜。但是，部分考生，一道题目花一个小时甚至更长时间，没有合理控制时间。据我的不完全统计，法考主观题失利的考生，有相当一部分是没有做完试题的，这其中又有很大一部分一整道题没有做。如果一道题目没有做，怎么可能通过法考呢？

第三，不知道怎么复习主观题的内容。以刑法为例，主观题的考试每年只有一道题目，而这一道试题要能反映刑法中最有价值、最核心的问题，因此，其考查的内容是非常有限且较为固定的。主观题的考试不同于客观题，客观题试题量大，每个选项都可以考一个知识点，因此，刑法中的诸多知识点，尤其是刑法总则部分，几乎每个问题都可能成为考题。但主观题则完全不同，细心的同学可以发现，主观题近十年来的考点是非常集中的。因此，作为授课老师的我们，如果让大家更为集中、有效地复习主观题所涉及的知识点，区分主观题与客观题的考试范围，是非常重要的。这其中，需要我们删减部分仅可能在客观题中出现而在主观题中不太可能出现的知识点。同时，我们还需要对部分知识点，即便在客观题备考中学习过，对其在主观题考试中的考查方式进行升华，尤其是近两年来的观点展示型试题。

第四，观点展示型试题应对不足。以往的司法考试对问题的考查，都是考查一种观点（通说观点、法律规定）。从2011年开始，出现了两种观点的试题。即对一个问题，可以基于不同的立场，得出不同的结论。这种考查方式，以前主要在客观题考试中出现，比例呈现逐年增多的趋势，不要求考生仅知道某一种观点，而是需要知道，对同一问题，站在不同的立场上，会得出不同的结论。当然这种试题在客观题中出现的概率约为10%，也不是特别高。顺便说一句，这样的考查方式是非常有意义的。作为一个法律人，尤其是作为一名辩护律师，在法庭上就是与公诉人之间进行抗辩，对同一问题既要知道己方观点，也要知道对方观点。从更高的角度看，法律本身就是建立在特定的社会文化基础之上的，而一个社会所赖以存在的经济、政治、精神、观念也会有变化，从这一意义上看，对同一问题可能存在不同的观点，观点还可能变化，是再正常不过的了。

受新冠疫情的影响，2021年法考主观题延期两次，总共出了三套试题，每套试题中的刑法试题，都是观点展示型的，考试风格较以往发生了深刻的变化。可以预见的是，未来的法考主观题刑法部分，这种考试风格还会在一定程度上继续，我们需要提前应对。这一问题，我已经与相关同行及人员进行了较为深入的沟通。

三、主观题教材应解决什么问题、如何解决

结合以上认识，我觉得主观题复习过程中，考生们既要解决对知识点本身的理解问题，同时亦要解决如何演练的问题。基于主观题历年考试题、考生在备考复习中所面临的问题，结合我历年讲授主观题的经验，2022年我对我的主观题教材进行了全面的修订。2021年11月起，除了在大学的正常教学之外，我几乎放下了手头所有的工作，在家中全面阅读相关著作、论文，从应试的角度重新回到学生的立场上，编写了我的2022年的主观题教材。这套教材主要是由两本书，要解决两个问题：

第一本书是基础版教材《刑法主观题知识点+小案例》。其目的是加强对知识点的透彻理解。主观题的知识点，需要了解哪些，了解到什么程度，我结合历年真题及近年来相关命题老师的著作、论文、司法部官方指定教材，进行了全面的梳理。让考生打好基础，了解主观题的相关知识

点，进一步了解该知识点的学习问题。

该书各章节包括三个版块：知识点讲解、知识点分析思路总结（答题模板）及主观题小案例。在对具体章节知识点学习的基础上，让考生结合知识点做一些对应的小案例，了解每个知识点对应的小案例的模板，实现知识点与小案例的有机融合。

第二本书是演练版教材《刑法必练案例题139问》。该书名为"139问"是延续了以往的书名，但内容超过了139问。该书可以说是主观题的练习题，主要包括三个部分：

其一，各章节小案例。每个章节中，设置了十个以上的小案例，将该章节的知识点，进行了全面的考查。各个小案例之间独立存在，其目的主要是让大家通过做小案例的形式，系统梳理、全面掌握该章节的知识点。同时，不出过于全面的、系统性的案例，以防过早加重学生的负担。该部分虽然是小案例，但几乎全面覆盖了刑法主观题的考点，同时对于各小案例的参考答案，本书亦是进行了完全按照考试中参考答案所要求的采分点形式，对于核心关键词用蓝体标出，使考生明白答题的规范和要点。

其二，历年主观题真题。包含了2010年至2021年刑法主观题真题，每道题目，正文部分以参考答案的形式展示出来了。换言之，考生在正式考试作答时，只需要按正文的参考答案作答就可以了。但是，毕竟参考答案是较为简洁的，有些考生基础相对较弱的，可能不能完全理解。基于此，我在正文下面附上了页下注释，主要就是对答案所依据的一些法理、延伸阅读进行了阐述，让学生更好地了解参考答案。

在做真题的时候，还要提醒一下大家，区分解析与参考答案。有的老师出的真题，很详细，其目的是为了让大家不仅仅知道结论（答案），而且，还知道答案形成的理由，也就是说，给你详细阐述了知识点。有的老师出的又非常简单，只给出了参考答案，很多学生又反映看不懂。说实话，作为老师的我们也很为难：写得太详细，学生会认为太复杂了，在考场上根本写不了这么多字；如果仅列出参考答案，考生又会觉得，没有说清楚问题，甚至不懂。当然，在考场上，你只需要回答简洁的参考答案就可以了。2022年我的书，采取了这样一个方法：凡是在考场需要写的参考答案，就在正文中；不需要写的，帮助你理解的，就放在页下的注释中。这样，既可以让你知道考场上你要答什么，又能通过注释更好地理解这个知识点。

其三，十道主观模拟大案例。该十道模拟题每道均由十个以上的案件事实（小案例）组成，对刑法涉主观题的知识点以大案例的形式进行了全面的考查，很多问题结合2021年主观题命题风格，也多是两种观点展示的试题。有助于考生全面地掌握知识点，并从容应对考试。

经过小案例、真题的演练，同学们对知识点的掌握、做主观题的能力，都已经得到了一定程度的提高。接下来，做一定数量的模拟题，是必不可少的。而如何选择质量较高的模拟题，又是困扰考生的问题，也极大程度检验授课老师的用心程度。当然，我这么说，不是给自己贴标签，说我的就是最好的，而是警醒自己，要不断用心编题，不能退步。包括我在内，每个教师都不能明示或暗示地给自己贴标签，标榜自己就是最好的，暗示别的老师就不行。这是违反基本职业道德的。大家在选择模拟题的时候，包括授课老师出题的时候，我觉得至少应该综合两点：与真题的风格相似；准确把握住命题可能涉及的方向。前者还比较容易，后者有一定的难度。尤其是观点展示型试题，哪些问题可能考观点展示？可以说，刑法中可以出观点展示的试题很多很多，但考题就那么几个问题。要选择最能反映出刑法中的核心问题的内容，很多问题的不同观点展示，背后可能是立场与方法的差异，而不是孤立地做观点展示型的案例。否则，题目是永远做不完的。

以上两本主观题教材所涉及的案例，几乎全部来源于既往命题老师的相关著作、论文、司法部官方指定教材、审判实务中有影响性的案例的改编，与历年真题的来源较为一致。同时，上述两书的学习，也符合学习的规律，通过第一本书《刑法主观题知识点+小案例》掌握知识点及部分小案例，通过第二本书《刑法必练案例题139问》实现小案例、真题、大案例的演练。该书的免费视频会在2022年4月上旬左右上传觉晓教育的官网、APP。以上也是我对如何复习主观题，如何写出适合考生的主观题教材的几点感悟，定有不当之处，期待大家多提宝贵意见，你们的意见对我及全体考生有着重要的意义。希望以上两书能成为你们法考主观题的好帮手。

徐光华

二零二二年二月

历年主观题真题考点分布

章节	考查年份	考查内容
不作为犯	2012	不作为犯的作为义务
因果关系	2019、2016、2013、2012	介入因素、客观归责
客观阻却事由	2020、2013	正当防卫、假想防卫、偶然防卫
认识错误	2020、2019、2016、2015、2010	因果关系的错误
犯罪形态	2021、2016、2015	犯罪未遂、犯罪中止
共同犯罪	2020、2019、2018、2017、2016、2015、2014、2012	共犯成立、责任承担
共同犯罪	2019、2015	共犯脱离
共同犯罪	2019	共犯中途加入
共同犯罪	2019、2016	共犯与间接正犯的区别
共同犯罪	2021延考、2020、2018、2018、2012	共犯过限
罪数	2019、2016	结果加重犯
罪数	2021延考	法条竞合与想象竞合
罪数	2019	牵连犯
刑罚	2019、2014、2011、2010	一般自首、特别自首、坦白
刑罚	2019、2014、2011	立功
刑罚	2020、2019	追诉时效
侵犯财产权利犯罪	2019	抢劫罪的成立要件
侵犯财产权利犯罪	2021延考、2016	抢劫罪的对象（财产性利益）
侵犯财产权利犯罪	2021、2020、2013	转化型抢劫
侵犯财产权利犯罪	2021延考、2019、2016	抢劫罪与敲诈勒索罪、盗窃罪的区别

续表

章节	考查年份	考查内容
	2019	抢劫罪的结果加重犯
	2021延考、2020、2019、2013、2010	盗窃罪的成立、犯罪形态
	2019、2015、2013、2011	盗窃与侵占的区别
	2021延考、2020、2019、2015、2010	盗窃罪与信用卡诈骗罪的区别、其他问题
	2021、2016、2015、2013、2011	侵占罪
	2016	诈骗罪的成立
	2018	诈骗罪与盗窃罪的区分
	2020、2017、2011、2010	诈骗罪与敲诈勒索罪的竞合
	2021、2020、2016	敲诈勒索罪的成立与犯罪形态
	2020、2012	故意毁坏财物罪
	2016	财产犯罪后处分赃物的认定
	2020、2019	非法占有目的的认定
侵犯人身权利犯罪	2018、2017	非法拘禁罪与绑架罪的区分
	2021、2018、2017	非法拘禁罪的结果加重犯
	2017	绑架罪既、未遂的判断
	2021、2020、2019、2018、2017、2016、2013、2011	故意杀人罪、故意伤害罪
侵犯经济秩序犯罪	2021延考、2019、2015、2011	信用卡诈骗类犯罪
	2019	贷款诈骗罪、骗取贷款罪、合同诈骗罪
侵犯社会管理秩序犯罪	2020	妨害公务罪
	2019	伪造国家机关证件罪
	2012	非国家工作人员受贿罪、对非国家工作人员行贿罪
	2015	掩饰、隐瞒犯罪所得罪
	2021延考	贩卖毒品罪
	2020	盗伐林木罪、滥伐林木罪

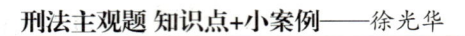

续表

章节	考查年份	考查内容
贪污贿赂罪	2020、2019、2014、2013、2012	受贿罪（斡旋受贿、受贿方式）
	2014、2012	贪污罪的成立、犯罪形态
	2014、2010	贪污罪与为亲友非法牟利罪、挪用公款罪
	2020、2019、2014、2013、2012	行贿罪、对有影响力的人行贿罪
	2013	介绍贿赂罪
渎职罪	2020	徇私枉法罪

CSER高效学习模型

传统机构没有搭建教学体系的能力，只贩卖老师讲知识点的课件，缺失搭框架、刷题、记忆等环节；听完课不会做题、知识点散、后期没有背诵资料，学习效果很差！

觉晓坚持每年投入上千万，组建 名师+高分学霸 教学团队，按照 C（讲考点→理解）→S（搭体系→不散）→E（刷够题→会用）→R（多轮背→记住）学习模型设计教学产品，让你学习效果提高 **1.97 倍**。

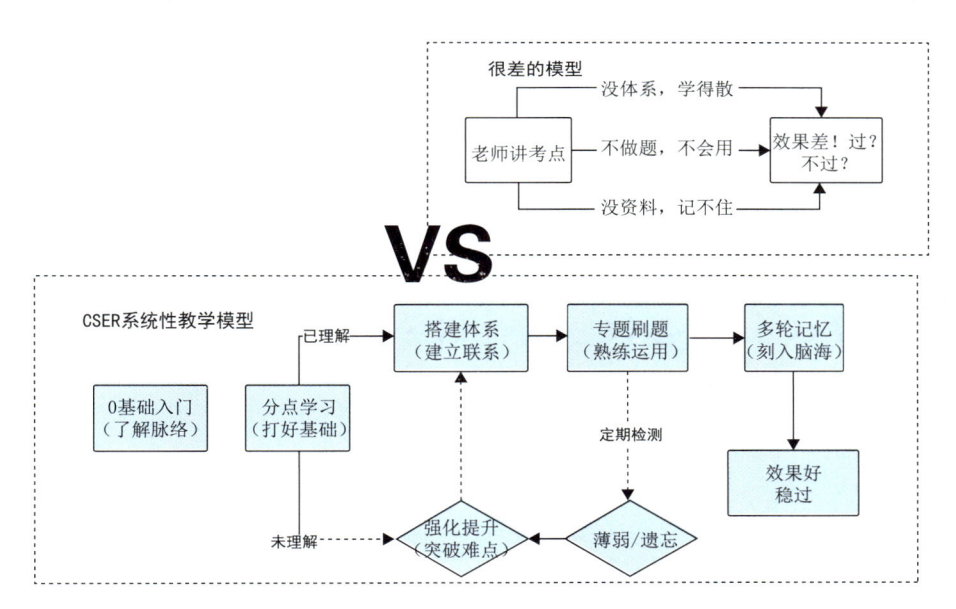

前面理解阶段跟名师，但后面记忆应试阶段，高分学霸更擅长，这样搭配既能保证理解，又能应试；时间少的在职考生可以直接跟学霸高效应试。

同时，知识要成体系性，后期才能记住，否则学完就忘！因此，觉晓有 推背图，诉讼流程图 等产品，辅助你建立知识框架体系，后期可以高效复习！

觉晓坚持数据化学习

　　觉晓已经实现听课、刷题、模考、记忆全程线上化学习；在学习期间，觉晓会进行数据记录，自 2018 年 APP 上线，觉晓已经积累了上百万的数据，并有十多万过线考生的精准数据。

　　觉晓有前百度、腾讯、京东等大厂的 AI 算法团队，建模分析"过线考生" VS "没过线考生"的数据差异，建立"过考模型"，其应用层包括：

　　1. 精准的数据指标，让你知道过线每日需要消耗的"热量、卡路里"，有标准，过线才稳！

　　2. 按照数据优化教学产品，一些对过线影响不大的科目、知识点就减少，重要的要加强；课时控制，留够做题时间，因为中后期做题比听课更重要！

　　3. 精准预测分数，实时检测你的数据，对比往年相似考生数据模型，让你知道，你这样学下去，最后会考几分！

　　4. AI 智能推送，根据过线数据模型推送二轮课程和题目，精准且有效的查缺补漏，让你的时间花的更有价值！

　　注：觉晓每年都会分析当年考生数据，出具一份完整的通过率数据分析报告，每年有三份"客观题版""主客一体版""主观题二战版"，可以在微信订阅号"sikao411"，或"蒋四金法考""觉晓法考"微博获取。

目录

刑法总论

第一章　不作为犯 ··· 1
第二章　因果关系与客观归责 ··· 12
第三章　事实认识错误 ·· 23
第四章　犯意转化与另起犯意 ··· 33
第五章　排除犯罪性事由：正当防卫、紧急避险与被害人承诺 ····················· 35
第六章　故意犯罪的停止形态 ··· 45
第七章　共同犯罪 ·· 62
　　第一节　共同犯罪的基本理论 ··· 62
　　第二节　共同犯罪人的分类和刑事责任 ··· 72
　　第三节　共同犯罪的其他问题 ··· 80
第八章　罪数论 ··· 89
第九章　自首、立功与追诉时效 ·· 103

刑法分论

第十章　财产犯罪 ·· 117
　　第一节　基础理论 ·· 117
　　第二节　抢劫罪、盗窃罪与诈骗罪 ·· 122
　　第三节　侵占罪、敲诈勒索罪及其他 ··· 150
第十一章　人身犯罪 ··· 165
　　第一节　侵犯人身自由的犯罪（非法拘禁罪与绑架罪）······················ 165
　　第二节　侵犯生命、健康的犯罪（故意杀人罪、故意伤害罪、过失致人死亡罪等）······ 171
　　第三节　侵犯性权利的犯罪（强奸罪、负有照护职责人员性侵罪）········· 177
第十二章　危害公共安全犯罪 ··· 183
第十三章　破坏社会主义市场经济秩序罪 ··· 194
　　第一节　生产、销售伪劣商品罪 ··· 194
　　第二节　其他犯罪 ·· 200

第十四章　妨害社会管理秩序犯罪 …………………………………………… 212
　第一节　妨害司法罪 ………………………………………………………… 212
　第二节　走私、贩卖、运输、制造毒品罪 ………………………………… 221
第十五章　贪污贿赂罪 ………………………………………………………… 229
　第一节　贪污犯罪 …………………………………………………………… 229
　第二节　贿赂犯罪 …………………………………………………………… 239

刑法总论

第一章 不作为犯

法条群及知识点

一、作为犯与不作为犯的区别

（一）作为犯——刑法叫你别干，你偏要干（故意杀人罪、强奸罪、放火罪等）

作为犯的本质在于，违反了刑法的禁止性规定，即实施了刑法所不允许的行为。

例如，刑法规定，不得实施杀人、强奸、放火等行为，你还要去实施的，成立故意杀人罪、强奸罪、放火罪。上述犯罪，一般认为属于作为犯。

此外，我国刑法中的"持有型犯罪"属于作为犯。

例如，非法持有枪支弹药罪、非法持有毒品罪、持有假币罪，属于作为犯，"持有"是对特定物品的实力支配、控制。刑法规定持有型犯罪，旨在"禁止"人们持有特定物品，只要你不"持有"，刑法就不会惩罚你。①

（二）不作为犯——刑法命令你去做，你偏不做，甩包袱（不履行义务）——遗弃罪、逃税罪

1. 不作为犯概念

指没有履行应该履行的义务，违反了刑法的命令性规范。命令性规范要求人们必须或者应当做出某种行为，履行特定的义务。例如，刑法规定，依法纳税是公民的应尽义务，不履行该义务的，构成逃税罪，是不作为犯。

有的情况下，行为人为了逃避义务，还可能实施一些掩盖性的行为（积极行为），但仍然是不作为犯。例如，行为人通过签阴阳合同的方式（积极方式）达到逃税的目的，即不履行纳税义务，成立逃税罪。

---

① 例如，行为人偶然地发现马路上有一包毒品，行为人对之没有义务，即便不拾起交给警察，也不构成犯罪。如果行为人违反刑法的禁止性规定（即，任何人禁止持有毒品）而继续持有，当然成立非法持有毒品罪。但如果行为人将毒品扔进下水管道，由于没有违反刑法"不得持有毒品"的禁止性规定，不成立非法持有毒品罪。

2. 不作为犯的罪过形式既可以是故意，也可以是过失

通常情形下，不作为犯的罪过形式是故意的，例如，前述的逃税罪。但仍然可能存在过失的不作为犯：大量的责任事故类犯罪，行为人过失地（忘却了）没有履行相关的安全义务，成立过失的不作为犯。

【典型真题】

甲因家中停电而点燃蜡烛时，意识到蜡烛没有放稳，有可能倾倒引起火灾，但想到如果就此引起火灾，反而可以获得高额的保险赔偿，于是外出吃饭，后来果然引起火灾，并将邻居家的房屋烧毁。甲以失火为由向保险公司索赔，获得赔偿。(08年四川卷二13题)

解析：就放火罪而言，行为人有灭火的义务而不履行，属于不作为犯，并且是不纯正的不作为犯。①就保险诈骗罪而言，刑法是禁止行为人去实施保险诈骗行为的，故保险诈骗罪是作为犯。

3. 作为犯与不作为犯的区分是规范判断，而不是身体的动与静

（1）作为犯与不作为犯的区分是看行为人是否负有法律要求其履行的义务。如果有，不履行的，就属于不作为犯。反之，属于作为犯。

例如，吃瓜群众甲在路上看到濒临死亡的乙，甲没有救助义务，扬长而去，不构成不作为犯罪。但如果甲拿刀砍杀乙致其死亡，则构成故意杀人罪（作为犯）。

又如，甲看见其儿子乙正在溺水，甲有救助义务却扬长而去，成立故意杀人罪（不作为犯）。

（2）不作为犯的本质是不履行义务，至于形式上，可以通过积极的方式（作为方式）或者消极的方式（不作为方式）来实施。

例如，逃税罪是不履行纳税义务的行为，属于不作为犯，但逃税罪在形式上，既可以以积极的方式（如篡改账本，也称作为方式），也可以通过消极的方式（如对税务机关的要求不予理会，也称不作为方式）来实施。就此而言，作为犯、不作为犯是上位概念，与作为方式（积极行为）、不作为方式（消极行为）是两个完全不同层次的概念。

【延伸阅读】传统的考题注重如何区分作为犯、不作为犯。现今，还需要注重刑法评价的重点究竟是作为犯，还是不作为犯。

例如，徐某生产的食品具有致人死亡的危险，但生产时没有发现（仅有过失）。销售食品后，徐某发现食用该食品后可能致人死亡，但不召回食品、不通知购买者，导致多人死亡。其前行为即生产行为是作为犯，即过失的作为犯；后行为是不作为犯，即故意的不作为犯。应当优先认定后行为，即成立故意的不作为犯，故意杀人罪。

二、不作为犯的成立条件

1. 当为（有作为义务）

行为人负有实施某种行为的义务。

例如，父亲甲见其孩子在湖中溺水，当然有救助义务，不履行该救助义务，后孩子溺水而亡，甲的行为成立故意杀人罪（不作为犯）。

---

① 判断行为人是否有义务（本案中是将蜡烛放稳的义务），可以对比吃瓜群众。一般认为，吃瓜群众没有什么义务，看见危险也仅仅是看热闹。但本案中，甲不是吃饭群众，甲点燃了蜡烛，当然有义务在危险状态下将蜡烛放稳，如果其不履行该义务的，应成立不作为犯的放火罪。

2. 能为

（1）有履行义务的能力

例如，父亲虽然对溺水的儿子有救助的义务，但如果父亲不会游泳的，不成立不作为犯。

（2）有回避危害结果的可能性。如果即使履行义务，危害结果也必然发生的，那么，没有履行义务的，也不成立不作为犯罪——不履行义务的行为与危害结果之间要有因果关系。

例如，司机过失造成了交通事故，导致被害人头盖骨骨折，即使立即送往医院也不能挽救生命，或者被害人将立即死亡时，即使司机没有救助并逃逸，也仅成立交通肇事罪，而不成立不作为犯形式的交通肇事后逃逸致人死亡——本案中，死因应该归之于之前的"肇事行为"，而不能归于事后的"逃逸行为"，换言之，即使不逃逸，被害人也必死无疑。因此，此种情形不属于"交通肇事后逃逸致人死亡"，而只能成立交通肇事罪。

3. 不为

因为行为人没有履行义务，造成或者可能造成危害结果。

三、不作为犯的"作为义务"的根据

成立不作为犯罪的前提是行为人须具有相应的作为义务。如何判断义务主体，确实是较为复杂的问题。对不作为犯的"作为义务"来源的学习，实际上最重要的是要结合社会生活常识去判断的。刑法赋予相关责任主体的作为义务，必须考虑其可能性、是否与国民的观念吻合等进行综合判断。

例如，发现他人处于危险境地，是否有救助的义务，即见死不救是否构成犯罪，每个国家的立法、司法都不完全一致。中国目前背景下，赋予国民更多的义务，将见死不救的行为认定为犯罪，可能会导致与公民的观念背离太大，使刑法与公众的认同背离太远。

如何判定行为人是否具有"作为义务"，其实质在于：行为人对于处于危险境遇的人，是否具有"保证人"的地位，是否有保证他人安全的义务。

1. 仅仅是发现他人处于危险境地，没有救助义务

也就是说，仅仅发现他人处于危险状态，并没有创设风险，至少是没有道德上的救助义务的。

（1）发现者仅仅是"遇见"了危险，并没有保障他人安全的义务，不成立不作为犯。

例如，我看到一个生命垂危的病人甲躺在路上，我扬长而去，甲因为没有得到救助，五个小时之后死亡。虽然我的做法不道德，但我对甲并没有救助义务，因此我的行为不违法，更不可能构成犯罪。要知道，法律是最低限度的道德。实践中，很多人看到这种状况都是扬长而去的，难道都会构成犯罪？法不责众！

又如，甲到游泳馆游泳，见武某也在游泳。武某突然腿抽筋，向唯一在场的甲呼救。甲未予理睬，武某溺亡，甲并没有保障武某安全的义务，故甲的行为不成立不作为犯罪。

（2）但是，如果危险发生在发现者的监控区域内，发现者具有救助义务。

例如，上述武某游泳抽筋时，若游泳馆的教练乙也在场，却装作没看见，导致武某溺亡，则乙构成不作为犯罪，因为武某的溺亡危险发生在乙的监控区域内，乙作为教练具有保障学员安全的义务。

又如，甲（女）在家中从事卖淫活动，老头（乙男）进入甲的家中欲嫖娼，刚进家门就被甲的美色迷倒。甲有救助义务，毕竟危险发生在甲的家中（其监控区域），甲不履行救助义务的，成立不作为犯。

再如，男子任由幼女对自己实施猥亵行为时，因为该危险发生在男子身体上（其监控区域），男子负有制止幼女的义务，否则，成立猥亵儿童罪。

2. 如果降低了他人所处的风险，就更没有救助义务

（1）行为人降低了他人风险是"做好事"，不成立不作为犯。

例如，甲见乙身受重伤躺在高速公路的中间，为了防止乙面临更大危险，将乙搬至旁边的休息站，后甲离去。即便事后仍然没有人对乙进行救助，甲也不成立不作为犯罪。其理由在于，甲并没有保障乙安全的义务，且甲的行为降低了乙所面临的风险，乙的死亡结果不能归责于甲。试想，如果甲的行为都构成犯罪，谁还敢去做好事呢？当被害人乙处于高危险状态（100分），吃瓜群众无论是将其危险状态降至50分，还是20分、0分，都属于做好事，不应该构成犯罪。

（2）"做好事"（自愿救助行为）如果"耽误"了被害人受到他人救助的机会，则这种自愿救助行为必须"一救到底"，否则，成立不作为犯——帮倒忙（添麻烦）。

例如，甲身受重伤躺在马路上，乙见状想救助甲，便将甲搬到自己家中，这种情形下，甲得到其他人救助的可能性就没有了。乙在家中对甲救助五天后，觉得甲人品不好，便放弃救助，将甲于夜间扔至菜市场，造成甲死亡——乙的行为成立不作为的故意杀人罪，理由在于，乙对甲救助了五天，在一定程度上就是剥夺了甲受到其他好心人救助的机会，甲争取了这个救助的机会，就应该好好珍惜、一救到底。

又如，甲见有人掉入偏僻之地的深井，找来绳子救人，将绳子的一头扔至井底后，发现井下的是仇人乙，便在乙抓住绳子前又将绳子拉了上来，乙最终因无人救助死亡——甲不成立不作为犯罪，理由在于，甲的自愿救助行为还没有起作用，并且，甲并没有"耽误"乙受到其他人救助的机会。

3. 行为人如果对他人创造（提升）了风险，原则上就应对他人有救助义务

（1）行为人的行为如果创造了风险，使他人处于危险境地，当然就有排除危险的义务，否则，成立不作为犯。即，谁制造风险、谁消除危险。

例如，甲意外将6岁幼童撞入河中，幼童溺水，甲创造了幼童溺水的风险，其不履行救助义务成立不作为犯。

又如，丙与贺某到水库游泳。丙为显示泳技，将不善游泳的贺某拉到深水区教其游泳。贺某忽然沉没，丙有点害怕，忙游上岸，贺某溺亡。丙的行为创造了贺某溺水的风险，其不履行救助义务成立不作为犯。

再如，甲带邻居小孩出门，小孩失足跌入粪塘，甲嫌脏不愿施救，就大声呼救，待乙闻声赶来救出小孩时，小孩已经死亡。甲不及时救助的行为构成不作为犯罪。因为，甲带小孩出门，具有时刻保障小孩安全的义务。

（2）但是，成年人的日常生活行为，如谈恋爱、旅游、喝酒、爬山等，制造了社会所允许的风险，相互之间没有救助义务。

其理由在于，社会日常生活行为是社会运行所必需的，这类行为即便可能会有风险，其概率也非常低，他人与你一起实施这种行为时，不需要也不可能预料到风险的存在，不具有保障你安全的义务。质言之，成年人从事社会正常风险行为（日常行为），自己把握风险，他人不负有保障你安全的义务，不能寄托于他人替自己来防范自己的风险。一个社会要发展，必须容忍一定的正常风险。

例如，甲、乙二人相约散步，突然乙被丙驾驶的车辆撞成重伤，丙驾车逃离，甲亦没有对乙实施救助行为——该案中，丙当然有救助义务，但甲并没有救助义务，成年人散步，不需要相互保护，也不是必须相互牵手保障安全，这种日常行为自己保障自己的安全。

又如，丁邀秦某到风景区漂流，在漂流筏转弯时，秦某的安全带突然松开致其摔落河中。丁未下河救人，秦某溺亡，丁没有保护秦某安全的义务，不构成不作为犯罪。

再如，梁某与好友强某深夜在酒吧喝酒。强某醉酒后，要求梁某送其回家，梁某怕麻烦，托词拒绝。强某一人在回家途中醉倒在地，被人发现时已冻死——梁某对强某的死亡不构成不作为的故意杀人罪。但可能要承担民事上的赔偿责任。因为，成年人一起喝酒，虽然有一定的风险，但这种风险是日常生活中被社会允许的风险，不会产生刑法上的救助义务。

（3）正当防卫是刑法所鼓励的行为，即便防卫人对不法侵害人创造了风险，也没有救助义务。

例如，甲拿枪射杀乙，乙实施正当防卫行为，将甲打成重伤，血流不止，乙能救助甲却不救助，造成甲死亡——乙不成立不作为的故意杀人罪。此类案件中，如果要求防卫人乙有救助义务，对防卫人而言是不公平的，因为防卫人如果造成不法侵害人死亡的话，成立正当防卫；造成不法侵害人重伤但不履行救助义务的话，还成立故意杀人罪，这显然是不妥当的。

4. 其他义务来源——实质在于，行为人具有保障他人安全的义务，他人的安全依赖于行为人。

（1）法律（刑法）明文规定的义务。不包括宪法以及刑法之外的其他法律所规定的抽象性、一般性的法律义务，这类法律义务在刑法分则条文没有确认的情况下，不能成为不作为犯罪的义务根据。①

例如，丈夫对妻子的救助义务，丈夫发现妻子处于危险境地，有救助的义务，不救助的，成立不作为犯。

又如，《消防法》规定，路人看到火灾有报警的义务，但这种义务没有上升到刑法的规定，所以，路人看到火灾不报警的，不成立不作为犯的放火罪（12年主观题）。当然，如果是具有特定职责的人（如消防员），发现火灾不及时报告，不履行救助义务的话，则构成不作为犯罪（渎职类犯罪）。

（2）特定的职务、业务要求的义务，以及对危险源负有监管、控制义务而产生的作为义务。

例如，消防队员对于火灾的扑灭义务、警察对犯罪行为的制止义务。

又如，宠物饲养人在宠物撕咬儿童时故意不制止，导致儿童被咬死的，成立不作为犯的故意杀人罪。

再如，甲看见儿子乙（8周岁）正掐住丙（3周岁）的脖子，因忙于炒菜，便未理会。等炒完菜，甲发现丙已窒息死亡。甲成立不作为犯罪。但是，夫妻之间、成年的兄弟姐妹之间并不具有这样的监督义务，妻子明知丈夫受贿而不制止的，并不成立受贿罪的帮助犯。

---

① 但是，在肯定行为人有义务的同时，亦应注意不同主体的义务顺序。当第一顺位的义务人在场的情况下，第二顺位的义务人则不存在义务。或者，当对不同人有救助义务的同时，应优先救助第一顺序需要救助的人。例如，甲在火灾之际，能救出母亲，但为救出女友而未救出母亲。如无排除犯罪的事由，甲构成不作为犯罪——对母亲的救助义务是第一顺位的。（15年卷二52题）又如，李某在岳母家看到妻子拿刀伤害岳母而不制止，李某不构成故意伤害罪，没有制止义务。（19年真题）再如，钱某看到女儿遗弃自己的外孙女而不管不问的，钱某不构成遗弃罪。（19年真题）

但请注意：特定的职务、业务所要求的义务，前提是行为人在"履行"相关的义务（履职）中，否则不能成立不作为犯罪。

例如，甲为县公安局局长，妻子乙为县税务局副局长。乙在家收受贿赂时，甲知情却不予制止。甲的行为不属于不作为的帮助，不成立受贿罪共犯。公安局局长并非对于所有的刑事犯罪均具有制止的义务，警察也并不是对所看见的所有犯罪都有制止的义务，只有对于负责范围的具体案件有职责。如果对职务范围内的刑事案件不履行相关的义务的，可能成立不作为犯的渎职罪。

（3）法律行为（合同行为）引起的义务。当事人之间本来没有义务，但基于合同而创设了义务。

例如，家政保姆甲基于雇佣合同，在乙家中，具有照看乙的小孩丙的救助义务。合同约定甲在乙家的工作时间为8：00至20：00。某日，乙晚上20：00还未回家，甲便离开乙家，留小孩丙独自一人在家，乙于当晚23：00回家，发现丙在家中因无人照看而被摔得头破血流——甲的行为成立不作为犯的故意伤害罪。因为雇佣合同导致小孩对保姆已经形成了事实上的依赖关系，甲的突然离去提高了小孩面临的风险。①

又如，出租车司机对于醉酒的乘客，有将其送至安全地点的义务。

（4）"紧密"（超级危险）的共同体关系所产生的义务。

"紧密"的共同体不同于"松散"的共同体（如成年人共同散步、游泳），在"松散"的共同体中，各行为人没有负责保障他人安全的义务，因为这类活动的风险性不大，属于日常行为。而"紧密"的共同体中，行为人共同实施的是非常危险的行为，各行为人之所以敢去实施这一严重危险行为，在很大程度上是因为彼此寄希望于相互依靠、保护。

例如，共同登险峰的队员，在发现其他成员陷入危险时，都有义务救助。

又如，邻居出于好意，帮助照看家中无人看管的孩子的场合，也可以说其和孩子的生存之间形成了事实上的依赖关系。如果不履行救助义务的，成立不作为犯罪。

四、不作为犯的其他问题

（一）不作为犯的认识错误

例如，乙掉入河中，甲虽发现，但误以为掉入河中的不是自己的儿子乙，而是与自己无关的丙，因而没有救助，导致乙死亡——不成立不作为犯的故意杀人罪，此种情形下，行为人连事实都没有认识清楚，行为人主观上没有犯罪的故意，仅有不救他人的故意，非犯罪意义上的故意。属于保证人地位认识错误，即甲基于对事实的错误认知，而导致错误地认为自己不属于保障乙安全地位的人。

又如，甲明知掉入河中的是自己的儿子乙，但误以为自己没有义务救助乙，因而没有救助，导致乙死亡——成立不作为犯的故意杀人罪。属于保证人义务的认识错误，即违法性认识错误，不阻却犯罪的成立。行为人对事实的认识没有错误，只是对于自己在当时的情况下有无法律上的救助义务产生了不当的认识。

（二）先前的犯罪行为能成为作为义务的发生根据

行为人先前的犯罪行为导致某种法益处于危险状态，行为人负有救助的义务。如果没有及时

---

① 民法与刑法对同一问题的判断是不同的。民法更注重是的法律关系（合同），根据合同约定，甲似乎已经完成了她的任务。但是，刑法注重的是行为，该行为是否创设了风险。行为人的行为创设了风险，就应对其归责。本案中，保姆的突然离去，会使小孩面临更大的风险，其行为创设了风险，就需要对其归责。

排除危险状态而导致更为严重的危害结果发生，应该成立不作为犯罪。具体而言：

1. 刑法就造成"加重结果"已经特别规定为"加重犯"的，依照刑法的特别规定。 刑法之所以对如下情形作特别规定，在于这类现象在实践中具有一定的典型性、普遍性。

例如，交通肇事后，造成被害人重伤，然后逃跑，被害人因得不到及时救助而死亡，根据刑法的规定，仅成立交通肇事罪，适用交通肇事"因逃逸致人死亡"这一加重的刑罚。

2. 刑法没有特别规定的，成立重结果的故意犯。

例如，《刑法》第344条危害国家重点保护植物罪。行为人在非法采伐珍贵树木，树木倒下时砸着他人头部，行为人不实施救助，而是逃跑，造成被害人死亡的。刑法并没有对非法采伐国家重点保护植物行为造成他人死亡规定独立的罪名或者规定结果加重犯，因此，行为人的前行为创设风险之后，不履行该救助义务的，应成立故意杀人罪（不作为犯），与危害国家重点保护植物罪并罚。

又如，甲故意伤害乙，致乙重伤。甲明知不抢救乙就会死亡，但仍然不抢救，导致乙死亡。应认定甲的前行为是故意伤害罪、后行为是故意杀人罪（不作为犯），属于包括的一罪（仅侵犯了一个法益），成立故意杀人罪一罪。

（三）作为义务的顺位问题

数个主体同时对某一法益具有作为义务，可能存在优先履行作为义务的主体，这会使其他人不再有作为义务。

例如，夫妻与丈夫的年迈的母亲共同生活，在母亲生病或摔倒时，首先是丈夫具有救助义务，夫妻二人均不救助导致母亲死亡的，只需要追究丈夫的刑事责任。但是，在丈夫出差时，妻子不履行救助义务的，则应当承担刑事责任。

又如，妻子杀害婆婆时，在场的丈夫不阻止的，妻子成立作为的故意杀人罪，丈夫成立不作为的故意杀人罪。丈夫杀害自己的母亲时，妻子不阻止的，不构成犯罪。

【本章总结】

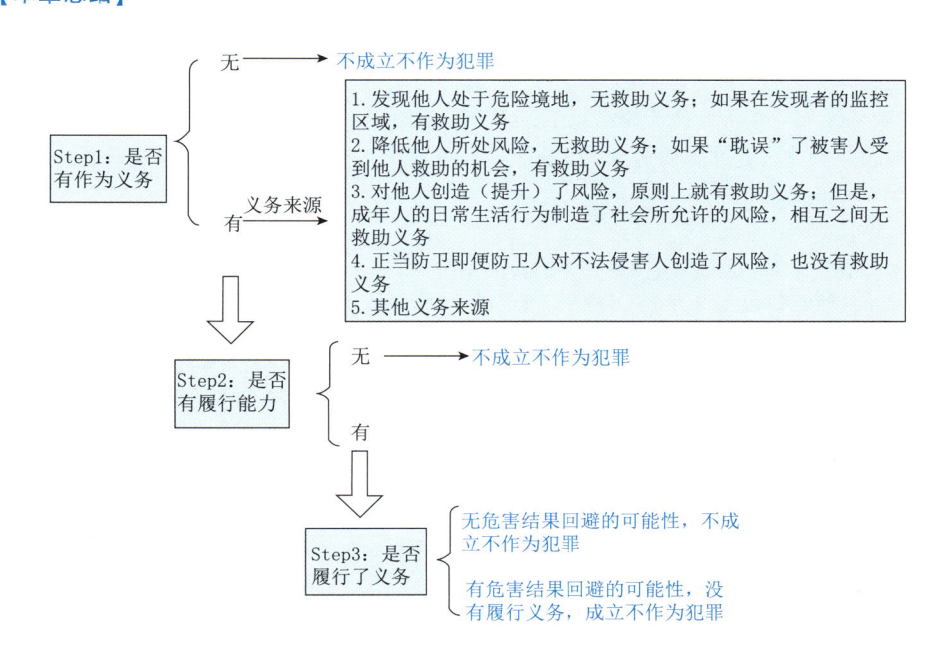

Step1：是否有作为义务
- 无 → 不成立不作为犯罪
- 有 义务来源：
  1. 发现他人处于危险境地，无救助义务；如果在发现者的监控区域，有救助义务
  2. 降低他人所处风险，无救助义务；如果"耽误"了被害人受到他人救助的机会，有救助义务
  3. 对他人创造（提升）了风险，原则上就有救助义务；但是，成年人的日常生活行为制造了社会所允许的风险，相互之间无救助义务
  4. 正当防卫即便防卫人对不法侵害人创造了风险，也没有救助义务
  5. 其他义务来源

Step2：是否有履行能力
- 无 → 不成立不作为犯罪
- 有 ↓

Step3：是否履行了义务
- 无危害结果回避的可能性，不成立不作为犯罪
- 有危害结果回避的可能性，没有履行义务，成立不作为犯罪

【典型真题】

1. 关于不作为犯罪，下列选项正确的是。（　　）（多选）（21年真题）①

A. 猎人甲在野外捡到一个小孩带回家养了两天，其妻子嫌养小孩麻烦，于是甲又将小孩放置于菜市场。甲的行为构成遗弃罪

B. 乙带其小狗出去散步，后该狗将路人毛毛咬了。乙觉得是狗的事情，便不管，任凭小狗撕咬路人毛毛，后来毛毛被咬死了。乙不构成犯罪

C. 丙在办公室用电炉煮面，其间，其手中的文件不慎掉入电炉而着火。丙本来应该及时扑灭该火，但是考虑到万一被他人发现可能被单位辞退，于是及时逃离现场。后大火烧毁了办公室及隔壁办公室。丙的行为构成不作为的失火罪

D. 丁售卖药品后，经购买者反馈，才发现药品质量有问题，对人体有害。但是丁还是继续售卖，没有告诉消费者，没有召回已经出售的有质量问题的药品。丁不召回已经出售的存在质量问题的药品的行为，成立不作为犯罪

2. 以下哪些行为构成不作为犯罪？（　　）（多选）（20年真题）②

A. 孙某亲眼看到成年的弟弟杀死自己的父亲而不阻止，孙某构成故意杀人罪

B. 赵某看到自己12岁的儿子盗窃别人的手机而不制止，赵某构成盗窃罪

C. 李某在岳母家看到妻子拿刀伤害岳母而不制止，李某构成故意伤害罪

D. 钱某看到女儿遗弃自己的外孙女而不管不问的，钱某构成遗弃罪

3. 关于不作为犯，下列说法正确的是？（　　）（多选）（18年真题）③

A. 甲乙共同入户抢劫丙，进入被害人丙家，甲将丙捆绑后，二人共同实施了抢劫行为。之后，乙临时起意杀了丙，甲站在一旁观看没有制止。乙的杀人行为成立故意杀人罪，甲对此构成不作为犯的故意杀人罪

B. 母亲甲生一女，怕婆家嘲笑，甲让自己的亲妹妹乙把孩子遗弃至菜市场。妹妹在法律上不是扶养人，但仍构成遗弃罪（不作为犯）

C. 失主甲空手追赶小偷乙，乙逃至河边，为摆脱甲的追赶而跳河，欲游到对岸。乙游至河心时因体力不支，向甲呼救。甲心想："淹死也算活该。"甲未对乙施救，乙溺亡。甲的行为构成不作为犯的故意杀人罪

D. 父亲甲过失将自己的孩子摔在地上，看孩子没有哭闹，就没有送往医院。三天后孩子死亡，经查明，死亡原因是脑部受到重创导致的，但查明受伤太严重，就算被摔当时送往医院也救

---

① 答案：AD。

② 答案：AB。该题的CD选项是来源于张明楷教授的《刑法学》中的内容。其欲表达的意思是：当不同主体对被害人都有救助义务时，义务存在先后顺序问题。所谓先后顺序，其实就是指，当第一顺位的人在场的情况下，第二顺位的人就没有救助义务了。数个主体可能同时对某一法益具有作为义务，存在优先履行作为义务的主体，而使得其他人不再具有作为义务。本案中，李某的妻子对自己的母亲（李某的岳母），相对于李某而言，具有优先的作为义务。故，李某的妻子杀害自己的母亲，即李某的岳母时，李某不制止的，不成立不作为的故意杀人罪。丈夫杀死自己的母亲时，妻子不阻止的是否成立不作为的故意杀人罪，张明楷教授倾向于否定回答。参见张明楷：《刑法学》，法律出版社2016年版，第159页。与上述CD选项相似的是：真题2015年第32题，甲在火灾之际，能救出母亲，但为救出女友而未救出母亲。如无排除犯罪的事由，甲构成不作为犯罪。该案中，是从义务的角度谈，甲对母亲的救助义务当然是首要的，母亲也应该优先于女友，也就是说，此种情况下，如果不救母亲，应成立不作为犯罪。类似于上述这些极富争议的试题，还希望考生不要站在自己的立场而固执己见，应理解出题人的基本思路以及历年真题的对比。

③ 答案：ABCD。

不活。甲的行为不构成不作为犯的故意杀人罪

知识点分析思路总结

一、如何判断行为人是否成立不作为犯

在主观题考试中，判断是否成立不作为犯，其实质在于行为人是否具有作为义务。因此，在主观题备考过程中，无论是肯定还是否认行为人构成不作为犯，都必须围绕着作为义务展开：

1. 如果肯定行为人成立不作为犯。应回答：

结论：行为人构成不作为犯。

理由：（1）行为人有作为义务。（2）其义务来源为：创设了风险，产生法律上（职务上）的义务。（3）其能履行而不履行义务的行为造成了危害结果的发生。

2. 如果肯定行为人成立不作为犯，但对作为义务的来源难以表述清楚的。应回答：

结论：行为人构成不作为犯。

理由：（1）行为人有作为义务。（2）行为人处于保证人的地位，即有保证被害人安全的义务，或者保证其监督者有不实施危险行为的义务。（3）其不履行义务的行为造成了被害人的死亡（其他）结果。

3. 如果否定行为人成立不作为犯。应回答：

结论：行为人不构成不作为犯。

理由模式一：行为人虽然实施了某种行为，但这种行为本身是法律所允许的，或者该行为并没有创设风险，或者该行为降低了风险，行为人并没有救助的义务，即使产生了危害后果，行为人也不构成犯罪。

理由模式二：本案中，行为人虽然有救助义务，但即便行为人履行了该义务，危害结果也会发生，换言之，该危害结果不具有回避的可能性，因此，行为人不成立不作为犯。

二、共同犯罪中如何认定不作为犯

历年法考主观题真题中，共同犯罪已经成为必考的问题。而在共同犯罪中，一人超出共同犯罪计划所实施的行为，其他人是否需要承担刑事责任，则是需要进一步明确的问题。

1. 他人超出计划的行为，如果与原计划毫无关系（非重合性过限），且其他同案犯的行为未对他人超出计划的行为提供帮助的，应回答：

结论：不需要承担刑事责任。

理由：行为人所实施的犯罪行为（B罪），已经超出了共同犯罪的内容（A罪），其他共犯人并没有对行为人所实施的B罪提供帮助（便利条件），没有阻止的义务，不需要承担刑事责任。

2. 他人超出计划的行为，如果其他同案犯对此提供了帮助的，应回答：

结论：需要承担刑事责任。

理由：行为人所实施的犯罪行为（B罪），虽然已经超出了共同犯罪的内容（A罪），但其他共犯人实施A罪的行为对行为人所实施的B罪提供帮助（便利条件），其他共犯人即具有排除这一危险状态的义务，不履行义务导致危害后果发生的，其他共犯人仍需要对B罪承担刑事责任。

主观题小案例

案例1：徐某因家中停电而点燃蜡烛，准备离开家时，发现其住宅内的蜡烛倾倒，极有可能

引起火灾。但徐某想到可以借此得到保险金，遂掩门外出，后来果然引起了火灾。

问题：如何评价徐某的行为？

案例 2：徐某遛狗不爱牵绳，某日，徐某的大狗与路人肖某的小狗发生冲突，随后大狗开始撕咬护住小狗的肖某。徐某在一旁看着，未采取任何阻止措施，后肖某被大狗咬成重伤。

问题：如何评价徐某的行为？

案例 3：某日清晨，徐某在路边发现弃婴，由于着急去赶集，徐某将婴儿抱到某早餐店门口后离开。事后，该婴儿因没有得到他人及时救助而死亡。

问题：徐某是否构成不作为犯？

案例 4：徐某疲劳驾驶造成了交通事故，导致路人蒋某重伤倒地，徐某害怕担责未救助蒋某便逃走，蒋某死亡。事后查明，即使立即将蒋某送往医院也不能挽救蒋某的生命。

问题：如何评价徐某的行为？

案例 5：甲、乙二人共同来到被害人丙家中盗窃，丙处于熟睡状态。甲、乙盗窃准备离开时，乙临时起意对丙实施了杀害行为，甲没有制止。

问题：甲是否需要对乙的杀人行为承担责任？

案例 6：甲乙共同入户抢劫丙，进入被害人丙家，甲将丙捆绑后，二人共同实施了抢劫行为。之后，乙临时起意杀了丙，甲站在一旁观看没有制止。

问题：甲是否需要对乙的杀人行为承担责任？

案例 1-问题：如何评价徐某的行为？

答案：徐某构成**不作为的放火罪**。徐某**先前行为（点燃蜡烛）创设了风险，产生了**防止危害结果的发生的**义务**。徐某在**本应灭火且也能够扑灭**的情况下，**拒不履行该义务**，导致火灾发生，构成不作为的放火罪。

案例 2-问题：如何评价徐某的行为？

答案：徐某构成**不作为的故意伤害（致人重伤）罪**。**徐某对危险源（大狗）具有监督管理义务**，有义务阻止危险的发生，徐某**未履行其监管义务**，导致肖某重伤，构成不作为的故意伤害（致人重伤）罪。

案例 3-问题：徐某是否构成不作为犯？

答案：徐某**不构成不作为犯**。徐某将小孩从路边抱至早餐店门口，并**没有制造、增加风险，反而降低了婴儿所处的风险**，更没有救助义务，即使该婴儿死亡，徐某也不构成不作为犯罪。

案例 4-问题：如何评价徐某的行为？

答案：徐某仅成立**交通肇事罪**。成立不作为犯罪，要求结果具有回避可能性。本案中，即使立即将蒋某送往医院也不能挽救蒋某的生命，即**危害结果不具有回避可能性**，那么徐某的不救助行为就**不成立不作为犯形式的交通肇事后逃逸致人死亡**。

案例 5-问题：甲是否需要对乙的杀人行为承担责任？

答案：甲不需要对乙的杀人行为承担责任。乙的杀人行为超出了盗窃罪的内容，甲的先前行为并没有使丙"陷入"更加危险的境地，故甲不具有阻止乙杀人的义务，不需要对乙的杀人行为承担责任。

案例 6-问题：甲是否需要对乙的杀人行为承担责任？

答案：甲应对乙的杀人行为承担责任。乙实施的杀人行为虽然超出了抢劫罪的内容，但甲之前的行为使被害人处于一种危险境地（被捆绑），为乙杀人提供了便利条件，甲即具有排除这一危险状态义务，在乙实施杀人行为时，甲能够履行且不履行其义务导致被害人死亡的，应对乙的杀人行为承担责任。

可能考查的观点展示

1. 具有作为义务的主体，当其救助义务存在先后顺序的时候，是否应按顺序履行该义务，可能存在以下两种观点：

模拟案例：甲（男）、乙（女）是夫妻，丙是乙的母亲。某日，甲、乙、丙三人在逛街，乙突然对其母亲丙实施暴力伤害，致丙重伤。甲没有阻止，甲的行为是否成立不作为犯的故意伤害罪？

答案：一种观点认为不应按顺序履行救助义务，甲构成不作为犯的故意伤害罪。甲作为女婿，有救助丙的义务，也有阻止他人侵害丙的义务，无论其救助义务处于何种顺位，其不履行该义务的，均成立不作为犯的故意伤害罪。

另一种观点认为应按顺序履行救助义务，甲不构成不作为犯的故意伤害罪。甲作为女婿，虽然有义务救助丙（阻止他人加害丙），但乙作为丙的女儿，乙的义务是第一顺位的。当乙在对母亲丙实施杀害行为时，作为第二顺位的甲，没有义务阻止，甲不构成犯罪。

2. 正当防卫创设了风险，防卫者是否有救助义务。存在肯定说与否定说两种观点：

模拟案例：甲对乙实施了暴力伤害行为，乙基于防卫将甲打成重伤（正当防卫）。乙明知甲可能流血过多而死，仍然不予救助而离开现场，后甲因流血过多而死。甲的行为是否成立不作为犯的故意杀人罪？

答案：肯定说认为，甲有救助义务，其不履行该义务的，成立不作为犯的故意杀人罪。理由：因为甲虽然实施了正当防卫行为，但该正当防卫行为有"过当"的可能性，就有救助义务，不履行该义务的，成立不作为犯。

否定说认为，甲没有救助义务，其不履行该义务的，不成立不作为犯的故意杀人罪。理由：甲的反击、重伤行为，是正当行为，没有救助义务。

第二章 因果关系与客观归责

法条群及知识点

因果关系是指危害行为与危害结果之间的因果关系。因果关系理论所要解决的问题是，哪个"因"需要对"果"承担责任。

因果关系的本质：行为与结果之间"合乎规律"（正常的、可预见的、可以想象得到的）的引起与被引起的关系。

一、因果关系与刑事责任的关系

1. 因果关系是客观的

（1）存在因果关系并不等于要对"危害结果"承担刑事责任。因果关系只是客观要求，承担刑事责任还需要主观责任要件（如故意、过失等），即承担刑事责任是主客观相统一的。

例如，某人于雨夜躺卧一货车下避雨睡觉，第二天早晨司机倒车装货时轧死该人。虽然倒车行为与轧死一人的结果有因果关系，但因为司机并无故意或过失，而无责任，故不构成犯罪。

（2）因果关系是客观事实，不允许"假设"。

例如，警察甲正在给死刑犯乙执行枪决，在开枪的前五分钟，丙冲进现场将乙砍死。虽然本案中，假设丙不砍乙，乙也会死，但事实上，乙就是被丙砍死的，丙的行为与乙的死亡结果之间存在因果关系。丙的行为在客观上制造了乙死亡的风险，需要归责。

2. 因果关系是"行为"与"结果"之间的因果关系

没有因果关系，行为人只是不对结果承担刑事责任（不承担犯罪既遂责任），但其行为本身仍然可能承担刑事责任，如承担犯罪未遂的责任。

例如，甲手持一把机关枪在追杀他的情敌乙，但是一枪也没有打中，乙在逃跑的过程中又遇另一情敌丙，被丙打死。虽然乙的死亡和甲的射击行为没有因果关系，甲不对死亡结果承担刑事责任。但是甲应对其行为本身承担责任，即应当承担故意杀人罪未遂的刑事责任。

二、因果关系的判断步骤

从司法活动的常识经验来看，如果出现了危害结果（如有死亡结果），那就应该去寻找原因。司法机关寻找原因，一般分为两个步骤：

第一，大面积撒网，把可能的原因尽量先全面的摸一遍；

第二，重点捕捉，把不重要、无关的原因剔除出去，让重要的原因对死亡结果负责。

第二章　因果关系与客观归责

刑法理论其实是对司法活动的总结、概括，我们学习因果关系的判断，其实与司法活动中如何认定原因与结果之间的因果关系，基本上是吻合的。

如上所述，因果关系的本质是**行为与结果之间"合乎规律"的引起与被引起的关系**。因此，因果关系的判断分为如下两步：

（一）第一步：条件说为基础

条件说认为，行为与结果之间如果存在**"没有前者就没有后者"**的条件关系时，即无 A 则无 B，前者就是后者的原因。

例如，如果甲不杀乙，乙就不会死亡，那么甲的杀害行为就是乙死亡的原因，二者之间存在因果关系。

又如，甲在教室殴打乙致轻伤，乙出门等公交车去医院治疗，结果遇上丙交通肇事而将乙撞成重伤，乙被送往医院治疗时，医生丁因为重大过失给乙用错药，导致乙死亡。本案中，没有甲的殴打行为，乙就不会出门等车，就不会碰到丙的交通肇事，也就不会遇到医生丁。按条件说，甲、丙、丁的行为都与死亡结果之间具有因果关系。显然，条件说将因果关系的范围"扯得过远"。

1. 条件说的"条件"（"因"）必须是"危害行为"

（1）**危害行为是一种类型性的行为，通常而言具有造成危害结果的可能性**，并且是**刑法所禁止的行为**，如用刀、枪杀人的行为。

例如，甲追赶小偷乙，乙慌忙中撞上疾驶汽车身亡。追赶小偷并非"危害行为"，是合法行为，不是刑法所禁止的行为，故不能肯定甲的行为与乙的死亡结果之间的因果关系。（10 年卷二 3 题 B 项）

（2）**日常生活行为并不具有这种类型性特征，不是危害行为**

日常生活行为通常而言不会导致危害结果，即便确实导致了危害结果，那也是极其偶然的、不"合乎规律"的，多是因为其中介入了其他因素（异常）而改变了正常的因果流程。**因此，日常生活行为即便导致了危害结果，也没有因果关系。**

例如，甲劝说乙清晨去马路上跑步，希望乙被汽车撞死，乙果然被汽车撞死。甲的劝说行为是日常生活行为，不是危害行为，与乙的死亡结果之间没有因果关系。

又如，甲送给乙一双溜冰鞋，希望乙溜冰时摔死，结果乙果然摔死。甲的送鞋行为是日常生活行为，不是危害行为，与乙的死亡结果之间没有因果关系。

同理，"聊天"、"劝他人坐飞机"、"教师将学生赶出教室""一起喝酒"也不属于危害行为，即便导致了危害结果，也没有因果关系。

2."条件"（"因"）是指实行行为，不包括预备行为

主要原因在于：**预备行为不具有导致具体危害结果的类型性、通常性**。或者说，预备行为导致危害结果，**并不"合乎规律"**。实施预备行为，即便造成了危害结果，也是因为其他因素**（异常）的介入**改变了因果流程。

例如，甲准备了毒药给自己的妻子乙喝，放在书柜中，准备吃晚饭的时候放入乙的饭中。但乙提前回家，发现书柜中的毒药，以为是食品，服用后死亡。本案中，甲还没有实施实行行为（投毒行为），仅实施了准备毒药的预备行为，该预备行为本身并不具有导致危害结果的通常性、类型性，即便造成了乙的死亡，也是因为被害人乙的自身行为这一异常的介入因素改变了因果流程，故甲的行为与乙的死亡结果之间没有因果关系。

退一步想，如果本案肯定甲的预备行为与乙的死亡结果之间存在刑法上的因果关系，同时，甲主观上有杀人的故意，甲的行为就应认定为故意杀人罪既遂，这从常理上看也不合适。

3. 条件说的不足

条件说存在一定不足，会导致因果链条的无限延长。条件说将因果关系的范围"扯得过远"，存在一定问题，故需要引入第二步对其进行修正。

（二）第二步：介入因素对因果关系的中断——对条件说的修正、限制

A（条件）→→B（条件，又称介入因素）→→C（结果）

如上所述，"无 A 则无 B"的条件说将因果关系的范围拓得太广，但显然不宜将因果关系中的"因"扩得太大。也正基于此，刑法理论上都主张对条件说进行适当修正。

因此，为了限缩条件的范围，在条件说的基础上引入介入因素，提出了因果关系中断论。介入因素指前条件已经作用在对象上，在结果尚未发生前，又作用了一个条件（介入因素）的情形。

介入因素要中断前条件与结果之间的因果关系，必须同时符合如下两个特征：

1. 特征一：介入因素必须异常（偶然、难以预见、不合乎规律）

即介入因素在案件当时发生的概率很低（低于10%）①——质的要求。

（1）如果实施第一个行为，通常而言会衍生出第二个行为（介入因素），即合乎规律，则第二个行为就是正常的因素，不中断第一个行为与死亡结果之间的因果关系。反之，就属于异常的因素，不合乎规律。实际上，介入因素是正常还是异常，是相对于第一个行为而言的。介入因素的出现如果是"异常"的，说明其改变了前行为的正常因果发展流程、流向。

例如，乙欲杀其仇人苏某，在山崖边对其砍了7刀，被害人重伤昏迷。乙以为苏某已经死亡，遂离去。但苏某自己醒来后，刚迈了两步即跌下山崖摔死。乙的行为与苏某的死亡结果之间存在因果关系——苏某被砍了七刀（第一个行为），这种情况下，苏某掉下山崖（介入因素）属于正常的因素（合乎规律、不异常），不中断前行为与死亡结果之间的因果关系。

又如，甲将被害人衣服点燃，被害人跳河灭火而溺亡；乙在被害人住宅放火，被害人为救婴儿冲入宅内被烧死。甲、乙行为与被害人死亡具有因果关系，被害人跳河、为救婴儿冲入宅内都属于正常的因素。

再如，甲等多人深夜追杀乙，乙被迫跑到高速公路上时被汽车撞死。甲等多人的行为与乙的死亡之间具有因果关系——该案中，乙在深夜面临追杀，紧张、慌不择路的情况下，被迫跑到高速公路，或者跑到其他地方，甚至跑错了地方，都是正常的。

（2）第一行为衍生出的正常因素不一定仅有一种，可能有多种，这多种可能都是"正常的因素"。

例如，甲在电梯内殴打乙，致电梯门严重变形，后导致电梯掉下来而摔死乙，也可能电梯质量非常好，不会掉下来。无论电梯是否掉下，均应属于正常的因素。

又如，甲在夜间将乙撞昏后离去，乙可能被后面的车辆碾压致死，也可能流血过多而死，这都应属于正常的因素。

再如，甲将妇女乙强拉上车，在高速公路上欲猥亵乙，乙在挣扎中被甩出车外，后车躲闪不及将乙轧死。该案中，妇女乙挣扎属于正常因素，因为害怕而不挣扎也能理解，也是正常因素。

---

① 也就是说，第一个行为 A 引发介入因素 B 的概率比较低，10%只是大概的一个说法，判断时不可能需要这么精确。

甲的行为与乙的死亡结果之间存在因果关系。

（3）注意：因果关系的判断有时不绝对，尤其是判断介入因素是正常还是异常时，可能存在不同的理解，但国家法律职业资格考试真题一般来说，都是比较明确的。部分存在不同理解的试题，可能会考两种观点。

2. 特征二：介入因素必须是独立地（100%、足量）引起危害结果的发生——量的要求

介入因素是异常的，说明介入因素改变了前行为的因果流向，同时，介入因素本身又足够强大的话（对危害结果的贡献率能达到100%），说明前行为与危害结果的关系就很微弱了，介入因素中断了前行为与危害结果间的因果关系。

例如，甲将乙打成轻伤（第一个行为），乙出门去等公交车，在等车途中，被一辆货车撞死。该案中，交通事故（介入因素）就属于异常的因素，导致前行为与死亡结果的因果关系中断——在案件当时，甲打乙，通常并不会导致他被货车撞死，或者说，甲的殴打行为并不会引来交通事故这一介入因素，因此交通事故属于异常的介入因素，且交通事故对死亡的贡献率也接近100%，所以，交通事故中断了前行为与死亡结果之间的因果关系。

又如，甲在仇人张某的杯子里投了5毫克毒物（不足以致死，需要10毫克才能致人死亡），意欲杀死张某。甲投毒后，没有意思联络的乙又投入5毫克毒物（介入因素），最后，张某喝完10毫克毒物死亡——在本案中，乙中途投毒是一个异常的因素，换言之，甲的投毒行为通常并不会导致其他人加入进来投毒。但乙投毒对死亡的贡献率只有50%，乙的行为不能独立、完全地导致死亡结果，故乙的行为不能中断甲的行为与死亡结果之间的因果关系，甲、乙的行为均与死亡结果之间存在因果关系。

又如，甲以杀人故意向乙的食物中投放了足以致死的毒药，但在该毒药起作用前，丙开枪杀死了乙。甲的行为与乙的死亡之间不具有因果关系——该案中，丙的开枪行为属于异常因素，且对死亡的贡献率是100%，足以中断甲的行为与乙的死亡结果之间的因果关系。

再如，甲伤害乙后，警察赶到。在警察将乙送医途中，车辆出现故障，致乙长时间得不到救助而亡。甲的行为与乙的死亡没有因果关系——该案中，车辆出现故障与甲的伤害行为完全没有关联，是异常的因素，且"致乙长时间得不到救助"，即对死亡的贡献率大，故能中断前行为与死亡结果之间的因果关系。

```
                              异常但不能独立（100%）引起结果的介入因素B
                              ─────────────────────────→ 结果B → 不中断因果关系
实行行为
危害行为 ──── 正常的介入因素A ──────────→ 结果A → 不中断因果关系
（因）
                              异常但能独立（100%）引起结果的介入因素C
                              ─────────────────────────→ 结果C → 中断因果关系
```

三、客观归责理论与因果关系[①]

近年来，"客观归责理论"成为刑法学研究的一个热点问题，这从另一个角度阐述因果关系，

[①] 张明楷：《刑法学》，法律出版社2021年版，第228-231页。

使因果关系的判断更加规范化、实质化。

客观归责理论强调，在与结果有条件关系的行为中，只有当行为制造了不被法律所允许的危险，而且该危险是在符合构成要件的结果中实现（或在构成要件的保护范围内实现）时，才能将该结果归责于行为，即肯定行为与结果之间的因果关系。

因果关系仅强调的是事实层面行为与结果之间的因果关系，而客观归责理论在因果关系的基础上进行了进一步的规范化判断。实行客观归责必须具备三个条件：

（一）条件一：制造不被法律允许的风险

1. 如果减少了风险，就应排除客观归责

例如，甲看到一块石头快要落到乙的头上，便推了一下乙，使石头砸在乙的肩膀上。尽管乙的肩膀也受到了伤害，但不能将伤害结果归责于甲。二者之间没有因果关系。

实际上，因果关系理论也能解释这个问题，甲的行为是有益于乙的，不属于刑法上的危害行为，故甲的行为与被害人的伤害结果之间不存在刑法上的因果关系。只能说，客观归责理论更从实质上说明了问题：行为人没有创设法律所不允许的风险，所以，不可归责。

2. 如果行为没有减少风险，也没有提高危险，也不能将结果归责于行为人

例如，行为人向快要决堤的河里倒了一盆水，由于不能肯定一盆水增加了决堤的危险，故不能将决堤的结果归责于行为人。

3. 行为人虽然制造了危险，但如果危险被允许（如合法行为、日常生活行为），排除客观归责

例如，遵守交通规则的驾驶行为致人死亡的，不能将死亡结果归责于驾驶者。

又如，乙欠甲的钱到期了，到期当日甲去乙家门外敲门。乙问是谁呀？甲说："是我，你该还钱了。"乙未开门，乙家住14楼，为了躲债，从窗户边用绳子准备下到13层楼去，结果不慎失足坠楼身亡。甲只是正常的催债，甲的行为与乙的死亡结果之间没有因果关系。（20年真题）①

（二）条件二：实现不被法律所允许的风险

即在结果中实现了由行为人所制造的不被允许的危险。

例如，甲给乙的饭菜里投放毒药，乙吃过后毒性发作死亡，甲的投毒行为已经实现了造成被害人死亡的结果，即投毒风险实现了。

如下情形，不能认为行为实现了不被法律所允许的风险，不能对行为人归责：

1. 行为虽然对法益制造了危险，但结果的发生不是由该行为的危险所致，而是"偶然"与危险同时发生

例如，A造成B的伤害后，B在住院期间死于医院的火灾，A不需要对B的死亡结果进行归责，因为A的伤害行为本身并没有造成（实现）死亡结果，而是火灾造成了死亡结果。因果关

---

① 甲的敲门行为只是正常的生活行为，况且乙并没有开门，甲没有制造不被法律允许的风险，敲门行为本身不具有法益侵害的危险性，故甲的行为不需要对乙的死亡结果承担责任。此外，还可以认为，当甲敲门的时候，乙做出如此的举动，即"为了躲债，从窗户边用绳子准备下到13层楼去"，乙的行为系异常的介入因素，甲不需要对该异常行为及其导致的死亡结果承担责任。需特别提醒的是，部分同学存在表面化的认识，认为本案中，甲来了，乙死了，甲的行为与乙的死亡结果之间就具有刑法意义上的因果关系。如果这样归责的话，我感觉这是在"碰瓷"吧！刑法上的因果关系必须是较为直接的、合乎规律的现象与结果之间的关联。不能看到有点"联系"，就认为二者之间存在因果关系。刑法作为部门法中处罚最为严厉的法律，对行为及其造成结果的处罚，必须实行罪刑法定（有言在先），而且这种"有言在先"必须是行为人实行行为时可预见的、确定的结果，而不是漫无边际的牵连、想象不到的结果。法律本身就是应该给人的行为提出一种确定性的指引，刑法更应该是如此。

系理论也可以说明这个问题，因为本案中可以认为"医院的火灾"是异常的因素，会中断伤害行为与死亡结果之间的因果关系。

2. 行为没有实现不被允许的危险

例如，甲没有按规定对原材料消毒，导致职工感染病毒死亡。事实上，即使甲按照规定对原材料进行消毒，也不能发现病毒。由于未消毒的行为，并没有实现不被允许的危险，故排除客观归责。换言之，"无 A 也有 B"，即便不存在"甲不消毒"，职工也会感染病毒而死亡。故甲的行为与职工的死亡结果之间不存在因果关系。

3. 行为虽然违反了注意规范（即违反了法律规定），**但结果并不是违反注意规范所造成，排除客观归责**

例如，甲、乙夜间一前一后骑着电动车，但都没有开灯。甲因为缺乏照明而撞伤了迎面而来的行人。虽然如果后面的乙打开灯就能避免事故，但不能将结果归责于乙。乙虽然违反了法律规定（骑电动车不开灯），法律要求夜间开灯的规范是为了避免自己的电动车与他人相撞，而不是为了避免第三者的电动车与他人相撞。

（三）条件三：结果没有超出构成要件（罪名）的保护范围（任务）

如果所发生的结果**不包括在构成要件的保护范围或者保护目的之内，就不能将结果归责于行为人**。

其法理基础在于：每个法律、每个罪名，都是带着特定的任务来到这个世界的。**刑法中的每个罪名都有其任务，就是保护特定的法益**。而且其任务必须是明确的、可预知的、公众可以非常清楚地知晓。刑法作为掌握生杀予夺的法律，涉及对犯罪行为人判处生命刑、自由刑，其各个罪名的任务及其法律后果更应该明确。

例如，故意伤害罪的保护法益就是人的身体健康，故意毁坏财物罪的保护法益是财产权，超出该罪保护内容之外的法益，就不是该罪所要保护的内容，也不需要行为人对此负责。否则，甲对乙实施了一个故意伤害行为，无论造成什么结果，甚至是后续衍生的完全想象不到的结果（如乙受伤后，没有回家，家中被盗），都由甲来负责，显然是不妥当的。

又如，A 酒后在封闭的高速公路上驾驶机动车，撞死了突然违章横穿高速公路的 B。禁止酒后驾驶的规范，是为了防止因丧失或减轻控制车辆的能力而造成伤亡结果，所以，不能将 B 死亡的结果归责于 A 的酒后驾驶行为。也可以认为，被害人突然横穿高速公路是一个异常的因素，可以中断前行为与危害结果之间的因果关系。

又如，甲重伤王某致其昏迷。乞丐目睹一切，在甲离开后取走王某财物。甲的重伤行为触犯了故意伤害罪，但故意伤害罪的保护法益并不包括财产法益，乞丐取走财物的行为超出了故意伤害罪构成要件的保护范围，甲的伤害行为不需要对王某的财产损失负责，二者之间没有因果关系。

再如，丁在繁华路段飙车，2 名老妇受到惊吓致心脏病发作死亡。该案中，丁的飙车行为与被害人的死亡结果之间不存在刑法上的因果关系。刑法禁止飙车的目的是为了防止飙车行为造成车辆失控，而非防止飙车的声音。事实上，还有很多声音比此更大，如大声唱卡拉 OK，但这并不是刑法所规范的对象。当然，本案中，丁可能要承担民事责任。

又再如，被害人故意的自损行为，或者同意的危险行为，他人不承担刑事责任。乙是吸毒者，甲将毒品提供给乙，乙吸毒后死亡。或者，在狂风暴雨之际，乘客不顾摆渡人员的"危险"警告，执意要求摆渡人员徐某让其过河。摆渡人员在运送乘客过河时，渡船翻沉导致乘客死亡的。甲、徐某的行为均与被害人的死亡结果之间没有因果关系。

四、其他相关重要问题

（一）几种典型的因果关系的判断

1. 特异体质不中断因果关系。例如，甲对乙实施一般的伤害行为，但乙身患严重心脏病，受到伤害之后突发心脏病而死亡。甲的行为与乙的死亡结果之间存在因果关系。

严格地来说，被害人的特异体质并不是介入因素，而是行为时已经存在的特定条件，不存在所谓中断因果关系。

2. 假定的因果关系。是指虽然某个行为（A）导致该结果发生，但是，即使没有A，其他情况（B）也会导致该结果发生，仍然需要肯定A与结果之间的因果关系。换言之，因果关系的判断不容假定，而必须是客观实在的。

例如，徐某让蒋某喝了致死量的毒药，但在该毒药起作用之前，肖某使用铁棒殴打蒋某的头部造成其颅脑损伤而死亡。虽然没有肖某的行为，蒋某也会死亡，但是，如果没有肖某的殴打行为，蒋某不会颅脑损伤而死亡。因此，肖某的行为与该死亡结果之间存在因果关系。

3. 二重的因果关系。两个以上的行为分别都能导致危害结果的发生，但在二行为人没有意思联络的情况下，竞合在一起导致了结果的发生。

情形（1）：如果存在时间先后，一方的行为对死亡没有起作用，应否定该方的因果关系。例如，甲、乙先后对丙投了足以致死量的毒药，但在乙投毒药时，甲所投的毒药基本上已经导致被害人丙死亡，那么，乙的行为与被害人的死亡结果之间没有因果关系。

情形（2）：如果不存在时间先后，双方的行为同时造成了死亡结果，应同时肯定二者与死亡结果之间存在因果关系。例如，甲、乙没有意思联络而同时向丙开枪并打中丙，丙的两个伤口同时失血而导致流血过多死亡，甲、乙的行为均与丙的死亡结果之间存在因果关系。

4. 自杀型案件中，行为与结果之间因果关系的判断。

历年法考真题中，涉及被害人自杀的，几乎都否定行为与结果之间的因果关系。根据客观归责理论，由于自杀是被害人自主决定的结果，所以，便可以较为简明地认为，被害人的死亡结果不能归责于他人的行为，否定二者之间的因果关系。例如，甲强奸乙后，威胁不得报警，否则杀害乙。乙报警后担心被甲杀害，便自杀身亡。甲的威胁行为与乙的死亡之间没有因果关系（15年卷二53题）。

但是，虽然没有刑法上的因果关系，但从观念的角度来看，他人的行为确实与被害人的自杀有一定的关联，司法实践也认为这种情形即使不认定为故意杀人罪，对案件的处罚也会适当重一些。张明楷教授敏锐地注意到了这一中国特色，他认为，很多国家都没有将自杀结果归责于他人的行为。但是，在自杀这一问题上，东西方观念存在明显差异。在西方国家，一般会认为自杀是行使自由权利。中国人自杀很可能不是厌倦生活，更不是行使自由权利，大多是在给对方施加压力，使对方处于不利状态。"要得赢官司，除非死个人"最能说明这一点，一般人的这种传统观念，当然会对司法实践产生影响。因此，中国司法实践中，对于导致他人自杀的行为，适度会承担责任。①

（二）因果关系与犯罪形态、结果加重犯之间的关系

1. 因果关系与犯罪形态。故意犯罪中，行为与结果之间是否存在因果关系，决定了犯罪形态的判断。如果有因果关系，则应承担犯罪既遂的刑事责任；如果没有因果关系，则不应成立犯罪既遂的刑事责任。

---

① 张明楷：《刑法学》（第六版），法律出版社2021年版，第248页。

例如，甲以杀人的故意，给乙投了足以致死量的毒药让乙喝下，后心生悔意，决定将乙送往医院。在送往医院的过程中，丙驾驶的汽车直接将乙撞死。甲的行为与乙的死亡结果之间没有因果关系，甲不构成故意杀人罪既遂，成立犯罪中止。

又如，甲以杀人的故意将乙殴打致濒临死亡的重伤，后将乙送往医院。乙在医院接受治疗的过程中，因为医生丙的一般过失而死亡。甲的行为与乙的死亡结果之间有因果关系，甲构成故意杀人罪既遂。

2. 因果关系与结果加重犯的认定。成立结果加重犯，要求基本犯罪行为（A）与加重结果（A+）之间存在较为直接的因果关系，即<u>高度可能性，且行为人要对此有预见能力</u>。包括：行为本身具有导致死亡结果的高度可能性，还应结合特定的情境来判断行为具有造成结果的高度可能性。

例如，甲基于伤害的故意，用铁棍敲打乙的头部、胸部，导致乙死亡。该伤害行为具有造成死亡结果的高度可能性，甲的行为应认定为故意伤害（致人死亡）罪。

又如，甲在车辆来往很多的道路边的人行道上猛烈地打被害人耳光，被害人为了避免继续被打就一下跳到行车道上被车辆轧死了。虽然一般情形下，打被害人耳光本身不具有致人死亡的高度危险性，但本案中，在特定的情境下（车辆来往很多的道路边）具有造成被害人逃跑进而死亡的高度可能性，应认定为故意伤害（致人死亡）罪，行为人对此也应有预见。

再如，甲、乙因为琐事争吵，甲以轻伤的故意打了乙十个耳光，乙突发心脏病死亡。甲的行为即使与乙的死亡结果之间有因果关系，但就甲的行为本身（打耳光）而言，不具有造成死亡结果的高度可能性，甲对乙的死亡也没有预见能力，不成立结果加重犯。

知识点分析思路总结

一、从行为本身的角度判断因果关系

1. 如果造成危害结果的行为本身是合法行为、法律所允许的行为，应回答：

结论：行为与结果之间没有因果关系。

理论：行为人所实施的行为是合法行为（正当行为、法律所允许的行为），不是危害行为，通常情况下不会造成结果。即便造成结果也不合乎规律，故行为与结果之间不具有刑法意义上的因果关系。

2. 如果造成了危害结果的行为还处于预备阶段（未着手实施危害行为），应回答：

结论：没有因果关系。

理由：预备行为本身并不具有造成危害结果的通常性，不合乎规律，故预备行为与危害结果之间没有因果关系。

二、从介入因素的特征之角度判断因果关系

1. 如果因果进程中，出现了正常的介入因素，应回答：

结论：前行为与危害结果之间存在因果关系。

理由：虽然本案出现了介入因素，但该介入因素是正常的因素，合乎规律，不中断前行为与危害结果之间的因果关系。

2. 如果因果进程中，出现了介入因素，介入因素是异常的因素，但作用力（量）相对较小，不足以独立地导致危害结果的发生，应回答：

结论：前行为与危害结果之间存在因果关系。

理由：虽然本案中出现了异常的介入因素，但该介入因素不足以独立地导致危害结果的发

生，不能中断前行为与危害结果之间的因果关系，前行为与危害结果之间仍然存在因果关系。

3. 如果因果进程中，出现了介入因素，介入因素是异常的，且作用力（量）大，足以独立地导致危害结果的出现，应回答：

结论：前行为与危害结果之间没有因果关系。

理由：前行为与结果间出现了异常的介入因素，该介入因素足以独立地导致危害结果的发生，中断了前行为与危害结果之间的因果关系，故前行为与危害结果之间没有因果关系。

三、运用客观归责理论辅助判断因果关系

1. 行为人仅实施了法律所允许的行为，造成了危害结果，应回答：

结论：不需要对行为归责，或者，行为与结果之间没有因果关系。

理由：行为人的行为是日常活动或合法行为，其未制造不被法律（刑法）所允许的风险，排除客观归责，行为与危害结果间不具有刑法意义上的因果关系。

2. 行为虽然违反了法律（刑法），但该行为本身并没有实现不被允许的风险，应回答：

结论：不需要对行为归责，或者，行为与结果之间没有因果关系。

理由：行为虽然违反了刑法规范，但即便不实施该行为，危害结果仍然会出现，换言之，该行为本身并没有实现不被法律允许的风险，排除客观归责，故行为与结果之间没有因果关系。

3. 行为虽然违反了刑法规范（A罪），但所造成的结果不是A罪的保护法益，应回答：

结论：不需要对行为归责，或者，行为与结果之间没有因果关系。

理由：行为人的行为虽然违反了刑法规范（A罪），但所出现的危害结果不是A罪的保护范围，超出了A罪所欲保护的内容。因此，行为与结果之间没有刑法意义上的因果关系。

主观题小案例

案例1：甲劝说乙清晨去马路上跑步，希望乙被汽车撞死。乙接受劝告之后每天坚持清晨去马路上跑步，某日，乙在马路上跑步时，被违章驾驶的丙驾车撞死。

问题：甲的行为与乙的死亡结果之间是否存在因果关系？

案例2：甲欲投毒杀害乙，刚从药店买回毒药，将药放在自己办公室桌上，此时乙正好前来甲的办公室聊天，看到桌上放的毒药，以为是糖，拿过来就放到嘴里吃下，后乙死亡。

问题：甲的行为与乙的死亡结果之间是否具有刑法上的因果关系？

案例3：徐某欲放火报复前女友蒋某。某冬日凌晨，徐某携放火工具进入蒋某家院内，断开电源开关后，徐某将汽油泼洒在窗台及门上。徐某用木棍击碎玻璃窗，向屋内泼洒汽油。蒋某的父母蒋大某、卢某被惊醒后，使用警用手电照明，并因害怕开启电击功能击打出电火花，引发大火将蒋某父母烧伤，房屋烧坏。卢某因大面积烧伤，经抢救无效死亡。

问题：徐某的放火行为与被害人卢某的死亡结果之间是否存在因果关系？

案例4：甲故意伤害乙，导致乙受到濒临死亡的重伤。乙在被送往医院接受治疗时，医生丙基于一般过失，最终导致乙死亡。

问题：甲的行为与乙的死亡结果之间是否存在刑法上的因果关系？

案例 5：徐某欲杀害毛毛，但仅造成毛毛轻伤。毛毛因迷信鬼神，往伤口上涂抹香灰，致毒菌侵入体内后死亡。

问题：徐某的行为与毛毛的死亡结果之间是否存在刑法上的因果关系？

案例 6：甲在道路上正常驾驶汽车，乙突然横穿道路，甲的汽车撞死了乙。
问题：甲的行为与乙的死亡结果之间是否存在刑法上的因果关系？

案例 7：护士在注射抗生素时没有为患者做皮试，患者因注射抗生素而死亡。但事后查明，即使做皮试也不能查出患者的特殊反应。
问题：护士未做皮试的行为与被害人的死亡结果之间，是否存在刑法上的因果关系？

案例 8：电信诈骗犯徐某利用淘宝订单异常退款的方式，骗走大学生毛毛三万元。毛毛因无法接受事实，跳湖自杀。
问题：徐某的诈骗行为与毛毛的死亡结果之间是否具有刑法上的因果关系？

案例 1-问题：甲的行为与乙的死亡结果之间是否存在因果关系？
答案：甲的劝说行为与乙的死亡结果之间<u>不存在因果关系</u>。甲劝说乙去马路上跑步，<u>是合法行为，通常情形下不会出现交通事故</u>，本案中，丙的违章驾驶是异常的介入因素，独立导致了乙的死亡，中断了甲的行为与乙的死亡结果之间的因果关系，故甲的劝说行为与乙的死亡结果间不存在因果关系。

案例 2-问题：甲的行为与乙的死亡结果之间是否具有刑法上的因果关系？
答案：<u>没有因果关系</u>。甲的杀人行为（投毒）还处于预备阶段，<u>预备行为造成死亡结果并不合乎规律</u>，其行为与乙的死亡结果之间不存在因果关系。

案例 3-问题：徐某的放火行为与被害人卢某的死亡结果之间是否存在因果关系？
答案：徐某的放火行为与被害人卢某的死亡结果之间<u>存在因果关系</u>。徐某实施一系列放火行为之后，介入被害人开启警用手电电击功能的行为，这是徐某先前切断电源行为引起的<u>通常行为</u>，即该介入因素是正常的因素，合乎规律，<u>没有中断</u>徐某泼汽油行为与着火之间的因果关系。

案例 4-问题：甲的行为与乙的死亡结果之间是否存在刑法上的因果关系？
答案：<u>存在因果关系</u>。虽然本案中介入了医生丙的过失这一异常的因素，但<u>该过失并不能独立地导致乙的死亡结果的出现，不能中断甲的行为与乙的死亡结果之间的因果关系</u>，甲的行为与乙的死亡结果之间存在因果关系。

案例 5-问题：徐某的行为与毛毛的死亡结果之间是否存在刑法上的因果关系？
答案：徐某的行为与毛毛的死亡结果之间<u>不存在因果关系</u>。徐某对毛毛实施的侵害行为仅造成轻伤，介入了被害人毛毛本人对伤口的不当处理，该介入行为<u>不具通常性，不合乎规律</u>，且对<u>死亡结果起决定性作用</u>，导致<u>因果关系中断</u>，故不能将死亡结果归属于徐某的行为。

案例 6-问题：甲的行为与乙的死亡结果之间是否存在刑法上的因果关系？
答案：<u>没有因果关系</u>。虽然甲驾驶汽车撞死乙，但是<u>甲正常驾驶的行为是合法行为，未制造</u>

不被法律允许的风险，排除客观归责，即甲的行为与乙的死亡之间不具有刑法意义上的因果关系。

案例 7-问题：护士未做皮试的行为与被害人的死亡结果之间，是否存在刑法上的因果关系？
答案：没有因果关系。患者因没做皮试过敏死亡，但即便做了皮试，仍然会出现死亡结果，即该行为本身并没有实现不被法律允许的风险，排除客观归责，故护士的行为与患者的死亡结果之间没有因果关系。

案例 8-问题：徐某的诈骗行为与毛毛的死亡结果之间是否具有刑法上的因果关系？
答案：徐某的诈骗行为与毛毛的死亡结果之间不存在因果关系。徐某的实行行为是诈骗行为，刑法规定的诈骗罪的目的是保护被害人的财产，毛毛因受骗而自杀的行为超出了诈骗罪的保护范围，因此，诈骗行为与死亡结果之间没有因果关系。

可能考查的观点展示

1. 在存在介入因素的因果关系判断题目中，可能存在该介入因素是否异常并不明确的题目，对认为介入因素异常或正常的处理，应分两种观点作答。

模拟案例：黄某放火烧李某的房屋，但火蔓延到了隔壁范某的房屋。范某被火势惊醒逃至屋外，想起卧室有 5000 元现金，即返身取钱，被烧断的房梁砸死。问题：如认定黄某放火与范某被砸死之间存在因果关系，可能有哪些理由？如否定黄某放火与范某被砸死之间存在因果关系，可能有哪些理由？（两问均须作答）

答案：黄某放火与范某死亡之间，介入了被害人范某的行为。要判断黄某的放火行为与范某的死亡结果之间是否存在因果关系，本质上就是判断，介入因素（范某冲进火堆拿 5000 元）是正常还是异常。

一种观点认为，被害人冲入火中取 5000 元是正常的，不属于异常的介入因素，不会中断行为与结果之间的因果关系。故前行为与危害结果之间存在因果关系。

另一种观点认为，被害人冲入火中取 5000 元不具有通常性，是异常的介入因素，且独立导致了被害人死亡，中断了行为与结果之间的因果关系。故前行为与危害结果之间不存在因果关系。

2. 虽然行为人实施了违法行为，造成了危害结果，但即便其遵守法律，也不能避免该结果发生的，行为与结果之间是否存在因果关系，存在不同的观点。

模拟案例：被告人甲在一条笔直的 6 米宽的道路上驾驶着汽车，右侧的乙朝着相同的方向骑着自行车。按照规则，汽车与行人应当保持 1.5 米的距离，但甲在只保持 0.75 米距离的情况下超越骑自行车的乙，乙被车后轮轧死。事后查明，乙当时酩酊大醉，即便甲使汽车与乙保持法定距离，发生同样事故的盖然性仍然很高。甲的行为与乙的死亡结果之间是否存在因果关系？①

答案：一种观点认为，甲的行为与乙的死亡结果之间没有因果关系。本案中，甲虽然实施违法行为导致乙死亡，但即便甲遵守规范，也会造成乙死亡的结果，甲的行为并没有实现法律所不允许的风险，排除客观归责。故甲的行为与乙的死亡结果之间没有因果关系。

另一种观点认为，甲的行为与乙的死亡结果之间存在因果关系。本案中，如果甲不超车，乙就不会死亡；就特定时间、地点的死亡而言，是甲的行为导致了乙的死亡结果，如果甲没有超车，就不会造成死亡结果，故甲的行为与乙的死亡结果间存在因果关系。

---

① 张明楷：《刑法学》（第六版），法律出版社 2021 年版，第 237 页。

第三章
事实认识错误

法条群及知识点

事实认识错误是指，**行为人的主观认识与客观结果不一致**。

根据这种"不一致"的不同程度，在同一犯罪构成内的认识错误，属于具体的事实错误；跨越不同构成要件的认识错误，属于抽象的事实错误。

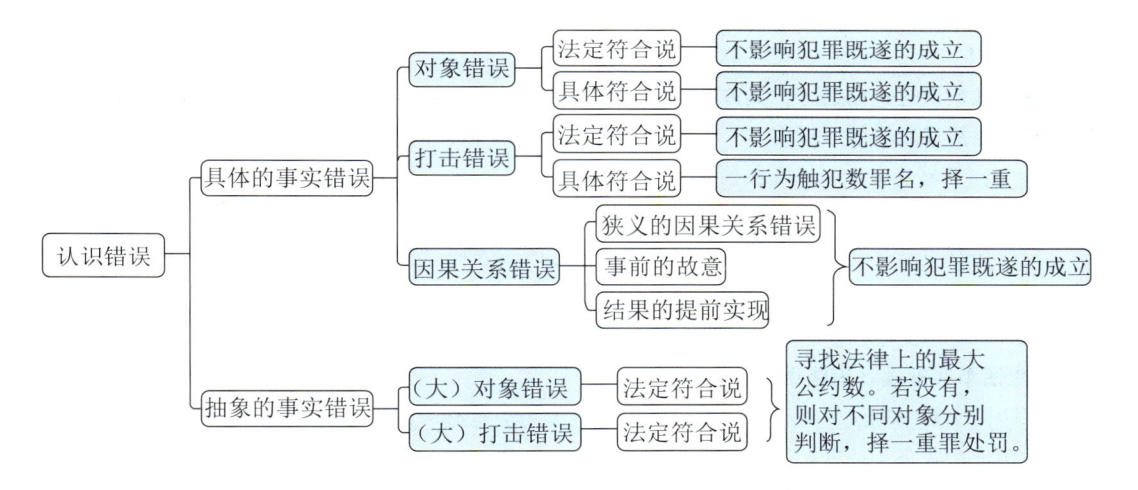

```
                    ┌─ 对象错误 ─┬─ 法定符合说 ── 不影响犯罪既遂的成立
                    │            └─ 具体符合说 ── 不影响犯罪既遂的成立
          具体的     │
          事实错误 ──┼─ 打击错误 ─┬─ 法定符合说 ── 不影响犯罪既遂的成立
                    │            └─ 具体符合说 ── 一行为触犯数罪名，择一重
认识错误 ─┤          │
          │         └─ 因果关系 ─┬─ 狭义的因果关系错误
          │            错误      ├─ 事前的故意          ── 不影响犯罪既遂的成立
          │                      └─ 结果的提前实现
          │
          └─ 抽象的 ─┬─ (大)对象错误 ── 法定符合说 ─┐  寻找法律上的最大
             事实错误 └─ (大)打击错误 ── 法定符合说 ─┘  公约数。若没有，
                                                      则对不同对象分别
                                                      判断，择一重罪处罚。
```

一、具体的事实错误——中小型错误

具体的事实错误，是指行为人认识的事实与实际发生的事实虽然不一致，但**没有超出同一犯罪构成的范围**，即行为人主观上意欲侵害的对象与实际侵害的对象属于"同一犯罪"的保护法益（对象）。

例如，甲欲杀张三，但误将李四当成了张三并实施了杀害行为，张三、李四都属于故意杀人罪的对象，属于同一犯罪构成内的错误。

1. 对象错误

是指行为人误把甲对象当作乙对象加以侵害，而甲、乙对象处于"同一犯罪构成"内。这种错误可以认为是**认错"人"了**，是一种**主观错误**。关于对象错误，如何处理，刑法理论上形成了具体符合说与法定符合说两种观点。

例如，甲欲杀乙，丙、乙长得非常相似，甲将丙认作乙，把丙杀死，即属对象错误——行为

23

人意欲侵害的具体对象在案件中从未出现过（我要的菜没来）。①

处理方式：

（1）具体符合说（在意具体细节）：行为人主观上意欲侵害的对象必须与客观上实际侵害的对象具体地（完全、100%）一致时，才能成立故意犯罪的既遂。

上述案例中，具体符合说认为，由于主观上意欲侵害的对象乙与客观上实际侵害的对象丙不一致，甲成立对乙的故意杀人罪未遂与对丙的过失致人死亡罪的想象竞合，应以故意杀人罪未遂论处。

但需要注意的是，现今在对象错误这一问题上，具体符合说的学者已经"修正"了自己的观点，与法定符合说的学者保持结论上的一致性。认为这种对象错误并不重要，因而不影响故意犯罪既遂的成立。故针对本案，具体符合说也认为成立故意杀人罪的既遂。②

（2）法定符合说（抛开具体的细节，只看刑法的规定）：行为人所认识的事实与实际发生的事实，只要在犯罪构成范围内（刑法规定的范围内）是一致的，就成立故意的既遂犯。

上述案例中，法定符合说认为，乙、丙均是故意杀人罪的对象"人"（二者的最大公约数"人"），刑法上只有"人"这一概念，而无具体的乙、丙的概念，因此，只要在"人"这一问题上，行为人的主观想法与客观结果保持一致，甲就成立故意杀人罪的既遂。

【结论】

在对象错误这一问题上，具体符合说修改了自己的观点，具体符合说与法定符合说的观点一致，都成立故意犯罪的既遂。

例如，甲为杀害仇人林某在偏僻处埋伏，见一黑影过来，以为是林某，便开枪射击。黑影倒地后，甲发现死者竟然是自己的父亲。事后查明，甲的子弹并未击中父亲，其父亲患有严重心脏病，因听到枪声后过度惊吓死亡——甲构成故意杀人罪既遂。行为人意欲侵害的对象在本案中根本没有出现过，甲属于对象错误，无论是持具体符合说还是法定符合说，均成立故意杀人罪的既遂。(07年卷二5题)

【生活事实解读认识错误】

不少同学初学刑法，觉得很难理解具体符合说与法定符合说。其实用通俗的话来理解就是：

我叫你帮我去买一瓶矿泉水解渴（农夫山泉），你却帮我买了一瓶矿泉水（依云）。如果我是一个很较真的人，凡事要求细节都具体一致（具体符合说），那你确实没有完成我的任务，属于未遂。

如果我并不要求具体一致，我是一个比较大气的人，认为只要你买到了"水"，我叫你买的

---

① 如下情形，都属于对象错误：甲欲走私枪支（武器），但误将子弹当作枪支进行走私，甲的行为亦属对象错误，成立走私弹药罪。理由：刑法规定的"走私武器、弹药罪"是选择性罪名，该罪的对象是"武器、弹药"，误将"弹药"当作"武器"，虽然从生活观念看似乎超出了对象的种类，但是，无论是"武器"还是"弹药"，均属于该罪的保护对象。又如，徐某欲拐卖妇女，将女子孟某拐卖后，事后才发现，原来孟某是儿童（未满14周岁）。无论是妇女还是儿童，均属于拐卖妇女罪的对象，亦属于同一构成要件内的错误，系对象错误。再如，行为人欲帮他人洗钱，误将他人的毒品犯罪所得当作是贪污犯罪所得，实施了洗钱行为，由于毒品犯罪所得与贪污犯罪所得均属于洗钱罪的对象，故属于同一构成要件内的错误，系对象错误。

② 针对对象错误，现在具体符合说的观点认为，尽管行为人的认识和实际结果之间存在细节上的不同，行为人虽然意欲杀害张三，但由于认识错误，行为当时指向的对象是处于现场的"那个人（李四）"，结果也杀死了在现场的"那个人（李四）"，行为"当时"的认识和现实发生的结果之间并没有细节上的不同，因此，应当承担故意杀人罪既遂的刑事责任。换言之，现在的具体符合说也不要求"那么具体"了。

东西与你帮我买的东西虽然不是具体一致，但至少都是"水"，如果认为只要大概一致（符合"水"这一本质，法定符合说），那可以认为你完成了我的任务（犯罪既遂）。这个问题上，我们普通人可能都认为不宜太过较真，基本上应该认为你完成了任务，故法定符合说是通说的观点。

2. 打击错误——又称方法错误、行为误差

是指由于行为本身的误差，导致行为人所欲攻击的对象与实际受害的对象不一致，这种不一致没有超出同一犯罪构成。这种错误不是主观认识上的错误，而是客观上的行为错误（客观错误）。

例如，甲欲杀害乙，由于枪法不准，击中了乙身边的丙，造成了丙死亡——对象看清楚了，但枪法不准，行为人意欲侵害的对象在案件中出现了（我要的菜来了）。

处理方式：

（1）具体符合说：由于客观上所造成的结果与行为人的主观认识没有具体符合，行为人是一行为触犯数罪名（甲对乙成立故意杀人罪未遂、对丙成立过失致人死亡罪），以一重罪（故意杀人罪未遂）论处。

（2）法定符合说：行为人主观上具有杀人故意、客观上的行为也导致他人死亡，在法律层面达到符合，定故意杀人罪既遂。即便被害的对象与主观上意欲杀害的对象不是具体的一致，也不影响故意犯罪既遂的成立，因为意欲杀害的对象与实际侵害的对象在法律规定的层面上都是"人"——法定符合说是通说，考试时如果没有特别说明，按照法定符合说做题。①

【结论】在打击错误这一问题上，具体符合说与法定符合说的观点不一致，具体符合说没有修改自己的观点，而是坚持具体判断。但是，法定符合说是通说的观点。

【典型真题】

1. 甲在乙骑摩托车必经的偏僻路段精心设置路障，欲让乙摔死。丙得知甲的杀人计划后，诱骗仇人丁骑车经过该路段，丁果真摔死——甲的行为指向的对象与行为人意欲侵害的对象不一致，"我要的菜没来"，属对象错误，法定符合说和具体符合说处理结论一致，甲构成故意杀人罪既遂。（15年卷二56题）

2. 甲、乙共同对丙实施严重伤害行为时，甲误打中乙致乙重伤，丙乘机逃走。关于本案，下列哪些选项是正确的？（　　）（多选）（16年卷二52题）②

　　A. 甲的行为属打击错误，按照具体符合说，成立故意伤害罪既遂

　　B. 甲的行为属对象错误，按照法定符合说，成立故意伤害罪既遂

　　C. 甲误打中乙属偶然防卫，但对丙成立故意伤害罪未遂

　　D. 不管甲是打击错误、对象错误还是偶然防卫，乙都不可能成立故意伤害罪既遂

3. 甲欲开枪杀乙，误将丙当乙杀死，根据观点一，甲成立故意杀人罪既遂；甲欲开枪杀乙，

---

① 可能有同学会问，为什么在对象错误这一问题上，具体符合说修改了自己的观点，与法定符合说保持一致。而在打击错误这一问题上，具体符合说、法定符合说的观点不一致。其主要原因在于：对象错误的情况下，错误不是太大。虽然你想杀张三，误将李四认成张三，但至少你开枪的时候，想杀眼前的"这个人"（李四），实际上死的也是眼前的"这个人"（李四），这个错误并不是很大。所以，具体符合说的学者也认为这种错误不重要，可以忽略。故行为人成立故意杀人罪既遂。打击错误的情况下，你想杀眼前的"这个人"（张三），并且用枪瞄准了张三，而因枪法不准，实际上死的是眼边的"那个人"（王五）。就此意义而言，你的错误还是有点大的，故具体符合说认为，这就是错了，你的犯罪行为就是没有完成，成立犯罪未遂。在打击错误这一问题上，具体符合说的学者拒绝妥协，认为成立未遂。

② 答案：CD。

瞄准乙开枪由于枪法不准，杀死乙身旁的丙，根据观点二，甲成立故意杀人罪既遂。下列说法正确的是？（　　）（多选）（20年真题）①

A. 都是具体符合说
B. 观点一是具体符合说，观点二是法定符合说
C. 观点一是法定符合说，观点二是具体符合说
D. 都是法定符合说

3. 因果关系的错误

（1）概念

侵害的对象没有错误，但造成侵害的因果关系的发展过程与行为人所预想的发展过程不一致，以及侵害结果推后或者提前发生的情况。即，对因果关系的具体样态的认识错误。

处理方式：对于这种<u>细微的错误，可以忽略不计，不影响故意犯罪既遂的成立</u>。

（2）因果关系的错误为什么可以忽略，不影响故意犯罪既遂的认定？

因果关系的错误中，因果关系的<u>大体方向、流程并没有根本性的错误</u>，换言之，<u>这种错误并不"异常"</u>，是正常范围内的错误，故不影响故意犯罪既遂的认定。即便行为人对于因果流程存在认识错误，但只要结果"保持在根据普遍的生活经验可以预见的范围之内，所设想的和实际发生的因果经过之间的不一致便属于'非本质性'的"。因此，因果关系错误在刑法评价上无关紧要。

实际上，当行为人实行行为终了的那一刻起，因果历程的发展便已经如"脱缰的野马"，不再可能完全按照行为人预想的因果流程进行，更何况，以目前一般人的认知，对很多自然因果流程的具体作用仍然处于模糊状态（如下毒致死的工作机理和行为人想象的毒药工作机理并不一致），因此，在规范的归责上，我们不可能要求行为人对因果流程的认知达到完全具体、科学的程度，只要行为人制造了法益侵害的风险，并且风险最后也确实实现，同时<u>结果的发生与行为人对于自己行为制造风险的流程想象"大体一致"时，便成立故意犯罪既遂</u>。

例如，甲杀害乙之后，将乙的"尸体"掩埋，事实上乙死于"掩埋"行为。虽然乙的死亡结果并不符合甲的原先预想，但甲事后的"毁尸灭迹"并不异常，大体符合因果流程。甲的行为成立故意杀人罪既遂。

又如，甲冒充家电维修人员，想把王某家的冰箱骗到手。某日，甲来到王某家，开门的却是王某家保姆余某。甲误把保姆余某当成王某，说家电搞活动正在以旧换新，保姆以为甲事前跟王某商量好了，就把冰箱给了甲——就本案而言，甲诈骗的标的是"那台冰箱"，最后获取的也是"那台冰箱"，就具体标的物而言，不存在任何认识错误。只是甲预想的因果流程与实际发生的情

---

① 答案：BD。题干中第一个案例：甲欲开枪杀乙，误将丙当乙杀死，属于对象错误。在对象错误这一问题上，无论是具体符合说还是法定符合说的观点，都认为行为成立故意杀人罪既遂。题干中谈及"根据观点一，甲成立故意杀人罪既遂"。因此，观点一既可是法定符合说，也可以是具体符合说。题干中第二个案例：甲欲开枪杀乙，瞄准乙开枪由于枪法不准，杀死乙身旁的丙，属于打击错误。关于打击错误，具体符合说认为，由于客观事实与行为人的主观认识没有形成具体的符合，甲对乙承担杀人未遂的责任，对丙承担过失致人死亡的责任，由于只有一个行为，故二者属于竞合犯，从一重罪（故意杀人罪未遂）处罚。法定符合说则认为，在故意致人死亡存在打击错误的情况下，行为人客观上的杀人行为导致了他人死亡，主观上也具有杀人故意，二者在故意杀人罪的犯罪构成内是完全一致的，因而成立故意杀人既遂。所以，观点二为法定符合说。综上，B正确，观点一是具体符合说，观点二是法定符合说。D也同样正确，观点一亦可以是法定符合说，观点二也是法定符合说。故BD当选。

况有些变化而已：甲本是想通过 A 途径（欺骗主人）拿到这个冰箱，但实际上是通过 B 途径（欺骗保姆）拿到这个冰箱，但都是骗，都是这个冰箱。因此，甲属于事实认识错误中的因果关系错误，没有根本性的错误，不影响故意犯罪既遂的认定，甲构成诈骗罪既遂。(19年真题)

(3) 因果关系的错误的类型

狭义的因果关系错误	事前的故意（结果推后实现）（死晚了）	结果的提前实现（死早了）
定义：是指结果的发生不按照行为人对因果关系的发展所预见的进程来实现的情况	定义：行为人误以为第一个行为已经造成结果，出于"其他目的"实施第二个行为，实际上是第二个行为才导致预期的结果的情况	定义：指提前实现了行为人所预想的结果
例如，甲为了使乙溺死水中，将乙推进井中，实际上乙是摔死的 又如，甲以杀人的故意向乙开枪射击，乙为了避免子弹打中自己而后退，结果坠入悬崖而死亡	例如：甲以杀人的故意对乙实施暴力（第一个行为），造成乙休克后，甲以为乙已经死亡，为了隐匿罪迹，将乙扔至水中（第二个行为），实际上乙是溺死于水中	例如：甲欲杀乙，计划先用毒药搞昏乙，然后再用绳子勒死乙。但因投放的毒药剂量过大，乙喝完毒药就"提前"死了，甲的行为成立故意杀人罪既遂。 但是，不能死得"太早"。 例如，甲买了毒药，准备下午三点回家毒死妻子，甲一点钟回家时，先出去玩，其妻子提前下班，一点半左右时，翻开甲的钱包，找到毒药，自己喝了，并死亡（故意杀人罪的预备与过失致人死亡罪的竞合）
处理：成立故意犯罪既遂	处理：通说认为，成立故意犯罪既遂	处理：如果危害结果是实行行为导致的，则成立故意犯罪的既遂；如果不是，则否认故意犯罪的既遂

对于上述 **"事前的故意"**，**理论上存在不同的观点**：

第一种观点认为，行为人的第一行为成立故意杀人罪未遂，第二行为成立过失致人死亡罪；其中有人认为成立想象竞合犯，有人主张成立数罪。

第二种观点认为，如果在实施第二行为之际，对于死亡持未必的故意（或间接故意），则整体上成立一个故意杀人既遂；如果在实施第二行为之际，相信死亡结果已经发生，则成立故意杀人未遂与过失致人死亡罪。

第三种观点认为，将两个行为视为一个行为，将支配行为的故意视为概括的故意，只成立一个故意杀人既遂。

第四种观点认为（通说），将前后两个行为视为一体，视为对因果关系的认识错误处理，只要因果关系的发展过程是在相当的因果关系之内，就成立一个故意杀人既遂。

例如，洪某使用事先准备的凶器，击打赵某的后脑部，导致赵某昏倒在地不省人事，蓝某此时到达了现场，与洪某一并从赵某身上和提包中找出价值 2 万余元的财物。蓝某先离开了现场，洪某以为赵某已经死亡，便将赵某扔到附近的水库，导致赵某溺死（经鉴定赵某在死亡前头部受

重伤）。本案中，洪某对于被害人的死亡，属于"事前的故意"这一因果关系的错误。（2019年主观题）

4. 其他问题

（1）在对象错误、打击错误、因果关系的错误中，原则上行为人仅实施了一个犯罪行为，只能认定为是一罪。即使是在因果关系错误中的"事前的故意"中，行为人有两个行为，后一行为（事后不可罚）也是附属于前一行为的，因此，只能定一罪。但如果行为人基于数个罪过形式，分别实施了数个犯罪行为，应数罪并罚。

例如，甲为上厕所，将不满1岁的女儿放在外边靠着篱笆站立，刚进入厕所，就听到女儿的哭声，急忙出来，发现女儿倒地，疑是站在女儿身边的4岁男孩乙所为。甲一手扶起自己的女儿，一手用力推乙，导致乙倒地，头部刚好碰在一块石头上，流出鲜血，并一动不动。甲认为乙可能死了，就将其抱进一个山洞，用稻草盖好，正要出山洞，发现稻草动了一下，以为乙没死，于是拾起一块石头猛砸乙的头部，之后用一块磨盘压在乙的身上后离去。案发后，经法医鉴定，甲在用石头砸乙之前，乙已经死亡。甲的行为构成过失致人死亡罪与故意杀人罪（未遂）数罪——该案定两罪，是因为行为人先有一个过失致人死亡的行为，后来又实施了一个故意杀人的行为（变本加厉），分别有两个独立的犯罪行为。①（03年卷二4题）

（2）认识错误的前提是，行为人主观上有犯罪的故意，如果没有犯罪故意，不是认识错误要解决的问题。

例如，误将熟睡的孪生妻妹当成妻子，与其发生性关系——本案中，行为人没有犯罪的故意，不属于认识错误问题，不应以犯罪论处。行为人既然是"误将"孪生妻妹当作妻子，说明行为人主观上没有强奸故意的心态，主观上只想和自己妻子发生性关系。

又如，乙掉入河中，甲虽发现，但误以为掉入河中的不是自己的儿子乙，而是与自己无关的丙，因而没有救助，导致乙死亡——甲连事实都没有认识清楚，行为人主观上没有犯罪的故意，不构成犯罪。

二、抽象的事实错误——大型错误

行为人所认识的事实与现实所发生的事实，分别属于不同的犯罪构成。

抽象的事实错误之错误程度更大，跨越了不同犯罪的保护对象，包括（大）对象错误与（大）打击错误。抽象的事实错误由于跨越两个犯罪构成，则必然出现实际导致的结果与行为人主观上预想的犯罪构成在危害性上的差异。

1. 错误类型

（1）（大）对象错误。行为人误把甲对象当作乙对象加以侵害，而甲对象与乙对象分属不同的犯罪构成，亦称客体错误。

---

① 实践中，常常将行为人出于杀人的故意，误把刚死不久的尸体当作活人加以杀害的行为，认定为故意杀人罪的未遂犯。这种做法是有一定道理的。因为，人的生死之间的界限并不是黑白分明的，存在一个灰色的过渡阶段，处在这个阶段上的生命到底是生还是死，法医学也难以做出准确的判断；同时，生命是刑法最为重要的保护法益之一，为了体现这一点，从刑事政策的角度来考虑，也有必要将这种行为作为犯罪考虑。只是因为行为当时，被害人生死不明，从有利于被告人的角度考虑，所以，将这种情况作为未遂犯从宽处罚。（黎宏：《刑法学》，法律出版社2012年版，第636页。）

例如，行为人本欲盗窃一般财物，却误将枪支当作一般财物实施盗窃。行为人主观上是想实施盗窃罪，但客观上却侵犯了盗窃枪支罪的对象。行为人没有盗窃枪支的故意，不能认定为盗窃枪支罪，只能认定为盗窃罪。由于枪支也具有财物的属性，因此，本案也可以认为是盗窃罪（既遂）。即枪支与财物在具有"财物"属性这一点上是共同的。

（2）（大）打击错误。由于行为本身的误差，导致行为人所欲攻击的对象与实际受害的对象不一致，而且这种不一致超出了同一犯罪构成。

例如，甲对乙开枪射击，欲杀死乙，但子弹却击中了乙旁边的珍贵文物。甲对乙成立故意杀人罪的未遂，对文物应成立过失损毁文物罪，择一重罪处罚。

2. 处理原则

按照法定符合说处理。即在主观（所欲侵害的对象）与客观（实际所侵害的对象）中，寻找法律上的最大公约数，如果没有最大公约数，则对不同对象分别判断，择一重罪处罚。

例如，甲欲盗窃乙的包中的普通财物，但将该包拿回来之后，却发现里面有枪。该案中，"财物"与"枪支"的最大公约数是"财物"，甲的行为可以成立盗窃罪既遂。

又如，行为人主观上想杀人，实际上损坏了珍贵文物，"人"与"文物"之间没有最大公约数。那么，分别判断就是故意杀人罪的未遂、过失损毁文物罪，由于只有一个行为，择一重罪，即故意杀人罪未遂。

【典型真题】

1. 丁某盗窃了农民程某的一个手提包，发现包里有大量现金和一把手枪。丁某将真情告诉崔某，并将手枪交给崔某保管，崔某将手枪藏在家里。关于本案，下列哪些选项是正确的？（　　）（多选）（07年卷二61题）①

　　A. 丁某构成盗窃罪
　　B. 丁某构成盗窃枪支罪
　　C. 崔某构成窝藏罪
　　D. 崔某构成非法持有枪支罪

2. 甲在8楼阳台上浇花时，不慎将金镯子（价值3万元）甩到了楼下。甲立即让儿子在楼上盯着，自己跑下楼去捡镯子。路过此处的乙看见地面上有一只金镯子，以为是谁不慎遗失的，在甲到来之前捡起镯子迅速逃离现场。甲经多方询查后找到乙，但乙否认捡到金镯子——乙的行为构成侵占罪。（08年四川卷二16题）

知识点分析思路总结

一、具体事实认识错误中，对象错误、打击错误及其处理原则

主观题的历年真题中，曾经出现过在一些财产、人身犯罪中，行为人产生了认识错误的情况。考生不仅仅需要回答错误的类型，还要回答错误的处理原则，尤其是有不同学说的，原则上都应回答。

---

① 答案：AD。该案中，如果包里仅有一把手枪，没有现金，甲的行为也成立盗窃罪。因为甲主观上有盗窃"财物"的故意（盗窃罪），但事实上盗窃的对象是"枪支"，而枪支本身具有"财物"的属性。因此，可以认为甲盗窃到了财物，成立盗窃罪。

1. 当行为人的行为属于对象错误时，应回答：

结论：行为属于对象错误，成立故意杀罪的既遂。

理由：行为人误将 A 对象当作 B 对象，A、B 都属于同一罪的犯罪对象，这种错误不影响犯罪既遂的成立，无论是法定符合说还是具体符合说，都成立故意犯罪既遂。

2. 当行为人的行为属于打击错误时，应回答：

结论：行为人的行为系打击错误。

理由：行为人的主观认识上并不存在错误，只是因为客观行为的误差，导致实际侵害的对象与本欲侵害的对象不一致，系打击错误。打击错误有两种处理原则，具体符合说认为，成立故意犯罪未遂；法定符合说（通说）认为，成立故意犯罪既遂。

二、抽象的事实错误中的判断

抽象的事实错误中，行为人欲侵害对象 A，但实际上侵害了对象 B，A、B 分属不同的构成要件，应采用法定符合说来处理。

1. 当行为人意欲侵害的对象 A，与实际侵害的对象 B，分属于不同罪的构成要件（对象），如果 A、B 之间存在重合之处，应回答：

结论：行为人的行为属于抽象的事实错误，系对象错误（或打击错误）。

理由：A、B 分属于不同的犯罪构成要件，故行为人的行为属于抽象的事实错误。A、B 之间在 A 的范围内重合，那么，行为人的行为应认定为是 A 罪的既遂。

2. 当行为人意欲侵害的对象 A，与实际侵害的对象 B，分属于不同罪的构成要件（对象），如果 A、B 之间不存在重合之处。应回答：

结论：行为人的行为属于抽象的事实错误，系对象错误（或打击错误）。

理由：A、B 分属于不同的构成要件，故行为人的行为属于抽象的事实错误。A、B 之间不存在重合之处，那么，行为人的行为应认定为是 A 罪的未遂与过失的 B 罪，择一重处罚。

主观题小案例

案例 1：徐某欲杀害仇人蒋某。某深夜，徐某在蒋某每天准时经过的巷口等候，见一人靠近，以为蒋某来了，便从背后用锤子多次敲击其头部。事后，徐某发现死者系路人毛毛。

问题：徐某误将路人毛毛杀死的行为应当如何处理，若有多种学说，请分别说明。

案例 2：徐某与蒋某共同杀害毛毛，当徐某持刀刺向毛毛时，因毛毛及时躲闪，刀正好刺中蒋某的胸部，导致蒋某死亡。

问题：徐某的行为应如何认定？

案例 3：甲欲盗窃农民乙的手提包中的财物，将乙的手提包拿过来之后，发现其中仅有一把手枪。

问题：甲的行为如何认定？

案例 4：甲欲开枪射杀乙，但因枪法不准，击中了乙身旁的珍贵文物。

问题：甲的行为如何认定？

第三章 事实认识错误

案例1-问题：徐某误将路人毛毛杀死的行为应当如何处理，若有多种学说，请分别说明。

答案：徐某本欲杀害蒋某，误将路人毛毛杀死的行为属于对象错误，对于对象错误的处理，有以下两种观点：

一种观点，法定符合说认为，徐某的行为构成故意杀人罪的既遂。

另一种观点，具体符合说认为，徐某的行为构成故意杀人罪的未遂与过失致人死亡罪既遂，想象竞合，择一重罪处罚。

但是，在对象错误上，具体符合说作出修正，认为对象错误不影响故意犯罪既遂的成立。

综上，无论持具体符合说还是法定符合说，对于对象错误的处理结论是一致的，即徐某的行为构成故意杀人罪既遂。

案例2-问题：徐某的行为应如何认定？

答案：徐某本欲杀毛毛，由于客观行为的偏差，导致蒋某死亡，属于打击错误。对于打击错误的处理，理论上存在两种观点：

一种是通说观点，法定符合说认为，徐某的行为构成故意杀人罪的既遂。本案中，徐某主观上有杀人的故意，客观上也导致了他人死亡，应认定为故意杀人罪的既遂。

另一种观点，具体符合说认为，徐某的行为构成故意杀人罪的未遂与过失致人死亡罪，想象竞合，择一重。

案例3-问题：甲的行为如何认定？

答案：甲欲偷盗财物，客观上误偷了手枪，其行为属于抽象的事实错误中的对象错误。甲主观上意欲取得财物，实际上获取的是手枪，二者分属于不同犯罪构成要件，手枪也是一种特殊的财物，二者在盗窃罪的范围内实现重合，故甲的行为构成盗窃罪既遂。

案例4-问题：甲的行为如何认定？

答案：甲主观上意欲杀人，实际上损害了珍贵文物，属于抽象的事实错误中的打击错误。"人"与"珍贵文物"属于不同犯罪构成要件，且二者之间不存在重合之处，甲的行为是故意杀人罪（未遂）与过失损毁文物罪的想象竞合，择一重处罚。

可能考查的观点展示

1. 因果关系的错误中事前故意处理的不同观点：

模拟案例：赵某与钱某在某大桥西侧泵房后发生争执，赵某顿生杀意，突然勒钱某的颈部、捂钱某的口鼻，致钱某昏迷。赵某以为钱某已死亡，便将钱某"尸体"缚重扔入河中，后经鉴定，钱某系溺水死亡。赵某的行为如何认定？可以回答不同观点。

答案：赵某致钱某死亡的行为，属于因果关系错误中的事前故意。刑法理论对这种情况有以下四种处理意见：

（1）观点一：应将赵某前后两行为分别评价，第一个行为即勒颈部、捂口鼻的行为成立故意杀人罪未遂，第二个行为即将钱某"尸体"缚重扔入河中的行为成立过失致人死亡罪，并罚。

（2）观点二：如果赵某在实施第二个行为时对死亡有间接故意（或未必的故意），则成立一个故意杀人罪既遂；否则成立故意杀人罪未遂与过失致人死亡罪，并罚；

（3）观点三：将两个行为视为一个行为，将支配行为的故意视为概括的故意，对赵某应认定为一个故意杀人罪既遂。

（4）观点四：将两个行为视为一体，作为对因果关系的认识错误来处理，只要存在相当的因果关系，就认定为一个故意杀人既遂（通说的观点）。应当认为，赵某的第一个行为与结果之间的因果关系并未中断，而且客观发生的结果与行为人意欲发生的结果完全一致，故应肯定赵某的行为成立故意杀人罪既遂。

2. 偶然防卫与打击错误并存的情况下，可以从不同的角度处理问题：

模拟案例：洪某向林业主管部门举报了有人在国有森林中种植沉香的事实，林业主管部门工作人员赵某与郑某上山检查时，刘某、任某为了抗拒抓捕对赵某、郑某实施暴力，赵某、郑某反击，形成互殴状态。赵某被打成轻伤，该轻伤由刘某、任某造成，但不能查明是刘某的行为所致，还是任某的行为所致。刘某被打成重伤，任某被打成轻伤，其中，刘某的重伤由赵某与郑某共同造成，任某的轻伤则是由刘某的打击错误所造成（刘某在攻击郑某时，郑某及时躲闪，导致刘某击中了同伙任某）。问：对于"刘某在攻击郑某时，郑某及时躲闪，导致刘某击中了同伙任某"的行为，如何认定？

答案一：从偶然防卫的角度回答。

刘某没有制止不法侵害的意图，但偶然地起到了制止任某的不法侵害行为的效果，属于偶然防卫。对于刘某应承担何种责任，理论上存在以下观点：

观点一：构成故意伤害罪未遂。根据行为无价值论，刘某客观上有伤害的行为，主观上有伤害的犯意，应承担故意伤害罪的刑事责任，但客观上阻止了他人犯罪，没有实际侵害刑法所保护的法益，因此成立故意伤害罪未遂。

观点二：构成正当防卫，无罪。根据结果无价值论，刘某客观上制止了任某正在进行的妨害公务、伤害赵某和郑某的不法侵害，没有社会危害性，故不承担故意伤害罪的刑事责任。

答案二：从打击错误的角度回答。

刘某想打击郑某，结果导致打到了同伙任某，这种认识错误是因为犯罪行为的偏差导致的，属于打击错误（方法错误），对此有两种观点：

观点一：根据法定符合说，刘某存在伤害的故意，造成任某轻伤，构成故意伤害罪既遂。

观点二：根据具体符合说，刘某对郑某有伤害的故意，但因客观原因未对郑某造成危害结果，构成故意伤害罪未遂，但对同伙任某没有伤害的故意，造成任某轻伤，属于过失，由于过失致人轻伤不成立犯罪，因此最终认定故意伤害罪未遂。

第四章 犯意转化与另起犯意

法条群及知识点

一、犯意转化

犯意转化包括犯意提升和犯意降低，是指在实行犯罪的过程中犯意改变，导致此罪与彼罪的转化。犯意转化的特点在于：行为对象同一，并且侵害的法益同类。

例如，乙见他人携带装有现金的提包，起抢夺之念头，在抢夺过程中转化为对人使用暴力（抢劫），抢走提包（成立抢劫罪），乙属于犯意提升。

又如，甲敲诈勒索乙，告知乙三天内筹集3万元钱给甲，否则将对乙实施暴力。乙对甲的敲诈勒索行为完全不予理会，甲大怒，使用暴力将乙控制后，当场从乙身上劫取了2万元钱，后放乙回家。甲的行为成立抢劫罪一罪，属于犯意提升。

再如，丙本欲杀死他人，在杀害过程中，由于某种原因改变犯意，认为造成伤害即可，停止了杀害行为，造成他人伤害（故意杀人罪中止），属于犯意降低。

又再如，肖沛公拐骗一名儿童，对其进行抚养，两个月后因为该儿童太过调皮，将其卖掉。肖沛公构成拐卖儿童罪一罪，属于犯意提升。(21年真题)

【处理方式】犯意提升的情况下，从（新）高者；犯意降低的，从旧（高）者，仅以一罪论处。

二、另起犯意

在前一犯罪已经既遂、未遂或中止后，又另起犯意实施另一犯罪行为。其特点：对象不同一，或者侵害的法益不同类。或者说，行为对象或侵害的法益较原计划发生了转变。

例如，甲以强奸故意对乙实施暴力之后，因为乙正值月经期而放弃奸淫，便另起犯意实施抢劫行为，应以强奸罪中止与抢劫罪并罚。

又如，乙为了抢劫普通财物而对X实施暴力，在强取财物时，发现X的提包内不仅有财物而且有枪支，便使用强力夺取了枪支，放弃财物。乙的行为属于另起犯意，成立抢劫罪中止与抢劫枪支罪既遂（并罚）。

再如，甲为了强奸A女，在A女的饮食中投放了麻醉药。事后，甲发现A女与B女均昏迷，且B女更美丽，于是仅奸淫了B女。甲的行为成立对A女的强奸中止和对B女的强奸既遂，由于同种数罪不并罚，仅定强奸罪一罪。

【处理方式】原则上是数罪，应并罚；但如果是同种数罪，则不需要并罚。

知识点分析思路总结

在主观题的传统考查中，行为人不仅仅是实施了一个犯罪行为，而是实施了多个犯罪行为。这时就要仔细辨别，究竟是犯意提升（定一罪），还是认定为另起犯意（原则上定数罪）。

一、犯意提升的答题方法

如果案情中一行为人实施了前、后两个行为，但本质上是对同一行为的"升级"，则认定为一罪，系"犯意提升"。具体而言，应回答：

结论：行为人的行为仅认定为一罪，系犯意提升。

理由：前、后行为侵害的法益具有同类性，犯罪对象亦具有同一性，是犯罪的"升级"，应认定为一罪。

二、另起犯意的答题方法

如果案情中行为人的前后犯罪行为本质上没有关联，系"另起犯意"。具体而言，应回答：

结论：行为人的行为应认定为是数罪，系另起犯意。

理由：前、后行为侵害的法益具有非同类性，或犯罪对象不具有同一性，是另起犯意，应认定为数罪。

主观题小案例

案例1：甲使用暴力抢劫乙的财物，但乙身上身无分文。于是甲将乙扣押，打电话给乙的妻子丙，要求丙向指定账户打入5万元，否则将杀害丙。丙按甲的要求打入5万元至指定账户后，甲将乙释放。

问题：甲的行为应如何认定？

案例2：甲乙因为琐事发生矛盾，甲将乙杀害。半小时后，甲回到事发地点，发现乙身上有一个手机，遂通过乙手机的微信转入50000元至自己的微信。

问题：甲的行为应如何认定？

案例1-问题：甲的行为应如何认定？

答案：甲的行为构成绑架罪，是<u>犯意提升</u>。甲的前行为是抢劫罪、后行为是绑架罪，是犯意提升，或者说，<u>绑架罪是抢劫罪的升级版</u>，甲的行为应认定为绑架罪一罪。

案例2-问题：甲的行为应如何认定？

答案：甲的行为应以故意杀人罪、盗窃罪（侵占罪）并罚。甲的前后行为针对的是<u>不同法益、不同对象</u>，系<u>另起犯意，应并罚</u>。如果认为死者不能占有，甲成立侵占罪；如果肯定死者占有的，甲成立盗窃罪。

第五章
排除犯罪性事由：正当防卫、紧急避险与被害人承诺

法条群及知识点

《刑法》第 20 条【正当防卫】为了使国家、公共利益、本人或者他人的人身、财产和其他权利免受正在进行的不法侵害，而采取的制止不法侵害的行为，对不法侵害人造成损害的，属于正当防卫，不负刑事责任。

正当防卫明显超过必要限度造成重大损害的，应当负刑事责任，但是应当减轻或者免除处罚。

对正在进行行凶、杀人、抢劫、强奸、绑架以及其他严重危及人身安全的暴力犯罪，采取防卫行为，造成不法侵害人伤亡的，不属于防卫过当，不负刑事责任。

一、正当防卫的成立条件

1. 条件一（起因条件）："现实的不（违）法"侵害

（1）不法侵害必须是来源于"人的行为"（包括人唆使动物实施的侵害行为）。

单纯的来自动物的不法侵害，不能成为正当防卫的对象。动物伤人，只有是在人的唆使之下，或者主人没有管理好动物的情形下，才认为是"人的不法侵害"，可以成为正当防卫的对象。包括违法行为，也包括犯罪行为（只要是紧迫性的侵害）；包括作为犯，也包括不作为犯。

例如，甲将乙撞伤，并想要逃离现场。乙想让甲将自己送去医院，并对其实施暴力——乙的行为也是一种正当防卫，防卫的"不法侵害"是甲的不救助行为（不作为）。（19年真题）

又如，路人徐某使用暴力、胁迫手段强制撞伤他人且准备逃逸的司机肖某将被害人送往医院抢救，成立正当防卫。

违法行为与犯罪行为的界限是不明确的，对于面临不法侵害的人而言，不可能很容易判断不法侵害究竟是违法行为还是犯罪行为。因此，只要是紧迫性的侵害，无论是违法行为，还是犯罪行为，均可以成为正当防卫的对象。

（2）不法侵害仅限于那些具有进攻性、破坏性、紧迫性的不法侵害。

第一，不法侵害原则上必须对人身或财产具有紧迫的侵害，即主要是针对有具体受害人的不法侵害。不应将不法侵害不当限缩为暴力侵害或者犯罪行为，对于非法限制他人人身自由、非法侵入他人住宅、勒索财物等不法侵害，可以实行防卫。

例如，甲向乙实行敲诈勒索行为，恐吓乙如果不在三天内交付财物就杀害乙。可以肯定，该勒索行为是正在进行的不法侵害，乙没有必要退避，可以实施防卫行为。①

---

① 张明楷：《刑法学》（第六版），法律出版社 2021 年版，第 266 页。

第二，对贪污、行贿、受贿之类的犯罪行为，就不能进行正当防卫，行为人采用检举、揭发等方式，请求有关部门采取相应措施，也完全能解决问题。在不法侵害所针对的是没有具体受害人的抽象的国家、公共利益时，正当防卫的适用范围应当有所限制。因为，对国家以及公共利益的保护是专属于国家机关的任务，如果将保护国家和公共利益的任务委托给私人的话，会造成人人都以"警察"自居的局面，反而不利于保护国家和公共利益。(不能过度地多管闲事)

当然，如果侵害国家利益和公共利益，同时涉及个人利益的时候，可以对之实施正当防卫。

例如，甲用炸药炸政府办公大楼，其行为既危害公共安全，同时亦可能侵犯人身权利，乙使用暴力制止甲的不法侵害，仍然成立正当防卫。

（3）只要是面临客观上的不法侵害，就可以实施正当防卫。理由在于，防卫人对于不法侵害的认识，只能看到其"客观"面，而不可能看到不法侵害人的主观罪过、是否具有责任能力等。未达到法定责任年龄、不具有责任能力的人的侵害行为、没有故意或过失的侵害行为，属于不法侵害，也可以对之实施正当防卫。但在此种情况下，由于防卫行为所针对的对象（未成年人、精神病人）较为特殊，需慎重处理，不宜采取过激的防卫行为。

例如，甲在倒车时，没有预料到（也不可能预料到）车底下的小孩子，在倒车快要轧死小孩时，旁边的乙见状，为了避免孩子受伤，赶紧将甲从车中推出，造成甲轻伤。针对甲无故意、过失的行为，乙可以实施正当防卫。

（4）不法侵害必须是现实上的不法侵害。现实上不存在不法侵害，行为人误以为存在的，属于假想防卫（"好"心办"坏"事）。

第一，有过失的假想防卫，成立过失犯罪；

第二，无过失的假想防卫，按意外事件处理。①

例如，张某遭遇歹徒的殴打，后来又来了一便衣警察，没有亮明身份。张某以为是和歹徒一伙的，朝该警察打了一拳，造成伤害结果。此种情况下，张某以为是不法侵害，但实际上是警察来了。关键问题是，张某是否能够预见来的是警察。如果不能的话，则是意外事件。如果有可能预见而没有预见，则可以认为存在过失。

又如，逃跑中，因身上有血迹，甲被便衣警察程某盘查。程某上前拽住甲的衣领，试图将其带走。甲怀疑遇上劫匪，与程某扭打。甲的朋友乙开黑车经过此地，见状停车，和甲一起殴打程某。程某边退边说："你们不要乱来，我是警察。"甲对乙说："别听他的，假警察该打。"程某被打倒摔成轻伤——二人属于假想防卫，但警察程某已经将自己的真实身份告知了甲，甲至少对程某的真实身份有预见可能性，因此，甲的行为至少在主观上有过失。（13年主观题）

2. 条件二（时间条件）：不法侵害"正在进行"

是指已经开始（"着手"），尚未结束。即不法侵害人正在"攻"，防卫人才谈得上是"防"。

（1）已经开始的判断：原则上以不法侵害人着手实行犯罪为已经开始。一般认为，如果犯罪行为还没有"着手"时，不法侵害难以说得上是具有紧迫性，行为人还可以采取其他救济方式如拨打110等，而不需要采取对不法侵害造成侵害的所谓防卫方法。

---

① 假想防卫不可能构成故意犯罪，因为假想防卫的行为人不具有构成要件的故意，其对自己的行为会发生危害社会的后果缺乏认识，其主观上是基于防卫（好）的想法，而非犯罪故意。在假想防卫的情况下，如果行为人主观上存在过失，应当以过失犯罪论处。如果行为人主观上没有罪过，其危害结果是由于不能预见的原因引起的，则是意外事件，行为人不负刑事责任。

第五章 排除犯罪性事由：正当防卫、紧急避险与被害人承诺

审判实务中，提前为防卫做好准备的，待不法侵害来临时再实施防卫行为的，也被认定为是防卫行为。因为行为人虽然提前做好了准备，但防卫行为是在不法侵害进行时才开始的。①

（2）不法侵害结束的判断：法益不再处于紧迫、现实的侵害、威胁之中；或者说不法侵害已经不可能继续侵害或者威胁法益。

属于不法侵害已经结束的情形包括：不法侵害人已被制服、不法侵害人已经丧失侵害能力、不法侵害人已经自动中止了不法侵害、不法侵害人已经逃离现场，不法侵害已经造成了危害结果并且不可能继续造成更严重的后果。

在不法侵害结束后实施的反击行为，属于事后防卫，不属于"防卫"行为，更不属于"防卫过当"。

【注意】对于不法侵害是否已经开始或者结束，应当立足防卫人在防卫时所处情境（感同身受），按照社会公众的一般认知，依法作出合乎情理的判断，不能苛求防卫人。

例如，甲等四个彪形大汉围住弱女子乙，欲对其实施强奸行为。乙紧张、害怕，拿起手中的水果刀朝四人乱捅，造成一人轻伤、二人重伤。虽然，本案中甲等人还没有实施不法侵害，但乙已经感受到了强大的威胁，而且站在乙的角度看，不法侵害随时可能开始，故乙的行为成立正当防卫。

司法解释进一步指出：对于不法侵害虽然暂时中断或者被暂时制止，但不法侵害人仍有继续实施侵害的现实可能性的，应当认定为不法侵害仍在进行。

（3）不法侵害虽然已经结束，但还可以进一步挽回损失，或者避免更严重的损害时，可以延长防卫时间。

①在财产型违法犯罪的情况下，行为虽然已经既遂，但在"现场"还来得及挽回损失的，应当认为不法侵害尚未结束，可以实行正当防卫。

例如，甲抢劫乙的财物后离开现场，虽然甲的抢劫行为已经结束，但乙仍然可以追上甲，制服甲并取回被抢财物，成立正当防卫。

【注意】对于财产型犯罪的延长时间防卫，由于不法侵害人对被害人不存在人身危险，不宜实施造成不法侵害人"死亡"这一严重后果的防卫。

②人身权利遭受犯罪行为侵害结束后，原则上不能实施正当防卫。这主要是考虑到，人身权利遭受侵犯之后，不具有可修复性。但如果可以通过防卫避免进一步的严重危害结果时，可以实施防卫行为。

例如，甲对乙实施严重伤害行为后，甲离开，乙血流不止，三小时后可能会流血过多而死，此时乙使用暴力殴打甲，要甲开车送其去医院治疗以保护自己的生命，乙的行为可以认为是正当防卫。

---

① 例如，杨建伟故意伤害、杨建平正当防卫案中，彭某某与杨建伟兄弟二人并不相识，突发口角，彭某某扬言要找人报复时，杨建伟回应"那你来打啊"，该回应不能认定杨建伟系与彭某某相约打斗。行为人为防卫可能发生的不法侵害，准备防卫工具的，不必然影响正当防卫的认定。杨建伟在彭某某出言挑衅，并扬言报复后，准备刀具系出于防卫目的。彭某某带人持械返回现场，冲至杨建伟家门口拳击其面部，杨建伟才持刀刺向彭某某胸腹部，该行为是为了制止正在进行的不法侵害，应当认定为防卫行为。参见《最高人民法院、最高人民检察院、公安部关于依法适用正当防卫制度的指导意见》相关案例。

【典型真题】

1. 关于正当防卫的论述,下列哪一选项是正确的?(12年卷二7题)①

　　A. 甲将罪犯顾某扭送派出所途中,在汽车后座上死死摁住激烈反抗的顾某头部,到派出所时发现其已窒息死亡。甲成立正当防卫

　　B. 乙发现齐某驾驶摩托车抢劫财物即驾车追赶,2车并行时摩托车撞到护栏,弹回与乙车碰撞后侧翻,齐某死亡。乙不成立正当防卫

　　C. 丙发现邻居刘某(女)正在家中卖淫,即将刘家价值6000元的防盗门砸坏,阻止其卖淫。丙成立正当防卫

　　D. 丁开枪将正在偷越国(边)境的何某打成重伤。丁成立正当防卫

2. 铁某在自家胡同口里看到拿着蛇皮袋鬼鬼祟祟的罗某,怀疑罗某是偷狗的,遂拦住罗某。罗某见状慌忙逃跑,铁某拼命追赶,追到后将罗某打倒在地后,系轻微伤。见罗某躺在地上没有反抗,铁某又朝罗某面部踹了两脚,导致罗某眼部充血视网膜脱落,最终罗某因细菌感染严重而死亡。事后查明罗某当时确实有偷狗的想法。——铁某的行为不属于正当防卫,系故意伤害行为,构成故意伤害(致人死亡)罪。(20年真题)

3. 条件三(主观条件):具有防卫意识

防卫意识是指,防卫人对正在进行的不法侵害有明确的认识,并希望以防卫手段制止不法侵害,保护合法权益的心理状态。

(1)内容

第一,**防卫认识**,认识到不法侵害正在进行,即看到有人在干坏事。

第二,**防卫意志**,防卫人出于保护国家、公共利益、本人或者他人的人身、财产和其他权利免受正在进行的不法侵害的目的,即你打坏人并不是为了泄愤,而是为了保护特定的利益。

注意"**黑吃黑**"的情况下**仍然可以实施正当防卫**。

例如,甲运输毒品,乙明知甲实施犯罪行为,认为自己"黑吃黑",甲也不敢报案,就着手实施暴力抢劫甲的毒品,乙的行为属于不法侵害,甲能够进行正当防卫。如果允许"黑吃黑"存在,司法权在将来的行使就会受到影响,社会秩序就会受到破坏。

(2)偶然防卫能否成立正当防卫,存在不同观点

偶然防卫,指**无防卫意识**的行为,即行为人故意或者过失侵害他人法益的行为,偶然地符合了正当防卫的客观条件——**坏心办好事**。

例如,甲故意枪击乙时,此时乙刚好在瞄准丙实施故意杀人行为,但甲对乙的行为不知情,甲将乙杀害,但偶然地保护了丙。

结果无价值论多认为,偶然防卫不成立犯罪。理由:由于偶然防卫行为所造成的结果,在客观上被法律所允许,而且事实上保护了另一种法益,因此不成立犯罪。

行为无价值论认为,偶然防卫成立故意犯罪(通说观点)。理由:类似行为重复上演,就没有这么幸运了,出现好的结果,完全是偶然,对这类行为应予以规范。

例如,甲、乙共同对丙实施严重伤害行为时,甲误打中乙致乙重伤,丙乘机逃走——甲误打中乙属偶然防卫,但对丙成立故意伤害罪未遂。(16年卷二52题)

又如,甲、乙合谋杀害丙,计划由甲对丙实施砍杀,乙持枪埋伏于远方暗处,若丙逃跑则伺

---

① 答案:B。

机射杀。案发时，丙不知道乙的存在。为防止甲的不法侵害，丙开枪射杀甲，子弹与甲擦肩而过，击中远处的乙，致乙死亡——如果认为正当防卫主观上必须有防卫意识，本案中，丙射杀乙并没有防卫意识，就不成立正当防卫；如果认为正当防卫主观上不需要防卫意识，丙在客观上射杀了不法侵害人乙，丙的行为则成立正当防卫。（17年卷二53题）

再如，洪某向林业主管部门举报了有人在国有森林中种植沉香的事实，林业主管部门工作人员赵某与郑某上山检查时，刘某、任某为了抗拒抓捕对赵某、郑某实施暴力，赵某、郑某反击，形成互殴状态。赵某被打成轻伤，该轻伤由刘某、任某造成，但不能查明是刘某的行为所致，还是任某的行为所致。刘某被打成重伤，任某被打成轻伤，其中，刘某的重伤由赵某与郑某共同造成，任某的轻伤则是由刘某的打击错误所造成（刘某在攻击郑某时，郑某及时躲闪，导致刘某击中了同伙任某）——成立偶然防卫的理由如下：任某的行为属于不法侵害，刘某的行为主观上并没有制止不法侵害的意图，但偶然地起到了制止不法侵害（任某的行为）、保护合法利益（赵某、郑某）的效果。（20年真题）

4. 条件四（对象条件）：针对不法侵害人本人

（1）防卫对象：**不法侵害人的人身、财产**。其中：对于多人共同实施不法侵害的，既可以针对直接实施不法侵害的人进行防卫，也可以针对在现场**共同实施不法侵害的人**进行防卫。

例如，为制止正在进行的不法侵害，使用第三者的财物反击不法侵害人，导致该财物被毁坏的，对不法侵害人不可能成立正当防卫——错误，只要是针对"不法侵害人"本人（人身或财产）实施防卫行为，均可以成立正当防卫。当然，本案中，行为人借他人之力来与不法侵害作斗争，损害了第三者的利益（财物），也可谓紧急避险。本案系正当防卫与紧急避险的竞合。（16年卷二6题B项）

又如，甲、乙、丙三人共同对丁实施严重伤害行为，甲、乙二人对丁拳打脚踢，丙在一旁呐喊助威，丁可以对丙实施防卫行为。

（2）防卫行为必须在客观上能被视为是犯罪的客观行为。行为在客观上根本不可能被视为犯罪的行为时，可以直接否认犯罪的成立，不需要利用正当防卫这一违法阻却事由。

例如，甲进入乙的家里盗窃，乙发现后喊了一声"谁"，就把甲给吓跑了，乙的这种行为虽然制止了不法侵害，但不能认为是正当防卫行为。

5. 条件五（限度条件）：没有"明显"超过必要限度造成重大损害

（1）防卫行为是否过当，**应以防卫人当时的立场进行判断**，而不应以一个冷静的第三人的事后立场看。（不做"事后诸葛亮"）

要立足防卫人防卫时的具体情境，综合考虑案件发生的整体经过，结合一般人在类似情境下的可能反应，依法准确把握防卫的时间、限度等条件。要充分考虑防卫人面临不法侵害时的紧迫状态和紧张心理，防止在事后以正常情况下冷静理性、客观精确的标准去苛刻地评判防卫人。

例如，甲、乙二人是水果摊主，因琐事发生矛盾，甲用水果刀捅乙，乙顺手抄起一个扁担打甲的腿部，甲倒在地上，乙担心甲起来继续伤害自己，用扁担猛击甲的头部数下，导致甲重伤抢救无效死亡。后经查明，甲第一次倒地后已经昏迷——该案中，乙的行为成立正当防卫。虽然甲第一次已经被乙打倒，但甲手持"水果刀"，而乙仅持扁担，乙即便第一次将甲打昏，为了防止甲的继续侵害而再次用扁担击打甲，是可以理解的。当然，也有观点认为，既然不法侵害已经结束，就不宜再实施正当防卫。但是，从当前对公民防卫权扩张解释，以及对防卫者当时的紧张、

恐惧的角度看，肯定正当防卫似乎更妥当。（18年真题）

（2）防卫过当的判断应坚持**整体判断标准**。防卫行为是否明显超过必要限度造成重大损害，应以防卫行为**所造成的最终结果**来评价，而不应以防卫行为当时造成的结果作为判断防卫行为是否过当的标准。

例如，甲对正在实施一般伤害的乙进行正当防卫，致乙重伤（仍在防卫限度之内）。乙已无侵害能力，求甲将其送往医院，但甲不理会而离去。乙因流血过多死亡——本案中，虽然当时仅造成了重伤，似乎在限度之内，但最终造成了死亡结果，应整体评价为防卫过当。（13年卷二7题）

（3）**明显超过必要限度**、造成**重大损害**，二者**同时具备**，才能认定为是防卫过当。

判断是否"明显超过必要限度"，要立足防卫人防卫时所处情境，结合社会公众的一般认知作出判断；"造成重大损害"是指造成不法侵害人重伤、死亡。造成轻伤及以下损害的，一般认为不属于重大损害。质言之，防卫行为是否过当，不能唯结果论。**行为与结果的同时过当，才能认定为是防卫过当**。

第一，行为过当，但结果不过当，仍属正当防卫。

例如，甲赤手空拳殴打乙，乙完全可以打败甲，但乙掏出手枪朝甲射击，未能击中甲，甲逃离。乙的行为不属于防卫过当。

第二，行为适当，但结果过当的，仍属正当防卫。

例如，在车流量多的街道，甲抓住乙欲殴打乙，乙推了甲一把，导致甲倒地，撞上来往的车辆而身亡。乙的行为没有过当，但结果似乎过当了，仍然成立正当防卫。

第三，行为过当，且结果过当的，属于防卫过当。

例如，甲用木棍殴打乙，乙完全有能力打败甲，但乙却掏出手枪直接将甲击毙，乙的行为属于防卫过当。

第四，对于非暴力犯罪，但属于持续性的侵害（如传销组织对他人的持续拘禁），对被害人造成了很大的精神压力的，即便造成不法侵害人死亡而逃跑的，仍然成立正当防卫。

例如，传销组织的成员甲，关押大学生乙长达2个月之久，乙精神几近崩溃，杀害甲后逃离关押地点，乙的行为仍有成立正当防卫的余地。[①]

二、特殊防卫（无过当防卫）

《刑法》第20条第3款："对正在进行行凶、杀人、抢劫、强奸、绑架以及其他**严重危及人身安全**的**暴力**犯罪，采取防卫行为，造成不法侵害人伤亡的，不属于防卫过当，不负刑事责任。"

1. 前提条件

（1）必须针对**暴力犯罪**。不法侵害如果是使用和平方式如投毒杀人、麻醉方式实施的抢劫等，则不能实施特殊防卫。

[①] 实务案例：盛春平正当防卫案。该案中，多名传销组织人员对盛春平实施人身控制，盛春平在多次请求离开被拒并遭唐某某等人逼近时，拿出随身携带的水果刀予以警告，同时提出愿交付随身携带的钱财以求离开，但仍遭拒绝。其后，又有多名传销人员来到客厅。成某某等人陆续向盛春平逼近，并意图夺刀。此种情形下，盛春平持刀挥刺，划伤成某某右手腕及左颈，刺中成某某的左侧胸部，致心脏破裂。成某某受伤后经住院治疗，已经出院，但未遵医嘱继续进行康复治疗，导致心脏在愈合过程中继续出血，最终在出院一周后因心包填塞而死亡。法院认定为正当防卫。参见《最高人民法院、最高人民检察院、公安部关于依法适用正当防卫制度的指导意见》相关案例。

（2）这些犯罪<u>严重危及人身安全</u>。暴力犯罪一般性地危及人身安全的，即造成死亡或者严重的重伤的危险性并不紧迫时，不属于严重危及人身安全。

例如，行为人采用麻醉方法取得他人财物的，属于抢劫罪，但这种行为并非严重危及人身安全的暴力犯罪，对之进行防卫的，不适用特殊正当防卫的规定。

（3）暴力犯罪不限于刑法所列举的行凶、杀人、抢劫、强奸，还包括其他的任何可能严重危及人身安全的犯罪。例如，武装叛乱、武装暴乱、暴力劫持航空器、暴力劫持船只、汽车等直接严重危及人身安全的犯罪。

2. 性质：<u>法律注意规定</u>

（1）关于特殊防卫的性质的不同观点。

一种观点认为（<u>通说的观点</u>），这一规定<u>属于法律注意规定</u>。即这种行为本来就是正当防卫行为，立法者为了突出强调又重申一次。根据这一观点，特殊防卫并不"特殊"，其属于正当防卫，仍然需要符合正当防卫的各项成立条件。

另一种观点认为，这一规定<u>属于法律拟制规定</u>。认为这是立法者将本不属于正当防卫的行为（过当行为），特别拟制为属于正当防卫。

（2）特殊防卫的立法理由：防止防卫过当认定中的纯结果导向。

以往司法实践中，"谁闹谁有理、谁死谁最大"，对于防卫行为，一旦造成不法侵害人死亡的案件，司法人员为了平息死者家属的情绪，多将本该属于正当防卫的行为认定为防卫过当，此种做法明显背离了法治。也正基于此，1997年刑法重申，对于特殊防卫行为，针对严重暴力犯罪，造成不法侵害人伤亡的，本来就是符合正当防卫的行为，绝对不能以缓和死者（不法侵害人）家属的情绪之需要而将之认定为防卫过当。

2020年9月3日，最高人民法院、最高人民检察院、公安部《关于依法适用正当防卫制度的指导意见》，对于符合正当防卫成立条件的，坚决依法认定，切实矫正"谁能闹谁有理""谁死伤谁有理"的错误倾向，坚决捍卫"法不能向不法让步"的法治精神。实践中，"人死为大"的观念在社会上仍然根深蒂固。电梯劝阻吸烟猝死、私自爬树摘杨梅坠亡等事件之所以会成为诉讼案件，明显是受到这一观念的影响；有的涉正当防卫案件在处理时之所以出现偏差甚至严重失当，也与此有关。这种不问是非、不分对错一味强调"人死为大"的观念显然与法治原则不相符。

3. 防卫限度的理解

针对严重危及人身安全的暴力犯罪，防卫人采取正当防卫对不法侵害人造成的最严重的损害后果可以是死亡，但这并不意味着防卫行为可以不受任何约束。当暴力侵害的现实危险性降低至不足以致人重伤、死亡的程度时，防卫人不得采取致命的防卫手段伤害不法侵害人并致其死亡，否则，应当认定为防卫过当并追究责任。

【典型真题】

下列说法正确的有？①（19年真题）

A. 父亲撞见歹徒持刀抢劫女儿，与歹徒发生激斗，最终将歹徒反杀，父亲的行为成立正当防卫

---

① 答案：AC。

B. 身材高大的郑某深夜在家中听到厨房有动静走去一看，发现一身材瘦小的小偷吴某正试图从窗口爬进他家盗窃，下半身还卡在窗外，于是拿起菜刀把吴某砍成重伤。郑某成立正当防卫

C. 某男与妻子在河边散步，并坐在河边玩手机游戏，后其妻失足跌入水中并大声呼叫，而某男一直沉迷游戏充耳不闻，其妻淹死，某男成立故意杀人罪（不作为犯）

D. 李某驾驶机动车把周某撞伤，情况危殆，车也坏了不能动。为了尽快将重伤的周某送去医院，李某拦住了王某的车，要求王某帮忙送医院，王某拒绝。情急之下，李某将王某打致重伤并抢走车辆将周某送去医院，李某成立正当防卫

知识点分析思路总结

主观题的备考过程中，未曾出现过专门考查正当防卫的认定的试题。但是，由于在防卫过程中，行为人的行为与结果、主观与客观之间可能会存在偏差，导致这也极可能成为主观题的考点。

1. 当防卫人主观上并没有防卫的意思，但客观上起到了防卫的效果时，对于这类问题，应回答：

结论：防卫人的行为属于偶然防卫。

理由：防卫人主观上并无防卫的意图，存在犯罪的故意，但其行为在客观上制止了不法侵害，偶然地起到了防卫的效果，系偶然防卫。

2. 如果法益已面临紧迫威胁，即使不法侵害人还未着手，也应当根据具体情境肯定受害人防卫的适时性、限度的适当性。对于受害人的行为认定，应回答：

结论：是正当防卫。

理由：面临行为人如此严重的不法侵害，防卫者的防卫时间是适时的，或者防卫所造成的结果是适当的，应成立正当防卫。

3. 对于防卫行为是否超过必要限度，应进行综合判断。即便不法侵害本身并非严重犯罪，但如果是持续性地侵犯人身权利，那么对于造成不法侵害人伤亡的行为，应回答：

结论：是正当防卫。

理由：不法侵害已经严重、持续地侵害了被害人的人身权利，即便造成不法侵害人伤亡的，也应认定为是正当防卫。

主观题小案例

案例1：李某的好友赵某在乘坐公共汽车时，伸手扒窃乘客方某的钱包。方某的身体被赵某触动后赶紧躲开。事后查明，方某当时正准备伸手去摸旁边妇女程某的大腿。赵某的盗窃行为恰好制止了方某的猥亵行为。

问题：赵某的行为是否属于偶然防卫？

案例2：李某在路上偶遇良家妇女毛某，欲对其实施强奸行为，脸上露出色眯眯的笑容。毛某在惊恐中，拿起地上的石头朝李某砸去，造成李某重伤昏迷后，毛某逃跑。

问题：毛某的行为是否成立正当防卫？

案例3：马某加入了传销组织，两个月后便晋升为经理。朱某被骗入该传销组织，被关押在一个30平米的出租房内，未离开出租屋达3个月之久，精神几近崩溃，并受到马某的长期殴打

第五章 排除犯罪性事由：正当防卫、紧急避险与被害人承诺

与辱骂，后朱某杀害马某后逃离关押地点。

问题：朱某的行为是否成立正当防卫？

案例 1-问题：赵某的行为是否属于偶然防卫？
答案：属于。赵某主观上没有防卫意识，存在犯罪的故意，但其行为在客观上偶然地制止了他人的不法行为，系偶然防卫。

案例 2-问题：毛毛的行为是否成立正当防卫？
答案：是正当防卫。虽然李某的行为还处于预备阶段，但毛某的重大法益面临非常紧迫的威胁，且毛某作为一名女性，反抗的能力相对有限，当然可以实施防卫行为，即允许防卫时间适当提前。

案例 3-问题：朱某的行为是否成立正当防卫？
答案：朱某的行为成立正当防卫。对于非暴力犯罪，但属于持续性的侵害，对被害人造成了很大的精神压力，即便造成不法侵害人身亡的，仍然成立正当防卫。换言之，这种持续性侵害给被害人造成的影响，不亚于严重危及人身安全的暴力犯罪。

可能考查的观点展示

1. 关于偶然防卫是否成立正当防卫，存在不同的观点。

模拟案例：逃犯徐某、蒋某均持枪瞄准对其实施追捕的警察肖某，对肖某开枪射击，但徐某的子弹射中同伙蒋某，致使蒋某死亡。徐某的子弹射中蒋某，对这一行为应如何定性，可能存在几种观点，请说明理由。

答案：徐某开枪射中蒋某的行为，客观上起到了防止肖某受侵害的法律效果，属于偶然防卫。关于偶然防卫，存在两种观点：

一种观点认为，徐某无罪。结果无价值论认为，虽然徐某射中蒋某，导致蒋某死亡，但该结果在客观上被法律所允许，而且事实上保护了另一种法益，使肖某免受侵害，因此不成立犯罪，构成正当防卫。

另一种观点认为，徐某构成故意杀人罪（未遂）。行为无价值论认为，徐某客观上有杀人的行为，主观上有杀人的故意，应承担故意杀人罪的刑事责任，但客观上阻止了他人犯罪，没有实际侵害刑法所保护的法益，成立故意杀人罪（未遂）。

2. 关于假想防卫的处理原则。

模拟案例：乙发现巫某在大街上和李某（歹徒）打架（实为执行公务），误将巫某（警察）当作流氓，欲制止巫某的行为。巫某说："我是警察，你别乱来！"乙说："把你的警官证拿出来！"巫某担心李某逃跑，来不及拿出警官证，便没有理会乙。乙便将巫某打成重伤，李某趁机逃跑。乙的行为应如何处理？

答案：乙是基于防卫的想法，即主观上欲制止不法侵害，但客观上却侵害了他人的合法行为，属于假想防卫。

一种观点认为，乙的行为应成立过失致人重伤罪。巫某已经告知乙，自己是警察，乙没有认识到。可以认为乙的行为存在一定的过失，应以过失致人重伤罪论处。

另一种观点认为，乙不构成犯罪。巫某仅仅是口头告诉乙自己是警察，乙根本不可能认识

到，乙主观上没有过失，不构成犯罪。

3. 关于正当防卫认定中是否需要防卫者对不法侵害认识到主观程度。

模拟案例：甲（13周岁）在驾驶汽车时，即将撞向行人鲁某，乙见此危险状况，直接冲进甲驾驶的汽车，将甲从车内拉出，造成甲重伤，乙及时停止了甲的汽车，保护了行人鲁某的生命。乙的行为是否成立正当防卫？

答案：乙在客观上制止了不法侵害，能否认定为正当防卫，存在不同的观点：

一种观点认为，乙的行为成立正当防卫。甲的行为在客观上属于"不法侵害"，可以对之实施防卫行为，乙的行为成立正当防卫。

另一种观点认为，乙不成立正当防卫。甲虽然在客观上实施了不法侵害，但毕竟甲未达到责任年龄，甲的行为不属于刑法意义上的犯罪，故乙不能对其实施正当防卫。

4. 关于特殊防卫的性质的理解。

模拟案例：徐某深夜潜入蒋某家盗窃，在窃得财物准备逃走之际，蒋某恰好下班回家。徐某为抗拒抓捕徒手对蒋某进行殴打，并试图用绳子将蒋某绑在座椅上。蒋某为了躲避徐某控制，拿起一旁挂在墙上的剪刀刺向徐某胸口，导致徐某死亡。蒋某的行为是否成立防卫过当，存在几种观点，请说明理由。

答案：关于蒋某是否属于防卫过当，关键在于对《刑法》第20条第3款性质的理解。主要存在以下观点：

一种观点认为（通说的观点），这一规定属于法律注意规定。即特殊防卫本来就是正当防卫行为，立法者为了突出强调又重申了一次。根据这一观点，特殊防卫并不"特殊"，其属于正当防卫，仍然需要符合正当防卫的各项成立条件。

本案中，尽管蒋某是针对徐某的抢劫行为进行防卫，但由于徐某只是徒手对蒋某进行殴打，并仅仅是试图控制蒋某，并非严重暴力行为，蒋某却使用凶器防卫，造成徐某死亡的严重后果，应认定为蒋某的防卫行为明显超过必要限度，成立防卫过当。

另一种观点认为，这一规定属于法律拟制规定。认为这是立法者将本不属于正当防卫的行为（过当行为），特别拟制为属于正当防卫。

本案中，虽然蒋某在手段上和结果上都明显超过防卫必要限度，但由于蒋某是针对徐某的抢劫行为实施防卫，根据《刑法》第20条第3款的规定，蒋某的行为应拟制为正当防卫，蒋某无罪。

第六章
故意犯罪的停止形态

法条群及知识点

故意犯罪的停止形态，是指<u>部分故意犯罪</u>在实施过程中，由于主客观原因停止后所呈现的各种具体状态，如犯罪预备、犯罪未遂、犯罪中止、犯罪既遂等。不同的停止形态，反映了行为人的<u>主观恶性</u>及<u>客观危害性</u>的不同，<u>处罚原则</u>也各不相同。因此，弄清具体的犯罪停止形态有利于更清楚地界定犯罪，进而更好地定罪量刑。

	预备行为	着手实行	实行终了	结果发生
犯罪形态	犯罪表示无罪 预备的预备无罪	自动→中止 意外→预备	自动→中止 意外→未遂	自动+有效→中止　既遂 有效性例外：介入 因素异常+作用大
	预备前阶段	预备阶段	实行阶段	实行后阶段

【注意】犯罪行为结束与犯罪既遂结果的出现，通常情况下是同步的。例如，开枪射击被害人，枪击行为结束，被害人当场死亡。但有的犯罪，犯罪行为结束与既遂结果出现之间可能会存在时间差。

例如，以投毒的方式致他人死亡，投毒行为结束之后，被害人可能还要经过一两个小时才会死亡，犯罪行为结束与死亡结果出现之间就存在时间差。

图中的虚线就是表明，有的犯罪可能在犯罪行为结束与既遂结果出现之间有时间差。在这段时间内，既遂结果出现前，行为人主动防止既遂结果发生的，仍然可能成立犯罪中止。

1. 犯罪停止形态是针对<u>直接故意犯罪</u>而言

一般认为，间接故意犯罪、过失犯罪，必须<u>造成结果</u>才能定罪处罚，没有造成结果的不处罚，也就<u>不存在</u>犯罪未遂、中止等<u>未完成形态</u>。

2. 犯罪停止形态<u>具有不可转换性</u>

对于一个具体的犯罪行为而言，只要出现了任何犯罪停止形态，都不可能出现其他犯罪停止形态。即这种停止不是暂时性的停顿，而是<u>结局性的停止</u>。

历年真题中经常出现，盗窃、抢夺他人财物既遂之后，又将财物返还他人的，也不成立犯罪中止。但同时需要明白的是，<u>出现了任何一种犯罪停止形态（预备、未遂、中止、既遂），都不</u>

可能再回到其他犯罪停止形态，从这一意义上看，犯罪停止形态具有不可转换性。

犯罪停止的要件是：

（1）主观上：犯意消除。行为人"自认为"自己的犯罪行为实施完毕了（如自己停止下来，或者被他人制止后停止下来），结果也出现了或者不可能继续向前发展，事态不会继续向前发展。

（2）客观上：行为停止。

例如，丙对仇人王某猛砍20刀后离开现场。2小时后，丙为寻找、销毁犯罪工具回到现场，见王某仍然没有死亡，但极其可怜，即将其送到医院治疗——本案中，丙当时没有杀死人，但其已经停止犯罪，主观上也认为犯罪已经结束，就是犯罪未遂。即便后续再次回来，也不可能再成立犯罪中止。除非另外实施了一个新的犯罪行为，对新的犯罪行为可成立犯罪中止。（03年卷二42题C项）①

一、犯罪预备

第22条【犯罪预备】为了犯罪，准备工具、制造条件的，是犯罪预备。

对于预备犯，可以比照既遂犯从轻、减轻处罚或者免除处罚。

（一）成立条件

1. 客观上：有犯罪预备行为，但未能着手实行犯罪

（1）预备行为是"实行行为"的预备。犯罪预备在客观上的重要特征是还没有着手实施"实行行为"。

（2）实行行为：是一种类型性的行为，即这种行为在通常情形下会造成犯罪既遂所要求的结果。

例如，用刀杀人行为就是故意杀人罪的实行行为，因为用刀总是能够杀死人。但为了杀人犯罪，前往犯罪地点或者准备犯罪工具，不具有法益侵害的紧迫性，是预备行为。

又如，劝他人坐飞机，通常不可能导致被害人死亡，因此，不是类型化的行为，不是实行行为，不构成犯罪。

再如，基于杀人的故意，劝说他人雨天在树林里漫步，希望被害人被雷劈死，果然造成被害人死亡的，这种"劝说"行为不是实行行为。因为劝说行为本身不具有导致他人死亡的通常性、类型性。

2. 未能着手实行犯罪是由于犯罪分子意志以外的原因

也就是说，在犯罪的预备（准备）阶段，犯罪是被迫停止下来的，而不是行为人主动停止下来。

例如，甲带好了凶器，正准备前往乙的家中杀乙，在去往乙家的路上，被警察制服，甲尚未着手实施犯罪，被迫停止下来，成立犯罪预备。

---

① 理由：甲在现场着手对乙实施杀害行为，犯罪行为在实行阶段形成被害人没有死亡的结局，该结局的出现事实上违背行为人的本意，所以甲成立犯罪未遂。在甲离开现场的当时，故意杀人未遂的结局已经出现。在该结局"固定"下来之后，即使甲事后回到现场因为同情而将被害人送到医院，也不能成立另外的结局（犯罪中止形态），而只属于犯罪未遂结局出现之后的悔罪行为。对于甲将乙送医院的行为，在量刑时作为酌定从轻处罚的情节加以考虑。类似的真题是：甲、乙共同杀害丙，以为丙已死，甲随即离开现场。一个小时后，乙在清理现场时发现丙未死，持刀杀死丙。本案中，甲、乙的第一个行为成立故意杀人罪未遂，后来乙的行为单独成立一个新的犯罪，故意杀人罪既遂，乙实施了两罪（14年卷二54题D项）。

（二）预备犯和犯意表示的区别

1. 犯意表示不成立预备犯，不应以犯罪论处

犯意表示是指，行为人流露出某种犯罪的意思。犯罪预备对刑法保护的法益构成了现实的威胁；犯意表示对法益没有构成现实的威胁，属犯罪思想的表达。

例如，甲、乙二人吵架时，甲对乙说："老子要杀了你，走着瞧。"甲仅仅是流露出犯罪的想法，不应该以犯罪论处。实践中，大量的争吵都伴随着这样的"说狠话"，不应以犯罪论处。

2. "语言表示"一般认为是犯意表示，不应以犯罪论处。但是，部分犯罪本身就是通过言语实施的，因此，这种情形下的语言表示成立犯罪。包括：

（1）成立预备犯：语言的表示或文字的表示实际上是为了实施某种犯罪而采取的预备行为，而不仅仅是犯意流露。

例如，为了犯罪，"勾结"共同犯罪人，可以认为是犯罪的预备行为。

（2）成立实行犯：言语本身是一种实行行为。

例如，通过语言敲诈勒索他人（敲诈勒索罪），或通过语言辱骂他人（侮辱罪），这种语言行为本身就是犯罪的实行行为。

（三）犯罪预备与犯罪未遂的区分

犯罪预备与犯罪未遂，都是被迫停止犯罪。而其区别在于，在哪一个阶段被迫停止犯罪。犯罪预备指的是在预备阶段被迫停止，而犯罪未遂指的是在实行阶段被迫停止犯罪。而预备阶段与实行阶段的分界点在于，犯罪是否已经着手。着手的实质在于，犯罪行为对法益侵害已经进入了紧迫性的阶段，即将侵害具体的法益。

因此，犯罪预备与犯罪未遂的区分在于：形式上，行为是否着手（动手）；实质上，法益侵害的紧迫性是否临近。"着手"要同时符合如下两项：

1. 犯罪对象出现

一般认为，如果犯罪对象没有出现，不能认为犯罪已经着手。

例如，甲欲杀害其仇人乙，某日，甲在乙下班必经的路口进行等候，等待许久，仍不见乙，遂离去。该案中，甲实施故意杀人罪的对象乙并没有出现，甲的行为成立故意杀人罪的犯罪预备。

2. 行为人开始实施刑法分则所要求的动词

即考察行为人的行为是否已经直接作用于、针对于具体的犯罪对象。

例如，故意杀人罪的着手，一般要求被害人已经出现，行为人开始实施了"杀"（如开枪、砍杀）这一实行行为。

又如，甲、乙二人准备了刀具和绳子，欲抢劫出租车司机。甲、乙二人刚坐上某出租车，出租车经过检查站时，检查站人员见甲、乙二人神色慌张，进一步盘问。甲、乙二人害怕，遂逃离出租车。甲、乙二人的行为成立抢劫罪的犯罪预备，因为该案中，虽然犯罪对象已经出现，但甲、乙还没有实施"抢"的行为。

特殊情形：

（1）如诬告陷害罪，只要实施了诬告陷害行为，并足以使被害人面临被追诉的风险就认为是该罪的犯罪既遂。

（2）有的情形下，即使对象没有出现，如果具有法益侵害紧迫性、严重性，也认为是已经着手了。

例如，以杀人故意朝被害人家里扫射多枪，但被害人碰巧不在家，成立故意杀人罪未遂。

（3）在刑法分则所规定的实行行为包含多个环节或者多种形式时，行为人开始实施其中任何一个环节或者任何一种形式的行为，原则上也应认定为着手。

例如，抢劫罪中，行为人开始实施暴力或者胁迫等行为（手段行为）时，就是已经着手实施抢劫行为。拐卖妇女、儿童罪中，行为人以出卖为目的，开始拐骗、绑架、收买妇女、儿童时，就是拐卖妇女、儿童罪的着手，而不是待行为人开始贩卖时才是着手。

【典型真题】

下列哪一行为成立犯罪未遂？（15年卷二5题）①

A. 以贩卖为目的，在网上订购毒品，付款后尚未取得毒品即被查获
B. 国家工作人员非法收受他人给予的现金支票后，未到银行提取现金即被查获
C. 为谋取不正当利益，将价值5万元的财物送给国家工作人员，但第二天被退回
D. 发送诈骗短信，受骗人上当后汇出5万元，但因误操作汇到无关第三人的账户

二、犯罪未遂

第23条第1款【犯罪未遂】已经着手实行犯罪，由于犯罪分子意志以外的原因而未得逞的，是犯罪未遂。

（一）成立条件

1. 行为人已经着手实行犯罪

2. 犯罪没有既遂

（1）犯罪既遂（完成）与否的标准，不是以犯罪分子的主观想法为标准，而是以刑法的规定为标准。

例如，绑架罪中，犯罪分子控制了人质，但没有勒索到财物，虽然他本人认为犯罪行为还没有最终完成，但该罪是侵犯人身权利的犯罪，成立绑架罪的犯罪既遂。

又如，拐卖妇女、儿童罪，只要控制人质就是犯罪既遂，即只需要具备拐骗、绑架、收买、贩卖、接送、中转行为之一即认为成立犯罪既遂。

又如，对于一些违禁品、危险品的流转型犯罪，只要完成了交付就成立犯罪既遂，如贩卖毒品罪，只要完成了毒品的交付，就是犯罪既遂。

再如，组织考试作弊罪、代替考试罪是扰乱公共秩序（考试秩序）的犯罪，行为人只要扰乱了考试秩序就构成犯罪既遂，而不要求必须考试通过。比如，考试之前就获取了试题答案、事实上已经代替他人考试，即便考试成绩很差，也应认定为犯罪既遂。

【典型真题】

关于犯罪停止形态的论述，下列哪些选项是正确的？（12年卷二54题）②

A. 甲（总经理）召开公司会议，商定逃税。甲指使财务人员黄某将1笔500万元的收入在申报时予以隐瞒，但后来黄某又向税务机关如实申报，缴纳应缴税款。单位属于犯罪未遂，黄某属于犯罪中止

---

① 答案：D。
② 答案：ABCD。

B. 乙抢夺邹某现金20万元，后发现全部是假币。乙构成抢夺罪既遂

C. 丙以出卖为目的，偷盗婴儿后，惧怕承担刑事责任，又将婴儿送回原处。丙构成拐卖儿童罪既遂，不构成犯罪中止

D. 丁对仇人胡某连开数枪均未打中，胡某受惊心脏病突发死亡。丁成立故意杀人罪既遂

（2）犯罪既遂要求 行为 与 结果 之间 具有因果关系。虽然造成了既遂犯所要求的结果，但由于与行为之间没有因果关系，只能认定为犯罪未遂。

例如，甲对胡某实施诈骗行为，被胡某识破骗局。但胡某觉得甲穷困潦倒，实在可怜，就给其3000元钱，甲得款后离开现场——甲的行为成立诈骗罪未遂，该案中，甲的骗局已经被胡某识破，该钱款不是甲骗来的，而是胡某基于同情给予甲的，甲的诈骗行为与获取3000元钱没有因果关系。

又如，甲将自己的汽车藏匿，以汽车被盗为由向保险公司索赔。保险公司认为该案存有疑点，随即报警。在掌握充分证据后，侦查机关安排保险公司向甲"理赔"。甲到保险公司二楼财务室领取20万元赔偿金后，刚走到一楼即被守候的多名侦查人员抓获——甲的行为成立保险诈骗罪的未遂，甲事实上并没有控制财物，被害人亦未对财物失控。

再如，甲使用暴力、胁迫压制被害人乙的反抗以取得被害人的财物，但其暴力不足以压制被害人的反抗，于是，趁被害人没有注意时取走了被害人乙的财物，只能认定为抢劫罪未遂与盗窃罪，不构成抢劫罪既遂。

3. 未得逞是由于 意志以外的原因 所造成的——欲达目的而"不能"

行为人主观上还是希望犯罪既遂所要求的结果能够出现，但行为人本人主观上认为"不能"达到既遂，进而停止犯罪行为的，是犯罪未遂。对于 "能"或"不能" 的判断：

（1）主观说（通说）：应以 犯罪分子 本人的 主观判断为标准，即使行为人本人的判断是错误的，①只要行为人主观上认为"能"继续实施犯罪，其停止下来的，成立犯罪中止；否则，成立犯罪未遂。

（2）客观说：应以社会一般人的判断为标准，即便行为人本人认为"能"继续实施犯罪，只要是社会一般人认为"不能"的，其停止下来的，成立犯罪未遂。

（3）限定的主观说：限定主观说相当于在主观说基础上做进一步限定，"基于己意自愿放弃"除了具有自动性，还应当出于反省、悔悟、怜悯、同情等这种动机，也即广义的后悔，对自己的行为持否定态度而放弃犯罪，才成立犯罪中止。也就是说，限定主观说在弗兰克公式上对"能"与"不能"做了伦理上的限定。限定主观说要求自愿放弃必须出于真挚，才可能成立犯罪中止，如果是被迫的放弃，技穷的放弃，因为明显提高犯罪风险的放弃等都是未遂，这必然大大

---

① 犯罪未遂、犯罪中止，作为两种未完成的犯罪停止形态，其在客观上都没有完成犯罪。其主要区别在于：行为人的主观心态不一样。犯罪未遂是"未遂心愿"，行为人停止犯罪是基于其意志以外的原因所造成的，其内心还是想完成犯罪，并没有改恶从善。而犯罪中止是主动放弃、停止犯罪，行为人停止犯罪是出于己意，其内心认为犯罪能够继续完成，但主动停止犯罪、放下屠刀，希望改恶从善。例如，甲正在教室盗窃电脑，突然听到楼下警车响，甲以为警察是来对其实施抓捕的，遂闻风而逃。事实上，警车根本不是来抓甲的，而是处理其他事情的。但甲错误地认为警察就是来抓他的，甲的内心并没有改恶从善，犯罪没有完成是违反了他的意志的，他是被吓跑的，因此成立犯罪未遂。又如，甲正在教室盗窃电脑，事实上警察已经在楼下布下了天罗地网，但甲并不知情。甲在盗窃过程中，突然看见桌上有一本《圣经》，心想："做个好人吧！感谢上帝！"于是，甲离开了现场。甲根本不知道警察的存在，其内心认为犯罪能够完成，出于改恶从善，停止犯罪，当然成立犯罪中止。

缩小了犯罪中止的范围。

例1，甲在实施盗窃行为时，听到警车响，以为是来抓他的，便迅速逃离现场。事实上根本没有警车，从当时的情况来看，是可以将犯罪行为实施完毕的，但甲当时认为犯罪行为不能实施下去，进而放弃犯罪的，成立犯罪未遂。——该案中，因为警察到来，无论是甲本人（主观说），还是社会一般人（客观说），都认为犯罪"不能"继续进行下去，停止下来的，成立犯罪未遂。

例2，在有各种证据表明，行为人具有洁癖，看见血就产生恶心厌恶感，或者胆量极小害怕被熟人举报，或者行为人具有某种迷信心理，担心和行经中的妇女性交会染上晦气等心理上的原因，被迫抑制了其犯罪意念的时候。——如果持主观说，行为人本人认为上述障碍对他来说是非常大的障碍，是被迫停止下来，成立犯罪未遂；如果持客观说，社会一般人可能认为与女性在经期发生性关系并非特别大的障碍，"能"继续实施犯罪，停止下来的，成立犯罪中止。

例3，甲欲枪杀仇人乙，但早有防备的乙当天穿着防弹背心，甲的子弹刚好打在防弹背心上，乙毫发无损。甲见状一边逃离现场，一边气呼呼地大声说："我就不信你天天穿防弹背心，看我改天不收拾你！"09年卷二52题）——从甲的话中（主观说）可以看出，甲在当时"不能"杀乙，停止下来的，成立犯罪未遂。但从社会一般人的判断（客观说）来看，似乎还"能"继续开枪打其他部位（头），其停止下来的，成立犯罪中止。

例4，甲欲杀乙，将乙打倒在地，掐住脖子致乙深度昏迷。30分钟后，甲发现乙未死，便举刀刺乙，第一刀刺中乙腹，第二刀扎在乙的皮带上，刺第三刀时刀柄折断。甲长叹"你命太大，整不死你，我服气了"，遂将乙送医，乙得以保命。经查，第一刀已致乙重伤。（12年卷二8题）——甲自己都明确表态"你命太大，整不死你，我服气了"，即甲认为该犯罪"不能"完成（主观说、法考观点），系被迫停止，成立犯罪未遂。如果根据限定的主观说，成立犯罪中止除了具有自动性，还应当出于反省、悔悟、怜悯、同情等这种动机，而本案中，甲穷尽了一切方法均未能完成犯罪，更应成立犯罪未遂。但是，社会一般人（客观说）可能认为，还"能"继续砍杀，其停止下来的，成立犯罪中止。

例5，赵某恼羞成怒想要勒死妻子。正在拿皮带勒万某脖子的时候，万某叫喊，听到呼喊的两个孩子跑过来（一个3岁，一个5岁），赵某觉得不应该当着两个孩子的面杀死妻子，于是停止行凶，仅造成万某轻伤。(21年真题) 根据客观说：一般人在实施砍杀妻子时，如果自己的小孩在身边，应该难以继续实施犯罪，故赵某应成立犯罪未遂。根据主观说：如果赵某认为能够继续杀妻，其停止下来的，成立犯罪中止；如果赵某认为难以继续进行的，成立未遂。主观上确实也存在方法论上的疑问，如何去判断行为人的主观想法，有时又不得不参考客观标准（社会一般人标准）。该题当年是考察两种观点。

（二）未遂犯的类型

1. 实行终了的未遂、未实行终了的未遂

（1）实行终了的未遂：犯罪人已将其<u>认为</u>达到既遂所必需的<u>全部行为实行终了</u>，但由于<u>意志以外的原因</u>未得逞。

例如，甲欲杀乙，已经将毒药投给乙并让乙吃下，但乙当天正好吃了泻药，毒药及时被排出而未死，甲的行为属于故意杀人罪未遂。该案中，甲已经将其投毒行为实施终了，但没有造成被害人死亡结果，属于实行终了的未遂。

（2）未实行终了的未遂：由于意志以外的原因，犯罪人<u>未能</u>将他认为<u>达到既遂所必需的全部行为实行终了</u>。

例如，甲欲杀乙，原计划砍乙十刀。刚砍到第二刀的时候，被吃瓜群众制止并扭送派出所。甲是故意杀人罪的未遂，其计划的犯罪行为还未实施完毕，属于未实行终了的未遂。

2. 能犯未遂与不能犯未遂

（1）能犯未遂：有既遂的可能性，只是由于遇到了意志以外的原因而没有既遂。在能犯未遂的情况下，犯罪行为本身是可以既遂的，只是由于行为人自身的原因导致犯罪没有成功。——一手好牌被你打烂了。

例如，甲拿一把有子弹的枪射击被害人乙，由于甲自身的枪法不准，没有导致被害人死亡，但客观上，枪支本身是有致人死亡的可能性的。

（2）不能犯未遂：由于行为人对有关犯罪事实的认识错误，而使该犯罪行为在当时不可能达到既遂的情况。分为对象不能犯与手段（工具）不能犯。——巧妇难为无米之炊。

对象不能犯，是指由于行为人的错误认识，使得其犯罪行为所指向的犯罪对象在行为当时不存在。

例如，误将稻草人当作仇人开枪，属于对象不能犯。

手段（工具）不能犯，行为人具有实现犯罪的意思，但使用的手段方法根本不可能导致结果的发生。

例如，误将白糖当作毒药去毒杀他人，误以为枪支（空枪）有子弹而对他人实施枪击行为，都属于手段（工具）不能犯。

【不能犯未遂的处罚】原则上，不能犯是成立犯罪未遂的（亦称可罚的不能犯、相对不能犯）。上述举例中的不能犯，原则上是应作为犯罪论处的。但对于法益侵害危险性几乎可以忽略的不能犯，理论上的多数观点认为还是不应作为犯罪处理（亦称不可罚的不能犯、绝对不能犯）。考试层面，严格区分了可罚的不能犯、不可罚的不能犯，前者当然构成犯罪，后者不构成犯罪。不能犯是否可罚（构成犯罪），需要综合判断行为造成法益侵害的可能性大小、行为本身对国民造成的不安感、类似行为他人如果继续效仿有无可能侵害法益等。一般认为，只有行为绝对没有造成法益侵害的可能性的不能犯，可以考虑不作为犯罪处理。

例如，在荒山野外，误将稻草人当作仇人而开枪射击，也不可导致他人伤亡的，不成立犯罪未遂，此属于绝对不能，因为该类行为在案件当时没有造成他人危险的可能性，即便该行为重复上演，也不可能造成被害人的死亡结果。

【注意】从历年国家法律职业资格考试真题反馈的信息看：没有考过不构成犯罪的绝对不能犯。

需要说明的是，有人认为，在故意犯罪中，只要犯罪对象没有出现，这种情形下的不能犯未遂就不应该作为犯罪处理，这是非常荒谬的观点。试想，以杀人的故意持枪进入被害人家里横扫几十枪，如果被害人不在家，难道就不作为犯罪处理？行为人的犯意已经外化为行为，行为人主观上也具有明显的犯罪故意，仅仅因为方法不当或者目标错误而未能发生法定之危害结果。尽管行为人的危害行为在当时的具体条件下不会发生危害结果，但是一般人依据自然因果法则抽象地判断，行为人不发生事实认识错误，行为具有发生法定危害结果的危险性，而一般人对于行为人的行为也会感到恐惧，因而有必要动用刑法加以处罚。毕竟法律（刑法）也是一种行为规范，需要防患于未然。

3. 迷信犯与不能犯

（1）迷信犯：是指由于行为人愚昧无知，因而采用在任何情况都不可能造成实际损害结果的迷信方法来意图实现自己所追求的某种危害结果的行为。

例如，甲愚昧地以为用针扎小人的方式可以致他人死亡，于是实施此行为。因为此种行为不可能致人死亡，并且甲主观上也如此愚昧地认为，就不应以犯罪论处——绝对不构成犯罪。（主观上愚昧无知，客观上无害）

（2）不能犯与迷信犯的区分：不能犯是行为人认识错了，如果行为人知道事实真相，则可能改变犯罪方法、计划。而迷信犯中行为人是愚昧的，他就是这么认为的，即使你告诉他这种愚昧的方法不可能达到犯罪既遂，他也不会改变自己的"愚昧"计划。

【典型真题】

1. 因乙移情别恋，甲将硫酸倒入水杯带到学校欲报复乙。课间，甲、乙激烈争吵，甲欲以硫酸泼乙，但情急之下未能拧开杯盖，后甲因追乙离开教室。丙到教室，误将甲的水杯当作自己的杯子，拧开杯盖时硫酸淋洒一身，灼成重伤——甲未能拧开杯盖，其行为属于可罚的不能犯。甲对乙的伤害行为仍然应该以犯罪论处。虽然因为其对犯罪工具的使用不恰当，未能实际造成被害人的伤害结果，但此种情况下的不能犯仍有以犯罪论处的必要，即有法益侵害的可能性（12年卷二53题）。

2. 甲深夜潜入乙家行窃，发现留长发穿花布睡衣的乙正在睡觉，意图奸淫，便扑在乙身上强脱其衣。乙惊醒后大声喝问，甲发现乙是男人，慌忙逃跑被抓获——甲的行为属于强奸未遂（05年卷二7题）。①

三、犯罪中止

第24条【犯罪中止】在犯罪过程中，自动放弃犯罪或者自动有效地防止犯罪结果发生的，是犯罪中止。

对于中止犯，没有造成损害的，应当免除处罚；造成损害的，应当减轻处罚。

（一）成立条件

1. 条件一（时间条件）：发生在犯罪过程中

（1）包括犯罪预备阶段、实行阶段。无论在预备阶段，还是实行阶段，只要主动放弃犯罪，均可成立犯罪中止，分别属于预备阶段的犯罪中止、实行阶段的犯罪中止。

（2）犯罪既遂以后，返还原物、赔偿损失、释放被害人等，只能算犯罪后的悔罪表现，不能成立犯罪中止。因为就同一个犯罪而言，出现了既遂形态，不可能再倒回犯罪中止。

---

① 甲已经使用暴力，即已经着手实施犯罪行为，但由于意志以外的原因，不能将犯罪行为实施完毕，故成立犯罪未遂。甲的行为属于对象不能犯未遂，应以犯罪论处。在一般公众看来，甲的行为会使一般公众产生不安感，应以犯罪论处。可能有同学认为，事后判断甲的行为，由于没有女性这一犯罪对象出现，所以，不应以犯罪论处。这种理解是错误的，所有的未遂犯，如果采取事后判断标准的话，都没有造成结果，那就都没有法益侵害的危险性，从而不能以犯罪论处，这显然是不妥当的。理论上有一种观点（少数观点，绝对的结果无价值论）采取绝对的客观未遂论，认为本案无罪，但没有成为国家法律职业资格考试答案。即便未来的国家法律职业资格考试考这种无罪的观点，也是考两种观点时，将无罪作为观点之一。又如，甲与邻居丙有仇，基于杀害的意思，唆使丙的儿子乙（3岁小孩）用手去抓从墙上电源插座中伸出的裸露电线，及时赶来的丙将电线从乙的手中夺下，将乙抱走。事后查明该房间的5个插座都有电，但就是该电线外露的插座无电，对于甲也应该肯定其成立故意杀人罪的未遂，因为无论是考虑事前的一般人标准，还是按照积极一般预防的需要，都应该肯定该行为的高度危险性——如果类似行为再次重演，就不会有运气这么好的被害人！也就是说，无论是基于行为无价值，还是结果无价值，上述行为都应该定罪。

例如，甲趁在路上行走的妇女乙不注意之际，将乙价值 12000 元的项链一把抓走，然后逃跑。跑了 50 米之后，甲以为乙的项链根本不值钱，就转身回来，跑到乙跟前，打了乙两耳光，并说："出来混，也不知道戴条好项链"，然后将项链扔给乙——甲的行为成立抢夺罪（既遂），事后将项链返还的行为也不成立犯罪中止（08 年卷二 15 题）。

2. 条件二（主观条件）：中止的自动性——"能"达目的而"不欲"

"自动"应理解为：行为人认识到（无论行为人的认识是否有错）客观上可能继续实施犯罪或者可能既遂，但自愿放弃原来的犯罪意图。其中，"能"与"不能"应以行为人的主观认识为标准。

（1）行为人主观上认为"能"完成犯罪，但主动停止下来的，成立犯罪中止

虽然存在客观障碍，但行为人没有认识到，而自愿中止犯罪的，成立犯罪中止；行为人认识到了客观障碍，但同时认为该客观障碍并不足以阻止其继续犯罪，而是由于其他原因放弃犯罪的，也应认定为成立犯罪中止。

例如，甲为了杀乙而向乙的食物中投放毒药，见乙神态痛苦而反悔，将乙送往医院抢救脱险。即使甲投放的毒药没有达到致死量，不送往医院也不会死亡，甲也成立犯罪中止。因为甲主观上自认为自己的犯罪行为"能"导致既遂结果出现，因而主动停止下来的，就属于犯罪中止——甲在主观上已经"改恶从善"，需要给他点个赞。

（2）行为人主观上认为"不能"完成犯罪，进而被迫停止下来的，成立犯罪未遂

例如，丙在实施抢劫行为时听到警车声便逃走的，成立抢劫未遂。即使并非警车而是救护车，丙也不是犯罪中止。虽然从客观实际情况看，丙的行为是"能"成功的，但丙自己主观上认为警察到了，其犯罪行为"不能"成功，属于欲达目的而"不能"，成立犯罪未遂——丙主观上并没有"改恶从善"，无须给其"点赞"。

3. 条件三（客观条件）：必须有中止行为

（1）中止行为在客观上要做得够、做得妥当（尽力）。只要行为人对于防止结果发生有适当的努力，或者实施了与防止结果相匹配的积极行为，有希望借此避免犯罪结果实现的意思的，中止行为就应该被承认。

例如，甲出于杀害目的用菜刀砍伤乙后，将乙送到了医院（经救治脱离生命危险），即便其谎称自己不是凶手，拒绝承担医疗费用的，甲客观上的中止行为在"救助被害人"这一层面是适当和足够的，因为基于对医生的信赖，能够将被害人送医，就意味着被害人有脱离死亡危险的高度可能性，由此可以认定甲属于中止。

又如，甲向乙投放毒药后，心生悔悟，立即拨打 120 急救电话。但邻居丙在急救车到来之前将乙送往医院，乙经抢救脱险。甲的行为成立犯罪中止，因为，甲做了防止既遂结果出现所应做的努力，换言之，打这个电话对于救人是有意义的。

又如，甲向丈夫乙投放毒药后，见乙呕吐不止心生悔意但不知所措，便打电话将真相告诉父母。邻居丙发现后将乙送往医院，经抢救脱险。甲的行为不成立犯罪中止，因为甲将真相告诉父母的行为，并不能防止既遂结果的出现，即便打一百个这样电话都没有用。

再如，甲意图杀乙，投放毒物致乙昏迷，甲心生悔悟，将乙送到医院门口，放下后即偷偷离开。过了一段时间医生发现乙，但因为医生无从判断乙昏迷的原因，导致需要花费近三个小时才弄清楚，进而采取抢救措施才将乙救活。甲不成立犯罪中止，因为甲根本没有尽力。

又再如，行为人在其放火行为还没有既遂的情况下，喊了一声"救火啊"，然后便逃走了，即使他人将火扑灭，也不成立犯罪中止。

（2）中止**不等于暂停**，中止要求行为人**彻底地放弃**此犯罪，**迷途知返**。行为人仅仅是暂停犯罪，并不能表明其内心已经"改恶从善"，不能认定为是犯罪中止。

例如，乙持刀拦路抢劫周某。周某说"把刀放下，我给你钱"。乙信以为真，收起刀子，伸手要钱。周某乘乙不备，一脚踢倒乙后逃跑。——乙属于犯罪未遂。虽然乙暂时中止了自己的犯罪行为，但是，如果周某不给钱，乙仍然会继续自己的犯罪行为。乙的行为并没有终局性地停止下来，不成立犯罪中止。也不需要给乙"点赞"（16年卷二53题B项）。

又如，甲用工具撬开仓库门后，在往外搬运财物时突遇狂风暴雨。甲便停止搬运，打算第二天完成计划。对此，不能认定为是犯罪中止。

再如，具有性虐待倾向的甲意图强奸乙，乙意识到自己不能逃脱，反抗也没有意义，为了避免进一步伤害，表示愿意与甲性交。但由于乙的表现不能满足甲的性虐待倾向，甲放弃了奸淫行为。甲并没有自动地回到合法性轨道，因而只能认定为犯罪未遂。

（3）自动中止**可重复侵害的行为**，成立犯罪中止。之所以对该种行为认定是犯罪中止，是因为行为人还可以继续、重复实施侵害行为，其主动停止下来的，成立犯罪中止。

例如，甲枪中有十发子弹，第一弹未打中乙，在还可以继续重复开枪的情况下，甲停止了射击，甲的行为成立犯罪中止。主要理由在于：孤立地看，似乎第一枪并没有打中，成立未遂。但对甲的行为应该整体把握，甲可以继续开枪杀乙而没有实施枪击行为，当然成立犯罪中止。

又如，乙以杀人故意掐住妻子X的脖子。在X脸色青紫、小便失禁时，乙便以为X已经死亡，进而松手"观望"。随后X苏醒要水喝，乙倒水喂给X喝，放弃杀X的念头。乙成立犯罪中止，理由在于：犯罪行为本身并没有停止，还处于"观望"（边走边看）的过程中，乙还可以继续实施犯罪，其主动停止下来的，成立犯罪中止。

4. 条件四（有效性条件）：没有导致既遂结果的出现

（1）只要你实施了中止行为，危害（既遂）结果也没有出现，你就是犯罪中止；如果出现了危害（既遂）结果，就是犯罪既遂——**以成败论英雄**。

为什么认定犯罪中止需要"以成败论英雄"，意即，中止行为**必须有效**地**防止了结果发生**，才能成立犯罪中止。其主要理由在于：如果中止行为没有效果，即便行为人做出了"努力"，但怎么评判你的"努力"。这就好比，同学们参加法考，说自己多么多么努力，但评判的标准只有一个，客观题180分、主观题108分通过考试。否则，再努力，没有通过考试，也是不行的。法律规范、中止制度应该是一种标准，这种标准，应该是确定的、明白的，即是否有效、是否防止了既遂结果的发生。

例如，药店营业员李某与王某有仇。某日王某之妻到药店买药为王某治病，李某将一包砒霜混在药中交给王妻。后李某后悔，于第二天到王家欲取回砒霜，而王某谎称已服完。李某见王某没有什么异常，就没有将真相告诉王某。几天后，王某因服用李某提供的砒霜而死亡——李某的行为属于犯罪既遂。行为人已经着手实行犯罪，**虽然为防止犯罪结果发生做出了一定的努力，但最终还是发生了致人死亡的结果**，因此，成立**犯罪既遂**。（04年卷二2题）

又如，甲以杀人故意将郝某推下过街天桥，见郝某十分痛苦，便拦下出租车将郝某送往医院。但郝某未受致命伤，即便不送医院也不会死亡。——甲属于犯罪中止，因为甲实施了中止行

第六章　故意犯罪的停止形态

为，既遂结果亦未出现。（16年卷二53题A项）①

（2）在实施中止行为的过程中，如果介入因素独立（100%）地导致了危害结果（既遂结果）的出现，则由介入因素对既遂结果承担责任，前行为依然可以成立犯罪中止。

当然，如果介入因素并不独立（100%）导致出现危害结果，则说明前行为与既遂结果之间存在因果关系，那么前行为应成立犯罪既遂。

例如，甲以杀人故意放毒蛇咬乙，后见乙痛苦不堪，心生悔意，便开车送乙前往医院。途中等红灯时，乙声称其实自己一直想死，突然跳车逃走，三小时后死亡。后查明，只要当时送医院就不会死亡——行为人在中止的过程中，介入了"被害人突然跳车逃走"这一异常因素，独立（100%）导致了乙的死亡结果，甲当然不对乙的死亡结果承担责任。甲成立犯罪中止。（15年卷二5题）

又如，甲向乙的饮食投放毒药后，乙呕吐不止，甲顿生悔意急忙开车送乙去医院，但由于交通事故耽误一小时，乙被送往医院时死亡。医生证明，早半小时送到医院乙就不会死亡。甲的行为成立故意杀人罪的犯罪既遂。本案中，交通事故耽误一个小时对死亡结果虽然有作用，但达不到100%的作用，可以认为是前行为（投毒）与交通事故的耽误时间共同导致了死亡结果的出现，也即前行为（投毒行为）与死亡结果之间存在因果关系，甲的行为成立故意杀人罪的既遂。（10年卷二57题D项）

（二）主要表现

1. 真诚悔悟，良心发现而停止

2. 因被害人的哀求、对被害人怜悯、第三人的劝说而停止

3. 因为害怕受到法律制裁、神的处罚、鬼怪的纠缠而停止

（1）法律处罚如果是日后起作用的，成立犯罪中止。如果是害怕日后受法律处罚，由于法律处罚是具有不确定性的，此种情形下，即使将犯罪行为实施完毕，也不一定会必然受到法律处罚，如果停止犯罪行为的，可以认为遇到的障碍并不足以阻止犯罪行为的继续，应成立犯罪中止。

例如，甲在徐光华家中盗窃的时候，发现满屋子都是刑法书，因害怕受到法律制裁，遂离去，甲的行为成立犯罪中止。或者，甲入户抢劫时，看到客厅电视正在播放庭审纪实片，意识到犯罪要受刑罚处罚，于是向被害人赔礼道歉后离开。甲成立犯罪中止。

（2）法律处罚如果是即将起作用的，成立犯罪未遂。

例如，甲在徐光华家中盗窃的时候，楼下警车已经前来对甲进行抓捕，法律处罚马上就要起

---

① 理由：第一，这是从有利于被告的角度出发，只要你作出了努力，既遂结果没有发生即可成立犯罪中止。第二，这也可以通过"能达目的而不欲"来说明，行为人主观上认为还是"能"造成被害人死亡，但还是中止了行为。即行为人主观上"迷途知返""改恶从善"。本案中，医生认为"不能"搞死被害人。但是，"能达目的而不欲"中，"能"或"不能"的判断标准，应以行为人本人的判断为标准，而不是以医生的判断为标准。第三，或许有同学会问，要成立犯罪既遂，除了要造成既遂结果之外，还要求行为与既遂结果之间存在因果关系。而本案中，认定行为成立犯罪中止，但中止行为与结果不出现之间并不存在因果关系，为什么犯罪中止的认定不需要因果关系？其中理由在于，犯罪既遂是不利于被告人的犯罪停止形态，应从严认定，要求因果关系。而犯罪中止是有利于被告人的规定，没有必要这么严格要求。第四，在当时的紧迫情况下，甲也难以判断被害人是否会立即死亡，刑法也应该鼓励犯罪分子将被害人送往医院，只要将被害人送往医院，最后没有造成死亡结果，就应认定为犯罪中止，进而鼓励更多的犯罪行为人在此情此景下将被害人送往医院。

作用了，甲如果不放弃犯罪就会被抓获，此时甲放弃犯罪而逃跑的，成立犯罪未遂。

4. 基于目的物障碍（即目的物不存在）

（1）在侵犯财产权利的犯罪中：

①针对特定物（如字画）实施犯罪，如果特定物不存在，即便存在其他财物（如黄金），也仅成立犯罪未遂，因为行为人的预期利益根本不能实现。

例如，甲想到乙家中偷特定物（齐白石的画），但进入乙家后，发现乙家中根本没有这个画，仅有价值5000元的黄金。甲放弃了犯罪行为，应成立犯罪未遂。因为甲进入乙家是带着特定目的（偷齐白石的画）而来的，特定目的落空之后，甲的行为不可能既遂。

②但针对可替代物（现金）实施犯罪，如果存在具有可替代性的对象（黄金），不继续实施犯罪的，成立犯罪中止。

例如，如果甲是以图财为目的进入乙家盗窃，发现乙家中根本没有钱，但有价值5000元的黄金，甲没有拿走黄金而离开了现场，甲的行为则成立犯罪中止。甲是基于图财的主观故意而实施盗窃，没有现金，黄金也可以替代现金，拿走黄金也完全能够满足甲的主观想法，甲没有实施该行为而停止下来的，成立犯罪中止。

③在侵犯财产权的犯罪中，行为人仅想盗窃一般的财物嫌财物"少"而放弃的，属于犯罪中止。此种情形下，行为人的犯罪行为完全可以既遂，即便按其自己的主观想法来看，其犯罪行为是可以继续进行的，停止下来，成立犯罪中止。但行为人如果嫌钱"太少"了的，成立犯罪未遂，如发现仅有五元钱，没有拿的，属于犯罪未遂。①

（2）针对人身权利或者其他权利的犯罪中，对象没有出现而放弃的，属于犯罪未遂，因为人身对象不具有可替代性。②

例如，甲的女儿乙（9岁）睡在床上，甲以为是仇人（前妻丙）而持刀杀乙，共砍9刀。听到是女儿的喊声便立即停止，女儿重伤未死，甲期待利益（杀仇人）不可能实现，认定为未遂。

5. 基于嫌恶之情、遇到熟人而放弃犯罪的，成立犯罪中止

例如，强奸犯嫌弃被害妇女过于丑陋而放弃强奸的，这种放弃不是基于外部的强制，仍然可以成立中止。

又如，在实施抢劫的过程中突然发现对方是自己的熟人而放弃的，成立犯罪中止，由于犯罪以熟人为对象并非不可能，在实践中反而大量存在，"熟人"本身不足以阻止犯罪的继续，所以行为人因为对方是"熟人"而停止的，一般成立中止。

再如，抢劫过程中，如果发现对方是太熟的人，如父母、兄弟，进而停止犯罪的，可以认为

---

① 这种情形下之所以成立犯罪未遂，主要原因在于，如果被害人家里只有5元钱的情况下，即使犯罪行为人将5元钱取走，也跟没有拿一样，没有达到盗窃罪既遂所要求的数额，也仅成立犯罪未遂。换言之，该案在行为当时根本就没有既遂的可能性，所以，仅成立犯罪未遂。

② 甲因父仇欲重伤乙，将乙推倒在地举刀便砍，乙慌忙抵挡喊着说："是丙逼我把你家老汉推下粪池的，不信去问丁。"甲信以为真，遂松开乙，乙趁机逃走。甲的行为成立犯罪中止——行为人甲因父仇欲重伤乙，其主观目的就是为了报仇，这一目的是明确的。但乙说"是丙逼我把你家老汉推下粪池的"，即使乙的话是真实的，也说明乙实施了将甲的父亲推下粪池的行为，乙仍然是甲的仇人，只是仇恨没有甲原先预想的那么大。甲此时还是可以继续报仇，实现其犯罪目的，但甲自动放弃实施，成立犯罪中止。当然，如果甲将丁认为是乙，丁说："你搞错人了，推你父亲进粪池的是乙，我是丁，你父亲被推下粪坑与我没有任何关系。"甲信以为真，按照甲的想法，丁与其父亲的死亡无任何关系，甲放走丁的行为成立犯罪未遂，因为甲的复仇目的当时的情况下无法实现（09年卷二5题）。

成立犯罪未遂。这种情形下，从一般人的感情看，障碍实在太大，停止下来的，成立犯罪未遂。

【结论】

第一，若考题仅指明犯罪分子遇到了障碍，一般可以认为这个障碍不是特别大，犯罪行为应可以继续，他停止下来的，成立犯罪中止。即最大限度地鼓励犯罪分子回头是岸，认定犯罪中止。

第二，如果题目特别指明，在遇到障碍时，犯罪分子自己都明确表态"障碍太大，犯罪无法继续进行"，停止下来的，成立犯罪未遂。

站在家长主义、国家的立场来理解犯罪未遂、犯罪中止：犯罪分子在犯罪过程中遇到了障碍，在犹豫不决，是否继续前行的时候，只要这个障碍不是特别大，而是有可能完成犯罪的，作为国家（家长），应该以更包容的心态教导犯罪分子回头是岸，给予更大的优惠政策，停止犯罪的，应认定为是犯罪中止。

（三）犯罪中止与犯罪未遂的主要区别

1. 犯罪未完成是否符合行为人的意愿

（1）犯罪未遂，未完成犯罪是违背了行为人的意愿。

（2）犯罪中止，未完成犯罪是符合行为人的意愿。

2. 处罚上是否需要"嘉奖"

（1）犯罪未遂：不需要"嘉奖"。犯罪分子内心还是期待完成犯罪的，只是因为意志以外的原因而没有完成犯罪，因此，从宽处罚的力度较小。

（2）犯罪中止：需要对之"嘉奖"。犯罪分子主动放弃犯罪，迷途知返，因而需要"嘉奖"，从宽处罚的力度较大。

【提示】如何认定犯罪中止，应提倡"规范主观说"，以确定值得奖励的责任减少是否存在，从而肯定自动性。要肯定中止自动性，就必须同时满足以下两个条件：一方面，行为人在内心作出放弃犯罪或防止结果发生的自由选择，其主观意思足以被评价为一定程度上的责任减少，这是中止判断的心理学尺度；另一方面，将这种意思认定为"基于己意"有助于实现预防目的，这是中止自动性判断的规范维度。①

（四）中止犯的刑事责任

《刑法》第24条第2款规定，对于中止犯，没有造成损害的，应当免除处罚；造成损害的，应当减轻处罚。

1. 如何理解《刑法》第24条第2款所规定的中止犯"造成损害"

（1）"造成损害"应理解为中止前的犯罪行为造成损害，不是中止行为（抢救行为）本身造成了损害。

（2）这种损害是值得刑法处罚的损害。例如，对人身的损害至少应达轻伤。

例如，甲以杀人的故意朝被害人乙的头部开枪，仅打中了乙的头发。后主动放弃犯罪。甲的行为成立犯罪中止，没有造成损害。

又如，甲以杀人的故意朝被害人乙的头部开枪，仅打中了乙的耳朵。后主动放弃犯罪。甲的行为成立犯罪中止，其犯罪行为（开枪）造成了损害（打中耳朵，造成轻伤），应认定为是中止

---

① 周光权：《刑法总论》，中国人民大学出版社2016年版，第303页。

犯造成了损害。

再如，甲将被害人锁在屋内并打开天然气后，离开现场。但后来又产生中止之意，在室外将被害人家的门窗砸破，挽救了被害人的生命，却给被害人造成价值近万元的财产损失。对此不能认定为犯罪行为"造成损害"，其犯罪行为并没有造成损害，应当免除处罚，这是抢救行为造成了被害人损害，而非犯罪行为造成了损害。

2. 加重构成与犯罪既遂、未遂、中止

（1）"质变"的加重构成：刑法分则条文因为行为、对象等构成要件要素的特殊性使<u>行为类型发生变化</u>，进而导致违法性增加，并加重法定刑时，才属于加重的犯罪构成。

例如，入户抢劫、持枪抢劫，就属于普通抢劫罪的加重构成。

（2）"量变"的加重构成：刑法分则条文单纯以情节（特别）严重（恶劣）、数额（特别）巨大、首要分子、多次、违法所得数额巨大、犯罪行为孳生之物数量（数额）巨大作为法定刑升格条件时，只能视为量刑规则。

例如，盗窃他人2000元（数额较大）、5万元（数额巨大）、50万元（数额特别巨大）的行为类型或特征是完全相同的，所不同的只是违法程度。

对于"质变""量变"的加重构成，是否承认其存在未遂形态，理论上存在不同的观点。

例如，持枪抢劫即使分文未得，有观点认为也应作为加重情节，不适用未遂犯的规定，也有观点认为成立持枪抢劫的未遂。又如，以数额特别巨大（50万元）的财物为盗窃目标，实际仅得5000元的，有观点认为成立盗窃罪数额较大，有观点认为成立盗窃罪数额特别巨大的未遂。应该说，承认加重构成存在既未遂的区分已经成为较为主流的观点。

【典型真题】

1. 孙某向赵某敲诈勒索价值800万的名画，但实际上只得8000元的赝品。关于法定刑的适用与犯罪形态的认定，可能存在哪几种观点？（16年主观题）

一种观点认为，对孙某应当按800万元适用数额特别巨大的法定刑，同时适用未遂犯的规定，并将取得价值8000元的赝品的事实作为量刑情节，这种观点将数额巨大与特别巨大作为加重构成要件。

另一种观点认为，对孙某应当按8000元适用数额较大的法定刑，认定为犯罪既遂，不适用未遂犯的规定，这种观点将数额较大视为单纯的量刑因素或量刑规则。

2. 甲冒充房主王某与乙签订商品房买卖合同，约定将王某的住房以220万元卖给乙，乙首付100万元给甲，待过户后再支付剩余的120万元。办理过户手续时，房管局工作人员识破甲的骗局并报警。根据司法解释，关于甲的刑事责任的认定，下列哪一选项是正确的？（17年卷二5题）①

  A. 以合同诈骗罪220万元未遂论处，酌情从重处罚
  B. 以合同诈骗罪100万元既遂论处，合同诈骗120万元作为未遂情节加以考虑
  C. 以合同诈骗罪120万元未遂论处，合同诈骗100万元既遂的情节不再单独处罚

---

① 答案：B。2011年最高人民法院、最高人民检察院《关于办理诈骗刑事案件具体应用法律若干问题的解释》第6条规定："诈骗既有既遂，又有未遂，分别达到不同量刑幅度的，依照处罚较重的规定处罚；达到同一量刑幅度的，以诈骗罪既遂处罚。"司法解释的实质在于：部分既遂、部分未遂的案件，分别计算既遂、未遂部分所处的量刑档次，以重的为主、轻的为辅。本案应认定为合同诈骗100万元既遂，未遂的120万元作为量刑情节。该案来源于王新明合同诈骗案（最高人民法院指导案例62号）。

D. 以合同诈骗罪 100 万元既遂与合同诈骗罪 120 万元未遂并罚

知识点分析思路总结

共同犯罪的停止形态，是主观题考试中一个非常重要的问题。尤其是不同犯罪停止形态之间，如何进行区分，存在不同的学说，亦可能成为观点展示型的考题，在近年来的法考主观题考试中，处于特别重要的地位。

1. 犯罪预备与犯罪未遂的区分。应回答：

结论：成立犯罪预备（或犯罪未遂）。

理由：行为人是基于意志以外的原因被迫停止犯罪，并且行为人还未着手实施犯罪，则成立犯罪预备；行为人基于意志以外原因被迫停止犯罪，且已经着手，则成立犯罪未遂。

2. 犯罪未遂与犯罪中止的区分。应回答：

结论：成立犯罪未遂（或犯罪中止）。

理由：行为人已经着手实施犯罪，但其主观上认为犯罪"不能"（能）继续进行或者障碍太大无法克服（可以克服）停止下来的，说明犯罪未完成违背了（符合）其意愿，成立犯罪未遂（或犯罪中止）。

3. 根据犯罪行为是已经处于停止形态或仍在继续进行过程中，从而判断是犯罪未遂或中止时，应回答：

结论：成立犯罪未遂（或犯罪中止）。

理由：行为人的犯罪行为在客观上已经出现了终局性的结果，其主观上也是这么认为的，未造成既遂结果的，成立犯罪未遂。或者，行为人的行为在客观上仅仅是出现了暂时性的停止，犯罪还在继续进行过程中，其主动停止下来的，成立犯罪中止。

主观题小案例

案例 1：甲是个单身汉，欲与高某（系精神疾病患者，无性自我防卫能力）发生性关系。某日晚上，甲潜入高某家中，恰巧高某的儿子及儿媳妇在家，甲便迅速逃离。

问题：甲的行为如何定性？

案例 2：甲遇到多年未见面的邻居阙某，阙某曾经强奸过甲的妻子汪某。甲拿起手中的水果刀朝阙某砍去，意欲杀死阙某，口中喊到："你为什么要强奸我的妻子。"阙某跪地求饶，欺骗甲说："对不起，我错了。但我和你妻子之间是真爱，不是强奸，我们是自愿发生性关系的。"甲信以为真，让阙某离去。

问题：甲的行为成立犯罪未遂还是犯罪中止？

案例 3：徐某将蒋某砍倒在地后，以为蒋某已经死亡，但又担心蒋某可能还没有死，便站在旁边观察了十分钟后，发现蒋某苏醒过来。蒋某哀求徐某不要杀害自己。徐某出于同情，放弃了继续砍杀行为。

问题：请对徐某的犯罪形态进行分析。

案例 1-问题：甲的行为如何定性？

答案：属于强奸罪的**预备形态**。甲还没有实施强奸罪的手段行为（压制被害人的反抗），没有实施暴力、胁迫或其他手段，未能着手实施犯罪，而被迫停止下来，成立犯罪预备。

案例 2-问题：甲的行为成立犯罪未遂还是犯罪中止？

答案：甲对阙某的行为成立犯罪中止。即便甲误以为阙某与其妻是"真爱"，阙某亦做了对不起甲的事情，是甲的"仇人"。甲能够基于己意而停止犯罪的，成立犯罪中止。

案例 3-问题：请对徐某的犯罪形态进行分析。

答案：徐某成立故意杀人罪的犯罪中止。徐某将蒋某砍倒在地后，仍在一边观察看蒋某是否真的死亡，徐某的犯罪行为到此并未形成终局形态。徐某后面因为蒋某哀求而放弃继续砍杀蒋某的行为，属于"自动"放弃可重复侵害的行为，成立犯罪中止。

可能考查的观点展示

1. 犯罪未遂与犯罪中止的区分包括主观说、客观说等学说。不同学说的差异在于，"能"或"不能"继续实施犯罪，究竟是以"谁"（行为人、社会一般人）的认识为标准。

模拟案例：赵某恼羞成怒想要勒死妻子万某。正在拿皮带勒万某脖子的时候，万某叫喊，听到呼喊的两个孩子跑过来（一个3岁，一个5岁），赵某觉得不应该当着两个孩子的面杀死妻子，于是停止行凶，仅造成万某轻伤。赵某的行为如何认定？

答案：根据客观说，成立犯罪未遂。客观说主张，犯罪行为是否"能"继续进行，应以社会一般人的判断为标准。一般人在砍杀妻子时，如果自己的小孩在身边，应该"不能"继续实施犯罪，故赵某应成立犯罪未遂。

根据主观说（通说），可能成立犯罪未遂，也可能成立犯罪中止。犯罪行为是否"能"继续进行，应以犯罪分子本人的主观判断为标准。本案中，如果赵某认为能够继续杀妻，其停止下来的，成立犯罪中止；如果赵某认为难以继续进行的，成立未遂。主观说确实也存在方法论上的疑问，如何去判断行为人的主观想法，有时又不得不参考客观标准（社会一般人标准）。

2. 关于不能犯处罚的不同学说。站在规范行为的角度看，不能犯虽然没有造成后果，但也应该作为犯罪处理，其目的就是为了防范于未然。站在保护法益的角度看，可能会认为不能犯不构成犯罪，毕竟没有造成实际结果。

模拟案例：徐某欲杀蒋某，恰巧家里有前两天买来毒老鼠的砒霜。于是徐某打算用砒霜毒死蒋某。徐某误将砒霜旁边的面粉当作"砒霜"投入蒋某的饮食里，未造成蒋某死亡。徐某的行为如何定性，存在几种观点，请说明理由。

答案：徐某基于杀人故意，向蒋某实施了"投毒"的行为，但由于徐某对"砒霜"有认识错误，使得蒋某的犯罪行为在当时不可能达到既遂的状态。关于徐某的行为定性，存在以下两种不同观点：

一种观点认为，徐某构成不可罚的不能犯，不构成犯罪。结果无价值论认为，徐某实施该行为时不会对法益造成危险，也即面粉不可能致蒋某死亡，从结果上看，徐某的行为没有社会危害性，不成立犯罪。

另一种观点认为，徐某构成可罚的不能犯，构成故意杀人罪未遂（通说）。行为价值论认为，徐某的行为具有致人死亡的危险性，类似行为重复上演就有造成被害人死亡的危险，属于故意杀人罪的未遂。

3. 成立犯罪中止，是否要求中止行为与既遂结果未发生之间存在因果关系。

模拟案例：徐某以杀人故意将蒋某推下楼梯，见蒋某十分痛苦，便开车将蒋某送往医院。事后查明，蒋某未受致命伤，即便不送医院也不会死亡。请对徐某的犯罪形态进行分析。

答案：一种观点（多数）认为，成立犯罪中止。徐某基于悔意自动放弃犯罪，并实施了将蒋某送往医院的中止行为，且既遂结果亦没有发生，符合犯罪中止的条件。

另一种观点（少数）认为，成立犯罪未遂。中止行为与既遂结果未发生之间不存在因果关系，不成立犯罪中止，应成立犯罪未遂。

4. 关于加重犯是否存在既遂、未遂的区分。对于加重犯，如抢劫罪的加重构成（持枪抢劫）、盗窃罪的加重构成（盗窃数额特别巨大），是否存在犯罪既遂、未遂的区分，以往理论上存在肯定说、否认说的争议，现今的刑法理论、审判实务多持肯定说。

模拟案例：徐某听闻蒋某家有价值 800 万的名画，于是趁蒋某不在家时，潜入蒋家顺利盗得"名画"。但该"名画"实际上是只价值 8000 元的赝品。关于徐某法定刑的适用与犯罪形态的认定，可能存在哪几种观点，请说明理由。

答案：肯定说（多数）认为，对徐某应当按 800 万元适用数额特别巨大的法定刑，同时适用未遂犯的规定，并将取得价值 8000 元的赝品的事实作为量刑情节，即认定为数额特别巨大的未遂。这种观点将数额巨大与数额特别巨大作为加重构成要件，存在未遂形态。

另一种观点（少数）认为，对徐某应当按 8000 元适用数额较大的法定刑，认定为犯罪既遂，不适用未遂犯的规定。这种观点将数额较大、数额巨大、数额特别巨大视为单纯的量刑因素或量刑规则，不存在未遂形态。

KEEP AWAKE

第七章
共同犯罪

法条群及知识点

刑法强调罪责自负，即原则上，每个人只需要对自己所实施的行为负责。而共同犯罪所要解决的核心问题是，各行为人"共同"到什么程度，才需要对整体（共同）的结果承担责任。现今的刑法理论及国家法律职业资格考试的观点更多地认为，共同犯罪是一种客观行为的共同，或者说是客观不法层面的共犯，与责任无涉。即"**违法（客观不法行为）是连带（共同）的，责任是个别的**"。

例如，甲（29周岁）与乙（11周岁）共同实施杀人行为，两人在客观上实施了不法行为（各砍了被害人5刀，共10刀），二人的行为共同造成了被害人死亡结果。

违法行为是连带的、共同的：甲的行为、乙的行为分别都不能导致死亡结果，是甲、乙的行为共同作用，才导致了死亡结果，因此，"违法行为"是共同的。从这个意义上看，有必要承认甲、乙二人成立共同犯罪，二人均需要对整体的结果（死亡）承担责任。

责任（年龄）是各自的、分别的：甲达到了责任年龄，可以对整体的结果承担责任，成立故意杀人罪既遂；乙未达责任年龄，对整体的结果承担不起责任，无罪。从这一意义上看，责任（年龄）是分别的。①

第一节 共同犯罪的基本理论

第25条【共同犯罪的概念】共同犯罪是指二人以上共同故意犯罪。

二人以上共同过失犯罪，不以共同犯罪论处；应当负刑事责任的，按照他们所犯的罪分别处罚。

一、共同犯罪概述

（一）特征

1. 主客观统一性

（1）二人以上。"人"既可以是自然人，也可以是单位，还可以是自然人与单位。但单位犯罪时，单位与其直接负责的责任人员之间不成立共同犯罪，因为直接负责的责任人员本身就是单

---

① 不承认甲、乙二人成立共犯，就会出现悖论：如果甲、乙二人都达到刑事责任年龄，共同实施犯罪行为，甲、乙二人成立共犯，需要对整体的结果承担刑事责任。如果乙未达到刑事责任年龄，就否认甲、乙二人成立共犯，那甲就不需要对整体的结果承担刑事责任，似乎并不妥当。

位的代表。

（2）共同故意（意思交互）。各行为人主观上都认识到不是在"孤军奋战"，而是你中有我，我中有你。如果没有共同故意，不成立共同犯罪。

例如，看守所值班武警甲擅离职守，在押的犯罪嫌疑人乙趁机逃走，但刚跑到监狱外的树林即被抓回——本案中，甲主观上是过失，乙是故意，二者不成立共同犯罪。（10年卷二2题）

（3）共同行为。各自的行为不是孤立地发挥作用而造成结果，各行为之间在客观上具有"共同性"。"共谋"也属于共同行为，行为还包括作为、不作为。

例如，丈夫甲偶然发现妻子乙和丙之间存在不正当男女关系，乙不得已向甲承认：已经5岁的儿子丁实际上是乙、丙所生。甲盛怒之下，暴打儿子丁。乙坐在一旁，一言不发。2小时后，甲将丁打成重伤，然后自行离家出走。事后，邻居将丁送到医院，丁经抢救无效死亡。甲以作为的方式实施故意伤害行为，乙负有作为义务但不救助被害人丁，故可以认为乙是以不作为的方式和甲共同犯罪。

2. 共同犯罪的整体性：部分行为，全部责任

（1）共同犯罪中，二人以上在共同故意的支配下形成的一个整体，不是个人行为的简单相加，因此，各共犯人应该对整体的结果承担刑事责任。即每个人都需要对"我们"的行为所造成的结果负责。

例如，甲、乙、丙、丁单个人都不敢去实施盗窃，但如果四人一起，就敢共同去实施犯罪，从这一意义上看，共同的力量可以完成孤立的个人完全不敢实施的犯罪行为，所以，立法者对之要严惩。

又如，甲、乙、丙、丁四人预谋杀戊，甲、乙用铁棒打，丙徒手，丁拿着刀在一边助威呐喊。最后造成戊死亡，尸检报告表明，只有一处头部致命伤，且是遭利器所致。无法证明是甲、乙二人谁的行为导致了被害人死亡，但肯定不是丙、丁的行为导致——四人均需要对死亡结果承担责任，即成立故意杀人罪（既遂）。（18年真题）

（2）如果不是共同犯罪，各行为人只需要对自己所实施的行为及其所造成的结果单独承担刑事责任。即每个人只需要对自己的行为所造成的结果负责，如果行为人的行为查不清而有多种可能性的，则选择最利于行为人的那种可能给其行为定性（事实存疑采有利于被告的原则）。

例1，甲、乙上山去打猎，在一茅屋旁的草丛中，见有动静，以为是兔子，于是一起开枪，不料将在此玩耍的小孩打死。在小孩身上，只有一个弹孔，甲、乙所使用的枪支、弹药型号完全一样，无法区分到底是谁所为——甲、乙不构成犯罪。（08年四川卷二6题）①

例2，甲、乙应当预见但没有预见山下有人，共同推下山上一块石头砸死丙。只有认定甲、乙成立共同过失犯罪，才能对甲、乙以过失致人死亡罪论处——该选项错误。甲、乙二人"应当预见而没有预见"，并且均实施了推石头的行为，因此，二人主观上均有过失，客观上又实施了

---

① 【解析】本案中，甲、乙二人没有犯罪的"故意"，因此不成立共同犯罪，每个人只需要对自己的行为单独承担刑事责任。甲的过失行为存在两种可能：第一，打中了小孩，那就成立过失致人死亡罪；第二，没有打中小孩，那甲的行为就无罪。由于查不清楚甲的行为是否打中了被害人，故甲的行为无罪。同样，乙也是无罪。可能有同学会认为，如果甲、乙二人都无罪，那小孩就死得冤枉。但问题是，在现有证据不清楚的情况下，如果追究甲、乙二人的刑事责任，则会冤枉甲、乙二人其中一人，而且还不知道冤枉哪个人。事实存疑应采取有利于被告的原则，故二人都无罪。【本题提升】如果将来在立法修改中，承认共同过失犯罪也是共同犯罪，那么，甲、乙可以成立共同犯罪，均需要对"共同"的结果承担刑事责任，甲、乙二人均成立过失致人死亡罪。

行为且造成了死亡结果，二人行为与危害结果均存在刑法上的因果关系，故此二人均可以成立过失致人死亡罪。本案中，本来就可以追究二人过失致人死亡罪的刑事责任，无需附加条件"只有认定甲、乙成立共同过失犯罪"。（10年卷二6题A项）

例3，甲、乙二人在没有意思联络的情形下同时从不同的方向故意朝丙开一枪，丙死亡，身上只有一颗子弹，无法查明是甲的还是乙的枪击行为所致——甲、乙不成立共同犯罪，每个人只对自己的行为负责，而各自的行为是否打中了被害人查不清楚，故甲、乙分别成立故意杀人罪未遂。

例4，甲、乙二人基于杀人的故意，共同对丙实施射杀行为，丙身中一弹而亡，无法查清究竟是甲、乙二人中谁的枪打中了乙。——由于甲、乙二人是共同犯罪，故甲、乙均成立故意杀人罪既遂。

例5，乙正在举枪射击丙，甲为了确保丙的死亡，在乙不知情的情况下，站乙身后与乙同时开枪射击。丙中弹身亡，但不能查明是被谁击中的。——乙的行为与丙的死亡结果之间的因果关系不能确证，乙成立故意杀人罪未遂。甲的行为也应成立未遂，同时，甲也不能认定为是片面共犯，因为成立片面共犯的前提是要对他人的犯罪行为起到影响力（客观力），而本案中甲的行为对该死亡结果是否起到影响力也不能被确证。

3. 共同故意的时间

只要前行为人的犯罪行为还没有结束，中途加入进来的人，只要对前行为人正在进行的犯罪有作用力（因果力），可以成立共同犯罪。但中途加入进来的人不对前行为人先前所造成的加重结果（重伤、死亡）承担刑事责任。

（1）前行为人实施的是A罪，中途加入进来的人知情且加入，成立A罪的共犯。

例如，甲以劫取财物为目的将被害人打昏，正在从被害人身上取财，乙经过此地，甲告知乙情况，二人共同取走了被害人身上的财物，二人成立抢劫罪的共犯。

又如，甲以劫取财物为目的将被害人打昏，正在从被害人身上取财，乙经过此地，甲欺骗乙说被害人昏倒在此处，二人共同取走了被害人身上的财物，甲构成抢劫罪、乙构成盗窃罪，二人在盗窃的范围内成立共犯。

再如，在甲抢劫的过程中，甲将被害人打成重伤、昏迷状态后，正在取被害人身上的财物，此时乙加入进来，乙的行为成立抢劫罪的共犯，但乙不对甲之前实施的重伤结果承担责任，因为乙的行为与重伤结果之间没有因果关系。

（2）前行为人实施的是A罪，但A罪是结合犯（B罪+C罪），中途加入进来的人仅对自己参与的部分负责。

例如，绑架后杀人的，仅定绑架罪一罪（刑法第239条），即绑架罪=绑架罪+故意杀人罪。如果中途加入进来的人，仅参与了故意杀人行为，仅构成故意杀人罪的共犯。

甲绑架人质乙后，要求人质的妻子丙火速交付30万元赎金，否则就撕票。妻子丙经常被丈夫乙打骂，觉得是除掉丈夫的好机会，便以无钱为由，拒付赎金，也未报警。绑架犯甲恼羞成怒，杀害人质乙。（21年真题）——该案中，丙不构成绑架罪的共犯。虽然丙中途加入进来，但丙的加入对甲的绑架行为没有起到任何推进作用。相反，如果丙帮甲看守人质，可以成立绑架罪的共犯。此外，丙拒付赎金的行为，促进了甲杀害人质，丙主观上也存在故意，可以构成故意杀人罪的共犯（片面共犯）。

（二）共同犯罪与犯罪构成的关系

关于共同犯罪的学说，各行为人要"共同"到何种程度，才成立共同犯罪，理论上存在完全犯罪共同说、部分犯罪共同说、行为共同说等不同学说。①

1. 完全犯罪共同说

完全犯罪共同说认为，共同犯罪必须是数人共同实行特定的犯罪，或者说二人以上只能就完全相同的犯罪成立共同犯罪。

例如，甲以杀人的故意、乙以伤害的故意共同对丙实施暴力行为导致丙死亡。持此观点的一部分学者认为，由于甲和乙都是正犯，但各自触犯的罪名不同，因而不成立共同正犯，只能分别以单独犯论处。这样的结论虽然严格限定了共同正犯的成立范围，却没有考虑法益侵害的事实。完全犯罪共同说基本上被淘汰。

2. 部分犯罪共同说

部分犯罪共同说认为，二人以上虽然共同实施了不同的犯罪，但当这些不同的犯罪之间具有重合的性质时，则在重合的限度内成立共同犯罪。法考采此观点。

3. 行为共同说

行为共同说认为，共同犯罪是指数人共同实施了行为，只要行为具有共同性就可以成立共同犯罪；在"意思联络"方面，也不要求数人必须具有共同故意实施犯罪的意思联络，只要就实施行为具有意思联络（甚至过失的意思联络）就可以成立共同犯罪。

例如，甲、乙两人相约在一阳台上，选中离阳台 8.5 米左右处一个树干上的废瓷瓶为目标比赛枪法（共用一支 JW-20 型半自动步枪）。两人轮流各射击子弹 3 发，均未打中，但其中一发子弹穿过树干，将离阳台 100 余米的行人丙打死，无法查清是谁的子弹造成了被害人死亡。根据行为共同说，只要二人在客观上共同实施了不法行为，二者就可以成立共同犯罪，至于行为人主观上是故意还是过失，则不是需要考虑的问题。该案中，甲、乙二人共同实施了该行为，即便主观上对于造成被害人死亡结果是过失的，也成立共同犯罪，二人均需要对死亡结果负责，即二人均成立过失致人死亡罪。

（三）"部分犯罪共同说"视域下的共同犯罪的认定

成立共同犯罪，更多地要求"客观不法行为"层面二人是共同的即可，与责任无涉，更不要求各共犯人的罪名完全一致。

1. 二人以上在同一犯罪构成的前提下，分别具有不同的加重情节或者减轻情节的，不影响共同犯罪的成立。

例如，甲教唆乙去路边抢劫，乙实施了入户抢劫，甲成立抢劫罪、乙成立抢劫罪（入户抢劫），二人在普通抢劫的范围成立共犯。可以认为，甲教唆乙去犯 50 分的错（普通抢劫），乙却犯了 100 分的错（入户抢劫），甲、乙二人在 50 分的范围内成立共同犯罪。

2. 如果二人以上持不同的故意共同实施了某种行为，只就他们所实施的性质相同的部分

---

① 张明楷：《刑法学》（第五版），法律出版社 2016 年版，第 393-394 页。

（或重合部分）成立共同犯罪，即便罪名不同，也成立共同犯罪。①

（1）法条竞合

例如，甲以抢劫枪支的故意，乙以抢劫普通财物的故意，共同对丙实施了抢劫行为。甲构成抢劫枪支罪，乙构成抢劫罪，二者在抢劫的范围内成立共同犯罪。

（2）犯罪之间具有包容关系的，可以在重合的范围内成立共犯

例如，绑架罪包容了非法拘禁罪，甲以绑架的故意（非法控制人质后，向人质家属索要财物），乙以非法拘禁的故意，共同对丙实施了拘禁行为，甲、乙二人在非法拘禁罪的范围内成立共犯。

（3）两罪侵犯的法益相同，严重犯罪包含了非严重犯罪的内容。此类犯罪如下：故意杀人罪与故意伤害罪，强奸罪与强制猥亵、侮辱罪，抢劫罪与抢夺罪，抢劫罪与盗窃罪，抢劫罪与敲诈勒索罪。

例如，甲以杀害的故意、乙以伤害的故意，共同对丙实施暴力，造成丙死亡，二人在故意伤害罪的范围内成立共犯，甲成立故意杀人罪，乙成立故意伤害（致死）罪。

又如，为境外窃取、刺探、收买、非法提供国家秘密、情报罪与非法获取国家秘密罪，当然在非法获取国家秘密罪的范围内成立共犯。甲、乙应丙的要求帮丙非法获取国家秘密，甲知道丙是境外人员，而乙以为丙是我国公民。甲、乙二人共同去非法获取国家秘密，甲构成为境外窃取国家秘密罪，乙构成非法获取国家秘密罪，二人在非法获取国家秘密罪的范围内成立共同犯罪。

（4）在法定转化犯的情况下，部分人另行实施了转化行为的，就转化前的犯罪成立共同犯罪。

例如，甲、乙共同实施盗窃行为，但乙后来使用暴力、抗拒抓捕，转化为抢劫罪，甲对此不知情。二人在盗窃罪的范围内成立共同犯罪。

【典型真题】

下列哪些情形成立共同犯罪？（　　）（多选）（2000年卷二70题）②

A. 甲与乙共谋共同杀丙，但届时乙因为生病而没有前往犯罪地点，由甲一人杀死丙

B. 甲在境外购买了毒品，乙在境外购买了大量淫秽物品，然后，二人共谋共雇一条走私船回到内地，后被海关查获③

C. 甲发现某商店失火后，便立即叫乙："现在是趁火打劫的好时机，我们一起去吧？"乙便和甲一起跑到失火地点，窃取了商品后各自回到自己家中

D. 医生甲故意将药量加大10倍，护士乙发现后请医生改正，医生说："那个家伙（指患者）太坏了，他死了由我负责"。乙没有吭声，便按甲开的处方给患者用药，导致患者死亡

---

① 成立共同犯罪不要求各行为人所构成的罪名完全相同，可以通过如下两个案例来说明。

案例1：甲、乙两人共同盗窃，甲在楼下放风，乙在楼上盗窃，乙得到5000元，即便甲一分钱没有分到，甲、乙是共同犯罪，甲、乙的盗窃金额均为5000元。

案例2：甲、乙两人共同盗窃，甲在楼下放风，乙在楼上盗窃，乙得到5000元，甲知道乙盗窃成功后告知乙要先行离去。乙下楼时被主人发现后将主人打成轻伤，乙成立抢劫罪。但甲、乙在盗窃罪的范围内成立共同犯罪。如果不承认二者成立共同犯罪，甲仅对自己的盗窃行为负责任，但甲本人实际上是没有拿到钱的，其盗窃金额就会变成0元，这显然是不合理的。二人在前半程成立盗窃罪的共同犯罪，二人的犯罪数额均为5000元。

② 答案：ABCD。

③ 甲、乙成立走私毒品罪、走私淫秽物品罪两罪的共犯。但是若双方均不知道对方走私的具体物品，仅存在共谋雇船走私的行为，则在"普通走私"的范围内成立共同犯罪。

二、共同犯罪的认定

（一）共同犯罪的成立标准

1. 各行为人的"客观上的不法行为"是共同的，不存在谁支配谁、谁控制谁，即"人格独立"。

2. 各行为人主观上对行为的意义能够基本了解（有"大是大非"的辨别能力，相互之间意思交换、彼此帮助）。

例如，甲（19周岁）、乙（11周岁）共同实施了故意杀人行为，虽然乙没有达到刑事责任年龄，但乙主观上对杀人行为的基本意义是能够理解的，也知道自己在和甲"共同"犯罪；客观上，甲、乙的地位相对平等，不存在甲支配、操纵乙的行为。故甲、乙二人成立共同犯罪，犯罪是二人"共同"的杰作。

（二）间接正犯

1. 概念

间接正犯，是"直接正犯"的对称，是指行为人以自己的犯罪意图，利用无责任能力的人或无犯罪意思的人实施犯罪行为，以达到自己的犯罪目的的人。即非共同主导犯罪，而是单方主导犯罪。

例如，利用精神病人或未达到刑事责任年龄的儿童实施犯罪；利用不知情的人实施犯罪行为等。

间接正犯是指利用他人作为犯罪工具来实施犯罪，自己不参与实行行为。间接正犯的正犯性，主要表现在处于优势地位的间接正犯对于被利用者（行为媒介）的支配性，隐身于幕后的操纵者。换言之，虽然没有直接实施正犯行为，但实际上起到了正犯的效果。

2. 实质：支配他人

如果达到刑事责任年龄的人与未达刑事责任年龄的人在共同实行犯罪的情况下，未达刑事责任年龄人处于被利用（支配）的状态，二者也不成立共同犯罪，而是间接正犯。间接正犯的情况下，犯罪不能认为是各行为人"共同"的杰作，而是利用者（支配者、操控者）单方的杰作。

一般来说，利用者强制、操纵、说服、支配欠缺责任能力者犯罪的，被利用者对于犯罪没有添加自己的理解，没有自己的意志，受利用者的决定性影响，利用者将他人作为工具实现自己的犯罪目的，就是间接正犯。相反，在一定程度上受到利用者控制的人，如果具有规范意识和意思能力，对犯罪有自己的认识和理解，具备有目的地实施犯罪的能力，犯罪时并没有受到强制的，二者之间成立共同犯罪。

例如，甲（19周岁）教唆乙（3周岁）实施了故意杀人行为，但乙年龄太小，对自己行为的基本意义不能够理解，可以认为，甲在"操纵、支配"乙的行为，甲成立故意杀人罪的间接正犯。

又如，甲（39周岁）欺骗乙（19周岁）说："外面晒的衣服都是我的，你帮我去拿过来吧。"乙信以为真，帮甲将外面晾晒的他人衣服拿回。由于乙完全不明白甲的故意，甲实际上是利用、支配了乙的行为，乙不懂甲的"坏心"，甲的行为属于盗窃罪的间接正犯，犯罪是甲的杰作，而非甲、乙"共同"的杰作。

又如，上一案例中，如果乙识破了甲的骗局，便直接告诉甲："外面晒的根本不是你的衣服，拿别人的衣服是构成犯罪的。"甲说："实话告诉你吧，那不是我的衣服，你帮我去拿，好吗？"

乙说："好吧，为了你，我愿意！"随后，乙将外面晾晒的衣服取回后交给甲。这种情况下，甲、乙彼此都明白各自、共同行为的意义，不存在支配、操纵、欺骗对方，故甲、乙成立盗窃罪的共同犯罪，犯罪是二人"共同"的杰作。

又如，A 出于杀害 B 的目的，知道 B 当时正处于某屏风的后面，就指使 C 向该屏风开枪，不知情的 C 一枪打坏了屏风，同时也打死了 B。C 尽管有故意毁坏财物的故意，但没有杀人的意思。因此 A 构成故意杀人罪的间接正犯，但 A、C 成立故意毁坏财物罪的共犯。

再如，甲生意上亏钱，乙欠下赌债，二人合谋干一件"靠谱"的事情以摆脱困境。甲按分工找到丙，骗丙使其相信钱某欠债不还，丙答应控制钱某的小孩以逼钱某还债，否则不放人。甲、乙有绑架罪的故意（非法拘禁罪+敲诈勒索罪），丙有非法拘禁罪的故意，三人在非法拘禁罪的范围内成立共同犯罪。但甲、乙的绑架罪的故意，丙并不懂，甲、乙成立绑架罪的间接正犯。（2017 年主观题）

【结论】

共同犯罪是心连心、手拉手，两厢情愿；共同犯罪不要求"天长地久"，只要求"曾经拥有"（行为重合）。间接正犯是"你不懂我的心""借刀杀人"。

【典型真题】

甲（15 周岁）求乙（16 周岁）为其抢夺作接应，乙同意。某夜，甲抢夺被害人的手提包（内有 1 万元现金），将包扔给乙，然后吸引被害人跑开。乙害怕坐牢，将包扔在草丛中，独自离去。关于本案，下列哪一选项是错误的？（　　）（单选）（12 卷二 9 题）①

A. 甲不满 16 周岁，不构成抢夺罪

B. 甲与乙构成抢夺罪的共犯

C. 乙不构成抢夺罪的间接正犯

D. 乙成立抢夺罪的中止犯

3. 间接正犯的类型

（1）利用无责任能力者的身体活动。

例如，甲教唆 3 岁的小孩盗窃。

（2）利用没有意志力的他人身体活动。

例如，乙的身后站着丙，丙搬着一珍贵文物，甲与丙是仇人，甲用针刺了一下乙，乙受惊吓猛地往后一退，撞碎了身后站着的丙手里的珍贵文物。甲的行为成立故意损毁文物罪的间接正犯。

（3）利用缺乏故意的行为，致使不知情者实施损害行为。

例如，医生利用不知情的护士给他人注射毒药，由护士给他人注射后导致被害人死亡。

又如，A 将一把装有子弹的手枪交给 B，并谎称枪中没有子弹只是用手枪吓唬 C，B 在利用手枪吓唬 C 时打中了 C，造成 C 死亡。无论 B 是否有过失，A 都成立故意杀人罪的间接正犯。

（4）利用者对被利用者进行强制。

例如，甲用枪指着乙，要乙去抢丙的财物，乙实施了抢劫行为，甲构成抢劫罪的间接正犯。

---

① 答案：D。

（5）利用行为时承担刑事责任的人。①此种情形下，被利用者可能也构成犯罪，承担刑事责任。但被利用者不构成利用者想犯的那个罪，换言之，被利用者对利用者的犯罪行为、主观想法不是完全（100%）知情，仅知道部分。

例如，甲欲实施传播淫秽物品牟利罪，但欺骗乙说仅实施传播淫秽物品（无牟利目的）的行为，利用乙传播淫秽物品。乙并不知道甲有"牟利目的"，仅就"传播淫秽物品牟利罪"而言，甲是间接正犯，乙是被利用者。但是，这并不否认甲、乙二人在"传播淫秽物品罪"的范围内成立共同犯罪。

（6）利用他人缺乏违法性认识的可能性的行为。

例如，甲欺骗乙说，"捕杀麻雀是完全合法的行为，你可以大量捕杀。"乙信以为真，实施捕杀行为。

（7）利用他人的合法行为。

例如，A 为了使 B 死亡，以如不听命将杀害 B 相威胁，迫使 B 攻击 Y，A 提前告诉 Y，B 将要来杀他，Y 正当防卫杀害了 B。A 属于故意杀人罪的间接正犯。

（8）利用被害人自身的行为。

例如，甲强迫乙自杀的，甲成立故意杀人罪的间接正犯。

又如，甲明知前方有陷阱，欺骗乙说，前面道路正常，乙掉入陷阱死亡，甲成立故意杀人罪的间接正犯。

【总结】间接正犯的实质在于，行为人利用、操控、支配他人的行为，如果行为人对他人的行为并没有达到优势支配地位的，不能认定为是间接正犯。

例如，2021 年真题，刘某见母亲长期被保姆虐待而放任不管，不构成虐待罪的间接正犯，因为刘某并没有支配、操控保姆的行为，换言之，此时，保姆并不是刘某虐待母亲的工具，刘某不成立虐待罪的间接正犯。刘某没有阻止保姆的行为，构成虐待罪（不作为犯）。

（三）不成立共同犯罪的情形

1. 过失犯罪不成立共同犯罪

例如，大夫开药开错了，药剂师也审错了，最终造成了病人死亡的结果，二人分别追究医疗事故罪的刑事责任，没有共同的故意，不成立共同犯罪。

例外：司法解释规定，交通肇事罪虽然是过失犯罪，但交通肇事后，车主、乘客、承包人、单位的主管人员指使肇事司机逃逸致被害人因得不到救助而死亡的，以交通肇事罪的共犯论处。主要理由：肇事行为与共同逃逸行为造成了被害人死亡的后果，指使者和肇事者对肇事后的逃逸且造成"被害人因得不到救助而死亡"具有共同的故意，故指使者应与肇事者共同对这一后果承担刑事责任。属于交通肇事（因逃逸致人死亡）罪的共同犯罪。

2. 同时犯（同时不同心）不成立共同犯罪

同时犯是指，不同犯罪行为人均有实施犯罪的故意，但他们相互间并没有"共同的故意"，

---

① 甲在乙骑摩托车必经的偏僻路段精心设置路障，欲让乙摔死。丙得知甲的杀人计划后，诱骗仇人丁骑车经过该路段，丁果真摔死。D. 丙利用甲的行为造成丁死亡，可能成立间接正犯——正确，本案中，虽然被利用者甲主观上也有杀人的故意，但甲并没有杀丁的故意，甚至甲都不知道自己在杀丁，甲完全是被丙利用了，丙是知情者，故丙的行为成立故意杀人罪。在间接正犯的情况下，被利用者完全也可能是需要承担责任的人，但利用者的故意内容被利用者完全不知情。（15 卷二 56 题）

在<u>同一时间点</u>实施了犯罪行为。同时犯中各行为人并没有共同的故意，因此不以共同犯罪论处。

例如，甲、乙二人在<u>没有意思联络</u>的情形下同时从不同的方向故意朝丙开一枪，丙死亡，身上只有一颗子弹，无法查明是甲的还是乙的枪击行为所致——甲、乙不成立共同犯罪，每个人只对自己的行为负责，而各自的行为是否打中了被害人查不清楚，故甲、乙分别成立故意杀人罪<u>未遂</u>。

但是，甲、乙二人基于<u>杀人的故意</u>，共同对丙实施射杀行为，丙身中一弹而亡，无法查清究竟是甲、乙二人中谁的枪打中了丙，由于甲、乙二人是共同犯罪，故甲、乙均成立故意杀人罪<u>既遂</u>。

3. <u>实行过限</u>（共犯过剩）

实行过限，指在共同犯罪中，原共同犯罪中<u>某一</u>或<u>数个共同犯罪人</u>，实施了<u>超过原共同谋定</u>的故意范围以外的犯罪行为，亦称<u>超计划犯罪</u>。

（1）<u>非重合性过限（质的过剩）</u>。是指预谋的犯罪（盗窃罪）与过限行为构成的犯罪（强奸罪）之间不具有重合性。

例如，甲、乙共同盗窃，甲在盗窃过程中又临时起意强奸了女主人。甲成立强奸罪、盗窃罪，乙仅成立盗窃罪，二者成立盗窃罪的共同犯罪。

（2）<u>重合性过限（结果加重犯，量的过剩）</u>。是指预谋的犯罪（伤害）与过限行为（伤害致死或杀人）构成的犯罪之间具有重合性。A<u>【故意伤害罪】</u>——A+<u>【故意伤害罪（致人死亡）】</u>

例如，甲、乙共谋伤害丙，甲在楼下望风，乙在实施故意伤害行为时，过失导致了被害人的死亡结果，乙的行为过限了，成立故意伤害（致人死亡）罪这一结果加重犯。甲虽然没有实施"致死"的行为，但甲、乙二人共同的"伤害"行为本身是一种具有致人死亡的高度危险性的行为。质言之，伤害行为本身蕴含着"死亡结果"的种子。甲应该对共同"伤害"行为所可能衍生出的"死亡"结果有预见可能性，还和乙共同实施伤害行为，甲当然需要对该衍生结果（死亡）负责，甲亦构成故意伤害（致人死亡）罪。①

又如，A以强奸的故意、B以抢劫的故意共同对C实施暴力，由A的行为导致C死亡。A、B成立共同正犯，均对C的死亡承担责任（A承担强奸致死的责任，B承担抢劫致死的责任）。因为强奸＝暴力+奸淫；抢劫＝暴力+取财；从这个意义上看，两行为人具有共同实施暴力（伤害）的故意，那么就需要对共同暴力（伤害）所导致的结果承担责任。

【典型真题】

甲、乙、丙共同故意伤害丁，丁死亡。经查明，甲、乙都使用铁棒，丙未使用任何凶器；尸体上除一处致命伤外，再无其他伤害；可以肯定致命伤不是丙造成的，但不能确定是甲造成还是乙造成的。关于本案，下列哪一选项是正确的？（　　）（单选）（16年卷二7题）②

A. 因致命伤不是丙造成的，尸体上也没有其他伤害，故丙不成立故意伤害罪

B. 对甲与乙虽能认定为故意伤害罪，但不能认定为故意伤害（致死）罪

C. 甲、乙成立故意伤害（致死）罪，丙成立故意伤害罪但不属于伤害致死

D. 认定甲、乙、丙均成立故意伤害（致死）罪，与存疑时有利于被告的原则并不矛盾

---

① 类似的道理：丙雇毛毛伤害其仇人时，叮嘱毛毛不要造成被害人死亡，但毛毛在实施伤害行为时造成被害人死亡。丙对死亡结果有过失，应对死亡结果负责，丙与毛毛均成立故意伤害（致人死亡）罪。（21年真题）

② 答案：D。

三、片面共犯

共同犯罪是"两相情愿""心心相印"（全面战略合作伙伴），而片面共犯是"一厢情愿""单相思"（做好事不留名，无名英雄）。片面共犯是指，参与同一犯罪的人中，一方认识到自己是在和他人共同犯罪，而另一方没有认识到有他人和自己共同犯罪。片面共犯中，"片面者"必须对他人的犯罪起到了作用，有"因果力"，如果没有起到促进、帮助作用的，不能认定为是片面共犯。①

片面共犯中，各行为人没有"共同"的故意，但客观行为"共同"导致了危害结果，能否以共同犯罪论处，理论上还存在一定的争议。如果肯定共同犯罪的物理的因果性，那么，片面共犯也可以客观上共同引起法益侵害，因而成立共同犯罪。如果认为共同犯罪必须要"交互"意思联络，那么，片面共犯就不成立共同犯罪。片面共犯主要有如下情形：

1. 片面的共同实行犯（正犯）

即，实行的一方没有认识到另一方的实行行为，即彼此之间没有"意思交互"。

例如，甲对乙实施砍杀行为（实行行为），在甲中途休息时，丙为了使甲的杀人行为能够更快完成，亦对乙砍了两刀，后甲将乙砍死。丙虽然参与了故意杀人罪的实行行为，但甲并不知情，丙的行为属于片面的共同实行犯（正犯）。

对于片面的共同实行犯（正犯）丙是否属于共同犯罪，存在不同的观点：

观点一：如果肯定片面共同正犯是共同犯罪，丙需要对其主观上认识到的全部行为负责任，即丙需要对整体行为承担责任，丙的行为成立故意杀人罪既遂。（坐大牢）

观点二：如果否认片面共同正犯是共同犯罪，丙只需要对自己的行为单独承担责任，丙只砍了两刀，丙的行为成立故意杀人罪未遂。（坐小牢）

事实上，无论是肯定还是否定片面共同正犯成立共同犯罪，都不至于放纵"片面者"丙，丙毕竟参与了实行行为（直接侵害法益），丙的行为本身亦可以构成犯罪。

2. 片面的教唆犯

被教唆者没有意识到自己被教唆的情况。刑法理论上多否认片面的教唆犯。

例如，甲将乙的妻子丙与他人通奸的照片和一支枪放在乙的桌子上，欲教唆乙杀害丙。乙发现后立即产生杀人故意，将丙杀死。但乙并没有认识到自己是被甲"教唆"而实施犯罪。

3. 片面的帮助犯

即实行的一方没有认识到另一方的"帮助"行为（非实行行为）。

例如，乙进入丙的住宅实施盗窃，甲在该小区散步时，发现了乙的盗窃行为，同时发现，被害人丙正在从外面回到小区门口。为了帮助乙顺利地实施盗窃而不被丙发现，甲拖着丙聊天长达

---

① 例如，2021年真题，甲见赵某私入某小区王某家，猜想赵某是去盗窃，便在赵某不知情的情况下为赵某放风。后看到主人王某返回该小区，为拖延王某发现时间，故意与王某聊天，致使赵某盗窃既遂。——甲构成盗窃罪的片面共犯（帮助犯），因为甲的放风行为对赵某的盗窃起到了实质性的帮助作用。又如，2021年真题，甲看到李某私入私人某小区王某家，猜想李某是去盗窃，便在李某不知情的情况下为李某放风，期间什么也没发生，王某并没有回来。李某盗窃结束后，下楼时发现甲，才知道甲已经默默地为他"站岗"两个小时，便给甲100元。——甲不构成盗窃罪的片面共犯。因为在该案中，甲的行为并没有对李某的盗窃行为起到任何作用，李某盗窃时也对此不知情，故甲不构成盗窃罪的片面共犯。

四个小时，最后乙顺利盗窃而离去。本案中，甲实施了帮助行为（与丙聊天），客观上确实对乙的盗窃行为起了帮助作用，是片面的帮助犯。

对于片面的帮助犯甲，是否属于共同犯罪，存在不同的观点：

观点一：如果肯定甲的片面帮助行为也是共犯，甲需要对共同的整体行为承担责任，甲构成盗窃罪既遂。（通说）

观点二：如果否认片面帮助犯成立共犯，甲仅需要对自己的行为单独承担责任，但单纯的聊天行为本身，似乎难以被追究刑事责任。从这一意义上看，否认片面的帮助犯，意味甲无从被追究刑事责任，这并不妥当，毕竟，甲对乙的盗窃行为确实有"贡献"。

【问题】为什么片面的帮助犯必须认定为是共同犯罪？

从生活道理来解释这个问题就是，片面的帮助行为，孤立地看，与日常生活行为并无二样，只有将片面的帮助行为与被帮助者的行为（实行行为）结合起来"共同"看，才能看出其危害性（狐狸尾巴），因此，必须承认片面的帮助犯是共同犯罪。孤立地来看片面的帮助犯，"和他人聊天四个小时"似乎还是一个"好人"，难以看清楚他的庐山真面目。但是，前述所指的片面的实行犯，由于实行行为已经直接侵害法益（前述案例中的砍被害人两刀），无论是对其进行孤立地考查，还是整体（共同）的考查，都能给其定罪，不至于放纵犯罪分子。因此，必须承认片面的帮助犯是共犯，而片面的实行犯是否成立共犯可以存在不同的理解。

【典型真题】

甲知道乙计划前往丙家抢劫，为帮助乙取得财物，便暗中先赶到丙家，将丙打昏后离去（丙受轻伤）。乙来到丙家时，发现丙已昏迷，以为是丙疾病发作晕倒，遂从丙家取走价值 5 万元的财物。关于本案的分析，下列哪些选项是正确的？（　　）（多选）（17年卷二54题）①

A. 若承认片面共同正犯，甲对乙的行为负责，对甲应以抢劫罪论处，对乙以盗窃罪论处
B. 若承认片面共同正犯，根据部分实行全部责任原则，对甲、乙二人均应以抢劫罪论处
C. 若否定片面共同正犯，甲既构成故意伤害罪，又构成盗窃罪，应从一重罪论处
D. 若否定片面共同正犯，乙无须对甲的故意伤害行为负责，对乙应以盗窃罪论处

第二节　共同犯罪人的分类和刑事责任

共同犯罪人，根据各行为人在共同犯罪中所起的作用，可以分为主犯、从犯与胁从犯。根据各行为人在共同犯罪中的分工（角色），可以将其分为组织犯、实行犯、帮助犯、教唆犯。

1. 同一分类下面，人物之间是排斥关系

例如，主犯本身不可能是从犯，因为这是同一种分类（作用分类），同样，教唆犯不可能是实行犯，因为这也是同一种分类（分工分类）。

2. 不同分类下面，人物之间可能存在交叉

例如"教唆犯"可能是"主犯"。

一、主犯

（一）主犯的种类

1. 组织、领导犯罪集团的首要分子。

---

① 答案：ACD。

2. 其他在共同犯罪中起 主要作用 的犯罪分子。

（二）主犯与首要分子的关系

首要分子是刑法中所确定的一个概念，主要是针对人数众多型犯罪而设定的，不是严格意义上的共同犯罪人的分类中的一种。《刑法》第 97 条规定："本法所称首要分子，是指在 犯罪集团 或者 聚众犯罪 中起 组织、策划、指挥作用 的犯罪分子。"

1. 首要分子不一定是（但通常是）主犯

首要分子在犯罪中起的作用比较大，通常情况下是主犯。

但是，有的聚众类犯罪中（尤其是危害性不是特别大的聚众犯罪，如《刑法》第 291 条的聚众扰乱公共场所秩序罪），基于法不责众，刑法规定仅惩罚首要分子，其他人（积极参加者、其他参加者等）不用承担刑事责任，如果只有首要分子一个人承担刑事责任的话，连共同犯罪都谈不上，也就无所谓主犯与从犯的划分。

2. 主犯不一定是首要分子

主犯只是起的作用比较大，而首要分子主要是一种"官"，或者说"首长"。有的情形下，虽然你干活比较积极，属于主犯，但就不是"官"（首要分子）。

3. 犯罪集团的首要分子是主犯

在犯罪集团中，肯定不是一个人在犯罪，而是多个人犯罪，这种情况下，犯罪集团的首要分子与其他犯罪分子当然成立共同犯罪，那么，他当然是主犯。

（三）主犯的责任

1. 对于犯罪集团的 首要分子，应当按照集团所犯的 全部罪行 处罚。对于犯罪集团成员 单独实施 的集团犯罪 计划以外 的犯罪行为，由实施者 本人承担罪责，犯罪集团的首要分子不承担罪责。

例如，甲是某犯罪集团的首要分子，该犯罪集团就是专门实施盗窃罪的，其成员只要没有超出这一"纲领"实施犯罪，即便甲不知道，甲也需要对其成员所实施的盗窃行为承担责任。相反，如果成员所实施的行为超出了犯罪集团的"纲领"，如实施了强奸行为，甲不需要承担责任。

2. 其他主犯，也应当 对其所组织、指挥、参与的全部罪行 负刑事责任。

二、从犯

（一）类型

1. 起次要作用的实行犯

例如，甲、乙共同杀害丙，二人均来到丙家，甲对被害人丙砍了十刀，而乙仅对被害人踢了两脚。乙虽然参与了故意杀人罪的实行行为，但起的作用较小，系从犯。

2. 起辅助作用的帮助犯

例如，甲在实施杀人行为时，乙在旁边给甲望风。乙没有参与具体的实行行为，只是实施了帮助行为，作用相对较小，是故意杀人罪的从犯。

（二）几个注意问题

1. 帮助犯都是（100%）从犯

主要理由在于：帮助犯没有参与实行行为（核心行为），起的作用也相对较小，故应认定为是从犯。

2. 帮助行为独立化（正犯化）

有的情况下刑法将帮助行为、从犯规定为独立的犯罪（协助组织卖淫罪），此种情况下，协助组织卖淫行为就不能再被认为是组织卖淫罪的帮助犯（或者从犯），而是独立的罪名（协助组织卖淫罪）。

3. 在共同犯罪中，只有主犯没有从犯的现象是存在的，但只有从犯没有主犯的现象是不存在的。因为如果各共犯人均是从犯（如盗窃案件中大家都望风），没有人起主要作用，那将是不可思议的，共同犯罪一定要有主犯、"主心骨"。

（三）处罚

对于从犯，应当从轻、减轻或者免除处罚。但从犯仍然应当对整体犯罪结果承担刑事责任。

例如，二人一起去实施盗窃行为，乙在楼下望风，甲偷到了 5000 元后，欺骗乙说只偷到了 3000 元，甲、乙的盗窃数额都认为是 5000 元，乙是从犯，应当从轻、减轻或者免除处罚。

三、胁从犯

1. 从犯与胁从犯的区别

从犯的意志完全自由，而胁从犯意志受到了部分胁迫。当然，胁从犯还有一定的意志自由，如果完全没有意志自由而被强制实施犯罪，就不应该作为犯罪处理。

例如，甲以揭发乙的隐私（曾经偷窥过女同学）相要挟，要求乙对丙实施强奸行为，乙害怕隐私被公开，遂对丙实施了强奸行为。乙属于胁从犯，应承担刑事责任。

又如，甲用枪指着乙的脑袋，要乙对丙实施强奸行为，否则将开枪杀害乙。乙出于无奈，对丙实施了强奸行为。乙不是胁从犯，完全没有意志自由，不构成犯罪。

2. 胁从犯本身不是主犯，但可以转为主犯

如果行为人起先是因为被胁迫而参加犯罪，但后来积极主动地实施犯罪行为，在共同犯罪中起主要作用，可以转为主犯。

四、教唆犯

第 29 条【教唆犯】教唆他人犯罪的，应当按照他在共同犯罪中所起的作用处罚。教唆不满十八周岁的人犯罪的，应当从重处罚。

如果被教唆的人没有犯被教唆的罪，对于教唆犯，可以从轻或者减轻处罚。

（一）教唆犯的认定

1. 教唆犯是"点燃"他人犯意，使他人犯罪意图"从无到有"

（1）强化犯意（火上浇油）不是教唆犯，是帮助犯。在他人已有犯意的情况下教唆他人犯罪，属于强化犯意，是帮助犯，而非教唆犯。

例如，乙因妻丙外遇而决意杀之。甲对此不知晓，出于其他原因怂恿乙杀丙。后乙杀害丙。甲不构成故意杀人罪的教唆犯，而是帮助犯。（13卷二55题A项）

（2）降低了他人的犯意，则更不应该成立教唆犯，不宜作为犯罪处理。虽然不排除"降低"的行为成立帮助犯，但在具体案件中，完全可能因为其行为减轻了法益侵害而否认结果归属。

例如，甲欲杀丙，乙极力劝说甲不要杀害丙，甲不顾乙的强烈反对，仍然实施杀人行为，乙无力制止甲的杀人行为。后乙说:"给我最后一点面子吧,不要杀害丙,造成伤害总行吧!"后甲将丙打成轻伤。乙的唆使行为也是出于无奈、紧急情况下作出的,对乙的行为不宜以犯罪论处。

(3) 教唆犯必须是"加重"了被教唆者的犯罪故意。

例如,乙已有强奸犯意,行为人唆使他人实施加重构成要件行为的(轮奸或当众强奸),成立加重犯的教唆犯。①

又如,乙仅有普通抢劫的犯意,甲唆使其入户抢劫或者持枪抢劫的,甲成立入户抢劫的教唆犯。

(4) 教唆对象、内容必须特定:必须针对特定的人实施教唆;教唆行为必须是唆使他人实施较为特定的犯罪行为。让他人实施完全不特定的犯罪的,难以认定为教唆行为。

教唆行为不同于煽动行为,煽动行为不能认为是刑法上的教唆犯。即如果是煽动实施泛泛而谈的犯罪,一般不认为成立教唆犯,但如果煽动实施特殊的犯罪如分裂国家,则成立相应的煽动分裂国家罪,这是刑法的特别规定。

2. 教唆的对象合格

被教唆者应具有基本的规范意识(明白大是大非)。一般认为,被教唆者应年满14周岁,如果被教唆者年龄太小,可以认为教唆者操控、支配了被教唆者,因而成立间接正犯。

(1) 被唆使的人虽未达到刑事责任年龄、没有刑事责任能力,但事实上具有一定的辨认、控制能力,能够随机应变实施犯罪时,其也可以成为被教唆的对象。

例如,教唆15周岁的人实施盗窃的,可以认为成立教唆犯。

但是,成年人唆使严重精神病患者杀人的,成立故意杀人罪的间接正犯;成年人唆使8岁儿童窃取他人财物的,成立盗窃罪的间接正犯。因为精神病人、8周岁的儿童,都没有规范意识,没有大是大非的判断能力,在共同犯罪中一般认为是处于被支配、被利用的状态。

(2) 为什么被教唆者原则上应达到14周岁以上?

在共同实行犯罪的情形下,即使有人未达到刑事责任年龄,只要该人对其行为的基本意义能够理解,意志不是受他人操控,各行为人之间就可能成立共同犯罪。

例如,16周岁的甲和13周岁的乙共同抢夺的案件,也成立抢夺罪的共犯。但是,在教唆犯的情形下,一般认为被教唆者达到一定的年龄(年满14周岁),二者才成立共同犯罪。

教唆不满14周岁的人犯罪,属于间接正犯。教唆犯是在思想上引导他人,如果被教唆者思想太不成熟(年龄太小),可以认为教唆者操控、支配了被教唆者。具体理由:

第一,教唆犯在共同犯罪中的责任本来就偏大,其是犯意(思想)的引导者。司法实践中,教唆犯也多认定为是主犯。

第二,教唆年龄相对较小的人的犯罪,教唆犯的责任就更大。也正基于此,《刑法》第29条规定,教唆不满十八周岁的人犯罪的,应当从重处罚。

第三,教唆年龄太小的人(不满14周岁的人)犯罪,可以认为,教唆犯的作用就特别大,基本上可以认为其操纵、支配了该犯罪的进程,因而属于间接正犯。

---

① 张明楷教授认为,他人有普通抢劫的故意,教唆他人实施"持枪抢劫"的,应认为是教唆犯,笔者持此观点。但周光权教授认为这是帮助犯。例如,乙早有携带管制刀具抢劫的意思,善于察言观色的甲建议乙持枪抢劫,乙果然听从甲的建议,甲的劝说行为并非教唆,而只是使得乙的抢劫行为更容易实施,所以甲应当成立抢劫罪的帮助犯。周光权:《刑法总论》,中国人民大学出版社2011年版,第230页。

（二）教唆犯的责任

1. 按照其在共同犯罪中所起的作用处罚

一般认为，教唆犯是"犯意"的撩起者，在共同犯罪中，其作用相对较大，是主犯。但也不绝对，有的情形下，被教唆者表现非常积极，教唆者的作用就相对较小了，教唆犯也可以沦为从犯。

此外，教唆犯仅对与自己教唆的内容有"因果性"的行为负责，超出该因果性之外的，不需要负责。

例如，甲欲与妻子乙离婚，担心乙不同意。丙向甲出主意，让甲向乙投毒。某日，甲将投有毒药的牛奶递给乙，但乙并未喝下，而是递给了甲的孩子。甲看到乙将牛奶递给孩子说："他已经喝过了，不用再喝了"，但乙仍然将牛奶递给孩子。在孩子喝牛奶时，甲转身离开。孩子喝完牛奶后立刻呕吐不已，乙立即将孩子送往医院，经过抢救脱离危险。（21年真题）——该案中，孩子的死亡是甲的不作为造成的，该不作为是独立的行为，不是丙的教唆行为所引起，因而不能肯定丙的教唆行为与孩子的死亡之间共犯的因果性，所以，丙对孩子的死亡不承担教唆犯的责任。

2. 教唆不满18周岁的人犯罪，应当从重处罚。（《刑法》第29条第1款规定）

其中，不满18周岁的人，一般应理解为包括不满14周岁的人。虽然教唆不满14周岁的人犯罪的情形下，由于其规范、意志能力因年龄较小而更弱，教唆者应属于间接正犯。但从当然解释的角度看，既然教唆17周岁的人犯罪都要从重处罚，教唆不满14周岁的人犯罪从重处罚的必要性就更大。

【典型真题】

《刑法》第29条第1款规定："教唆他人犯罪的，应当按照他在共同犯罪中所起的作用处罚。教唆不满十八周岁的人犯罪的，应当从重处罚。"对于本规定的理解，下列哪一选项是错误的？（　）（单选）（13年卷二9题）①

A. 无论是被教唆人接受教唆实施了犯罪，还是二人以上共同故意教唆他人犯罪，都能适用该款前段的规定

B. 该款规定意味着教唆犯也可能是从犯

C. 唆使不满14周岁的人犯罪因而属于间接正犯的情形时，也应适用该款后段的规定

D. 该款中的"犯罪"并无限定，既包括一般犯罪，也包括特殊身份的犯罪，既包括故意犯罪，也包括过失犯罪

3. 教唆未遂

如果被教唆的人没有犯被教唆的罪，对于教唆犯可以从轻或者减轻处罚。（《刑法》第29条第2款）

（1）如果被教唆的人着手实行了犯罪，但由于意志以外的原因未得逞，教唆者当然属于教唆未遂，应受刑法处罚，只是"可以从轻或者减轻处罚"。

（2）如果被教唆的人没有着手实施犯罪，能否适用《刑法》第29条第2款之规定，将教唆者认定为教唆未遂？存在两种观点：

第一种观点认为，教唆犯的行为仍然成立犯罪，属于教唆未遂（行为无价值论者多主张此观

---

① 答案：D。

点）。这种观点的理论依据是"共犯独立性"，行为人的危险性一旦通过一定的行为流露出来，即可认定其有实行行为，这就是独立的犯罪行为。

第二种观点认为，**教唆犯的行为无罪**（结果无价值论者多主张此观点，**法考中此种观点是主流**）。这种观点的理论依据是"共犯从属性"，只有单纯的教唆、帮助行为，并不构成犯罪；必须是被教唆、被帮助的人着手实施犯罪时，共犯才成立。根据共犯从属性理论，如果被教唆者没有实施"实行行为"，教唆、帮助行为便失去了凭借，对法益便不具有侵害的现实危险，不构成犯罪。应当说，共犯从属性理论限制了犯罪的成立范围，缩小了刑法的处罚面，对于推进刑罚轻缓化是有其积极意义的。①

4. 教唆犯与传授犯罪方法罪（《刑法》第 295 条）

区别	教唆犯	传授犯罪方法罪
1. 是否唆使他人产生犯罪的故意	使无犯罪意思的人产生犯罪的决意	将犯罪的方法、技巧传给他人，至于他人是否产生犯罪的故意，在所不问
2. 对象不同	具有相应的规范意识的人（年满 14 周岁）	被传授者是否为具有刑事责任能力、达到刑事责任年龄的人，并不重要
3. 是否成立共同犯罪	教唆者与被教唆者成立共同犯罪，教唆犯是共同犯罪人的一种	二者不成立共同犯罪，传授者只要传授了犯罪方法，无论其主观上是否希望被传授者实施犯罪，也不论被传授者是否实施了犯罪，二者都不成立共犯。即使被传授者实施犯罪行为，由于二者没有"共同犯罪"的故意，也不成立共同犯罪
4. 适用的罪名和法定刑	按所教唆的罪定罪量刑	根据《刑法》第 295 条的"传授犯罪方法罪"定罪量刑，本身就是一个独立的罪名

教唆犯与传授犯罪方法罪的竞合：行为人实施传授犯罪方法行为，对传授的对象也具有目的性，希望他从"良民"变成"犯罪分子"，这时候他就既构成传授犯罪方法罪，同时也是特定犯罪的教唆犯。从这一意义上看，带着"目的性""责任感"去传授犯罪方法的行为，既成立传授犯罪方法罪，也成立具体犯罪的教唆犯，二者之间可能存在竞合。

例如，甲开办了一个盗窃方法培训班，无论谁都可以每天晚上来听课，甲对听课学员也没有什么具体期待，听课学员是否会在未来用其所教授的盗窃方法去实施盗窃犯罪，甲完全不在乎。甲的行为仅构成传授犯罪方法罪。

但是，如果上述案件中，甲开盗窃方法培训班的目的，还希望听课学员及时实施盗窃行为，并对学员在具体实施盗窃行为时提供"实时指导"，甲的行为既是传授犯罪方法罪，也是盗窃罪的教唆犯。

2021 年真题：李某实施网络诈骗有一定的经验，经常将其网络诈骗的经验在微信群分享。某日，将网络诈骗的"话术"资料送给王某。后李某反悔，觉得不应该将该资料传给王某，并打电话告知王某，不许使用自己送给他的"话术"。一个月之后，王某使用该"话术"实施诈骗。——李某仅具有传授犯罪方法的故意，一开始就没有教唆他人实施诈骗犯罪的故意，不构成诈骗罪，仅成立传授犯罪方法罪。

---

① 例如，甲和乙均缺钱。乙得知甲的情妇丙家是信用社代办点，配有保险柜，认为肯定有钱，便提议去丙家借钱，并说："如果她不借，也许我们可以偷或者抢她的钱。"甲说："别瞎整！"乙未再吭声。——本案中，甲不接受教唆，甲无罪。根据共犯从属性理论，乙从属于甲，乙也无罪。（09 年主观题）又如，李某非常恼火，回家与妻子陈某诉说。陈某说："这种人太贪心，咱可把钱偷回来。"李某深夜到黄家伺机作案，但未能发现机会。——本案中，陈某教唆李某实施盗窃行为，但李某未能着手实施盗窃行为，如果认为教唆行为从属于实行行为，而本案中李某未能实施实行行为，故陈某的行为无罪，不属于教唆未遂。（12 年主观题）

（三）其他问题

1. 教唆犯与间接正犯的区别

（1）教唆犯没有直接支配犯罪。教唆犯是使他人产生犯罪意思的人，是参与他人犯罪，对犯罪进程不能控制，对他人的犯罪不能进行实质上的行为支配、意思支配或者功能性支配。

（2）间接正犯中，利用者支配犯罪，支配了被利用者。间接正犯是处于幕后，作为优势支配者，通过其意思支配控制犯罪进程的人，所以对其行为能够以直接正犯看待。

（3）教唆犯与间接正犯并非绝对排斥关系，而是可能存在竞合。

间接正犯除了具有教唆犯的基本特征（客观上引起了他人的犯罪行为），还多出了一个特征（控制、支配、欺骗他人实施不法行为）。而在教唆犯的情况下，教唆者是如实向被教唆者表达了犯罪的想法。可以认为，间接正犯较之教唆犯性质更为严重，间接正犯是欺骗型、逼迫型、控制型的教唆。可以认为，间接正犯的危害性是100分，教唆犯的危害性是50分。

2. 未遂的教唆与教唆未遂

（1）未遂的教唆犯，是指教唆他人实施根本就不可能既遂的行为，一般可不以犯罪论处。——教唆行为本身存在问题

例如，甲将空枪交给乙，叫乙去射杀丙，由于该行为一开始就不可能既遂，故属于未遂的教唆犯。

此外，陷害教唆实际上也是一种未遂的教唆。如行为人以使他人受到刑事处罚为目的，诱使他人犯罪，而被教唆人着手实行后，抓捕被教唆人，使其难以达到既遂的，就是陷害教唆。在现实生活中，陷害教唆常表现为行为人诱使他人犯罪，待其着手实行犯罪的时候，通知警察将其逮捕。

例如，甲教唆乙今晚8：00去被害人丙家中实施盗窃行为，但同时又通知警察"乙将于今晚8：00去丙家实施盗窃"，乙刚进入丙家就被警察抓获，甲的行为属于陷害教唆（未遂的教唆）。

（2）教唆未遂，是指教唆他人实施有可能既遂的犯罪，只是因为意志以外的原因而未遂。——教唆行为本身不存在问题

例如，甲将有子弹的枪交给乙，叫乙去射杀丙，但乙因枪法不准而未能成功，甲属于教唆未遂。

五、帮助犯

帮助犯，是指帮助正犯的情况。帮助行为必须是实行行为以外的行为，对实行行为起促进作用。

（一）帮助的方式

1. 帮助行为包括物理性帮助和心理性帮助

前者如提供凶器、排除障碍；后者如改进作案方针、撑腰打气、呐喊助威。

2. 帮助行为包括作为方式和不作为方式

例如，公司法务部经理甲与公司客户乙相勾结，欲诈骗公司财物，乙提供有陷阱的合同，甲审查时未作说明。甲便是不作为的帮助犯。

又如，剧场负责人，目睹演员演出淫秽节目，而不制止，就成立不作为的帮助犯。

3. 帮助行为包括事前帮助**和**事中帮助**，不包括事后帮助**

事后帮助，也即他人犯罪既遂后提供帮助，属于窝藏、包庇罪，掩饰、隐瞒犯罪所得罪，不是共同犯罪（帮助犯）。

（二）中立的帮助行为

中立的帮助行为，是指貌似日常生活行为，但客观上对他人犯罪起到了帮助作用。对于这种行为能否以犯罪（帮助犯）论处，需要具体考察。例如，面包店老板知道夫妻关系紧张的女邻居可能将面包用于毒杀其夫而仍向其出售面包，可否构成故意杀人罪的帮助犯？五金店老板琢磨小偷模样的顾客可能将螺丝刀用于入室盗窃而向其出售螺丝刀，能否构成盗窃罪的帮助犯？日用品商店的老板估计刚在马路上与人争执的顾客可能将菜刀用于杀人仍然向其出售菜刀，是否构成故意杀人罪的帮助犯？

中立的帮助行为有其特殊性，即具有反复持续性、日常性、可替代性，且大多是履行民事义务或从事民事活动的行为，如果把这些行为都纳入犯罪的行列，势必会造成社会经济秩序的混乱，人人岌岌可危的状态。因此，一方面要实现法益保护的目的，另一方面又要维护社会的发展，在法益保护和自由保障之间如何妥当地划定中立的帮助行为的可罚性范围，一直是理论和实务中富有争议的课题。一般认为，该类帮助行为，对他人的犯罪起到了重要性、紧迫性、不可或缺性的作用，才宜以共同犯罪论处（帮助犯）。

例如，出租车司机甲明确得知乘客乙要前往附近某地杀人，仍将其运往目的地，甲构成帮助犯。

又如，商店老板甲看到大街上乙丙在打架，乙突然进到商店要求买把菜刀。甲明知乙拿菜刀要行凶仍卖给乙，乙果然拿刀将丙砍成重伤，甲构成帮助犯。

再如，甲、乙、丙组成盗窃团伙，租住在出租屋，每天到附近饭馆吃饭。饭馆老板丁明知他们吃完饭要外出盗窃仍给他们提供服务。丁不构成帮助犯。

【应试技巧】对于中立的帮助行为，能否以共同犯罪论处，可能存在不同的理解，尤其是考生容易受到帮助者的职业特点所困扰，认为其是实施特定的职业、经营行为，不应以犯罪论处。在做题的时候，可以将中立的帮助者换成另外一个人，如"我弟弟"。

例如，甲欲杀害远在100公里之外的郊区的仇人丙，于是打电话给出租车司机，告知了实情，要求司机将其送往杀人地点并等待其杀人结束之后，再将甲送回。对于司机的行为是否成立故意杀人罪的帮助犯，可能在判断的时候有同学拿不准，但是如果将司机换成甲的弟弟乙，问题就变得更简单了，乙的行为当然构成故意杀人罪的帮助犯。

（三）未遂的帮助犯与帮助犯未遂

1. 未遂的帮助犯

是指帮助者一开始就以被帮助者的实行行为未遂而告终来实施帮助的。换言之，这种帮助行为本身根本就不可能让被帮助者成功地完成犯罪。——帮助行为本身存在问题

例如，甲欲前往张某家中盗窃。乙送甲一把擅自配制的张某家房门钥匙，乙提供的钥匙根本就不可能起到作用，这是一把没用的钥匙。甲在盗窃时使用该钥匙，发现钥匙是没用的，无法打开张某家的房门，口中大骂乙。乙的行为成立"未遂的帮助犯"，应以犯罪论处。

2. 帮助犯未遂

是指帮助行为本身是有可能使被帮助的犯罪行为达到既遂的，但是，因为意志以外的原因导

致犯罪未遂。——帮助行为本身不存在问题

例如，甲欲前往张某家中盗窃。乙送甲一把擅自配制的张某家房门钥匙，乙提供的钥匙是有用的。甲在盗窃时使用该钥匙，打开了张某家的房门，实施盗窃时被警察抓获。甲虽然成立盗窃罪未遂，但乙提供的钥匙本身不存在问题，乙的行为成立"帮助犯未遂"，应以犯罪论处。

第三节　共同犯罪的其他问题

一、共同犯罪与认识错误

共同犯罪中的认识错误主要是指，在共同犯罪中部分人产生了认识错误的情况下，对其他人应该如何处理。共同犯罪中的认识错误较之一般的认识错误，并无更多特别之处。具体而言：

1. 各共同犯罪人如果在构成要件的范围内一致，则不影响犯罪成立。即同一构成要件内的错误

例如，甲教唆乙故意杀害丙，乙将丁误认为丙而杀害了，甲的行为成立故意杀人罪的教唆犯。

又如，甲误以为乙利用网络实施诈骗，实施了帮助行为。实际上，乙利用网络传播淫秽视频。甲构成帮助信息网络犯罪活动罪。因为，通过网络平台无论是帮助他人实施诈骗，还是帮助他人传播淫秽物品，均是帮助信息网络犯罪活动罪的对象，这属于同一构成要件内的错误，不影响故意犯罪既遂的成立。（20年真题）

2. 各共犯人的行为，部分一致部分不一致时，在重合（一致）的限度内可以成立共同犯罪

例如，甲教唆乙盗窃丙，乙实施了抢劫丙（转化型抢劫，即盗窃后又使用暴力抗拒抓捕）的行为。甲、乙在盗窃罪的范围内成立共同犯罪，乙成立抢劫罪。

3. 关于间接正犯、教唆犯的认识错误

（1）以间接正犯的故意，实际上产生了教唆犯的效果，以教唆犯论处。

例如，甲认为乙只有8周岁而唆使乙抢劫，欲起到间接正犯的效果，但是，乙已满14周岁，实际上起到了教唆犯的效果。甲的行为成立抢劫罪的教唆犯。

（2）以教唆犯的故意，而实际上产生了间接正犯的效果，以教唆犯论处。

例如，甲以为乙已满14周岁而唆使乙抢劫，欲起到教唆犯的效果，但是，乙实际未满14周岁的，起到了间接正犯的效果，对甲按抢劫罪的教唆犯处理。

上述两种情形在认识错误的情形下，之所以都以教唆犯论处，在于间接正犯（100分的错）比教唆犯（50分的错）更严重，在重合的范围内，以教唆犯论处。间接正犯是高度危害行为，教唆犯是低度危害行为。

二、共犯人的作为义务

共同犯罪中，共同犯罪行为使被害人陷入更加危险的境地，部分共犯人利用"前犯罪行为"对被害人所造成的危险处境，对被害人实施了新的犯罪行为时，其他共犯人有阻止的义务。

1. 在甲的犯罪行为使被害人处于不能反抗等（使被害人陷入需要保护的）状态下，乙继而对被害人实施犯罪行为，甲不阻止乙的犯罪行为的，应对乙行为造成的犯罪结果承担责任。——实施前罪为实施后罪创造了条件

例如，甲以强奸故意使用暴力致丙女昏迷后奸淫了丙女，随后乙到现场也要奸淫昏迷的丙女。由于甲的先前行为使丙女处于不能反抗的状态，导致丙女的法益处于紧迫的危险中，因而产生了作为义务。如果甲不阻止乙的强奸行为，则甲应承担轮奸的责任。倘若乙到现场后发现丙女昏迷便要窃取丙女的财物，甲不阻止乙的行为的，也要承担盗窃罪的刑事责任。

又如，甲乙共同入户抢劫丙，进入被害人丙家，甲将丙捆绑后，二人共同实施了抢劫行为。之后，乙临时起意杀了丙，甲站在一旁观看没有制止。——乙的杀人行为成立故意杀人罪，甲对此构成不作为犯的故意杀人罪。因为甲之前的行为使被害人处于一种危险境地（被捆绑），乙利用了这一状态实施了故意杀人行为，甲具有排除这一危险状态的义务。（18年真题）

2. 如果共同犯罪行为并没有使被害人或法益陷入更为危险的状态，则共犯人对于他人的进一步侵害行为，没有制止的义务。——实施前罪没有为实施后罪创造条件

例如，甲、乙二人共同来到被害人丙家中盗窃，丙处于熟睡状态。甲、乙盗窃准备离开时，乙临时起意对丙实施了杀害行为，甲没有制止。甲的先前行为并没有使丙"陷入"更加危险的境地，甲不需要对乙的杀人行为承担责任。

三、共同犯罪与犯罪停止形态

共同犯罪与犯罪停止形态所要解决的问题是，在共同犯罪中，部分人的犯罪行为停止下来了，其他共犯人的犯罪停止形态应该如何认定。

例如，甲、乙二人共同实施杀人行为，甲中途退出，乙单独将被害人杀死，乙的行为成立故意杀人罪既遂不存在疑问，而甲是否成立犯罪中止，符合何种条件可以成立犯罪中止。以往刑法理论一般认为，在共同犯罪中，一人既遂，全体共犯人均以犯罪既遂论处，即便甲中途退出，也应成立犯罪既遂。这种观点有其合理性，但如果在所有案件中都贯彻这种观点，可能会有违责任主义的原则，尤其是如果甲退出共同犯罪的同时，消除了自己在共同犯罪中的后续影响力，还以犯罪既遂论处就会显得处罚过重，也不利于鼓励共同犯罪中犯罪分子退出。

（一）原则：部分行为全部责任

1. 概念

部分行为全部责任是指，部分人的行为使犯罪行为达到既遂，全体共犯人均构成犯罪既遂。犯罪行为进行的程度对全体共犯人有约束力，所以，全体共犯人的犯罪停止形态基本上是一致的。

当然，由于行为人主观上对于犯罪停止的心态不同，会导致共犯人的犯罪停止形态的认定不同。

例如，甲、乙二人共同实施杀人行为，在犯罪过程中，甲主动停止自己的行为，并且阻止了乙的行为，甲是故意杀人罪的犯罪中止，乙是犯罪未遂。

2. 共同犯罪中，犯罪中止的认定

（1）部分共犯人欲中止犯罪，要成立犯罪中止，不仅仅中止自己的行为，还要阻止同案犯实施的共同的犯罪行为达到既遂。

例如，甲、乙、丙三人共谋杀害丁，后三人在杀丁的过程中，甲主动放弃犯罪，并阻止了乙、丙的行为，甲的行为成立犯罪中止，乙、丙的行为成立犯罪未遂。

（2）在亲手犯中也应当贯彻"部分行为全部责任"原则。亲手犯，是指犯罪构成要件中规

定的实行行为只能由正犯亲自实施，而不能利用他人为工具，以间接正犯的方式实施的犯罪。一般是指必须由行为人亲自实施犯罪构成的实行行为才能实现的犯罪形态，主体与行为之间具有不可分割性或不可替代性是亲手犯的核心内容。典型的如强奸罪、脱逃罪。

例如，甲、乙、丙共同强奸A，甲、乙实施强奸行为完毕之后，丙主动中止强奸行为。对于丙的行为如何认定，存在两种观点：

一种观点认为，丙的行为成立强奸罪的犯罪中止。陈兴良教授、最高人民法院1993年发布的案例也支持这一观点。

另一种观点认为，一人既遂，全体行为人都成立犯罪既遂，故丙的行为成立犯罪既遂。最高人民法院亦有案例支持这一观点，《刑事审判参考》第128号、第790号。法考持此观点。

（二）特殊：共犯（结果）的脱离

1. 共犯脱离的基本理论

（1）概念

共同犯罪中，行为人虽然参与实施了"共犯"（教唆或帮助）行为，但如果中途切断了与共同犯罪的联系，对同案犯的后续犯罪行为没有影响力，即使其他同案犯的行为达至犯罪既遂，也不影响脱离者成立犯罪中止（未遂），也就是不需要对犯罪既遂承担责任。

（2）意义：鼓励共犯人退出共同犯罪

共犯脱离理论的提出，是为了更好地让部分犯罪行为人主动退出共同犯罪，只要你退出来，退得比较"干净"，消除在共同犯罪中的后续物理上（客观）、心理上（主观）影响力，即便其他人将犯罪完成，退出来的人，也可以成立犯罪中止。这样，有利于鼓励共犯人退出共同犯罪。

2. 共犯脱离的条件

同时消除其行为后续对共同犯罪的物理的因果性与心理的因果性。脱离人不对后续的既遂结果承担刑事责任，成立犯罪中止（未遂）。但是脱离者与其他人之前的共犯关系的存在是不容否认的客观事实，只是不对后续的既遂结果承担责任。

（1）消除物理上的因果性，是指脱离者必须将其提供的物理上的"资助"撤回，使该物理上的"资助"对其他共犯人的后续犯罪行为没有因果作用力。例如，撤回曾经提供的犯罪工具、图纸等——将看得见、摸得着的"资助"撤回。

例如，甲、乙、丙、丁四人共谋盗窃，甲还提供了作案用的汽车。后甲谎称母亲生病，表示不能前往盗窃，并将该意思告知乙、丙、丁，得到了乙、丙、丁的同意。后乙、丙、丁利用甲提供的汽车去盗窃成功。事后，甲开车经过盗窃现场，见乙、丙、丁盗窃成功后出来，开车将乙、丙、丁送回家中——甲的行为成立盗窃罪既遂，该案中，甲曾经提供的汽车并没有撤回。如果甲还将汽车撤回的，可以成立犯罪中止。（18年真题）

又如，甲与乙共谋盗窃汽车，甲将盗车所需的钥匙交给乙。但甲后来向乙表明放弃犯罪之意，让乙还回钥匙。乙对甲说："你等几分钟，我用你的钥匙配制一把钥匙后再还给你"，甲要回了自己原来提供的钥匙。后乙利用自己配制的钥匙盗窃了汽车（价值5万元）——甲与乙构成盗窃罪（既遂）的共犯。本案中，虽然甲提出不干了，但其在共同犯罪中的影响力仍然没有消除，虽然甲要回了自己的钥匙，但乙用甲的钥匙配了一把钥匙，说明甲的钥匙的影响力还仍然存在。故甲没有完全消除其在共同犯罪中的影响力，成立犯罪既遂。（08年卷二19题）

（2）消除心理上的因果性（发个"分手"声明），是指脱离者必须让其他人同案犯认识到，接下来其他人是"孤军奋战"。

例如，甲邀请乙一同前往杀害丙，在去往杀人的途中，乙明确告诉甲表示反悔，不再参与共同犯罪，甲当然认识到接下来是"孤军奋战"。即便甲后来将丙杀害，乙的行为依然成立犯罪中止。

又如，甲为盗窃乙的财物而委托丙望风，在甲入室之后的第5分钟，丙因为心脏病发作陷入昏厥。不知情的甲在30分钟后盗窃既遂。丙虽然因为身体的原因，事实上无法为甲望风，但其帮助行为对甲的心理影响仍然存在，盗窃既遂和其望风行为之间存在关联性，应当成立盗窃罪既遂的帮助犯。

3. 共犯脱离的具体情形

（1）在教唆犯的情形下，由于教唆犯是"犯意"的引起者，教唆者欲脱离共犯而成立犯罪中止，除了要中止自己的行为，还应阻止同案犯成立犯罪既遂。

例如，教唆他人犯罪之后，仅告知被教唆者中止犯罪，而被教唆者将犯罪完成的，教唆者仍然成立犯罪既遂。理由在于：教唆者点燃了被教唆者这把"火"（犯意），欲中止犯罪，必须将火扑灭。

（2）"共同共谋"型（共同点火）共同犯罪的情况下，部分行为人退出共犯，并告知其他共犯人，可以不对后续既遂结果承担责任。

例如，甲、乙共谋实施抢劫，甲后来欲中止，便对乙说："我不干了，你自己去吧！"乙同意，独自一人抢劫既遂，甲的行为成立抢劫罪的犯罪中止。

又如，甲、乙共谋傍晚杀丙，甲向乙讲解了杀害丙的具体方法。傍晚乙如约到达现场，但甲却未去。乙按照甲的方法杀死丙。甲的行为成立犯罪既遂，虽然甲没有到达现场实施犯罪，但甲对乙讲解的犯罪方法，被乙实际用来杀害丙，甲的影响力依然存在。

（3）在帮助犯的情形下，帮助行为（火上浇油型）只要被撤出并告知被帮助者，帮助犯的行为与后续的结果之间就没有刑法上的因果关系，不需要对后续结果负责。

例如，甲欲盗窃，乙为了讨好甲，将万能钥匙借给甲。后乙反悔，从甲处要回钥匙，甲用其他方法盗窃成功。乙的帮助行为提前撤出，并且在后来没有起到实质作用，乙的行为成立盗窃罪中止。

又如，乙欲盗窃汽车，让甲将用于盗窃汽车的钥匙放在乙的信箱。甲同意，但错将钥匙放入丙的信箱，后乙用其他方法将车盗走。甲的行为成立盗窃罪未遂，甲将钥匙投错了地方，客观上没有对乙的盗窃行为起到任何帮助作用，并且，乙还是用其他方法盗窃了汽车。同时，主观上，乙的盗车意图并不是甲唆使的，而是乙已经有了盗窃意图（题干中"乙欲盗窃汽车"）。①

【典型真题】

1. 甲欲去乙的别墅盗窃，担心乙别墅结构复杂难以找到贵重财物，就请熟悉乙家的丙为其标图。甲入室后未使用丙提供的图纸就找到乙价值100万元的珠宝，即携珠宝逃离现场。关于本

---

① 可能有人认为，该案中，虽然甲提供的钥匙没有起作用（没有客观上的影响力），但甲有心理上的作用，进而认为甲应构成犯罪既遂。这种理解是错误的，该案中，乙并不需要甲心理上的帮助，乙只需要甲的钥匙（物理上的帮助），而钥匙没有起到作用，故甲就是没有"帮上忙"，甲的行为应成立盗窃罪未遂。但是，如果乙欲盗窃，向甲借得一把钥匙，并邀请甲一同前往盗窃并帮其望风，甲欣然应允。乙在楼上盗窃时，甲在楼下望风，乙发现甲提供的钥匙没有起到作用，遂用其他方法盗窃成功。此时，甲早已离开盗窃现场，事实上没有替乙望风，但乙并不知道甲已经离开，对甲还有心理上的期待。甲的行为亦成立盗窃罪既遂。

案，下列哪些说法是正确的？（　　　）（多选）(09年卷二51题)①

　　A. 甲构成盗窃罪，入户盗窃是法定的从重处罚情节

　　B. 丙不构成犯罪，因为客观上没能为甲提供实质的帮助

　　C. 即便甲未使用丙提供的图纸，丙也构成盗窃罪的共犯②

　　D. 甲、丙构成盗窃罪的共犯，甲是主犯，丙是帮助犯

　2. 乙欲盗汽车，向甲借得盗车钥匙。乙盗车时发现该钥匙不管用，遂用其他工具盗得汽车。乙属于盗窃罪既遂，甲属于盗窃罪未遂——正确。(13年卷二54题C项)③

　3. 高某找到密友夏某和认识钱某的宗某，共谋将钱某诱骗至湖边小屋，先将其掐昏，然后扔入湖中溺死。事后，高某给夏某、宗某各20万元作为酬劳。按照事前分工，宗某发微信将钱某诱骗到湖边小屋。但宗某得知钱某到达后害怕出事后被抓，给高某打电话说："我不想继续参与了。一日网恋十日恩，你也别杀她了。"高某大怒说："你太不义气啦，算了，别管我了！"宗某又随即打钱某电话，打算让其离开小屋，但钱某手机关机未通。最终，钱某被高某、夏某杀害——从犯罪意图上看，宗某参与了共谋，主观影响力是存在的；客观上，其已经实施了"将钱某诱骗到湖边小屋"的行为。无论是主观上、客观上均存在影响力。因此，宗某的行为成立犯罪既遂。(15主观题)

知识点分析思路总结

共同犯罪在主观题备考中非常重要。历年主观题真题，一定涉及共同犯罪。各行为人共同实施犯罪中，各行为人的主观故意、客观行为、参与程度，可能并不完全相同，如何认定各行为人的责任，是非常重要的。而且，这些问题存在不同的理论学说，可能会出现不同的观点展示，需要特别注意。

一、共同犯罪的基础性问题

1. 他人的犯罪行为还未结束，有人中途加入。应回答：

结论：中途加入进来的人，成立共同犯罪。

理由：中途加入者对正在进行的犯罪有作用力，可以成立共同犯罪。但是，前行为人先前所造成的加重结果（重伤、死亡）与中途加入者的行为之间没有因果关系，中途加入者不需要对此加重结果承担责任。

---

① 答案：CD。

② 二者成立共犯不存在争议，因为二人曾经具有共同的故意。存在的问题是，丙是否成立盗窃罪既遂？一种观点认为，即便没有使用图纸，丙仍然具有心理上的影响力。周光权教授指出，丙所绘制的图纸，甲虽然没有使用，但丙的帮助行为使得甲盗窃时，心理上更为从容，故丙的精神帮助行为仍然存在。另一种观点认为，图纸事实上没有起到作用，连心理上的影响力也不存在，因为被害人家里结构非常简单，图纸连备用的作用都没有，因此，丙的行为成立犯罪未遂。

③ 可能有人认为，该案中，虽然甲提供的钥匙没有起作用（没有客观上的影响力），但甲有心理上的作用，进而认为甲应构成犯罪既遂。这种理解是错误的，该案中，乙并不需要甲心理上的帮助，乙只需要甲的钥匙（物理上的帮助），而钥匙没有起到作用，故甲就是没有"帮上忙"，甲的行为应成立犯罪未遂。但是，如果乙欲盗窃，向甲借得一把钥匙，并邀请甲一同前往盗窃并帮其望风，甲欣然应允。乙在楼上盗窃时，甲在楼下望风，乙发现甲提供的钥匙没有起到作用，遂用其他方法盗窃成功。此时，甲早已离开盗窃现场，事实上没有替乙望风，但乙并不知道甲已经离开，对甲还有心理上的期待。甲的行为亦成立盗窃罪既遂。

2. 各行为人的犯罪内容不完全一致，但在一定范围内存在重合。应回答：

结论：二人在（重合的）某罪的范围内成立共犯。

理由：根据部分犯罪共同说，各行为人所犯罪名之间具有包容关系，在重合范围内成立共同犯罪。

3. 部分共犯人超出共同犯意，导致发生了超出共同犯意的重合性过限结果。应回答：

结论：全体共犯人均需要对该结果承担责任。

理由：共同实施的犯罪，具有造成重合性过限结果的高度可能性，因此即便是过限者造成了过限结果，其他共犯也需要对该结果承担责任。

4. 在共同犯罪中，部分行为人在实施犯罪中，产生了同一构成要件内的认识错误，考察其他共犯人的刑事责任。应回答：

结论：其他共犯人也需要对该结果承担责任。

理由：共同犯罪中，各行为人均需要对整体的结果（共同行为所造成的结果）承担刑事责任。根据法定符合说（通说），虽然部分共犯人产生了认识错误，但该错误是同一构成要件内的错误，其他共犯人仍然需要对该结果承担责任。

二、共犯脱离

行为人中途退出共同犯罪，是否需要对整体的（他人的）犯罪行为所造成的结果承担责任。

1. 如果需要承担责任，应回答：

结论：脱离者需要对整体的结果承担责任。

理由：脱离者虽然中途退出了共同犯罪，但并没有消除其在共同犯罪中的影响力，其在共同犯罪中的客观影响力依然存在（或在共同犯罪中的主观影响力依然存在），故需要对整体的结果承担责任。

2. 如果不需要承担责任，应回答：

结论：脱离者不需要对整体的结果承担责任，成立犯罪中止（或未遂）。

理由：脱离者中途明确告知其他共犯退出，消除了其在共同犯罪中的影响力，不需要对整体的结果承担责任，成立犯罪中止（或未遂）。

主观题小案例

案例1：某日凌晨时分，甲在路上闲逛，碰到一个妙龄女子手中拿着提包，欲实施抢劫。当女子行至某偏僻处时，甲基于抢劫的故意用石头重击女子头部并杀死该女子后，乙刚好行至此处。甲遂叫乙打开手电筒，甲顺利将女子包中散落在地上的钱财取走。事后，甲与乙一起平分赃物。

问题：如何评价甲和乙的行为？

案例2：甲准备绑架富女苏芬，以向其父亲苏某勒索100万元。甲欺骗乙说，富商苏某欠其100万元的工资未付，准备绑架其女儿苏芬以索要工资，乙信以为真。甲、乙二人一起抓捕了苏芬，乙将苏某关在宾馆房间，甲出门电话联系苏芬的父亲以勒索财物。

问题：甲、乙是否构成共同犯罪？

案例3：甲、乙在聊天过程中，乙表达了想找个女的"搞"一下的想法。事实上，甲的意思是强奸，乙的意思是抢劫。二人在路边偶遇妇女王某，甲对乙说："你先去搞定她，我帮你望风，随后就赶到。"乙在对被害妇女施加暴力的时候，使用木棍敲打王某的头部，造成了被害妇女王某死亡，甲随后赶到现场时，狠狠地对乙进行了批评，责怪乙不应该把人打死。此时，警车赶到，还未来得及实施抢劫、强奸行为，甲、乙二人便落荒而逃。

问题：甲、乙的行为应如何认定？

案例 4：徐某与蒋某共谋枪杀肖某，在举枪朝肖某射击时，由于行为误差，均没有击中肖某，但徐某击中旁边的徐毛毛。

问题：根据法定符合说，徐某、蒋某的行为应如何定性，请说明理由。

案例 5：甲、乙共谋前往被害人杨某家中盗窃。次日，在约定的时间，甲在被害人家楼下苦苦等待了近 20 分钟，仍未等到乙。甲独自一人前往被害人杨某家盗窃，盗窃成功后回家。

问题：如何评价乙的行为？

案例 6：甲欲前往被害人张某家中盗窃一幅齐白石的字画，但担心被害人张某别墅结构复杂难以找到该字画，就请熟悉被害人张某家的乙绘制了一张张某家的结构图，以便顺利找到该幅字画。乙为甲绘制张某家的结构图，甲拿着该结构图前往张某家，刚打开门，发现别墅结构没有其预先想象的那么复杂，就没有使用乙提供的图纸，顺利地找到了该字画并将其偷走。

问题：如何评价乙的行为？

案例 1-问题：如何评价甲和乙的行为？
答案：甲构成抢劫罪（致人死亡），乙构成抢劫罪，两人在抢劫罪的范围内成立共同犯罪。
乙中途加入到甲正在进行的抢劫行为中，对取得财物具有作用力，成立抢劫罪的共同犯罪。但是，被害人的死亡结果与乙的行为之间没有因果关系，乙不需要对死亡结果承担责任，故乙不构成抢劫（致人死亡）罪。

案例 2-问题：甲、乙是否构成共同犯罪？
答案：甲和乙构成非法拘禁罪的共同犯罪。
甲有绑架的故意，乙有非法拘禁的故意（基于索债而拘禁他人的，构成非法拘禁罪），绑架罪可以包容评价非法拘禁罪，所以二者在非法拘禁罪的范围成立共同犯罪。

案例 3-问题：甲、乙的行为应如何认定？
答案：甲构成强奸致人死亡，乙构成抢劫致人死亡。二人在故意伤害（致人死亡）罪的范围内成立共犯。
首先，甲、乙二人虽然持不同的故意（强奸、抢劫），但强奸、抢劫的手段行为都包括暴力（故意伤害），因此，可以认为，二人在故意伤害罪的范围内成立共犯。
其次，甲需要对乙的伤害行为造成被害人的死亡结果承担责任。伤害行为本身具有致人死亡的高度危险性，甲为乙的伤害行为望风，就应预料到该伤害行为可能造成死亡的结果，故甲应对乙的行为所造成的死亡结果承担责任。

案例 4-问题：根据法定符合说，徐某、蒋某的行为应如何定性，请说明理由。

答案：徐某、蒋某构成故意杀人罪的共同犯罪，成立故意杀人罪既遂。

首先，徐某由于行为误差没有击中肖某，击中旁边的徐毛毛，属于打击错误，根据法定符合说，成立故意杀人罪既遂。

其次，徐某、蒋某二人基于杀人的共同故意开枪，成立故意杀人罪的共同犯罪，根据部分实行全部责任的原则，蒋某应对徐某击中徐毛毛，导致徐毛毛死亡的结果负责，成立故意杀人罪既遂。

案例5-问题：如何评价乙的行为？

答案：乙构成盗窃罪既遂。

乙脱离共犯关系的想法并没有明确告知甲，没有消除其在共同犯罪中的影响力，至少，甲在盗窃时还可以期待"迟到的乙"。从这一意义上来看，乙成立盗窃罪既遂。

案例6-问题：如何评价乙的行为？

答案：乙的行为构成盗窃罪未遂。

甲、乙成立盗窃罪的共同犯罪，但是，乙提供的结构图没有起到作用，连心理上的影响力也不存在。因此，乙不需要对后续甲所造成的既遂结果承担责任，乙的行为成立犯罪未遂。

可能考查的观点展示

1. 关于成立共同犯罪的学说，理论上存在不同的观点。

模拟案例：甲、乙二人在马路边用汽枪玩啤酒瓶射击比赛，看谁打中的瓶子多。在射击时，突然击中在旁边的路人丙，导致丙死亡，无法证明是谁的子弹打中的。请说明对甲和乙所应承担刑事责任的不同观点，并说明理由。

答案：（1）一种观点认为，甲、乙二人不构成犯罪。甲、乙二人没有杀人的故意，仅有过失，共同过失不构成共同犯罪，每个人均只需要对自己行为所造成的结果承担责任。由于过失必须造成结果才能定罪处罚，且无法查明结果是谁造成的，故根据存疑有利于被告原则，不能将结果归属于甲和乙，甲、乙均无罪。

（2）另一种观点认为甲和乙均成立过失致人死亡罪。

该观点认为，只要有共同的客观行为就成立共同犯罪，甲、乙二人共同实施了开枪射击行为，即便没有故意也成立共同犯罪。所以甲和乙均需要对整体的结果承担责任，甲、乙均成立过失致人死亡罪。

2. 关于片面共犯是否成立共犯，理论上存在不同的观点。

模拟案例：徐某得知蒋某将要强奸徐毛毛（女），便提前给徐毛毛投放了安眠药使其昏迷，并暗中观察蒋某的奸淫行为，但蒋某对此并不知情。待蒋某强奸徐毛毛并离开现场后，徐某又奸淫了徐毛毛。徐某的行为如何定性，存在几种观点，请说明理由。

答案：徐某在未与蒋某通谋的情况下，基于单方面的意思提前给徐毛毛投放安眠药，方便蒋某奸淫徐毛毛，属于片面的共同正犯（实行犯）。关于片面共同正犯是否属于共同犯罪，存在以下两种观点：

一种观点认为，肯定片面共同正犯是共同犯罪，徐某成立轮奸。根据这一观点，徐某需要对其主观上认识到的全部行为负责任，即不仅要对自己的行为负责，而且要对蒋某的奸淫行为承担责任，徐某成立轮奸。

另一种观点认为，否认片面共同正犯是共同犯罪，徐某构成普通的强奸罪。根据这一观点，徐某只需要对自己的行为单独承担责任，不对蒋某的强奸行为负责，徐某仅构成普通的强奸罪。

3. 如果被教唆（帮助）的人，没有实施被教唆（帮助）的罪，对于教唆者（帮助者）能否认定为是教唆（帮助）未遂？

模拟案例： 蒋某在和徐某聊天的过程中，表达自己对徐毛毛（女）有强烈的好感，于是徐某怂恿蒋某用少量的安眠药，先让徐毛毛睡着，再对徐毛毛进行奸淫。蒋某听从徐某的建议，买了安眠药，准备晚上去徐毛毛家中将安眠药掺入徐毛毛水杯中再实施奸淫行为，但蒋某因为害怕最终放弃，未投放眠药。

答案： 徐某教唆蒋某对徐毛毛实施奸淫，但因蒋某害怕并未实施奸淫行为。对于徐某能否适用《刑法》第29条第2款之规定，将徐某认定为教唆未遂，存在以下两种观点：

一种观点认为，成立教唆未遂。理由：

共犯独立性的观点认为，行为人的危险性一旦通过一定的行为流露出来，即可认定其有实行行为，这就是独立的犯罪行为。本案中，徐某教唆蒋某对徐毛毛实施奸淫行为，属于独立的犯罪行为，尽管蒋某没有着手实施被教唆的罪，徐某也应受处罚，成立教唆未遂。

另一种观点认为，徐某无罪。理由：

共犯从属性的观点（通说）认为，只有单纯的教唆行为不构成犯罪，必须是被教唆的人着手实施犯罪时，共犯才成立。本案中，徐某虽然教唆蒋某对徐毛毛实施奸淫行为，但因蒋某并未着手实施被教唆的罪，徐某无罪。

第八章 罪数论

法条群及知识点

罪数论是刑法中较为复杂、难度较大的一个知识点。罪数论要解决的问题是，行为人实施犯罪行为之后如何定罪（算几个罪），存在疑问、不是那么标准的一罪应如何处理。

例如，甲偷正在使用中的电线，仅有一个行为，但可能同时触犯了盗窃罪、破坏电力设备罪，究竟定一罪还是两罪，定一罪的话定哪个罪。

一、基础性问题

罪数的区分，即行为是成立一罪还是数罪，其标准是行为符合几个犯罪构成。标准的一罪是：一个犯意、一个行为、造成一个结果、侵害一个法益、具备一个犯罪构成。需要注意如下问题：

1. 行为人仅实施了一个行为，原则上只能定一罪

（1）行为是一个还是数个，应以法律的规定为标准，而不应该以我们的眼睛为标准

例如，甲基于非法获取乙财物的故意，将乙打昏后，取走乙身上的财物，甲的行为在刑法上只能评价为"一个"抢劫行为。

又如，甲套取金融机构信贷资金后又高利转贷他人的，行为人仅实施了法律上的一个行为，构成高利转贷罪。

（2）例外，一行为定数罪

例如，《刑法》第204条规定，骗取出口退税行为同时触犯了逃税罪的，应以骗取出口退税罪和逃税罪数罪并罚。

又如，走私过程中，如果针对的是不同种类的物品的，应数罪并罚。如，走私的对象同时包含普通货物与淫秽物品的，应数罪并罚。

2. 禁止重复评价（处罚）

一个行为只能在一个构成要件中评价一次。

例如，以杀人为手段将被害人杀害，然后取财的案件，不能认定为是故意杀人罪与抢劫罪数罪，因为杀人行为已经作为抢劫罪的手段行为了，只能认定为抢劫罪（致人死亡），而不能又认定为故意杀人罪。

又如，绑架后，又抢走被控制的人质身上的钱财，不能以绑架罪与抢劫罪数罪并罚，应择一重罪处罚。因为绑架（控制）被害人，要么作为绑架罪的手段进行评价，要么作为抢劫罪的手段

进行评价，而不能认定为绑架罪、抢劫罪并罚，即不宜进行双重评价。

3. 同种数罪不并罚

例如，实施了多次盗窃行为，即使每个盗窃行为都可以独立成罪，也仅成立一个盗窃罪，可以将其盗窃金额累计，也能实现对其行为的完整评价。

但是，判决宣告以后，无论再犯新罪还是发现漏罪，即便是与已经判决的罪同种罪名的，也应该数罪并罚。

例如，甲因盗窃 5000 元财物被判处有期徒刑 2 年，在判决宣告后刑罚执行期间，甲又实施了盗窃 5000 元财物的行为，虽然新犯罪与已经判处的罪是同一罪名，但不可能因为前罪已经是盗窃罪，后行为就不并罚。毕竟，后行为没有受到刑法应有的制裁。应将前盗窃罪所剩余的刑期，与新犯的盗窃罪并罚。

4. 行为仅侵犯了一个法益，定一罪

（1）财产犯罪如果针对普通财物，事后处理赃物的行为不成立新罪。

例如，盗窃普通财物之后，又故意毁坏财物的，仅定盗窃罪一罪。或者，盗窃普通财物后，将其出售的，也认为后续处分赃物的行为是事后不可罚行为，仅成立盗窃罪一罪。

（2）但如果是针对特殊物品（例如，枪支、文物等）实施财产犯罪，事后又处分这些特殊物品的，则应数罪并罚。因为这些物品不仅仅是代表财产权利，还代表了社会利益、公共安全，后续处分这些特殊物品的，侵犯了新的法益。

例如，盗窃枪支后又非法买卖枪支的，应以盗窃枪支罪与非法买卖枪支罪数罪并罚。

5. 如果没有刑法、司法解释的特别规定，原则上实施了两个行为应该定两罪。

例如，《刑法》第 241 条规定，拐卖妇女的过程中，奸淫被拐卖的妇女的，仅定拐卖妇女罪一罪。但是，对于拐卖妇女过程中，猥亵妇女的，《刑法》没有作专门规定，那就应数罪并罚。

又如，原《刑法》第 239 条规定，绑架过程中杀害被绑架人或者致被绑架人死亡的，仅定绑架罪一罪，作为加重情节。那么，实践中，绑架过程中，又故意重伤被绑架人的，就应数罪并罚。（注：经 2015 年经刑法修正案（九）修正后的现行刑法规定，绑架后故意重伤害被绑架人的，也仅定绑架罪一罪。）

【典型真题】

关于罪数的判断，下列哪一选项是正确的？（　　）（单选）(17 年卷二 8 题)①

A. 甲为冒充国家机关工作人员招摇撞骗而盗窃国家机关证件，并持该证件招摇撞骗。甲成立盗窃国家机关证件罪和招摇撞骗罪，数罪并罚

B. 乙在道路上醉酒驾驶机动车，行驶 20 公里后，不慎撞死路人张某。因已发生实害结果，乙不构成危险驾驶罪，仅构成交通肇事罪

C. 丙以欺诈手段骗取李某的名画。李某发觉受骗，要求丙返还，丙施以暴力迫使李某放弃。丙构成诈骗罪与抢劫罪，数罪并罚

D. 已婚的丁明知杨某是现役军人的配偶，却仍然与之结婚。丁构成重婚罪与破坏军婚罪的想象竞合犯

---

① 答案：A。

二、实质的一罪

行为人仅实施了一个行为，实质上是一罪，但貌似数罪。之所以要对实质的一罪进行专门研究，就在于行为人虽然实施了一个行为，但该行为有些雾里看花让人看不懂，貌似不那么标准的一罪。

例如，非法拘禁被害人一天是一个非法拘禁行为，但拘禁 100 天呢，事实上也是一个行为，拘禁行为一直在继续。

（一）继续犯（持续犯）

犯罪既遂以后，不法状态、不法行为一直持续。

例如，非法拘禁罪，非法拘禁行为一直在持续，被害人人身自由遭受剥夺的状态也一直在持续，犯罪行为持续时间较长。

1. 特点

（1）行为、不法状态一直持续。

（2）继续犯仅侵害了一个法益。

2. 继续犯与状态犯的区别

（1）继续犯中犯罪行为与犯罪状态一直处于持续状态

例如，非法拘禁罪，行为人的拘禁行为与被害人人身自由遭受剥夺的状态一直处于持续中。即：行为与不法状态一直处于持续过程中。

（2）状态犯中，犯罪行为一经既遂（完成），犯罪行为所造成的后果一直处于持续状态

例如，盗窃罪中，犯罪既遂后，被害人的财产损失一直处于持续状态，但盗窃行为已经结束了。即：行为结束后，不法状态一直处于持续状态。

3. 相关法律效果

（1）追诉时效：从犯罪行为终了之日起计算，不是从犯罪成立时起计算

例如，非法拘禁罪，你哪天放人，哪天开始算追诉时效。

（2）犯罪既遂后，犯罪行为与不法状态仍在继续进行，所以，可以对之进行正当防卫

例如，甲对乙实施拘禁行为，只要实施了该行为，就是非法拘禁罪既遂。但甲的拘禁行为持续 100 多天，在第 100 天时，由于不法侵害仍然在继续，乙可以实施正当防卫。

（3）继续期间，中途加入进来的人可以成立共同犯罪

例如，前述甲在非法拘禁过程中，其好友丙在中途帮忙的，可以成立非法拘禁罪的共同犯罪。

（二）想象竞合犯

1. 特点：一箭双雕

（1）行为人仅实施了一个行为。

（2）触犯了数个罪名，造成了多个危害结果。原因在于一个行为造成了两个以上的结果，或者说侵犯了两个以上的法益。

例如，盗窃正在使用中的电线，既触犯了盗窃罪，又触犯了破坏电力设备罪。

又如，甲以杀人的故意对乙开枪，子弹不仅打中乙致乙死亡，同时又击中了乙身旁的丙。甲的行为成立故意杀人罪与过失致人死亡罪的想象竞合。

2. 处罚原则：原则上，从一重罪处罚

（1）择一重罪处罚的依据。行为人仅实施了一个行为，如盗窃正在使用中的电线，虽然触犯了多个罪名（盗窃罪、破坏电力设备罪），但仍然只能定一罪。当然，究竟定哪个罪，从责任的角度来看，行为人两个罪都触犯了，定重罪更能实现对行为相对完整的评价。

（2）只需要知道"择一重罪处罚"即可。因为想象竞合犯的情况下，一行为触犯了数罪名，究竟哪一个罪是重罪较难判断，不仅仅是查找刑法条文本身，而且要根据案件事实等进行较为综合的判断。

例如，甲盗窃正在使用中的电线，究竟是定盗窃罪还是定破坏电力设备罪，既取决于两罪的法定刑，亦取决于具体案情。如果电线价值 5000 万元，可能定盗窃罪也比较重；如果电线价值仅有 5000 元，但对电力安全造成很大的影响，可能定破坏电力设备罪也很重。

【典型真题】

甲盗割正在使用中的铁路专用电话线，在构成犯罪的情况下，对甲应按照下列哪一选项处理？（　　）（单选）（06 卷二 10 题）①

A. 破坏公用电信设施罪
B. 破坏交通设施罪
C. 盗窃罪与破坏交通设施罪中处罚较重的犯罪
D. 盗窃罪与破坏公用电信设施罪中处罚较重的犯罪

3. 想象竞合与法条竞合

（1）法条竞合。是指由于立法的错综复杂的规定，导致一行为会触犯多个刑法条文，但仅定一罪。

例如，诈骗罪与贷款诈骗罪、信用卡诈骗罪、保险诈骗罪等，即一般法与特别法的关系。

（2）法条竞合的处理原则。通说观点认为，法条竞合应是先适用特别法；少数学者认为，特殊情形下，如果特别法太轻，可以选择适用重法（一般法）。

部分刑法条文或司法解释明确规定，法条竞合的情形下，应选择重法优先。

例如，《刑法》第 149 条第 2 款规定，行为同时触犯第 141—148 条的具体生产销售伪劣产品罪（如生产、销售、提供假药罪，生产销售有毒、有害食品罪），同时又构成第 140 条的生产、销售伪劣产品罪，依处罚较重的定罪处罚。

（3）想象竞合犯与法条竞合犯的区别

	想象竞合	法条竞合
相同点	一行为触犯数罪名（行为的竞合）	一行为触犯数罪名（法条的竞合）
不同点	所触犯的两个罪名之间原来没有任何关系——偶然的竞合 例如，盗窃罪与破坏电力设备罪，只是由于行为人实施了特殊的	两个罪名之间天然就存在交叉或者包容关系，一眼就能够看出来，或者稍作分析就能够看出来。——必然的竞合 例如，贷款诈骗罪与诈骗罪，我们一看就知

---

① 答案：C。

想象竞合	法条竞合
行为，例如盗窃正在使用中的电力设备，才使我们将此二罪联系起来。	道，贷款诈骗罪是诈骗罪的"儿子"，二者之间存在包容关系； 又如，交通肇事罪与过失致人死亡罪，交通肇事罪的案件的绝大多数是致人死亡的，稍作分析我们就知道，交通肇事案件有相当一部分属于过失致人死亡罪，二者之间存在交叉关系。
想象竞合是行为人的一行为偶然地符合多个罪名，它与法律条文如何规定本身无关，而与犯罪人实施犯罪的行为有关，所以是一种动态竞合。对于想象竞合，行为人的行为究竟符合哪些犯罪的构成要件，需要在判决书中明确列举出来，以便让人判断行为人所触犯的多个罪名孰轻孰重，以及法官对从一重罪处罚的把握是否准确。——临时的竞合	法条竞合，形式上存在竞合关系，但在适用法律时，一旦选择甲罪，就排斥乙罪的适用，判决中只需要列举适用的罪名即可，对于没有适用的罪名，可以不予理会。——永恒的竞合 例如，在道路上开车过失撞死他人，仅适用交通肇事罪就可以，无需解释为什么不适用过失致人死亡罪，因为特别法优于一般法。
损害的一般是两个客体。 例如，盗窃正在使用中的电力设备。如果定盗窃罪，那么破坏电力危害公共安全的属性则没有评价。如果定破坏电力设备罪，仅评价了破坏电力设备危害公共安全的属性，并没有评价行为的侵财属性。（重法优先）	用一个罪评价就可以。 例如，行为人实施贷款诈骗行为，虽然既符合诈骗罪的构成要件，也符合贷款诈骗罪的构成要件，但仅以特别法贷款诈骗罪一罪就足以评价该行为，而不会出现想象竞合犯中以一罪论处会出现评价上的不完整。（特别法优先） 又如，国家工作人员甲非法为境外机构提供国家秘密的，甲构成为境外机构非法提供国家秘密罪和故意泄露国家秘密罪的法条竞合，仅认定为为境外非法提供国家秘密罪。（20年真题）
值得注意的是，想象竞合与法条竞合的区别，理论上争议很大。如果认为一行为触犯的两个罪，交叉（竞合）的程度很小，可以认为是想象竞合。如果两罪交叉（竞合）的程度很大，可以认为是法条竞合。但是，近年来，有部分学者（如张明楷教授）主张扩大想象竞合的认定范围，认为即便两罪交叉（重合）的程度比较大，也认为是想象竞合。	

【典型真题】

关于想象竞合犯的认定，下列哪些选项是错误的？（　　）（多选）（13年卷二56题）①

A. 甲向乙购买危险物质，商定4000元成交。甲先后将2000元现金和4克海洛因（折抵现金2000元）交乙后收货。甲的行为成立非法买卖危险物质罪与贩卖毒品罪的想象竞合犯，从一重罪论处

---

① 答案：ABCD。

B. 甲女、乙男分手后，甲向乙索要青春补偿费未果，将其骗至别墅，让人看住乙。甲给乙母打电话，声称如不给30万元就准备收尸。甲成立非法拘禁罪和绑架罪的想象竞合犯，应以绑架罪论处

C. 甲为劫财在乙的茶水中投放2小时后起作用的麻醉药，随后离开乙家。2小时后甲回来，见乙不在（乙喝下该茶水后因事外出），便取走乙2万元现金。甲的行为成立抢劫罪与盗窃罪的想象竞合犯

D. 国家工作人员甲收受境外组织的3万美元后，将国家秘密非法提供给该组织。甲的行为成立受贿罪与为境外非法提供国家秘密罪的想象竞合犯

（三）结果加重犯

结果加重犯，是行为人**仅实施**了法律上规定的**一个犯罪行为**，发生了**严重的结果**而**加重其法定刑**的情况。

例如，我国刑法中规定的故意伤害"致人死亡的"、非法拘禁"致人死亡的"等，就属于这种情况。

其基本结构为：**基本犯罪+加重结果＝结果加重犯**。具体而言，结果加重犯的特征为：

1. 行为人实施了**基本犯罪行为**，但造成了**加重结果**（超出犯罪既遂所要求的结果），基本犯罪行为与加重结果之间具有**直接因果关系**。

（1）"基本犯罪行为"**既可能是单一行为，亦可能是复合行为**

有的犯罪，基本行为是单一的。

例如，故意伤害（致人死亡）罪，其基本犯罪行为就是"伤害"。

有的犯罪，其基本犯罪行为是复合型的。

例如，抢劫罪中，基本犯罪行为由两部分组成：手段行为（排除被害人的反抗）、目的行为（劫取财物），只要是二者之一导致了被害人重伤、死亡的，都属于抢劫罪的结果加重犯，即抢劫（致人死亡）罪。即只要是为了实施基本犯罪（抢劫）而造成了加重结果的，就属于结果加重犯。

又如，甲欲强奸某妇女遭到激烈反抗，一怒之下卡住该妇女喉咙，致其死亡后实施奸淫行为。——甲的行为不构成强奸罪的结果加重犯，因为甲"一怒之下卡住妇女的喉咙"并不是为了更好地实施奸淫，即不是强奸的手段行为，而是出于泄愤，所以，该行为应独立评价为故意杀人罪，而不宜作为强奸罪的结果加重犯。（07卷二12题A项）

（2）基本犯罪行为与加重结果之间**具有"直接"因果关系**

"直接"强调加重结果是基本犯罪行为本身所导致的，如抢劫的手段行为或者目的行为所导致的，并且，加重结果是基本行为**内在的高度危险的直接现实化**。行为人在实施基本犯罪行为之外，其他异常的、不合乎规律的介入因素导致了加重结果的，不能将加重结果归责于基本犯罪行为，不能认定为是基本犯罪的结果加重犯。

例如，行为人在实施基本行为（抢劫、故意伤害）之时或之后，被害人自杀自残、或因自身过失等造成严重结果的，因缺乏直接性要件，不应认定为结果加重犯。

又如，行为人在故意伤害等暴力案件中，伤害行为只是造成轻伤，但由于医生的重大过失行为导致死亡的，不应认定为故意伤害（致人死亡）罪这一结果加重犯。

再如，陈某一个人持刀去超市抢劫，店员刘某与其扭打起来，期间刀不慎滑落，刘某将刀捡起丢向另一名店员张某，但是由于失误伤到张某头部，致其重伤。陈某眼见不能成功就往外跑，

骑上一辆自行车逃跑，刘某往外追，追上后将陈某抱摔在地，导致自己重伤，陈某轻伤。——本案中，陈某不需要对刘某、张某的重伤结果负责，不是抢劫致人重伤的结果加重犯。因为陈某的抢劫行为本身并没有导致被害人刘某、张某的重伤结果。（20年真题）

2. 行为人对基本犯罪一般持故意，但也有可能是过失；对加重结果至少持过失，有可能持故意

例如，《刑法》第132条铁路运营安全事故罪规定："铁路职工违反规章制度，致使发生铁路运营安全事故，造成严重后果的，处三年以下有期徒刑或者拘役；造成特别严重后果的，处三年以上七年以下有期徒刑。"该罪系过失犯罪，基本罪（铁路运营安全事故罪）是过失犯罪，行为人对于造成的加重结果"造成特别严重后果"亦是过失。

又如，《刑法》第234条故意伤害罪规定："故意伤害他人身体的，处三年以下有期徒刑、拘役或者管制。犯前款罪，致人重伤的，处三年以上十年以下有期徒刑；致人死亡或者以特别残忍手段致人重伤造成严重残疾的，处十年以上有期徒刑、无期徒刑或者死刑。本法另有规定的，依照规定。"行为人对基本罪"伤害"是故意的，但对于造成的加重结果"死亡"，则是基于过失。

再如，《刑法》第263条抢劫罪规定了"抢劫致人重伤、死亡的"这一结果加重犯。行为人对基本罪"抢劫"是故意的，对于造成被害人死亡结果，既可能是故意的（如基于取财的目的而先将被害人杀害），也可能是过失的（抢劫过程中基于过失而导致被害人死亡）。

3. 法定性：刑法就发生的"加重结果"规定了加重的刑罚，即刑法对该罪进行了"扩容"

（1）刑法除了规定基本罪的刑罚，还另规定了加重结果及加重刑罚，即刑法规定了两个法定刑幅度。

例如，根据刑法第263条第1款的规定，普通抢劫罪的法定刑为"三年以上十年以下有期徒刑"，抢劫致人重伤、死亡的法定刑为"十年以上有期徒刑、无期徒刑或死刑"，此即为结果加重犯。注意：如果刑法仅对某罪规定了一个法定刑，不是结果加重犯。

如果刑法仅规定了情节加重的，并规定了加重的刑罚，也不认为是结果加重犯，而是情节加重犯。

例如，强奸罪（刑法第236条）的情节加重犯，强奸妇女多人的、轮奸的。

（2）刑法如果没有对某一加重结果明确予以加重评价，即使该结果实际发生，该犯罪也不可能是结果加重犯。

例如，诈骗行为致人死亡的，不成立结果加重犯。

又如，刑法中还有很多犯罪，容易造成重伤、死亡的结果，但刑法没有专门对该罪"扩容"，就应转化为故意杀人罪。如聚众斗殴致人死亡的，应转化为故意杀人罪。

（3）结果加重犯所定的罪名还是基本罪的罪名。

例如，抢劫致人死亡，其罪名还是抢劫罪；故意伤害致人死亡，其罪名还是故意伤害罪。

4. 结果加重犯的立法理由

（1）基本犯罪行为本身具有导致加重结果的高度可能。

例如，伤害行为易导致死亡结果，故规定了故意伤害（致人死亡）罪这一结果加重犯。也正因为基本犯罪行为本身具有造成加重结果的高度可能，立法者对于结果加重犯所规定的法定刑通常也较重。《刑法》第234条规定了故意伤害罪的结果加重犯——故意伤害（致人死亡）罪，其法定刑为"十年以上有期徒刑、无期徒刑或者死刑"，比故意伤害罪与过失致人死亡罪的法定刑相加还要重，主要是考虑到行为人实施这类伤害行为具有造成死亡结果的高度可能性，即实施的是高度危险性的伤害行为，这种行为的法定刑当然偏重。

（2）结果加重犯的基本罪通常系"重罪"。

例如，抢劫致人死亡、放火造成严重后果，其基本罪抢劫罪、放火罪本身就是重罪。

【典型真题】

1. 陈某欲制造火车出轨事故，破坏轨道时将螺栓砸飞，击中在附近玩耍的幼童，致其死亡。陈某的行为被及时发现，未造成火车倾覆、毁坏事故。——陈某的行为构成破坏交通设施罪的基本犯与过失致人死亡罪的想象竞合犯。虽然陈某的破坏交通设施行为造成了幼童的死亡这一加重结果，但是，该结果并不是由于交通工具倾覆、毁坏所致，不能认定为破坏交通设施罪的结果加重犯，只能认定为破坏交通设施罪（基本犯）与过失致人死亡罪的想象竞合。该案中的行为造成他人死亡，实属偶然，而结果加重犯强调的是高度可能性的结果。(16年卷二13题)

2. 关于结果加重犯，下列哪一选项是正确的？（ ）（单选）（15年卷二8题）①

   A. 故意杀人包含了故意伤害，故意杀人罪实际上是故意伤害罪的结果加重犯

   B. 强奸罪、强制猥亵妇女罪的犯罪客体相同，强奸、强制猥亵行为致妇女重伤的，均成立结果加重犯

   C. 甲将乙拘禁在宾馆20楼，声称只要乙还债就放人。乙无力还债，深夜跳楼身亡。甲的行为不成立非法拘禁罪的结果加重犯

   D. 甲以胁迫手段抢劫乙时，发现仇人丙路过，于是立即杀害丙。甲在抢劫过程中杀害他人，因抢劫致人死亡包括故意致人死亡，故甲成立抢劫致人死亡的结果加重犯

3. 关于结果加重犯的判断，下列哪些选项是正确的？（ ）（多选）（21年真题）②

   A. 甲把因欠钱不还而被捆绑的乙装进自己汽车的后备箱内，正准确开车出发时，旁边的丙倒车不慎撞到甲的后备箱，导致乙当场死亡。甲不属于非法拘禁致人死亡

   B. 甲在湖边以伤害故意使用木棍击打乙，乙在逃跑过程中跌落水中。乙向甲求救，甲不理睬，后乙被淹死。甲构成故意伤害致人死亡

   C. 甲以伤害的故意用木棍击打乙的头部，后甲不小心将乙撞倒在水泥地上，乙头部被磕到，乙死亡，无法查明是先前甲的棍子击打导致的乙死亡还是乙摔倒磕到头而死亡。甲不构成故意伤害致人死亡

   D. 甲、乙、丙三人共同抢劫丁，丁拼命反抗，乙拿起刀向丁砍去，不慎砍中了甲，导致甲死亡，丁趁乱逃离现场。乙不属于抢劫致人死亡

三、法定的一罪——立法上的一罪

本来是多个罪，但法律硬性地规定为一罪。

（一）结合犯：甲罪+乙罪＝丙罪

数个原本独立的犯罪行为，根据刑法分则的明文规定，结合成另一独立的新罪的情况。结合犯的特征：

1. 所结合的数罪，原本为刑法上数个独立的犯罪。

---

① 答案：C。

② 答案：AB。

2. 典型的结合犯是将数个原本独立的犯罪，结合成为另一个独立的新罪。

例如，《刑法》第239条规定，绑架他人并杀害被绑架人的，仍以绑架罪论处，也可谓结合犯，但规定了更重的法定刑。

又如，《刑法》第240条规定，拐卖妇女的过程中，奸淫被拐卖的妇女的，只定拐卖妇女罪一罪，但规定了更重的法定刑。

（二）集合犯

指犯罪构成预定了数个同种类行为的犯罪。集合犯是连续实施刑法上数个并不独立成罪的同种行为，刑法将其规定为一罪，所以是法定的一罪。主要有三种类型：

1. 常习犯

具有常习性的行为人反复多次实施行为的。又称"习惯犯"。"偶发犯"的对称。我国台湾地方刑法所规定的一种犯罪。系指有犯罪习惯的人。这种犯罪分子的人身危险性和社会危害性较大，不易改造，应比普通犯罪从重处罚。常习犯中，以犯罪为常业者，称"常业犯"，即无正当职业（我国大陆刑法无规定）。

2. 职业犯

将一定的犯罪作为职业或业务反复实施的。

例如，《刑法》第336条规定的非法行医罪，行为人单纯的一次非法行医不构成此罪，应以具有反复、多次行医的故意为必要，才成立非法行医罪。

3. 营业犯

以营利为目的反复实施一定犯罪的。

例如，第303条规定的赌博罪：以营利为目的，聚众赌博或者以赌博为业的，处三年以下有期徒刑、拘役或者管制，并处罚金。成立赌博罪要求"以赌博为业"，反复实施。仅仅实施一次赌博行为，不构成赌博罪。

四、处断的一罪（裁判的一罪）——司法上的一罪

行为人实施了数个犯罪行为，法律也没有规定为一罪，但实践处理上通常作为一罪。包括连续犯、牵连犯、吸收犯。司法实践中，之所以对数行为认定为一罪，也主要是考虑到行为人实施的数个犯罪行为之间，具有较为密切的关联。

（一）连续犯

1. 概念

是指基于一个犯罪故意（同一的或者概括的故意）连续实施性质相同的数个行为，触犯同一罪名的情况。数行为具有连续性，不仅仅是客观上具有连续性，主观上也具有连续性。

例如，行为人计划连续一段时间内杀死十个人，并基于该计划实施了行为；或者连续一个月，每天实施盗窃行为。

2. 连续犯与继续犯的区别

（1）继续犯中，行为人仅有一个行为，只是这一行为时间比较长。

例如，将他人拘禁长达一年，这实际上就是一个行为，当然认定为是一罪。

（2）连续犯中，行为人连续实施了数个独立成罪的行为，或者说，行为人事实上是实施了多

个犯罪行为。

例如，行为人连续在一段时间内，杀十个人，每周杀一人。司法裁判过程中，考虑到前后独立的数个犯罪行为之间，具有密切关系，可以对行为人前后实施的行为进行综合评价，仅认定为一罪。

又如，行为人前后连续实施了十次盗窃行为，可以认定为盗窃罪一罪，犯罪金额累加即可。或者，行为人连续实施了十次杀人行为，可以认定为故意杀人罪一罪，对其行为可综合评价为"情节恶劣"。

（二）牵连犯

牵连犯是指，行为人实施了**多个犯罪行为**，多个犯罪行为之间具有**手段**与**目的**、**原因**与**结果**之间的**牵连关系**。犯罪的**手段行为**或者**结果行为**，与**目的行为**或者**原因行为**分别触犯**不同罪名**，在司法实践中，一般从一重罪处罚。

1. 牵连关系

（1）**手段行为**与**目的行为**的牵连

例如，以伪造印章的方法冒充国家机关工作人员骗取公私财物，伪造国家机关印章罪与招摇撞骗罪之间就属于手段行为与目的行为的牵连。

（2）**原因行为**与**结果行为**的牵连

例如，盗窃财物（原因行为）后，为了销赃而伪造印章（结果行为），盗窃罪与伪造印章罪亦属于原因行为与结果行为的牵连。

牵连犯中，行为人实施了两个行为，但由于具有"**牵连关系**"才以一罪论处。如果行为人**只有一个行为不能认为是牵连犯**。

例如，盗窃枪支再去杀人，刚盗窃枪支就被抓获，此种情形下，行为人仅有一个行为，应成立盗窃枪支罪与故意杀人罪（预备）的想象竞合犯。

又如，以保险诈骗为目的，实施放火行为，如果仅有放火行为，还未来得及保险诈骗的，也仅成立放火罪与保险诈骗罪（预备）的想象竞合犯。

2. 对"牵连关系"进行缩小解释，前后行为之间应具有"高度伴随性"

牵连犯的情形下，行为人毕竟实施了多个犯罪行为，最终被认定为一罪，这在一定程度上违反了罪刑相适应原则。基于此，刑法理论上主张严格限制牵连犯的成立范围，只有前后行为之间具有高度伴随性，才能认定为是牵连犯。

（1）如何认定牵连的各行为之间的"高度伴随性"

所谓高度伴随性，是指在现实生活中，前后两个牵连的行为之间**具有通常的伴随性**（形影不离）。只有当**某种手段通常用于实施某种犯罪**，或者**某种原因行为通常导致某种结果行为时**，才宜认定为牵连犯。

例如，伪造国家机关印章后去实施诈骗行为，在实践中具有通常性，就是牵连犯。但是，如果将军区司令员杀害后偷走他的印章，再冒充军人招摇撞骗的，这种类型的犯罪在现实生活中不具有通常性，通常人们实施招摇撞骗不会将司令员杀害，因此，不属于牵连犯，应并罚。

现今刑法理论要**严格限制**牵连犯的成立范围，一般认为，牵连犯以法律、司法解释的**明确规定**为标准。司法部指定用书案例：为了抢劫银行而盗窃枪支，然后利用所盗窃枪支抢劫银行的，应认定为数罪，不应认定为牵连犯；为了冒充军人招摇撞骗而盗窃军车，然后驾驶该车辆冒充军人招摇撞骗的，应当认定为数罪，而不能认定为牵连犯。

（2）认定牵连犯的具体情形

可以认定为牵连犯的：侵入住宅和杀人、侵入住宅和盗窃、侵入住宅和放火、侵入住宅和强奸、伪造公文和诈骗等是牵连犯，因为，侵入住宅、伪造公文行为通常被用作为以上所列犯罪的手段。

不能认定为牵连犯的：放火和诈骗保险金、杀人和侮辱尸体、滥用职权和受贿等之间，不是牵连犯，而是数罪。因为，上述两个行为之间，从社会生活的一般经验来看，并不具有"通常如此"的关系。

从应对历年国家法律职业资格考试真题的角度看，牵连犯已经非常少见了，两个行为一般都是数罪并罚，几乎不存在认定为牵连犯而选择择一重罪处罚。理论上亦有学者指出，牵连犯本质上就应该是数罪。对牵连关系的判断，不同的人有不同的标准，但都难以得出令人信服的结论，彻底取消牵连犯概念，或许才是解决问题之道。

（三）吸收犯

吸收犯是指，事实上存在数个不同的行为，一行为吸收其他行为，仅成立吸收行为一个罪名的情况。

例如，盗窃枪支后，私藏在家中，盗窃枪支罪吸收了非法持有枪支罪，仅定盗窃枪支罪一罪。

1. 类型

（1）重行为吸收轻行为

例如，伪造货币后又使用、出售该货币的，定伪造货币罪。

（2）实行行为吸收预备行为

例如，入户抢劫行为，非法侵入他人住宅本身就是一个犯罪行为，属于抢劫罪的预备行为，但仅定抢劫罪一罪。

（3）主行为吸收从行为

例如，甲、乙共同犯罪（故意杀人罪），甲先是起"帮助"作用，后来参与进来"实行"，甲就认定为故意杀人罪的实行行为即可。

2. 吸收犯与牵连犯

（1）吸收犯是更为紧密的牵连犯。吸收犯中，两罪之间的联系性非常紧密，分也分不开。

例如，盗窃枪支罪必须吸收非法持有枪支罪，即盗窃枪支必然持有枪支。

（2）吸收犯中，两罪侵犯的客体、对象具有同一性。

例如，盗窃枪支又持有枪支的，虽然两行为分别触犯了盗窃枪支罪、非法持有枪支罪，但由于行为人有两个行为，触犯了两罪罪名，针对的也是同一个对象，属于吸收犯，应择一重罪处罚。

3. 不可罚的事后行为与吸收犯

（1）不可罚的事后行为：是指在状态犯的场合，利用该犯罪行为的结果的行为，如果孤立地看，符合其他犯罪的构成要件，具有可罚性，但由于被综合评价在该状态犯中，故没有必要另认定为其他犯罪，其理由在于：行为没有侵害新的、独立的法益。不可罚的事后行为主要包括两种：

第一，实施财产犯罪后针对赃物的毁坏、销售等行为。

例如，行为人侵占了代为保管的他人财物后，谎称财物被盗而使被害人免除其返还财物的义务的，后一欺骗行为属于不可罚的事后行为，仅是为了掩饰之前的侵占罪，不另成立诈骗罪。

第二，实施犯罪之后毁灭证据的行为。

（2）二者的区别：不可罚的事后行为，后行为本身就不构成犯罪。而吸收犯中，一罪吸收另一罪，前后两行为都是犯罪，只是最终因为"吸收"而被认定为一罪。

【典型真题】

下列哪些情形属于吸收犯？（   ）（多选）（10年卷二55题）①
A. 制造枪支、弹药后又持有、私藏所制造的枪支、弹药的
B. 盗窃他人汽车后，谎称所盗汽车为自己的汽车出卖他人的
C. 套取金融机构信贷资金后又高利转贷他人的
D. 制造毒品后又持有该毒品的

五、罪数论的相关总结

（一）原则上：一行为一罪、数行为数罪

（二）部分特殊情形

1. 一行为被认定为数罪

（1）《刑法》第204条。骗取出口退税，同时触犯逃税罪的，数罪并罚。

（2）针对不同对象实施同一走私行为的，数罪并罚。

2. 数行为被认定为一罪

（1）《刑法》第239条。绑架过程中杀害被绑架人或者故意伤害致人重伤、死亡的，仅定绑架罪一罪。

（2）《刑法》第240条。拐卖妇女过程中强奸妇女的，仅定拐卖妇女罪一罪。

（3）《刑法》第241条。收买被拐卖的妇女、儿童后，又出卖的，仅定拐卖妇女、儿童罪一罪。

（4）《刑法》第318、321、347条。组织、运送他人偷越国边境、走私毒品过程中，妨害公务的，不需要数罪并罚。其他犯罪过程中妨害公务的，则应并罚。

（5）中介组织收受他人贿赂后提供虚假证明文件的，择一重罪处罚。

（6）针对假币、假发票、假货（如假冒注册商标的商品、侵犯著作权的作品）实施了一连串行为的，只要这些行为之间具有关联性，原则上仅定一罪。

【典型真题】

关于罪数的判断，下列说法正确的是？（   ）（单选）（19年真题）②
A. 二人以上轮奸是"以暴力胁迫或其他手段强奸妇女"的加重规定，而不是特别罪名
B. 将盗窃的仿真品（价值4000元）冒充真品古董卖给第三人，是不可罚的事后行为
C. 钱某两次入户抢劫、一次持枪抢劫，触犯了两个不同加重犯，应数罪并罚
D. 周某抢劫陈某后，担心暴露，故意杀害了陈某，构成抢劫致人死亡和故意杀人的想象竞合

---

① 答案：AD。
② 答案：A。

第八章 罪数论

主观题小案例

案例 1：某民营企业员工徐某谎称自己职务上占有的平板电脑是自己所有，并按照市值出卖给不知情的蒋某。

问题：如果认为徐某的行为对蒋某构成诈骗罪，如何评价徐某的行为，请说明理由。

案例 2：甲将乙绑架后，以对乙实施严重伤害相威胁，打电话向乙母亲索要财物。后遭丙拒绝，甲将从乙身上拿走金项链一条，释放了乙。

问题：甲的行为应如何认定？

案例 3：甲、乙共同来到朱某家，欲实施抢劫行为，二人将朱某捆绑后，取走朱某家中大量贵重财物后，离开朱某家。朱某爬到窗户口进行呼救，由于双手、双脚均被捆绑只能把头伸出窗外大声呼救，从而导致坠楼身亡。

问题：如何评价甲和乙的行为？

案例 4：甲翻墙进入食品厂的会计室翻箱倒柜，发现一本未填写金额和未加盖印章的空白支票，遂从中撕下一张。次日上午，甲来到某刻章处，私自刻制带有该食品厂厂长姓名的印章并加盖于所盗支票上，并用圆珠笔填写了 35000 元金额后，到银行提款。在提款过程中，因被银行人员发现有诈后而逃离现场。

问题：如何评价甲的行为？

案例 1-问题：如果认为徐某的行为对蒋某构成诈骗罪，如何评价徐某的行为，请说明理由。
答案：徐某的行为成立职务侵占罪和诈骗罪的想象竞合，择一重罪处罚。

首先，徐某利用其占有公司平板电脑的职务便利，将平板卖给不知情的蒋某，侵犯了公司对平板电脑享有的所有权，构成职务侵占罪。

其次，徐某谎称平板电脑为自己所有，使蒋某产生错误认识而处分财产购买平板电脑，成立诈骗罪。

综上，徐某的行为仅侵犯了一个财产法益，触犯职务侵占罪和诈骗罪，是想象竞合，择一重罪处罚。

案例 2-问题：甲的行为应如何认定？
答案：甲的行为触犯了绑架罪，控制乙向其母亲丙索要财物。同时，甲的行为还触犯了抢劫罪，控制乙从乙身上劫取项链。但由于甲控制乙的行为仅能认定为绑架罪或抢劫罪的手段，不能重复评价（处罚），因此，只能以绑架罪、抢劫罪择一重罪处罚。

案例 3-问题：如何评价甲和乙的行为？
答案：甲、乙二人对朱某的行为成立抢劫罪，是抢劫致人死亡。

被害人在被捆绑后，爬到窗口呼喊、呼救是正常的介入因素，也就是说，其掉下阳台是在甲、乙二人抢劫行为的直接影响下导致的，应认定为是抢劫（致人死亡）罪的结果加重犯。

案例 4-问题：如何评价甲的行为？

答案：甲基于利用窃取的空白支票诈骗银行财物的犯意，实施了私刻印章、伪造金融票证以及利用票据诈骗（未遂）的行为，行为之间具有牵连关系，应以伪造金融票证罪、票据诈骗罪（未遂）择一重罪处罚。

可能考查的观点展示

1. 想象竞合与法条竞合的区别。二者都是一行为触犯了数罪名，但想象竞合是重法优先，而法条竞合是特别法优先。最近刑法理论上，对于某一行为触犯两罪名的，究竟是想象竞合，还是法条竞合，争议比较大，这导致在最终定何罪的问题上存在一定的争议。一般认为，想象竞合的情形下，一行为触犯两罪名，两罪名竞合（重合）的程度相对较少。而在法条竞合的情形下，一行为触犯两罪名，两罪名竞合（重合）的程度较多。

模拟案例：赵某伙同孙某将价值 20 元的低档白酒当作价值 3000 元的高档白酒销售，获利 60 万余元。对于赵某的行为，如何定罪？

答案：赵某的行为既触犯了销售伪劣产品罪，又触犯了诈骗罪，是竞合关系。

一种观点（通说）认为，这是法条竞合，应坚持特别法优先，赵某与孙某的行为构成销售伪劣产品罪。理由：销售伪劣产品行为是一种特殊领域（商品销售领域）的诈骗行为，应坚持法条竞合特别法优先，认定为销售伪劣产品罪。

另一种观点认为，这是想象竞合，想象竞合应坚持重法优先，赵某与孙某的行为构成诈骗罪。理由：

本案中赵某以低档白酒冒充高档白酒，"以次充好"的行为属于对消费者的欺诈，已经构成了诈骗罪，同时亦触犯了销售伪劣产品罪。但考虑到如果认定为诈骗罪"数额特别巨大"判处的刑罚更重，以诈骗罪论处，能更好地实现罪刑相适应。①

2. 结果加重犯所要求的基本犯罪行为与加重结果之间的因果关系，如何认定，可能存在不同的认识。有的强调行为性质，强调行为本身具有造成加重结果的可能性，才认定为是具有较为直接的因果关系，从而认定为结果加重犯。有的则进一步扩大解释，除了行为本身的性质之外，行为所处的时空、情境也具有造成加重结果的高度可能，也应认定为是结果加重犯。

模拟案例：徐某路上闲逛时，偶遇仇人蒋某，徐某遂决定教训一下蒋某。徐某捡起地上的砖头朝蒋某腿部砸去。蒋某见状跳入旁边的河中。徐某见蒋某在水中挣扎，在未确认蒋某是否会游泳的情况下离开现场。后蒋某因不会游泳，溺死在河中。

答案：一种观点认为，徐某构成故意伤害（致人死亡）罪。

首先，徐某的追杀行为导致蒋某跳入水中，是正常的介入因素，不中断因果关系，徐某应对蒋某跳水负责。

其次，徐某虽然不确定蒋某是否会游泳，但至少主观上对蒋某当时溺水有预见的可能性，具有过失，应对蒋某的死亡结果负责，认定为故意伤害（致人死亡）罪这一结果加重犯。

另一种观点认为，徐某不构成故意伤害（致人死亡）罪。这种观点认为，用石头砸被害人的腿这一行为本身并不具有致人死亡的高度危险性，不宜认定为是结果加重犯。

---

① 当然，对于该案，还有一种观点展示的答题方法。即认为销售伪劣产品罪与诈骗罪就是法条竞合，但是，在法条竞合的情形下，究竟是坚持特别法（销售伪劣产品罪）优先，还是坚持重法（诈骗罪）优先，存在不同的观点。

第九章
自首、立功与追诉时效

法条群及知识点

一、自首

第 67 条【自首】犯罪以后自动投案，如实供述自己的罪行的，是自首。对于自首的犯罪分子，可以从轻或者减轻处罚。其中，犯罪较轻的，可以免除处罚。

被采取强制措施的犯罪嫌疑人、被告人和正在服刑的罪犯，如实供述司法机关还未掌握的本人其他罪行的，以自首论。

犯罪嫌疑人虽不具有前两款规定的自首情节，但是如实供述自己罪行的，可以从轻处罚；因其如实供述自己罪行，避免特别严重后果发生的，可以减轻处罚。

（一）一般自首

1. 条件一：自动投案

想将自己置于司法机关的合法控制之下，有归案的意愿，并不要求投案要具备悔过性。自动投案客观上要求犯罪嫌疑人投案之时人身处于自由状态，尚未受到司法机关控制。自动投案之所以能够得到法律上的从轻处罚，一个重要原因是这种行为能够节约司法机关的抓捕成本。——"我想坐牢"

（1）投案对象及投案方式、动机：没有限制

犯罪嫌疑人向其所在单位、城乡基层组织或者其他有关负责人员投案的；职务犯罪中，犯罪分子向所在单位等办案机关以外的单位、组织或者有关负责人员投案的，应当视为自动投案。——只要是行为人想将自己置于法律的控制之下，就是自动投案，犯罪分子本人不可能清楚地知道犯罪行为应属于哪个机关管辖，所以，对其投案对象没有严格要求。

犯罪嫌疑人因病、伤或者为了减轻犯罪后果，委托他人先代为投案，或者先以信电投案的；并非出于犯罪嫌疑人主动，而是经亲友规劝、陪同投案的；公安机关通知犯罪嫌疑人的亲友，或者亲友主动报案后，将犯罪嫌疑人送去投案的，均属于自动投案。

例如，甲挪用公款后主动向单位领导承认了全部犯罪事实，并请求单位领导不要将自己移送司法机关。——本案不成立自首，因为行为人并不想将自己置于司法机关的控制之下。（15 卷二 11 题 A 项）

又如，徐勇酒后作案，准备回家与亲属告别后再去投案，但回家后即醉倒，最终被公安人员抓获的，也被认定为"自动投案"，其主观上有归案的意愿。参见《刑事审判参考》指导案例第 1078 号。

再如，《刑事审判参考》第381号指导案例，董保卫、李志林、董曙光共同盗窃，董曙光因为分赃很少，又听说举报能领奖金，遂向被盗单位举报自己与其他人盗窃该单位物品的情况，并由被盗单位人员带至公安机关报案。本案中，虽然董曙光的投案的动机不高尚，仅是为了领取资金，但其确有归案的意愿，也节约了国家司法资源，应认定为自首。

（2）仅因"形迹可疑"（面相不像好人）被盘问后，交待罪行的，成立自首；因"犯罪嫌疑"（有事实和证据）而被司法机关盘问，交待罪行的，不成立自首。

主要理由：司法机关发现他人"形迹可疑"的情况下，由于还没有具体的事实和证据，不能对其采取强制措施，换言之，这时行为人还是"自由身"，可以选择回家，也可以选择前往司法机关交代自己的罪行。行为人在有选择权的情形下，交代罪行的，当然成立自首。但是，"犯罪嫌疑"的实质在于，司法机关已经发现了相关的犯罪事实与证据，可以对行为人采取强制措施，行为人并非自由身，其是被迫归案，不是主动投案。

例如，甲在十年前曾经强奸过村姑小芳，公安机关并没有对之立案。某日，甲在火车站候车时，民警见甲神色慌张，欲上前进一步盘问。甲如实交代了自己十年前实施的强奸事实，让民警大吃一惊。甲的行为成立自首，本案中，甲如果不交代的话，民警不能对他采取强制措施，甲完全可以回家吃饭。

又如，甲在机场安检时，安检人员打开其行李箱，发现了枪支、毒品、假币，此时甲的犯罪事实与证据已经被发现，甲必须接受调查，不是自由身。即便甲如实交代自己的犯罪事实，也不是自动投案，不成立自首。

再如，边防武警甲例行检查时，发现行为人乙神色慌张、形迹可疑，遂对其进行盘问，发现其随身携带的尖刀上有疑似新鲜血迹，此人难以自圆其说，遂交代了其持刀抢劫致人死亡的犯罪事实。虽然边防武警并不掌握相关抢劫犯罪事实，带血尖刀不能将行为人与其实施的具体犯罪联系起来，但足以确定其涉嫌与杀人有关的犯罪，仍属于"与犯罪有关的物品"。乙的行为不成立自首。

（3）能逃而不逃的情况下，是有意识地将自己置于司法机关的控制之下，属自动投案。包括：犯罪后主动报案，虽未表明自己是作案人，但没有逃离现场，在司法机关询问时交代自己罪行的；或者，犯罪后，行为人明知他人报案而在现场等待，抓捕时无拒捕行为，供认犯罪事实的。均应认定为是自首。

例如，甲驾驶车辆造成乙重伤，甲没有逃离现场，吃瓜群众报警后，甲仍然停留在现场，警察赶到现场后，对甲进行询问，甲承认是自己交通肇事造成乙重伤，甲的行为成立自首。

又如，吉某某在家中疯狂杀害其妻子，吉某某的父亲报警后，吉某某明知父亲报警且警察马上赶到，吉某某仍然没有停止对妻子的杀害行为。当警察赶到吉某某家中时，吉某某的杀人行为刚实施完毕。警察将吉某某带走，吉某某如实交代了自己的罪行。该案中，吉某某的行为不能认定为自首，理由在于，吉某某并没有归案的意愿，不是自动投案。

（4）被亲友绑送归案的，不成立自首；但如果是亲友陪同归案的，成立自首。

例如，犯罪嫌疑人被亲友采用捆绑等手段送到司法机关，或者在不明知的情况下被亲友带领侦查人员前来抓获的，由于犯罪嫌疑人并无投案的主动性和自愿性，完全是被动归案，因此，不宜认定为自动投案。当然，量刑时可酌情从轻处罚。

（5）被动归案后逃跑，然后又回司法机关投案的，不成立自首（理由：没有节约国家司法资源）；主动归案后逃跑，又回到司法机关投案的，成立自首（理由：节约了国家司法资源）。

被采取强制措施后逃跑然后再"投案"的，相对于被采取强制措施的犯罪而言，不能认定为自动投案，但对新犯之罪（脱逃之后所犯之罪），仍能成立自动投案。

例如，乙犯盗窃罪被抓获，后被取保候审，再逃往外地时又犯抢劫罪，然后向司法机关投案，如实供述抢劫事实的，只成立抢劫罪的自动投案，不成立盗窃罪的自动投案。参见《刑事审判参考》第1081号指导案例，吴某强奸、故意伤害案。2009年主观题亦考查了。

又如，赵某觉得罪行迟早会败露，向公安机关投案，如实交待了全部犯罪事实。公安人员李某听了赵某的交待后随口说了一句"你罪行不轻啊"，赵某担心被判死刑，逃跑至外地。在被通缉的过程中，赵某身患重病无钱治疗，向当地公安机关投案，再次如实交待了自己的全部罪行。——本案中，赵某事实上节约了国家司法资源，成立自首。（10年主观题）

2. 条件二：如实供述自己的罪行。——自己涉案（参与）的犯罪事实

【问题】如何理解如实供述自己"参与的犯罪事实"？

如实供述自己罪行的目的是节约司法资源，司法机关的终极目的是"结案"，即作出一个<u>正确的判决书</u>。而一个正确的判决书，需要定罪、量刑准确。如果犯罪行为人的交代，导致正确判决书无法做出，导致定罪、量刑错误，则不能认定其"如实供述自己的罪行"，不能认定为自首。正确的判决书的作出，定罪、量刑的准确，依赖于两个方面：一是事实清楚，二是法律适用正确。犯罪分子只懂事实，只要交待其所参与的事实就可以了。因此，行为人如实交代自己罪行的目的在于，协助司法机关作出一个正确的判决。

（1）如实供述的是<u>事实问题</u>（题干），而非法律问题（选项）。被告人对行为性质的辩解，是对法律问题的认识，不影响自首的成立。

第一，<u>事实问题</u>与<u>法律问题</u>的界限。事实是可以通过回忆还原的，而法律适用是需要认真学习法律才知道的。

例如，甲开车撞死多人，他对于自己喝酒开车的基本事实作了如实供述，但其行为究竟是故意（构成以危险方法危害公共安全罪）还是过失（构成交通肇事罪），甲本人不可能"回忆"出来，法官需要结合法律来选择其行为究竟属于刑法上的故意还是过失。

第二，行为性质是法律问题，被告人对<u>行为性质的辩解</u>，不影响自首的成立。

例如，行为是否构成犯罪、是否属于正当防卫等，这是法律问题，行为人的辩解都不重要，是由专业人士法官来判断的。在现代诉讼注重程序公正的前提下，赋予和保护被告人的辩解权，既是各国的普遍做法，也是我国刑事司法工作的重要内容之一。

《刑事审判参考》第42号指导案例，张杰故意杀人案中，张杰与被害人争吵过程中拿菜刀砍对方颈部导致死亡。被告人有自动投案的情节，但实际上是自己从厨房拿刀行凶的，供述时却谎称是被害人从自家拿菜刀砍自己，自己被迫夺刀自卫。本案中被告人只有自动的投案行为，之后却隐瞒事实真相，推诿责任，不能成立自首。该案不是对行为性质的辩解，而是对事实本身都进行了隐瞒，进而导致了对行为定性的不同。

（2）要求交代<u>主要犯罪事实</u>，即<u>承认自己犯了这个罪</u>即可

例如，在故意杀人案件中，只要如实交代自己实施了故意杀人行为的，就属于已经交代了"主要"的犯罪事实。历年真题曾经指出，在故意杀人案件中，犯罪行为人供述了自己的杀人行为，但对于凶器的藏匿地点拒不说明的，也不影响自首的成立，因为凶器是否找到对认定犯罪并不是必须的。

第一，部分事实，即便交代错误，只要不影响对案件定罪量刑的，也认为如实供述自己的罪

行。①

除供述自己的主要犯罪事实外，还应包括**姓名**、**年龄**、**职业**、**住址**、**前科**等情况。犯罪嫌疑人供述的身份等情况与真实情况虽有差别，但不影响定罪量刑的，应认定为如实供述自己的罪行。犯罪嫌疑人自动投案后隐瞒自己的真实身份等情况，影响对其定罪量刑的，不能认定为如实供述自己的罪行。

第二，实施了多个同种犯罪行为时，供述内容应超过50%。

例如，甲实施了多次盗窃行为，盗窃金额累计达到100万元。甲如实交代了其中的50%以上，就能认定为如实供述自己的罪行。

（3）共同犯罪中，除如实供述自己的罪行，还应当供述**所知的同案犯**

第一，犯罪分子提供"同案犯"姓名、住址、体貌特征、联络方式等信息，属于被告人应当供述的范围。

行为人在投案自首时，如果参与共同犯罪的部分同案犯，确实不是特别清楚，无法供述，也可以成立自首，因为只需要供述"所知"的同案犯。

第二，提供"**犯罪前（预备阶段）**、**犯罪中（实行阶段）**"掌握、使用的同案犯"联络方式、藏匿地址"是自首应交代的内容。交代同案犯**犯罪后的去向**，属于立功。②

鉴于同案犯的基本情况（包括同案犯的姓名、住址、体貌特征等信息）属于犯罪分子应当供述的范畴，而"犯罪前、犯罪中"掌握、使用的同案犯联络方式、藏匿地址，则属于预谋、实施犯罪的范畴，也是犯罪分子应当供述的内容，司法机关据此抓捕同案犯的，不能认定为协助抓捕

---

① 理由：虽然被告人亲历犯罪，但是我们也要实事求是地承认被告人的个体差异，突发性犯罪、高度紧张下的犯罪等会导致被告人认识上发生偏差，记忆上出现失误。只要交代主要犯罪事实，作案的情节与证据不相吻合的，不影响如实供述的成立。《刑事审判参考》第363号指导案例，周文友故意杀人案中，被告人周文友持尖刀与拿砍刀的受害人对打，将受害人右侧胸肺、左侧腋、右侧颈部等处刺伤导致对方死亡，自己也身受重伤。被告人只承认捅了死者胸部一刀，明显与尸检结论不符。法院认为被告人归案后，供述了持刀杀害被害人的事实，供述一直稳定。犯罪的性质和主要情节清楚，犯罪的动机也讲明，应当认定对主要事实做了供述。

② 交代同案犯的"藏匿地址"，司法机关据此抓获同案犯的，如何处理：（1）提供"犯罪前、犯罪中"所掌握的同案犯"联系方式、藏匿地址"的，属于自首应供述的内容，不成立立功。理由：这属于"犯罪事实"。例如，易翔等人盗窃一案，法院认为，2014年11月初至2014年11月12日，被告人易翔与被告人李明连续共同盗窃作案5次，期间，二被告人一直共同居住，是共同犯罪行为的延续状态，故被告人易翔供述的被告人李明藏匿地址，不属于犯罪后掌握的同案犯的藏匿地址，属如实供述共同犯罪事实的范畴，不构成立功。（2015）晋市法刑终字第243号。刑事审判参考指导案例第1169号指出，公安机关根据赵双江供述将赵文齐抓获，赵文齐地点属于赵双江在犯罪中掌握的同案犯藏匿地址，不能认定为协助司法机关抓捕同案犯，赵双江不构成立功。（2）提供"犯罪后"同案犯的去向（藏匿地址），司法机关据此抓获同案犯的，成立立功。理由：这不属于"犯罪事实"。例如，陈三平、董湘东犯盗窃案的判决指出：原审被告人陈三平在关押期间提供同案人陈玲珑犯罪后的新的藏匿地址，陈玲珑系共同犯罪的主犯，批捕在逃，其犯罪后藏匿在新的住址，公安机关一直未将其抓获归案，公安机关现据陈三平举报的陈玲珑的新的藏匿地址得以将其抓获。陈三平提供的同案人陈玲珑的藏匿地址不是犯罪前、犯罪中掌握、使用的，而是犯罪后的新的藏匿地址，其行为应当认定为立功。（2011）株中法刑二终字第36号。（以上问题，由我的研究生刘英锐提供，查阅了大量案例。在此表示感谢！）又如，被告人梁延兵因毒品犯罪被抓获后，如实供述同案犯陈光虎共同贩卖毒品的犯罪事实，并提供陈光虎可能藏匿在其姐姐家的线索，公安机关据此将陈光虎抓获的，梁延兵成立立功。对于本案，一、二审法院认定梁延兵不能成立立功，认为其对同案犯藏匿地点的交代，只是其如实供述同案犯的行为。最高人民法院在对本案进行复核时，认定梁延兵成立立功。最高人民法院认为，同案犯陈光虎藏匿在其姐姐家这一事实，不是共同贩卖毒品的事实，该地点也并非贩毒地点，而是陈光虎的下落，其提供的同案犯藏匿地址精确、具体、详细，司法机关据此抓捕同案犯的，应该认为梁延兵协助抓捕同案犯，成立立功。《刑事审判参考》指导案例第249号。

第九章 自首、立功与追诉时效

同案犯（即不能认定为是立功）。

但是，如果按照司法机关的安排，将同案犯约至指定地点、当场指认同案犯，或者带领侦查人员抓获同案犯的，则可认定为立功。因为此类协助，犯罪分子完全可以不予配合，而其一旦主动、积极协助，个人则要承受一定压力、承担一定风险，因此应当通过认定为立功予以"鼓励"。

(4) 如实供述自己的罪行的时间：一审判决前

第一，一审判决之前，必须如实交代。如实供述自己的罪行后又翻供的，不能认定为是自首；但在一审判决前又能如实供述的，应当认定为自首。——理由在于，如果一审判决时说假话，二审判决时说真话，那一审判决就因为假话而是错误的，行为人视法院一审判决如儿戏，浪费司法资源。

第二，自动投案后，犯罪嫌疑人自动投案时虽然没有交代自己的主要犯罪事实，但在司法机关掌握其主要犯罪事实之前主动交代的，应认定为如实供述自己的罪行。但如果自动投案后，拒不交代，待司法机关查清后，再承认的，已经浪费了司法资源，不能成立自首。

【典型真题】

1. 关于自首，下列哪一选项是正确的？（17年卷二9题）①

A. 甲绑架他人作为人质并与警察对峙，经警察劝说放弃了犯罪。甲是在"犯罪过程中"而不是"犯罪以后"自动投案，不符合自首条件

B. 乙交通肇事后留在现场救助伤员，并报告交管部门发生了事故。交警到达现场询问时，乙否认了自己的行为。乙不成立自首

C. 丙故意杀人后如实交代了自己的客观罪行，司法机关根据其交代认定其主观罪过为故意，丙辩称其为过失。丙不成立自首

D. 丁犯罪后，仅因形迹可疑而被盘问、教育，便交代了自己所犯罪行，但拒不交代真实身份。丁不属于如实供述，不成立自首

2. 关于自首的认定，下列选项正确的是？（　　）（21年真题）②

A. 甲、乙构成共同犯罪，公安机关打电话通知甲到公安局。甲到公安机关后，如实供述自己的犯罪情况，但是并未如实供述同案犯乙的相关情况。甲不构成自首

B. 甲明知其保管的物品为易燃、易爆危险物品，仍然不采取安全防护措施将其储存于仓库，造成爆炸。后甲到公安机关如实供述上述全部事实，但是辩称自己没有过失。甲不构成自首

C. 甲交通肇事，将乙撞倒在地后，立即去派出所投案自首，如实交代了自己的罪行。甲的投案自首导致乙因未得到及时救助而死亡，甲不构成自首

D. 甲、乙二人共同犯罪，乙被抓获。甲害怕乙将其供出（实际上乙确实向派出所将同案犯甲供出，派出所已掌握甲的犯罪事实），早晚得被抓。于是，甲便前往派出所投案，如实交代了犯罪事实。甲不成立自首

（二）特别自首（余罪自首）

特别自首，是指已经被采取强制措施的人，即行为人已经在司法机关的控制之下，如实交代司法机关尚未掌握的其他罪行（余罪）。如果行为人实施的其他犯罪行为，即便司法机关当时并不知道，但很可能、很容易被司法机关"顺藤摸瓜"而查获、发现，行为人的主动交代对司法机

---

① 答案：B。
② 答案：A。

关的意义、对节约司法资源而言，意义有限，不能成立特别自首。行为人的交代必须对司法机关有意义，或者说，必须交代司法机关<u>短期之内</u>发现不了的其他罪行，才能成立特别自首，即必须给司法机关"<u>帮大忙</u>"。

1. 主体

被采取强制措施的<u>犯罪嫌疑人</u>、<u>被告人</u>和<u>正在服刑的罪犯</u>。

特别自首不具备一般自首的自动投案特征。因为在特别自首的情况下，行为人已经被采取强制措施或者正在服刑，已经丧失了人身自由，不可能向司法机关投案。但行为人如实供述司法机关尚未掌握的其他罪行，实际上就是将自己交付司法机关处置。因此，特别自首虽然不具备自动投案的形式特征，但却符合投案的实质内容，所以，法律对这种情形也以自首论。

2. 供述的内容

司法机关<u>尚未掌握</u>的其他<u>异种罪行（罪名不同）</u>

（1）为什么供述同种罪行的，不能成立特别自首？

理由：我国刑法，同种数罪不并罚，仅定一罪。那么，行为人如果因为盗窃罪被抓获，后又如实交代了另外一起盗窃案件，最终还是定盗窃罪总的一罪。而之前的盗窃罪本来不是自首，不能因为交代了后面的盗窃罪，就对最终判决的盗窃罪（总罪）认定为自首。相反，如果后来交代了强奸罪，行为人最终被判处盗窃罪、强奸罪两罪，完全可以对强奸罪认定自首，仅对强奸罪从轻、减轻处罚。从这一意义上看，特别自首的情形下，如果交代异种罪行，则前后犯罪能"分别"定罪，对后罪认定自首是可行的。

（2）如何认定"司法机关还未掌握"？——<u>近期内</u>，司法机关<u>难以掌握</u>的罪行，即必须要给司法机关"<u>帮大忙</u>"。

如果该罪行已被通缉，一般应以该司法机关是否在通缉令发布范围内作出判断，不在通缉令<u>发布范围内</u>的，应认定为还未掌握，在通缉令发布范围内的，应视为已掌握；如果该罪行已录入<u>全国公安信息网络在逃人员信息数据库</u>，应视为全国公安司法机关已掌握。

例如，犯罪嫌疑人甲因为 A 罪被公安机关抓获，但甲的 B 罪已经列入了公安部网上在逃人员名录，即便办案机关当时没有掌握 B 罪，通过将甲的个人信息在网上对比，也能很快发现其所犯的 B 罪，并追究刑事责任。甲在关押期间交待 B 罪的，不成立特别自首。——这只是<u>"帮小忙"</u>

（3）如实交代的"异种罪行"必须与已经被抓获、掌握的罪行，没有<u>法律上</u>、<u>事实上</u>的<u>密切联系</u>。

其理由在于，司法机关已经掌握前罪，即便行为人不供述后罪，如果前后罪有密切联系，司法机关也能"顺藤摸瓜"找出后罪并追究后罪的刑事责任，行为人对后罪的供述对司法机关意义有限。——这只是"帮小忙"

"<u>事实上的密切关联</u>"，是指已掌握的犯罪与未掌握的犯罪之间存在手段与目的等关系，且易结合发生的情形。

例如，因持枪杀人被采取强制措施后，又交代其盗窃或私自制造枪支的行为。因为有枪才能实施持枪杀人行为，且枪支本身属于违禁品，故交代枪支来源而另行构成的涉枪犯罪，不成立特别自首。

"<u>法律上密切关联</u>"，是指不同犯罪的构成要件有交叉或者不同犯罪之间存在对合（对向）关系、因果关系、目的关系、条件关系等牵连关系。

例如，市长徐某收受了开发商孟某送来的欧米茄手表（价值5万元），为孟某滥用职权办了一些事情。后市长徐某因受贿罪被抓获，在羁押期间，徐某交代了其滥用职权的事实，不能成立特别自首。因为徐某的受贿罪与滥用职权罪具有密切关联，当徐某因受贿罪被抓获之后，与之密切关系的滥用职权罪，即便徐某不交代，司法机关也能顺藤摸瓜查获。

（三）其他问题

1. 自首与坦白的区别

（1）坦白：是指犯罪人被动归案后，如实供述自己罪行的行为。

（2）刑法对坦白的规定：可以从轻处罚；因其如实供述自己罪行，避免特别严重后果发生的，可以减轻处罚。

2. 单位犯罪的自首

单位犯罪案件中，单位集体决定或者单位负责人决定而自动投案，如实交代单位犯罪事实的，或者单位直接负责的主管人员自动投案，如实交代单位犯罪事实的，应当认定为单位自首。

（1）单位自首的效果可以及于个人，但要求个人如实交代：单位自首的，直接负责的主管人员和直接责任人员未自动投案，但只要如实交代自己知道的犯罪事实的，对该自然人可以视为自首。

（2）个人自首的效果不能及于单位：单位没有自首，直接责任人员自动投案并如实交代自己知道的犯罪事实的，对该直接责任人员应当认定为自首，单位不是自首。

3. 行贿类犯罪的特别从宽规定

行贿、受贿犯罪具有一定的隐蔽性，司法机关难以破获。基于刑事政策的考虑，只要行为人能够主动交代，可以获得比一般自首更从宽的处罚。

（1）第164条【对非国家工作人员行贿罪】行贿人在被追诉前主动交代行贿行为的，可以减轻处罚或者免除处罚。

（2）第390条【行贿罪】行贿人在被追诉前主动交代行贿行为的，可以从轻或者减轻处罚。其中，犯罪较轻的，对侦破重大案件起关键作用的，或者有重大立功表现的，可以减轻或免除处罚。

二、立功

第68条【立功】犯罪分子有揭发他人犯罪行为，查证属实的，或者提供重要线索，从而得以侦破其他案件等立功表现的，可以从轻或者减轻处罚，有重大立功表现的，可以减轻或者免除处罚。

（一）立功从宽处罚的理由及类型

1. 从宽处罚的理由

（1）从法律上看，行为人能揭发或阻止他人犯罪，表明其人身危险性、再犯可能性降低。

（2）从政策上看，行为人能揭发或阻止他人犯罪，有利于节约司法资源。

需要指出的，本部分讲的立功针对的是法院量刑之前要考虑的立功。《刑法》第78条所称的立功则是针对法院判决后，刑罚执行过程中，行为人所实施的一些有利于社会的行为，将其认定为立功，从而可以减刑。

2. 主要类型

（1）与查获、制裁、预防犯罪有关。立功分为检举揭发型、提供线索型、协助抓捕型、阻止犯罪型和其他贡献型。

（2）"其他贡献型"立功。是指与刑事案件无关的，在日常生产生活中做出的有益于国家和社会的突出表现行为。

例如，行为人在案件审理期间积极救助意欲自杀人员的行为，属于"具有其他有利于国家和社会的突出表现"，应构成立功。

（二）立功的具体内容

1. 到案后检举、揭发他人"犯罪行为"（包括揭发本人并未参与的，同案犯的其他罪行）

（1）"犯罪行为"应理解为他人"客观上的犯罪行为"。

例如，揭发了他人的"犯罪行为"，但他人在行为时并没有故意与过失，而是意外事件造成的，也应认定为立功。或者，甲揭发了乙（11周岁）的故意杀人行为，虽然该故意杀人行为因主体未达责任年龄而不构成犯罪，但甲的行为仍然构成重大立功，对司法机关是有意义的。

（2）检举揭发"他人"的犯罪行为属实，但"他人"未能被抓获的，也应认定为是立功。

例如，魏光强提供线索协助公安机关缴获数量巨大的毒品，虽未能查获该批毒品的持有人，但毕竟使数量巨大的毒品及时被缴获，没有流入社会，因此魏光强的行为属于有利于国家和社会的行为，构成重大立功。参见《刑事审判参考》第753号魏光强等走私运输毒品案。

2. 提供侦破其他案件的重要线索

3. 阻止他人犯罪活动

4. 协助司法机关抓捕其他犯罪嫌疑人（包括同案犯）

包括：

（1）按照司法机关的安排，以打电话、发信息等方式将其他犯罪嫌疑人（包括同案犯）约至指定地点的；

（2）按照司法机关的安排，当场指认、辨认其他犯罪嫌疑人（包括同案犯）的；

（3）带领侦查人员抓获其他犯罪嫌疑人（包括同案犯）的；

（4）提供司法机关尚未掌握的其他案件犯罪嫌疑人的联络方式、藏匿地址的，等等。

5. 其他有利于国家和社会的突出表现

（三）不能认定为是立功的情形

1. 亲友代为立功的，不能认定为是立功

犯罪分子的亲友直接向有关机关揭发他人犯罪行为，提供侦破其他案件的重要线索，或者协助司法机关抓捕其他犯罪嫌疑人的，不应当认定为犯罪分子的立功表现。——立功强调亲为性

例如，被告人曹某伙同他人涉故意伤害致人死亡案，后到公安机关投案，曹某并让其哥哥曹某某寻找、劝说在逃人员张某和杨某进行归案。该案中，动员张某、杨某归案，是曹某哥哥的努力，而非曹某的努力，不能认定曹某的行为是立功。参见《刑事审判参考》指导案例第1170号。

又如，甲在5年前曾经听其父亲说，甲的叔叔8年前强奸过小芳。今年，甲因涉嫌盗窃罪被逮捕，向检举揭发了其5年前曾经听过的上述强奸案，经查证属实。——甲的行为成立立功，因为是甲向司法机关提供线索，甲获知该犯罪线索也没有通过非法手段。立功是检举揭发他人犯罪

行为，立功者是要承受压力的，其向公安机关提供线索，还可能被犯罪分子报复。

2. 检举、揭发的事实或提供的线索不属实，不认为是立功

犯罪分子揭发他人犯罪行为时没有指明具体犯罪事实的；揭发的犯罪事实与查实的犯罪事实不具有关联性的；提供的线索或者协助行为对于其他案件的侦破或者其他犯罪嫌疑人的抓捕不具有实际作用的，不能认定为立功表现。——立功强调有效性

3. 通过非法方式、职务行为立功的，不认定为是立功——立功强调合法性

司法实践中，犯罪分子为获得从宽处罚，有时会不择手段地以贿买、暴力、胁迫、引诱犯罪等非法手段，或者通过违反监管规定获取他人犯罪线索，对上述情形若认定为立功，违背了立功制度的初衷。

（1）本人通过非法手段或者非法途径获取的。

例如，犯罪分子通过贿买、暴力、胁迫等非法手段，或者被羁押后与律师、亲友会见过程中违反监管规定，获取他人犯罪线索并"检举揭发"的，不能认定为有立功表现。（非法方式）

（2）本人因原担任的查禁犯罪等职务获取的。犯罪分子将本人以往查办犯罪职务活动中掌握的，或者从负有查办犯罪、监管职责的国家工作人员处获取的他人犯罪线索予以检举揭发的，不能认定为有立功表现。其理由在于，职务行为本身所获取的犯罪线索，本来就应该交由相关部门的。（职务行为）

例如，陈某在检察机关审查起诉阶段，将自己担任警察期间查办犯罪活动时掌握的刘某抢劫财物的犯罪线索告诉检察人员，经查证属实。陈某的行为不能认定为立功。（2011年主观题）

4. 揭发具有对向（对合）关系的犯罪中的他人犯罪行为，是交代共犯人的犯罪事实，不能认定为是立功，属于自首应交代的内容

对合型犯罪，属于必要的共犯。一方交代他方的犯罪行为的，属于交代共同犯罪的事实，成立自首。

例如，行贿人前往司法机关交代自己的行贿行为，就必须交代受贿人，交代受贿人是交代自己行贿行为的必要部分，属于自首应交代的内容。参见《刑事审判参考》第1020号。

又如，刑法仅规定了贩卖毒品罪，"卖"方构成犯罪，而单纯的"买"毒品行为不构成犯罪。甲从乙处购买毒品用于自己吸食，乙的行为构成贩卖毒品罪，甲的行为不构成犯罪。当然，甲可能涉嫌其他犯罪（如非法持有毒品罪），但就买卖毒品这一行为而言，甲不构成犯罪。甲检举揭发乙贩卖毒品的行为，属于揭发他人的犯罪行为，成立立功。

再如，甲（民营企业销售经理）因合同诈骗罪被捕。在侦查期间，甲主动供述曾向国家工作人员乙行贿9万元，司法机关遂对乙进行追诉。后查明，甲的行为属于单位行贿，行贿数额尚未达到单位行贿罪的定罪标准。——甲的行为是立功。本案中，甲交代的并不是自己的犯罪事实，虽然他交代了自己曾向国家工作人员乙行贿9万元，但本案中，甲代表单位行贿的行为（单位行贿）并不构成犯罪，因为该案并没有达到单位行贿的定罪标准。但国家工作人员乙的行为构成受贿罪，从这一意义上看，甲实际上是交代了他人（乙）的犯罪行为，应属于立功。

【典型真题】

下列哪些选项不构成立功？（12年卷二57题）①

---

① 答案：ACD。

A. 甲是唯一知晓同案犯裴某手机号的人，其主动供述裴某手机号，侦查机关据此采用技术侦查手段将裴某抓获

B. 乙因购买境外人士赵某的海洛因被抓获后，按司法机关要求向赵某发短信"报平安"，并表示还要购买毒品，赵某因此未离境，等待乙时被抓获

C. 丙被抓获后，通过律师转告其父想办法协助司法机关抓捕同案犯，丙父最终找到同案犯藏匿地点，协助侦查机关将其抓获

D. 丁被抓获后，向侦查机关提供同案犯的体貌特征，同案犯由此被抓获

（四）其他问题

1. 一般立功和重大立功的区别

（1）重大立功所针对的对象是"犯罪嫌疑人、被告人**可能被判处无期徒刑以上**刑罚或者案件在本省、自治区、直辖市或者全国范围内**有较大影响**等情形"。

（2）可能被判处**无期徒刑以上**刑罚，是指根据犯罪行为的事实、情节可能判处无期徒刑以上刑罚。案件已经判决的，以实际判处的刑罚为准。但是，根据犯罪行为的事实、情节应当判处无期徒刑以上刑罚，因被判刑人有法定情节依法从轻、减轻处罚而被判处有期徒刑的，应当认定为重大立功。

2. 立功的法律后果

（1）"自首"或者"一般立功"的：可以从轻、减轻处罚。自首中，犯罪较轻的，可以免除处罚。

（2）有"重大立功"表现的：可以减轻或者免除处罚。

3. 自首的法律效果仅及于自首的罪（对事不对人），而立功的法律效果可以及于行为人所实施的所有犯罪行为（对人不对事）

例如，张某实施了甲、乙二罪，因甲罪被抓获，羁押期间，张某如实交代了司法机关尚未掌握的乙罪。张某就乙罪成立自首。那么，乙罪可以享受自首的法律效果"可以从轻、减轻处罚"。甲罪不成立自首，不能从轻、减轻处罚。

但是，如果张某到案后还检举、揭发了李某的丙罪，属于立功。立功的法律及于立功人所犯的所有罪，即只要是张某所实施的任何犯罪行为，都可以享受立功从宽处理的法律效果，张某的甲罪、乙罪都能享受到立功的效果"可以从轻、减轻处罚"。

三、追诉时效

（一）设立目的

追诉时效：是刑法规定的追究犯罪人刑事责任的有效期限，在此期限内，司法机关有权追究犯罪人的刑事责任，超过了此期限，则不能再追究刑事责任。刑法设立追诉时效制度的目的在于：

1. 能够使一些企图逃避刑罚处罚的犯罪分子，在追诉时效期限内及时受到刑事制裁。

2. 对已经超过追诉时效规定期限的犯罪分子不再追究刑事责任，体现了我国刑罚改造罪犯和警戒他人的目的。犯罪分子在追诉期限内没有再犯新罪，说明其已有改恶从善的表现，不致再危害社会，在这种情况下，追究其刑事责任就失去了实际意义。

3. 有利于集中力量打击现行犯罪活动，提高办案效率，有效地发挥司法机关的作用；同时

也避免因陈年旧案难以查清，给侦查、起诉和审判工作带来困难，影响对现行犯罪的打击。

4. 有利于安定团结，稳定社会，使改过自新的罪犯放下包袱，安心工作。

（二）追诉时效的期限

1. 法定最高刑为不满五年有期徒刑的，经过五年。
2. 法定最高刑为五年以上不满十年有期徒刑的，经过十年。
3. 法定最高刑为十年以上有期徒刑的，经过十五年。
4. 法定最高刑为无期徒刑、死刑的，经过二十年。如果二十年以后认为必须追诉的，须报请最高人民检察院核准。

【如何理解上述规定】

（1）"法定最高刑"不是指实际判处的刑罚，是指判定应当适用的刑法条款的相应量刑幅度的最高刑，即法定刑。

例如，普通抢劫罪的法定刑为"3年以上10年以下"，其法定最高刑就是10年有期徒刑。而加重构成的抢劫罪的法定刑为10年以上有期徒刑至死刑，那么其法定最高刑就是死刑。

（2）"以上""以下"是包括本数在内，"不满"不包括本数在内。

例如，甲犯普通抢劫罪，普通抢劫罪的法定最高刑为十年有期徒刑，其追诉时效为15年。

（3）常见故意犯罪法定刑：［3年以下］、［3，10）、［10，死刑］三个量刑幅度；常见过失犯罪的法定刑：［3年以下］，［3年以上，7年以下］。

（三）追诉期限的计算

1. 追诉时效期限的起算：从犯罪结束之日起计算

（1）一般犯罪的追诉时效的计算：从犯罪成立之日计算，也可以认为是犯罪结束之日起计算，因为一般犯罪的犯罪成立、犯罪结束是同步的。

（2）连续犯或继续犯的计算：从犯罪行为终了之日起计算。

例如，非法拘禁罪的追诉时效，从犯罪结束之日，也就是释放被害人之日，开始计算。理论上认为，对于惯犯，也应从最后一次犯罪之日起计算。

又如，2021年真题，甲于2005年参加黑社会性质组织，并成为黑社会性质组织的积极参加者。2009年，甲没有再参与该黑社会性质组织的活动，并正式宣布退出该黑社会性质组织。其参加黑社会性质组织罪的追诉时效应从2009年开始计算。

2. 共同犯罪的追诉时效：不同犯罪人（例如，主犯、从犯），结合各自的法定刑，分别计算追诉时效。

3. 追诉时效的延长——无限延长

（1）司法机关立案或受理后，行为人逃避侦查或者审判。"逃避侦查与审判"，应限于积极的、明显的、致使侦查、审判工作无法进行的逃避行为，主要是指在司法机关已经告知其（点名道姓）不得逃跑、藏匿甚至采取强制措施后而逃跑或者藏匿。而不能简单地理解为，只要公安机关立案后，案件就可以无限延长追诉期。

例如，洪某1995年犯罪（抢劫致人死亡），虽然公安机关立案，但不知道该犯罪事实是洪某实施的，洪某并没有积极逃避侦查与审判，洪某的行为不属于不受追诉时效限制的犯罪事实，2016年公安机关抓获洪某。该案，即便公安机关已经立案，也不能延长追诉时间，就此意义上而言，该案经过了追诉时效。当然，如果在追诉时效期间之内，实施了新的犯罪，可以重新计算追

诉时效。(19 年主观题)

（2）被害人在追诉期限内提出控告，司法机关应当立案而不予立案的，不受追诉期限的限制。

（3）经最高人民检察院核准。必须是法定最高刑为无期徒刑、死刑的；必须经过20年；必须由最高人民检察院核准。

4. 追诉时效的中断——重新计算

在追诉期限以内又犯新罪的，前罪追诉的期限从犯后罪之日起重新计算。再犯的新罪的追诉时效，结合自身的法定刑来适用追诉时效。

例如，甲2000年犯一般抢劫罪，追诉时效是15年，但甲在2005年的时候又犯盗窃罪，数额较大，那么，甲的盗窃罪的追诉期限是从2005年起经过5年，即2010年为止。抢劫罪的追诉时效期限应从2005年时开始重新计算，至2020年。

又如，乙于2011年1月1日伪造国家机关证件（情节一般，法定最高刑为3年有期徒刑），2011年6月1日利用该伪造的证件骗取数额较大的财物（法定最高刑为3年有期徒刑），两罪是牵连关系。由于乙在伪造国家机关证件后又犯了诈骗罪，所以，伪造国家机关证件罪的追诉时效也应从2011年6月1日起开始计算，二者属于牵连犯，最后择一重罪处罚即可。

【典型真题】

1. 关于追诉时效，下列哪一选项是正确的？（16年卷二10题）①

A.《刑法》规定，法定最高刑为不满5年有期徒刑的，经过5年不再追诉。危险驾驶罪的法定刑为拘役，不能适用该规定计算危险驾驶罪的追诉时效

B. 在共同犯罪中，对主犯与从犯适用不同的法定刑时，应分别计算各自的追诉时效，不得按照主犯适用的法定刑计算从犯的追诉期限

C. 追诉时效实际上属于刑事诉讼的内容，刑事诉讼采取从新原则，故对刑法所规定的追诉时效，不适用从旧兼从轻原则

D. 刘某故意杀人后逃往国外18年，在国外因伪造私人印章（在我国不构成犯罪）被通缉时潜回国内。4年后，其杀人案件被公安机关发现。因诉时效中断，应追诉刘某故意杀人的罪行

2. 关于追诉时效，下列哪些选项是正确的？（15年卷二60题）②

A. 甲犯劫持航空器罪，即便经过30年，也可能被追诉

B. 乙于2013年1月10日挪用公款5万元用于结婚，2013年7月10日归还。对乙的追诉期限应从2013年1月10日起计算

C. 丙于2000年故意轻伤李某，直到2008年李某才报案，但公安机关未立案。2014年，丙因他事被抓。不能追诉丙故意伤害的刑事责任

D. 丁与王某共同实施合同诈骗犯罪。在合同诈骗罪的追诉期届满前，王某单独实施抢夺罪。对丁合同诈骗罪的追诉时效，应从王某犯抢夺罪之日起计算

主观题小案例

案例1：甲、乙、丙实施上述犯罪逃跑后，丙经家人的劝说准备投案自首。丙给公安机关打

---

① 答案：B。
② 答案：AC。

电话，告知其自己准备一周后去投案自首，这一周要先处理好家中的相关事宜，并与公安机关约定了具体的投案时间。但公安机关担心丙可能不会真正履行承诺，便提前三天来到丙的家中，将丙抓获，丙如实交代了自己的罪行。

问题：丙的行为是否成立自首，请说明理由。

案例2：甲、乙、丙、丁四人共同盗窃后，正值新冠疫情期间，进入各类公共场所均需要绿色通行码。丁在进入各个公共场所遇阻之后，觉得无处可去，于是前往公安机关交代了上述共同犯罪的事实，但隐瞒了甲参与上述犯罪的事实，并隐瞒了自己教唆甲、乙、丙三人盗窃的事实，告知司法机关其仅仅是受乙、丙的教唆而参与犯罪。

问题：丁的行为是否成立自首，请说明理由。

案例3：甲和徐某将丙的妻子孟某绑架，要求孟某的父亲交付100万元，并在绑架过程中，故意伤害致孟某重伤。事后，甲觉得无路可逃，前往司法机关投案自首。甲如实交代了与徐某共同绑架孟某的事实，但将故意伤害致孟某重伤的事实供述为是失手将孟某打成重伤。

问题：甲的行为是否成立自首？

案例4：甲因为收受蒋某贿赂（一套房产）被采取强制措施，在关押期间，甲主动交代了收受蒋某的房产后，为蒋某滥用职权的事实。

问题：甲的行为是否成立特别自首？

案例5：甲听同监室的郭某讲述其曾经组织卖淫的事实，但该事实司法机关并不知道，甲听后第二天即向管教民警反映该事，后经查证属实。

问题：甲的行为是否属于立功。

案例6：2000年1月1日，徐某和蒋某共同犯一般情节的抢劫犯罪后逃回乡下老家，徐某于2017年1月1日被抓获。

问题：对徐某是否可以进行追诉，请说明理由。

案例7：2000年1月1日，徐某和蒋某共同犯一般情节的抢劫犯罪后逃回乡下老家。徐某在2014年1月1日，又犯一般情节的强奸罪。

问题：对徐某应如何处理，请说明理由。

案例1-问题：丙的行为是否成立自首，请说明理由。
答案：丙的行为成立自首。
首先，丙是自动投案，因为丙自愿将自己置于司法机关的控制之下，有归案的意愿。司法机关提前来到丙家，并不否认丙有自动归案的想法。
其次，丙亦如实交代了自己的罪行。

案例2-问题：丁的行为是否成立自首，请说明理由。
答案：丁的行为不成立自首。
首先，丁的行为属于自动投案。丁虽然"无处可去"，但不是必须前往司法机关，只是不能去公共场所，其还有其他地方可去。丁自动前往公安机关，表明其有归案的意愿，属于自动投案。

其次，丁没有如实交代自己的罪行，故不成立自首。成立自首要求交代主要犯罪事实，如果进行了错误交代进而可能导致定罪量刑上的错误，则不宜认定为自首。本案中，丁隐瞒了共同犯罪人甲，并对自己在共同犯罪中所起的地位、作用没有如实陈述，不能认为丁如实供述了共同犯罪的事实，故不成立自首。

案例3-问题：甲的行为是否成立自首？

答案：不成立自首。因为其没有如实交代自己犯罪的"客观事实"，将故意伤害他人供述为失手将他人打成重伤，会影响对该绑架案件的定罪量刑，不能认为如实供述了自己的犯罪事实，故不成立自首。

案例4-问题：甲的行为是否成立特别自首？

答案：不成立特别自首。甲因为受贿罪被采取强制措施，其后来如实交代的滥用职权罪与受贿罪之间具有事实上的密切联系，对司法机关没有意义，不能认定为是特别自首。换言之，由于受贿罪与滥用职权罪有密切联系，即便甲不交代滥用职权罪，司法机关也能及时发现滥用职权这一犯罪事实。

案例5-问题：甲的行为是否属于立功。

答案：属于立功。交代同监室郭某组织卖淫的事实，系检举揭发他人的犯罪事实，对司法机关有意义，属于立功。

案例6-问题：对徐某是否可以进行追诉，请说明理由。

答案：对徐某不可以进行追诉。

抢劫罪（基本罪）的法定最高刑为10年有期徒刑，其追诉时效为15年，徐某2000年犯罪距其2017年被发现已经超过15年，故超过追诉时效。

案例7-问题：对徐某应如何处理，请说明理由。

答案：对徐某所犯抢劫罪、强奸罪均可追诉。

首先，抢劫罪（基本罪）的法定最高刑为10年有期徒刑，其追诉时效为15年，强奸罪（基本犯）的法定最高刑为10年有期徒刑，其追诉时效为15年。

其次，徐某于2014年1月1日又犯强奸罪，此时开始计算强奸罪的追诉时效，并且由于抢劫罪未经过15年追诉时效，故导致抢劫罪追诉时效中断，重新计算。即从2014年1月1日起再计算15年，至2029年1月1日。

再次，强奸罪的追诉时效为15年，至2029年1月1日。

徐某于2017年1月1日被抓获，此时，抢劫罪、强奸罪仍在追诉期限内。

刑法分论

第十章 财产犯罪

第一节　基础理论

法条群及知识点

一、财产犯罪的保护法益

财产犯罪的保护法益，是指财产犯罪的保护范围，即财产犯罪究竟保护哪些法益。对财产犯罪的保护法益的理解不同，会导致财产犯罪的认定范围不同。

例如，如果认为"非法占有"不是财产罪的保护法益，那么从盗窃犯手中盗窃赃物的，就不宜认定为盗窃罪。反之，如果认为他人"非法占有"的财产也是刑法所保护的对象，那么，盗窃他人非法占有的财物，也应构成盗窃罪。

就当前我国刑法理论与审判实践的做法来看，对财产犯罪的保护法益取得了如下较为一致的认识：

1. 所有权及其他本权（占有权）

（1）财产犯罪的保护法益，不仅仅是保护财产所有权，还保护其他权利，典型的如占有权。意即，自己所有的财物，处于他人的合法占有之下，通过非法的方式取回来的，由于破坏了他人对财物的合法占有（占有权），该行为也成立财产犯罪。——（法考坚持这一观点）

例如，甲的汽车处于国家机关的管理过程中，甲将本属于自己所有的汽车偷回来的，侵犯了国家机关对该汽车当前的合法占有，可以成立盗窃罪。

（2）理论上另一种观点认为，财产犯罪的保护法益为所有权，单纯的占有权并不值得刑法保护。上述案件仅侵犯了占有权而没有侵犯他人的财产所有权，不应以盗窃罪论处。这种观点主要是考虑到，将盗窃自己所有的财产以盗窃罪论处，可能会处罚过重，并不合适。这种观点也得到了审判实践的有力支持。

2. 需要法定程序改变现状的占有，即非法占有

意即，即便他人非法占有财物，但他人的"非法占有"是需要通过警察力量（法定程序）

去改变，不允许黑吃黑，不能由其他人随意改变。——黑吃黑，刑法要管

例如，乙非法持有假币20万元，甲抢夺乙的假币。即便乙是非法持有，但甲不能随意改变现状的占有，甲抢夺乙的假币，属于黑吃黑，刑法要管，甲依然成立抢夺罪。

又如，乙窃取摩托车，准备骑走。甲觉其可疑，装成摩托车主人的样子说："你想把我的车骑走啊？"乙弃车逃走，甲将摩托车据为己有。成立诈骗罪（可能与敲诈勒索罪存在竞合）。

3. 所有权人对财物的所有权，可以对抗他人的非法占有。——白吃黑，刑法不管（自救行为）

例如，甲盗窃了乙的手机，甲对该手机是非法占有，原则上，其他人从甲处再非法取走该手机的，属于黑吃黑，也成立财产犯罪。但所有权人乙将它再从甲处偷回来，属于白吃黑，不构成犯罪。因为乙的所有权可以对抗甲的非法占有。

二、非法占有目的——打破原占有，建立新占有

财产犯罪多要求"以非法占有为目的"，我国刑法规定的财产犯罪中，仅有故意毁坏财物罪、挪用资金罪等个别不具有非法占有目的。

所谓非法占有目的，是指行为排除权利人对财物的占有（打破原占有），将他人的财物作为自己的所有物进行支配，并遵从财物的可能用途进行利用、处分的意思（建立新占有）。认定非法占有目的，需要具备如下两个要素：

1. "排除意思"（即打破原占有），是让原物占有人无法使用（占有）该财产

用通俗的话说，是指排除原占有人对财物的占有。即：当时拿他人的东西不想还，或者，即使还给被害人也没有什么意义，损失太大。以下三种情形应认定具有排除意思：

（1）行为人虽然只有一时使用的意思，但没有返还的意思。或者，具有在使用后毁弃、放置的意思而窃取、骗取财物的，由于具有持续性地侵害他人对财物的利用可能性的意思，应认定存在排除意思，成立财产犯罪。——这属于"弃置型"的财产犯罪。

例如，行为人盗开他人汽车，开到目的地后，将轿车抛弃在目的地的。由于抛弃行为具有持续性侵害他人对财物的利用可能性的意思，因此认定行为人存在排除意思，成立盗窃罪。

（2）行为人虽然具有返还的意思，但这种"返还"对被害人而言已经没有太大的意义，财产的价值已经耗尽，应认定存在排除意思，成立财产犯罪。

例如，甲在国家法律职业资格考试前偷走乙正在使用的当年的国家法律职业资格考试辅导用书，在该考试结束之后两年才将该书返还给乙。当年的考试用书两年之后再返还给乙，对乙而言已经没有意义了，应认定甲存在排除意思，甲的行为成立盗窃罪。

（3）行为人虽然具有返还的意思，但对作为所有权内容的利益造成了重大侵害，应认定具有排除意思，成立财产犯罪。

例如，甲从商场柜台偷了一个价值5000元的手机，十分钟后，以退货为由，将该手机退还给商场柜台，营业员付给其5000元后，甲离开现场。该案中，虽然甲形式上有"返还"手机的行为，但事实上给商场造成了5000元的财产损失，应认定具有排除意思，甲的行为成立盗窃罪。这与盗窃他人手机没有本质上的区别。

注意："盗用""借用"行为没有排除意思，不能认定为犯罪。

例如，在教室课间休息期间，甲看到乙的漂亮手机放在桌上，因临时有急事，未经过乙的同意，用该手机打了一个电话，后将手机放回桌上。甲的行为属于借用行为，没有排除意思，不构

成盗窃罪。

2. 利用意思（建立新占有），其意义在于使盗窃、诈骗等取得罪与故意毁坏财物罪相区别

（1）利用意思<u>不限于遵从财物的经济用途</u>进行利用、处分的意思

例如，个别有特别癖好的男性，偷女性内衣用来观赏，或者偷别人的家具作为木头取火。这种情形下，虽然没有遵从物的经济用途来使用，但仍然认为具有利用的意思，成立盗窃罪。——怎么用都行，哪怕是一时使用也行。(<u>不需要"物尽其用"</u>)

又如，2014年卷二88：郑某等人多次预谋通过爆炸抢劫银行运钞车。为方便跟踪运钞车，郑某等人于2012年4月6日杀害一车主，将其面包车开走。后郑某等人制作了爆炸装置，并多次开面包车跟踪某银行运钞车，了解运钞车到某储蓄所收款的情况。郑某等人摸清运钞车情况后，于同年6月8日将面包车推下山崖。——郑某等人在利用面包车后，事后毁坏面包车的行为，不影响非法占有目的的认定，虽然郑某仅对面包车进行了一段时间（2个月）的使用。郑某对面包车的行为成立抢劫罪。

又如，2019年真题：甲将上锁的共享单车（仅供城市使用），偷偷运到非常偏远且人口十分稀少的村里，供村民扫码付费使用。甲有非法占有目的，成立盗窃罪。

（2）一般来说，凡是以单纯毁坏、隐匿意思以外的意思而取得他人财物的，都可能评价为具有遵从财物可能具有的用法进行利用、处分的意思，即具有利用的意思。

例如，甲盗窃他人的手机后，放在家中闲置而未使用，仍然认为具有利用意思，成立盗窃罪。

【知识提升】财产犯罪所要求的"非法占有目的"本质在于侵犯了被害人对财物的占有，但是，随着共享经济的到来，共享财物的所有权人对财物的占有也并不是绝对的、排他性的。例如，共享单车公司对自行车所需要的占有是一种可随时支配、发现、非独断的占有，意即，共享单车公司可以随时发现、控制自行车，但其他人亦可付费随时使用该自行车。消费者即便要使用自行车，也应该遵守共享单车公司对自行车的占有要求：（1）需要付费；（2）供多数人、频繁共享，而非少数人独享。共享单车不同于我们个人所有的自行车，我们对自己的自行车的占有是绝对的、排他性的，任何人都不能改变自行车的特定位置、状态。但是，对于共享单车而言，<u>只要违反了共享的规则，导致车辆不能"共享"而成为行为人的"独享"，就可认为有非法占有目的，成立盗窃罪</u>。

【典型真题】

1. 下列哪些选项的行为人具有非法占有目的？（11年卷二61题）①

A. 男性基于癖好入户窃取女士内衣

B. 为了燃柴取暖而窃取他人木质家具

C. 骗取他人钢材后作为废品卖给废品回收公司

D. 杀人后为避免公安机关识别被害人身份，将被害人钱包等物丢弃

2. 下列哪些行为属于盗窃？（19卷二9题）②

A. 小明将共享单车放置自家门口，不破坏自行车锁，便于自己扫码付费使用

B. 小红将上锁的共享单车（仅供城市使用），偷偷运到非常偏远且人口十分稀少的村里，供

---

① 答案：ABC。
② 答案：BCD。

村民扫码付费使用

C. 小孟将共享单车停到自家院里，不破坏自行车锁，供自己扫码付费使用

D. 小张将已上锁的共享单车锁破坏，用自己的锁将共享单车锁上供自己使用

三、对个别财产的犯罪与对整体财产的犯罪

1. 对整体财产的犯罪——较为典型的，诈骗罪

就对整体财产的犯罪而言，应当将财产的丧失与取得作为整体进行综合评价，如果没有损失，则否认犯罪的成立。即被害人经济总量没有损失，就不认为行为人构成财产犯罪。

最高人民法院认为，诈骗罪是针对整体财产的犯罪，只要被害人整体上没有财产损失，就不成立诈骗罪。但是，理论上部分学者（张明楷教授等）认为，诈骗罪是针对个别财产的犯罪。

例如，最高人民法院对任梦迪案的评析指出，从理论上分析，应把诈骗罪理解为对整体财产的犯罪，即在认定诈骗数额时，应把被害人获得的财产利益从诈骗数额中扣除，以被害人实际遭受的财产损失为标准计算诈骗数额。①

又如，甲将一个按摩椅卖给乙，过度地夸大了该按摩椅的功能，但销售价格基本上接近成本价（2万元），乙的整体财产并没有遭受损失，虽然付出了2万元，但也得到了2万元的按摩椅，因此甲的行为不构成诈骗罪。

2. 对个别财产的犯罪——较为典型的，盗窃罪、抢劫罪、抢夺罪、敲诈勒索罪

就对个别财产的犯罪而言，只要存在个别的财产丧失就认定为财产损失，就成立财产犯罪。换言之，只要你拿走了被害人的"这个"财产，就成立犯罪。至于被害人在丧失财产的同时，是否取得了财产或是否存在整体的财产损失，不是认定犯罪所要考虑的问题。

例如，甲在进入乙的办公室盗窃乙价值5000元的手机时，将自己的5000元现金放在乙的桌上，作为对乙的补偿。甲的行为成立盗窃罪。理由：虽然乙不存在整体的财产损失，但甲拿走了乙的"这个"手机，乙存在个别财产丧失的后果，因此甲的行为就成立盗窃罪。——有钱也不能如此"任性"

又如，甲去商店买手机时，店员不在场，甲将标价2000元的手机拿走，同时将自己的2000元现金放在柜台，甲的行为不成立盗窃罪。理由：商店的手机本身就是作为商品来出售的，在本案中，甲在店员不在的情况下，拿走手机并放置价款不会使商店存在个别财产或整体财产的损失，因此甲的行为不成立盗窃罪。

【典型真题】

甲、乙、丙三人经商定后，从淘宝店购买了某品牌的最新款手机30部，收到手机后，三人拆下新手机的主板，换上事先准备好的废旧主板，然后利用七天无理由退货的规则，将手机退货，从店主处获得全额退款80000元。（20年真题）

该案中，行为可以分为两个步骤：第一步，甲等人花80000元买30部手机，没有事实上侵犯他人的财产权利，不构成犯罪。第二步，使用缺主板的手机（不完美的手机）去骗取商家完美的货款（80000元），给商家造成了损失，成立诈骗罪。但是，如何认定诈骗金额？如果认为诈骗罪是针对整体财产（财产损失）的犯罪，诈骗数额应认定为实际的财产损失，即30部手机主

---

① （2008）南刑初字第541号。

板的价格。如果认为诈骗罪是针对个别财产的犯罪，诈骗罪的对象是手机货款 80000 元。法考坚持了后一种观点。

主观题小案例

案例 1：甲发现路人徐某身上有 20 万元的假币，就想黑吃黑。使用暴力压制徐某的反抗，取走徐某身上的 20 万元的假币。

问题：甲的行为应如何认定？

案例 2：某日，毛毛进入某手机店，打算盗窃手机后，将所盗的手机第二天伪装退货后返还给手机店，要求退还"手机款"。在盗窃手机时，顺手拿走了一张售货员蒋某放在柜台上的当天晚上的陈奕迅演唱会门票（价值 5000 元）。毛毛盗得手机（价值 1 万元）及门票后，于第二天以退货名义将该手机返还给手机店，并获得手机"退货款"1 万元。同时，将演唱会门票悄悄地放回柜台。

问题：毛毛盗窃手机后将该手机返还该手机店以获得"手机款"，以及拿走演唱会门票后将其放回的行为如何认定，请说明理由。

案例 1-问题：甲的行为应如何认定？
答案：成立抢劫罪。
虽然徐某对假币是非法占有，但甲不能通过抢劫这一非法手段去破坏该占有关系，其使用暴力手段压制徐某的反抗，取得该财物的，成立抢劫罪。

案例 2-问题：毛毛盗窃手机后将该手机返还该手机店以获得"手机款"，以及拿走演唱会门票后将其放回的行为如何认定，请说明理由。
答案：（1）毛毛盗窃手机后将该手机返还该手机店以获得"手机款"的行为成立盗窃罪。毛毛主观上虽然有返还手机的意思，但需要售货员提供对价"手机款"，实质上没有还并给对方造成了财产损失，应认为其主观上有非法占有目的。

（2）毛毛拿走演唱会门票后将其放回的行为成立盗窃罪。本案中，毛毛主观上有非法占有目的。演唱会门票的价值仅限于在当日使用，毛毛拿走演唱会门票后，实际上就是排除了被害人对该门票的使用价值，实现了对该演唱会门票的利用价值，有非法占有目的，成立盗窃罪。

可能考查的观点展示

1. 财产犯罪究竟是针对个别财产的犯罪，还是针对整体财产的犯罪。

模拟案例：李某家中有一个价值 5000 元的跑步机，99 成新。买来之后一直没有使用。李某便欺骗邻居老太太朱某，告知该跑步机有诸多功能，诸如防癌等，严重夸大了该跑步机的用途、功能。老太太朱某信以为真，以为该跑步机具有防癌功效，交款 5000 元后买走该跑步机。李某的行为是否成立诈骗罪。可能存在哪些不同的观点，请说明理由。

答案：一种观点（通说）认为，该案不成立诈骗罪。这种观点的理论基础在于，诈骗罪是针对整体财产的犯罪，该案中，虽然老太太朱某基于受骗交付了 5000 元，但其获利了价值 5000 元的跑步机，整体财产并没有遭受损失，故李某的行为不成立诈骗罪。这种观点亦为最高人民法院所认可，审判实践中亦有判决认同。①

另一种观点认为，李某的行为成立诈骗罪。这种观点认为，诈骗罪是针对个别财产的犯罪。朱某花费5000元买到了并不能实现其"防癌"目的的产品，就存在5000元的损失。

2. 财产犯罪保护的法益，究竟是财产所有权，还是占有权。

模拟案例：毛毛的车因涉嫌运输毒品被公安机关扣押，但该车已经抵押给银行，银行知道此事后催毛毛还款。毛毛便在晚上9时来到公安局后院内，在未办理任何返还涉案车辆手续的情况下，用该车的备用钥匙将车开走。毛毛的行为是否构成盗窃罪，可能存在几种不同的观点，请说明理由。

答案：一种观点认为，毛毛的行为构成盗窃罪。如果认为财产罪保护的法益包括占有，毛毛将本属于自己所有的汽车偷回来，侵犯了国家机关对车的占有，可以成立盗窃罪。

另一种观点认为，毛毛的行为不构成盗窃罪。理由：如果认为财产犯罪保护的法益为财产所有权，毛毛的行为并没有侵犯他人的财产所有权，不构成盗窃罪。

第二节　抢劫罪、盗窃罪与诈骗罪

法条群及知识点

一、抢劫罪

（一）普通抢劫罪（《刑法》第263条）

1. 抢劫罪的对象：不仅仅包括合法财产，还包括非法财产

例如，以毒品、假币、淫秽物品等违禁品为对象，实施抢劫的，以抢劫罪定罪。

如果刑法已经专门规定了抢劫相关违禁品的犯罪，按特别罪来处理：如刑法规定了抢劫枪支、弹药、爆炸物、危险物质罪，那么抢劫枪支的行为就不能成立抢劫罪，而是成立抢劫枪支罪。

2. 客观行为：以暴力、胁迫或者其他方法，劫取公私财物

（1）条件一（手段行为）：暴力、胁迫或者其他方法，排除被害人的反抗（侵犯人身权利）。

第一，暴力。

暴力必须针对人实施（不包括对物使用暴力）。

暴力必须达到"足以抑制被害人反抗的程度"，不要求必须达到轻伤、重伤结果。以不足以抑制对方反抗的轻微暴力取得他人财物的，应认定为敲诈勒索罪。

暴力的对象：即任何保卫财产的人。不限于财物的直接持有者，也包括有权处分财物的人以及其他妨碍劫取财物的人使用暴力。例如，乙抢劫妇女高某的财物，路人曾某上前制止，乙用自制火药枪打死了曾某，乙的行为成立抢劫罪（致人死亡）。②

---

① 哈尔滨市南岗区人民法院刑事判决书，（2008）南刑初字第541号。
② 但是，对于无关的第三者实施暴力的，不宜认定为抢劫罪。例如，甲误将站在摩托车旁边的乙当作车主，对乙使用暴力后取走该摩托车的，虽然甲主观上有抢劫的故意，但其客观上实施的行为实属盗窃（客观上连抢劫的可能性都没有，因为没有人妨害甲取得财物），基于客观主义的立场（通说）应成立盗窃罪。如果对丙造成伤害，则应认定为故意伤害罪，与盗窃罪并罚。当然，主观主义的刑法观更多地强调行为人主观上想实施抢劫，而认定为抢劫罪（未遂）。

第二，胁迫。

<u>胁迫是指以"当场"对人使用暴力相威胁</u>（如行为人将刀挂在自己的脖子上，进而以此威胁被害人），使被害人产生恐惧心理因而不敢反抗的行为。

第三，其他方法。

<u>是指暴力、胁迫之外的，足以抑制被害人反抗的方法。</u>

例如，用药物麻醉、用酒灌醉、使用催眠术或用毒药毒昏等，致使被害人处于不知反抗或不能反抗的状态。对于利用财物的所有人或者保管人在屋内并且不备之机或者将被害人骗进屋内将屋门锁上、拧住、堵住，在财物所有人或者保管人知晓的情况下，非法拿走在屋外的财物的，也应认定为抢劫罪。但是，如果行为人<u>仅仅利用被害人熟睡、酗醉、昏迷等不能反抗状态</u>而秘密窃取财物的，应<u>以盗窃罪论处</u>，因为此种情形下其并没有实施抢劫罪的手段行为"其他方法"。

【典型真题】

甲、乙、丙、丁共谋诱骗黄某参赌。四人先约黄某到酒店吃饭，甲借机将安眠药放入黄某酒中，想在打牌时趁黄某不清醒合伙赢黄某的钱。但因甲投放的药品剂量偏大，饭后刚开牌局黄某就沉沉睡去，四人趁机将黄某的钱包掏空后离去。上述四人的行为构成何罪？（　　）（单选）(09年卷二19题) ①

A. 赌博罪

B. 抢劫罪

C. 盗窃罪

D. 诈骗罪

（2）条件二（目的行为）：<u>劫取财物</u>，包括抢回欠条（财产性利益）等。

债务人使用暴力、胁迫等手段，从债权人处抢回借条、逼迫债权人填写虚假的收条等，其目的是消灭债权债务关系，均可认为是劫取财物。②

但是，如果债务人将债权人直接杀害，并不抢回借条的，由于没有消灭债权债务关系，不构成抢劫罪，只成立故意杀人罪。

（3）条件三（因果关系）：<u>手段行为与获取财物行为之间必须具有因果关系</u>，钱必须是你"抢"来的。

例如，甲持西瓜刀冲入某银行储蓄所，将刀架在储蓄所保安乙的脖子上，喝令储蓄所职员丙交出现金1万元。见丙故意拖延时间，甲便在乙的脖子上划了一刀。刚取出5万元现金的储户丁看见乙血流不止，于心不忍，就拿出1万元扔给甲，甲得款后迅速逃离。——甲的行为成立抢劫罪既遂。③(08年卷二12题)

---

① 答案：B。

② 10年卷二17题：甲欠乙十万元久不归还，乙反复催讨。某日，甲持凶器闯入乙家，殴打乙致其重伤，迫乙交出十万元欠条并在已备好的还款收条上签字。——甲的行为成立抢劫罪，其行为不仅仅侵犯了人身权利，还侵犯了财产权利。《刑事审判参考》指导案例第1063号指出：习海珠在拖欠被害人彭桂根钱款情况下，习海珠等人以暴力、胁迫手段迫使彭桂根书写75万元的收条，改变了原有的财产权利关系，导致彭桂根丧失75万元的债权，应当认定为抢劫犯罪既遂。

③ 本案中，甲对保安、储蓄所职员的行为，实际上已经对储户丁产生了一种胁迫心理。因此，甲是基于胁迫手段取财，成立抢劫罪的既遂。

（4）两个"当场"：要求"当场"使用暴力或者以当场使用暴力相威胁和"当场"取财。

"当场"的理解不能过于狭窄，如果暴力、胁迫手段或者其他方法与取得财物之间虽持续一定时间，也不属于同一场所，但从整体上看行为并无间断的，也应认定为当场强行劫取财物。①

例如，甲用枪威逼在家的乙去单位给自己拿钱，尽管胁迫手段和取得财物之间持续了一定时间，但从整体上看行为并无间断，仍是抢劫罪。——"当场"即时间、空间不中断的延续。②

又如，甲去情妇丙家抢劫，将丙杀害后得到一个保险柜，甲不知密码打不开保险柜。甲回家后想到乙会开保险柜，即套问乙开柜方法，但未提及杀丙一事。甲将丙的储蓄卡和身份证交乙保管，声称系从丙处所借。两天后甲又到丙家，按照乙的方法打开保险柜，发现柜内并无钱款。——本案中，甲对被害人的控制程度达到了100%，虽然中途暂时离开了现场，但整个犯罪过程一直在延续，从整体上看行为并无间断，甲成立抢劫罪。（09年主观题）

（二）普通抢劫罪的加重构成——十年以上有期徒刑、无期徒刑、死刑（第263条）

《刑法》第263条对如下八种加重构成的抢劫罪，规定了较重的法定刑。刑法理论和审判实践中，为了更好地实现罪刑均衡，对抢劫罪的加重构成要件多主张进行缩小解释，防止过度扩张加重情节的适用。

1. 入户抢劫

（1）对"户"进行缩小解释。"户"（住所、家）的特征：

首先，供他人家庭生活——功能特征（主要是考虑到户是一个涉及隐私、住宅安宁的地方）。

其次，与外界相对隔离——场所特征（被害人得到救助的可能性较小）。

根据司法解释规定，"户"包括封闭的院落、牧民的帐篷、渔民作为家庭生活场所的渔船、为生活租用的房屋等。

（2）对"入"进行缩小解释。

"入户"的目的必须具有非法性，即以侵害户内人员的人身、财产为目的，入户后实施抢劫，包括入户实施盗窃、诈骗等犯罪而转化为抢劫的，应当认定为"入户抢劫"。

出于其他合法目的或者不是以侵害户内人员的人身、财产为目的（如赌博、卖淫嫖娼等）进入他人住宅，临时起意当场实施抢劫行为，一般不能认定为"入户抢劫"。例如，因访友办事等原因经户内人员允许入户后，临时起意实施抢劫，或者临时起意实施盗窃、诈骗等犯罪而转化为抢劫的，不应认定为"入户抢劫"。即，"在户抢劫"不能等同于"入户抢劫"。

（3）如果要转化为"入户抢劫"（非普通抢劫），要求全程发生在户内。即前行为（盗窃、诈骗、抢夺）与后行为（使用暴力抗拒抓捕）必须全程发生在户内。

例如，乙潜入周某家盗窃，正欲离开时，周某回家，进屋将乙堵在卧室内。乙掏出凶器对周某进行恐吓，迫使周某让其携带财物离开。——乙构成入户抢劫，该案中，前行为"盗窃"及后

---

① 抢劫罪之所以要求"两个当场"，其实质在于，犯罪行为人对被害人的控制程度达到了100%，被害人不知反抗、不能反抗、反抗无用。即被害人没有反抗、寻求报警和救助的机会。

② 暴力、胁迫或者其他方法与取得财物之间虽间隔一段时间，也不属于同一场所，但从整体上看，只要取财行为仍然是在前面所实施的暴力、胁迫行为的支配下实施的，特别是行为人采取借口，当场对被害人使用暴力或以暴力相威胁，强行扣留被害人的财物或证件作"抵押"，迫使被害人在指定期限内交出财物，才将被扣押的财物或证件交还被害人的，或者采取借口，对被害人当场使用暴力后，强迫被害人在其指定的期限内交出财物的场合，由于被害人当场承诺或者以实际行动承诺交付财物，因此，也应视为"当场"取财，成立抢劫罪。也有一种观点认为这不属于"当场取财"，此种情形下应属于抢劫罪未遂与敲诈勒索罪的想象竞合。

行为"胁迫"均发生在户内。(17年卷二60题B项)

2. 在公共交通工具上抢劫

(1)"公共交通工具"的范围，不含小型出租车。包括从事旅客运输的各种公共汽车、大、中型出租车、火车、地铁、轻轨、轮船、飞机等。

(2)是指在处于"运营状态"的公共交通工具上对旅客及司机、乘务人员实施抢劫，不包括在"未运营"的公共交通工具上针对司机、乘务人员实施抢劫。

(3)如果要转化为"在公共交通工具上抢劫"（非普通抢劫），要求全程发生在公共交通工具上。即前行为（盗窃、诈骗、抢夺）与后行为（暴力、胁迫手段）均发生在公共交通工具上。

例如，在公交车上，歹徒甲看中乘客乙价值5000元的手包，在公交车到站准备开门的时候，夺过手包就跑下车，乘客乙追着不放，好心的乘客丙也帮忙下车追赶甲。跑出200米后，甲拿起旁边水果摊的水果刀威胁丙："再追来我就不客气了。"丙毫不示弱，拼死抢回手包。——该案中，甲前行为是抢夺（发生在公共交通工具上），后行为是使用暴力相威胁而抗拒抓捕（发生在公共交通工具外），应成立《刑法》第269条的转化型抢劫（事后抢劫），但该案不构成"在公共交通工具上抢劫"。(18年真题)

3. 抢劫银行或者其他金融机构

是指抢劫银行或者其他金融机构的经营资金、有价证券和客户的资金等，即金融物资。包括抢劫ATM机、运钞车等。

4. 多次抢劫或者抢劫数额巨大

(1)"多次"是指3次以上，应以行为人实施的每一次抢劫行为均已"构成犯罪"为前提。

(2)"多次预备"不属于"多次"。《刑事审判参考》第1226号指导案例指出：对于多次抢劫预备行为，由于行为人尚未着手实施犯罪，惯犯特征并不明显，况且"多次抢劫"的起点刑为十年有期徒刑以上的重刑，故不宜将社会危害性并不十分严重的多次抢劫预备行为纳入其中。

(3)基于"同一犯意"实施的行为，仅应认定为"一次"。对于行为人基于一个犯意实施犯罪的，如在同一地点同时对在场的多人实施抢劫的；或基于同一犯意在同一地点实施连续抢劫犯罪的，如在同一地点连续地对途经此地的多人进行抢劫的；或在一次犯罪中对一栋居民楼房中的几户居民连续实施入户抢劫的，一般应认定为一次犯罪。

5. 抢劫致人重伤、死亡

(1)基本原理：只要是出于更好地"劫取他人财物"的目的，即基于"抢劫"这一目的的行为而致人重伤、死亡的，或者在这类行为的直接影响下致人重伤死亡的，就属于抢劫致人重伤、死亡。

反之，如果不是基于抢劫目的，而是抢劫后为了灭口而杀害被害人的，应以抢劫罪和故意杀人罪实行并罚。

例如，抢劫过程中被害人试图逃离现场时不慎跌下山涧或遭遇车祸丧生。在此种情形下，被害人死亡是在抢劫行为的直接影响下导致的，因此应认定为抢劫致人死亡。

又如，为了抢劫捆绑被害人，逃走时忘了为被害人松绑，导致被害人停止血液循环或者饿死的，被害人的死亡是在抢劫的捆绑行为直接影响下导致的，应认定为抢劫致人死亡。

(2)抢劫行为的"附随"行为（从行为）致人重伤、死亡的，也应认定为是抢劫致人重伤、死亡。

例如，抢劫后毁灭、伪造证据的行为致人死亡的，其中毁灭、伪造证据的行为属于抢劫行为的"附随"行为，致人死亡的，成立抢劫致人死亡。

（3）行为人主观上对于重伤、死亡结果既可以是故意，也可以是过失。

6. 冒充军警人员抢劫

包括：无此身份的人冒充军警人员；具有此种军警人员身份的冒充另一军警人员的身份，如士兵冒充警察。

06年卷二65题B项认为，真正军警人员利用自身真实身份抢劫不属于冒充军警人员抢劫。最高人民法院在2016年颁布的《关于审理抢劫刑事案件适用法律若干问题的指导意见》中也明确指出：军警人员利用自身的真实身份实施抢劫的，不能认定为"冒充军警人员抢劫"，应依法从重处罚。

7. 持枪抢劫

（1）枪支必须是真枪。是否要求装有子弹，存在不同的看法，审判实务、张明楷教授均持否定说。

（2）让被害人感受到了枪支的存在。即行为人必须是实际上使用了枪支，至少显示了真枪。如果行为人仅仅是携带了枪支，藏在包内，并没有让被害人发觉，而是准备待被害人反抗而使用枪支的，不能认定为是持枪抢劫。

8. 抢劫军用物资或者抢险、救灾、救济物资

【注意】根据司法解释规定，除了抢劫致人重伤、死亡不存在犯罪未遂之外，其他七种加重情节都存在犯罪既遂、未遂的区分。

【典型真题】

1. 甲深夜进入小超市，持枪胁迫正在椅子上睡觉的店员乙交出现金，乙说"钱在收款机里，只有购买商品才能打开收款机"。甲掏出100元钱给乙说"给你，随便买什么"。乙打开收款机，交出所有现金，甲一把抓跑。事实上，乙给甲的现金只有88元，甲"亏了"12元。关于本案，下列哪一说法是正确的？（　　）（单选）（13年卷二8题）①

A. 甲进入的虽是小超市，但乙已在椅子上睡觉，甲属于入户抢劫

B. 只要持枪抢劫，即使分文未取，也构成抢劫既遂

C. 对于持枪抢劫，不需要区分既遂与未遂，直接依照分则条文规定的法定刑量刑即可

D. 甲虽"亏了"12元，未能获利，但不属于因意志以外的原因未得逞，构成抢劫罪既遂

2. 下列哪些情形可以成立抢劫致人死亡？（　　）（多选）（09年卷二58题）②

A. 甲冬日深夜抢劫王某财物，为压制王某的反抗将其刺成重伤并取财后离去。三小时后，王某被冻死

B. 乙抢劫妇女高某财物，路人曾某上前制止，乙用自制火药枪将曾某打死

C. 丙和贺某共同抢劫严某财物，严某边呼救边激烈反抗。丙拔刀刺向严某，严某躲闪，丙将同伙贺某刺死

D. 丁盗窃邱某家财物准备驾车离开时被邱某发现，邱某站在车前阻止丁离开，丁开车将邱

---

① 答案：D。
② 答案：ABCD。

某撞死后逃跑

3. 甲在公交车上抢夺孟某的钱包,夺下钱包后就跑下公交车。正好路过该处的民警乙看到甲在逃跑,便追赶甲。之后甲、乙两人扭打在一起,甲逃往马路对面,民警乙在追赶过程中被车辆撞身亡。(19年真题)——甲的行为构成抢劫罪,但不需要对乙的死亡结果负责。理由:谁支配风险,谁对危害结果负责。本案中,追赶者乙的风险更多的是取决于乙本人,乙本人是风险的直接掌控者。①

(三)准抢劫罪——《刑法》第267条第2款(携带凶器抢夺的,以抢劫罪论处)

1. 该规定的性质:法律拟制规定

该行为本是抢夺罪,但刑法特别规定为抢劫罪。(认定抢劫罪的"绿色通道")

2. 关于"凶器"的理解

(1)凶器是用来杀伤他人的物品,即凶器是准备用来侵犯他人人身权利的。如果为了盗窃而携带的划破他人提包的刀片,不属于该款中的凶器。

(2)凶器的种类包括性质上的凶器(国家管制刀具),也包括用法上的凶器(铅球、砖头)。

3. 关于"携带"的理解

"携带"="暗藏"(备用)。具体应作如下理解:

(1)行为人主观上有随时使用凶器的想法。如果行为人携带其他器械的本意不是为了实施犯罪,就不能认定为"携带凶器抢夺",只能认定为是一般抢夺。

(2)客观上携带而未(对人)用,并且没有(对人)显示(没有使用凶器对被害人实施暴力、胁迫)。携带凶器的目的是备用。如果直接使用或者显示凶器,那至少对被害人造成了胁迫心理,直接认定《刑法》第263条的抢劫罪。

(3)包括直接携带,也包括间接携带。例如,甲使乙手持凶器与自己同行,即使由甲亲手抢夺丙的财物,也应认定甲的行为是携带凶器抢夺。

(四)转化型抢劫(事后抢劫)

第269条【转化的抢劫罪】犯盗窃、诈骗、抢夺罪,为窝藏赃物、抗拒抓捕或者毁灭罪证而当场使用暴力或者以暴力相威胁的,依照本法第二百六十三条(抢劫罪)的规定定罪处罚。

1. 性质:法律拟制规定

该行为不是抢劫罪,但刑法特别规定为是抢劫罪。(抢劫罪的"绿色通道")

---

① "你追我逃"型案例中的责任承担 (1) 见义勇为的甲追赶小偷乙(需要给甲点个赞),但乙在逃跑过程中,当场撞上电线杆而身亡。——甲的追赶行为与乙的死亡结果之间,没有刑法上的因果关系。(2) 见义勇为的甲追赶小偷乙(需要给甲点个赞),乙在逃跑过程中,跳入水塘。乙不会游泳,在水中向甲求救。甲心想:"淹死也算活该。"甲未对乙施救,乙溺亡。——甲的不救助行为与乙的死亡结果之间存在因果关系,甲构成不作为犯的故意杀人罪。(3) 见义勇为的甲追赶小偷乙(需要给甲点个赞),乙在逃跑过程中,跳河游到对岸,甲见状离去,乙突然抽筋溺毙。——甲并没有认识到其行为创设了乙的风险(突然抽筋),不能惩罚甲的不救助行为,或者说,甲完全没有不救助的行为。(4) 甲(抢劫犯)持枪追赶被害人乙,欲抢劫乙的财物。甲多次朝乙开枪,乙在逃跑过程中,撞上电线杆而当场身亡。——甲的行为与乙的死亡结果之间存在刑法的因果关系。(5) 甲在公交车上抢夺孟某的钱包,夺下钱包后就跑下公交车。正好路过该处的民警乙看到甲在逃跑,便追赶甲。之后甲、乙两人扭打在一起,甲逃往马路对面,民警乙在追赶过程中被车辆撞身亡。——甲的行为构成抢劫罪,不需要对乙的死亡结果负责。又如,司机谢某见甲、乙打人后驾车逃离,对乙车紧追。甲让乙提高车速并走"蛇形",以防谢某超车。汽车开出2公里后,乙慌乱中操作不当,车辆失控撞向路中间的水泥隔离墩。谢某刹车不及撞上乙车受重伤。赶来的警察将甲、乙抓获。——甲、乙不应当对谢某重伤的结果负责。

立法将该行为拟制规定为抢劫罪的理由在于：普通抢劫罪（《刑法》第263条）是先侵犯人身，再侵犯财产权利。而转化型抢劫是先侵犯财产权利，再侵犯人身权利。二者所侵犯的法益实则并无差异。

2. 条件一（前提条件）：犯盗窃、诈骗、抢夺罪

（1）包括其他具有侵犯财产性质的盗窃、诈骗、抢夺罪，如盗伐林木罪、信用卡诈骗罪。

（2）成立《刑法》第269条的转化型抢劫，并不是必须要求前行为"盗窃、诈骗、抢夺"完全达到"数额较大"标准。①

（3）如果前行为没有达到"盗窃罪、抢夺罪、诈骗罪"的定罪标准（通常情形是要求"数额较大"），那么，后行为要"补充"，即后行为应造成被害人轻微伤以上。（即先天不足，后天补）

3. 条件二（主观条件）：为了窝藏赃物、抗拒抓捕、毁灭罪证

（1）为了逃避被害人或者法律的制裁而使用暴力。——使用暴力具有"被动性"，不使用暴力行为人"当时"走不了。

（2）如果行为人在实行盗窃、诈骗、抢夺过程中，尚未取得财物时被他人发现，为了非法取得财物，而使用暴力或者以暴力相威胁的，进而取走被害人的财物，应直接认定为《刑法》第263条的抢劫罪。

甲与余某有一面之交，知其孤身一人。某日凌晨，甲携匕首到余家盗窃，物色一段时间后，未发现可盗财物。此时，熟睡中的余某偶然大动作翻身，且口中念念有词。甲怕被余某认出，用匕首刺死余某，仓皇逃离。——甲的行为应以盗窃罪与故意杀人罪并罚。此案中，并没有人"追捕"甲，甲也不认为有人追捕他，主观上没有抗拒抓捕的意图，故不成立转化型抢劫。（13年主观题）

4. 条件三（客观条件）："当场"使用暴力或者以暴力相威胁

（1）当场：指实施犯罪的现场，包括现场的延伸。

（2）暴力或暴力相威胁对象：被害人或者其他抓捕者

行为人对自己实施暴力，如自杀，从而防止被害人的追捕的，不成立转化型抢劫。因为转化型抢劫之所以以抢劫罪论处，就是因为这种行为已经对被害人造成了再度的威胁或侵害，即又造成了新的法益侵害与威胁。

例如，丙窃取刘某汽车时被发现，驾刘某的汽车逃跑，刘某乘出租车追赶。途遇路人陈某过马路，丙也未减速，将陈某撞成重伤。——丙不构成抢劫致人重伤，其前行为是盗窃，后行为单独评价为故意伤害罪，因为陈某并非抓捕丙的人。（17年卷二60题C项）

盗窃后，误将无关的第三人当作抓捕者，对该第三人实施暴力抗拒抓捕的，能否转化成抢劫？

例如，赵某前往王某家盗窃，窃取一台笔记本电脑。下楼离开时，误以为李某是回家的王某，为了窝藏赃物，将李某打成轻伤。事实上，李某只是来楼里贴小广告的，对赵某盗窃的事实并不知情。——一种观点认为构成，认为只要行为人主观上是出于抗拒抓捕、窝藏赃物等目的而使用暴力即可；另一种观点认为不构成，认为成立转化型抢劫必须与上述目的的达成之间存在客观的关联性，暴力、胁迫的对象应该是防止行为人窝藏赃物、毁灭罪证或是抓捕行为人的人。（21

---

① 参见《刑事审判参考》指导案例第1182号：张红军抢劫、盗窃案。

年主观题）

（3）暴力的程度：足以使他人不敢反抗、不能反抗的程度

即与普通抢劫罪的暴力程度相当。

首先，"暴力"是对手段、程度的要求，并不是对结果的要求，并不需要造成被害人轻伤或者轻微伤以上。

其次，以"摆脱"方式（甩手、甩腿、甩腰）逃避抓捕，即"被动"的方式使用暴力，必须造成"轻伤"以上，才能转化成抢劫。①

（4）转化型抢劫罪的共同犯罪

2016年最高人民法院《关于审理抢劫刑事案件适用法律若干问题的指导意见》规定：两人以上共同实施盗窃、诈骗、抢夺犯罪，其中部分行为人为窝藏赃物、抗拒抓捕或者毁灭罪证而当场使用暴力或者以暴力相威胁的，对于其余行为人是否以抢劫罪共犯论处，主要看其对实施暴力或者以暴力相威胁的行为人是否形成共同犯意、提供帮助。

第一，事实上起了帮助作用的，成立共犯。例如，共同盗窃后，部分人使用暴力抗拒抓捕的，其余人基于一定意思联络，对实施暴力或者以暴力相威胁的行为人提供帮助或实际成为帮凶的，可以抢劫共犯论处。

第二，明知他人实施转化型抢劫而中途参与的，也成立共犯。例如，单个人实施盗窃后，使用暴力抗拒抓捕，其他人中途加入进来，与之共同使用暴力的，亦可成立转化型抢劫的共犯。

例如，2018年1月1日，刘某单独潜入一居民小区实施入室盗窃，在窃得几百元现金后被户主发现而逃离现场，户主陈某在后紧追，在逃至楼下花园边时，刘某回头对陈某实施打击，陈某边回击边呼喊抓小偷，此时刘某的老乡王某路过，担心刘某被抓而过来一起帮忙打击陈某，将陈某打倒在地致轻微伤，帮助刘某逃离现场。

——该案例中，后行为人王某属于中途参与进来的行为人，与前行为人共同使用了暴力，成立转化型抢劫。但在王某加入之前，系刘某已经造成的陈某的伤势，王某不应负责。王某只对和刘某一起实施暴力过程中造就的陈某的伤势负责。②

【典型真题及模拟题】

1.《刑法》第二百六十九条对转化型抢劫作出了规定，下列哪些选项不能适用该规定？（　　）（多选）（08年卷二62题）③

A. 甲入室盗窃，被主人李某发现并追赶，甲进入李某厨房，拿出菜刀护在自己胸前，对李某说："你千万别过来，我胆子很小。"然后，翻窗逃跑

B. 乙抢夺王某的财物，王某让狼狗追赶乙。乙为脱身，打死了狼狗

C. 丙骗取他人财物后，刚准备离开现场，骗局就被识破。被害人追赶丙。走投无路的丙从身上摸出短刀，扎在自己手臂上，并对被害人说："你们再追，我就死在你们面前。"被害人见丙鲜血直流，一下愣住了。丙迅速逃离现场

D. 丁在一网吧里盗窃财物并往外逃跑时，被管理人员顾某发现。丁为阻止顾某的追赶，提起网吧门边的开水壶，将开水泼在顾某身上，然后逃离现场

---

① 参见《刑事审判参考》指导案例第1186号、2016年最高人民法院《关于审理抢劫刑事案件适用法律若干问题的指导意见》。

② 参见《刑事审判参考》指导案例第1187号。

③ 答案：ABC。

2. 李某乘正在遛狗的老妇人王某不备，抢下王某装有4000元现金的手包就跑。王某让名贵的宠物狗追咬李某。李某见状在距王某50米处转身将狗踢死后逃离。王某眼见一切，因激愤致心脏病发作而亡。关于本案，下列哪一选项是正确的？（　　）（单选）（15年卷二17题）①

A. 李某将狗踢死，属事后抢劫中的暴力行为
B. 李某将狗踢死，属对王某以暴力相威胁
C. 李某的行为满足事后抢劫的当场性要件
D. 对李某的行为应整体上评价为抢劫罪

3. 关于抢劫罪，下列说法错误的是？（　　）（多选）②

A. 张某来到同村的许某家，翻墙入室进行盗窃，窃取现金300元。张某欲离开时被许某发现，为抗拒抓捕在户内将许某打伤后逃离，造成许某轻微伤。因入户盗窃的财物数额较少，张某的行为不认定为"入户抢劫"

B. 甲事先准备好水果刀和手套，尾随乙至小区门口，趁乙不备将其拖至楼梯口，威胁乙将钱交出。甲因害怕被人发现，扯断乙的背包带将包抢走并逃离。因甲未使用凶器且乙不知道甲携带凶器，故甲不构成抢劫罪

C. 甲、乙、丙拿着仿真手枪到店铺，对四名店员以暴力相威胁，压制住反抗后，抢走店铺里的货款。二楼另一个房间的女店主听到持枪威胁的话语，担心这伙人到自己的房间来抢劫，为了躲避危险，从二楼窗口往下跳，摔成重伤。三人的行为不认定为抢劫致人重伤

D. 潘某、赖某共谋抢劫，并准备了电话卡、铁铲等作案工具，欲以杀人为手段实施抢劫行为。两人以出去玩为由将张某诱骗上轿车。后两人以殴打、威胁等手段劫取张某的银行卡两张，威逼张某说出卡密码后，两人合力将张某掐死，尸体就近掩埋。潘某、赖某成立抢劫罪和故意杀人罪

【抢劫罪总结】

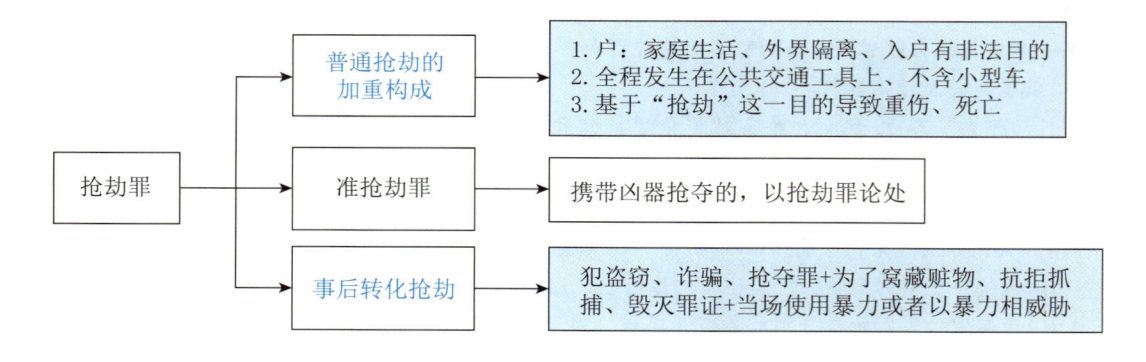

```
                    ┌─ 普通抢劫的   ─→  1. 户：家庭生活、外界隔离、入户有非法目的
                    │   加重构成         2. 全程发生在公共交通工具上、不含小型车
                    │                    3. 基于"抢劫"这一目的导致重伤、死亡
          抢劫罪 ───┼─ 准抢劫罪    ─→  携带凶器抢夺的，以抢劫罪论处
                    │
                    └─ 事后转化抢劫 ─→  犯盗窃、诈骗、抢夺罪+为了窝藏赃物、抗拒抓
                                        捕、毁灭罪证+当场使用暴力或者以暴力相威胁
```

二、盗窃罪

（一）对象：他人占有（非法或合法占有）的财物

1. 自己所有的财物被公务机关占有或被他人合法占有时，视为他人占有的财物，是盗窃罪

---

① 答案：C。
② 答案：ABD。

的对象。如果认为盗窃罪的保护法益是占有权，此时所有权人偷回来的，成立盗窃罪。

例如，李某花5000元购得摩托车一辆，半年后，其友王某提出借用摩托车，李同意。王某借用数周不还，李某碍于情面，一直未讨还。某晚，李某乘王某家无人，将摩托车推回。次日，王某将摩托车丢失之事告诉李某，并提出用4000元予以赔偿。李某故意隐瞒真情，称："你要赔就赔吧。"王某于是给付李某摩托车款4000元。后李某恐事情败露，又将摩托车偷偷卖给丁某，获得款项3500元。——因为此时的摩托车本应是被王某合法占有的，故李某偷回来的行为构成盗窃罪。①(03年卷二10题)

2. 他人非法占有的财物，也应成为财产犯罪的保护对象，但非法占有的财物不能对抗所有权人的救济行为。

例如，甲盗窃了乙的手机，甲对该手机系非法占有，丙从甲处偷该手机的，成立盗窃罪。但是，所有权人乙从甲处偷回该手机的，不成立盗窃罪。

（二）客观行为

1. 理论观点一（通说）：秘密窃取（广义）

盗窃罪的秘密性应从三个角度来理解：

第一，特定性。是指相对于财物的所有人或保管人来说，是一种隐藏性的行为。

第二，主观性。行为人自以为采取了一种背着财物的所有人或保管人的行为。

例如，甲进入乙家盗窃，看见乙正在睡觉，事实上乙已经发现了甲，但仍然继续假装睡觉。甲主观上自认为自己没有被乙发现，虽然客观上已经被乙发现，仍然认为是秘密窃取而成立盗窃罪。

第三，相对性。秘密与公然之间是相对的，秘密窃取之秘密，仅意味着行为人意图在财物所有人或保管人未觉察的情况下将财物据为己有，但这并不排除盗窃罪也可能是在光天化日之下而实施。

例如，甲在公交车上趁乘客乙熟睡之际，拿走乙身上的财物。虽然公交车上其他乘客注意到了甲的行为，但乙是未察觉的，仍不失为秘密窃取，成立盗窃罪。

盗窃罪、抢夺罪区分的关键在于，行为是秘密还是公开。通说认为，盗窃罪是秘密窃取。当着被害人的面公开拿走财物的，应该成立抢夺罪。

盗窃罪的秘密性，说明犯罪行为人不想让自己的犯罪行为被被害人知悉，主观上对被害人心存"敬畏"之心；而抢夺案件中，犯罪行为人公然拿走被害人财物，对被害人、法秩序毫无敬畏之心。②

"窃"的本来含义就是"秘密"，如"窃以为"、"窃窃私语"，**将"盗窃"理解为包括"公开"有类推解释的嫌疑，违反罪刑法定原则。司法解释一直也坚持这一观点：**

例如，1998年最高人民法院《关于审理盗窃案件具体应用法律若干问题的解释》中指出："根据刑法第二百六十四条的规定，以非法占有为目的，秘密窃取公私财物数额较大或者多次盗窃公私财物的行为，构成盗窃罪。"

---

① 本案之所以仅定盗窃罪一罪，其重要的原因在于，行为仅侵犯了一个法益。可能有人认为，此种情形应以盗窃罪与诈骗罪并罚，理论上亦有部分学者持此观点，但这丝毫不影响国家法律职业资格考试，命题老师会回避这一争议，该题被设置成单选题。实际上，我国刑法学界的主流观点还是认为，行为侵犯了占有，最终侵犯了他人的财产所有权，才能认定为是财产犯罪，如果仅仅是取回自己所有的财物，而没有后续索赔行为，没有侵犯被害人的财产所有权，一般不以犯罪论处。可以认为，前行为构成盗窃罪，后行为构成诈骗罪，但二者之间具有手段与目的的牵连关系，择一重罪处罚即可。

② 参见：陈兴良：《判例刑法学》下卷，中国人民大学出版社2009年版，第345页。

有兴趣的同学可以上中国知网查找关于盗窃、抢夺的专业学术论文，发表在核心期刊以上的论文，几乎无一例外地支持该观点。

2. 理论观点二（少数观点）：盗窃罪既可以是秘密的，也可以是公开的，只要是采取和平的方式（没有造成被害人伤害的可能性）取走他人财物，均成立盗窃

根据该观点，认为盗窃是和平的，抢夺必须对物使用暴力，夺取被害人紧密占有的财物。但问题是，对物要使用多么严重的暴力，被害人如何占有才是"紧密占有"，这些在司法实务中将不具有可操作性。仅仅是理论上提出这一观点，实务中可能难以操作，这也导致该种观点在实务上没有案例支持，理论上支持者也寥寥无几。刑法中的聚众哄抢罪，也不要求必须是夺取被害人紧密占有的财物。

3. 审判实务的观点：坚持通说观点，认为盗窃罪是秘密窃取

（1）实践中，公然、当面取走被害人财物的案件非常多，但审判实践中无一例外地都认定为抢夺罪，个别判决书中提出了公开可以成立盗窃罪的观点。但截至本书稿的完成时，未出现过将公开、当面取走他人财物成立盗窃罪的判决。退一步讲，实务中公然取走他人财物的案件，即便有个别认定为盗窃罪，也说明这种观点只有极少数案例支持。从这一意义上看，几千年来形成的"明抢暗偷"的观点在实践中是根深蒂固的，也具有实践理性。

（2）德国、日本刑法中没有规定抢夺罪，所以认为盗窃可以是公开的。但中国刑法中规定了盗窃罪、抢夺罪，不能盲目照搬照抄德国日本的做法。

（3）我国台湾地区审判实践中，亦是绝对坚持了通说观点，尊重了传统文化，有兴趣的同学可以直接查阅台湾的相关判决书。"所谓窃取，就是乘人不觉而秘密取走他人财物，盗窃的手段必须是秘密的，如果行为人乘人不备公然夺取就构成抢夺罪，而非盗窃罪。"参见赵琛：《刑法分则实用》（下），第13版，第769页。

（4）坚持盗窃罪的秘密性，不是主观归罪。有人认为，如果以"秘密性"作为盗窃罪的标准，只要行为人主观上认为是秘密的，就成立盗窃罪，进而认为该观点是主观归罪，是错误的，不符合客观主义刑法观。这种批评本身应该是错误的。坚持盗窃罪的"秘密性"，即便是主观上认为是秘密，也需要客观证据作支持，当行为人在光天化日之下当着被害人的面、"大眼瞪小眼"地取走被害人财物，无论其如何狡辩其主观上是秘密的，都是不成立的。

（5）实务案例。最高人民法院的相关指导案例，再次强调，盗窃罪是秘密窃取。

最高人民法院指导案例第27号臧进泉案，判决书原文内容：盗窃是指以非法占有为目的，"秘密窃取"公私财物的行为；诈骗是指以非法占有为目的，采用虚构事实或者隐瞒真相的方法，骗取公私财物的行为。

4. 域外观点

（1）观点一：刑法上没有规定"抢夺罪"的国家，认为盗窃罪可以是公开的。

（2）观点二：刑法上规定了"抢夺罪"的国家和地区，认为盗窃罪是秘密窃取。

5. 司法考试观点：应掌握两种观点

2019年司法部司法考试司官方组织了命题核心专家编写《司法考试试题选编》（法律出版社），原文如下：

通说认为，成立盗窃罪，行为人必须实施了秘密窃取行为。如果行为人是当着被害人的面取得财物，不是秘密窃取财物的，该行为就不是盗窃行为。通说以否认公然盗窃构成盗窃罪为前

提，但是，在互联网年代，借助互联网力量，人人都可能具有通天眼，"公然盗窃"的情形将时常发生，将此一概认定为抢夺罪并不合适。当然，在司法考试中，不能刻意"推销"某一种学说。司法考试重在考查考生是否理解了某一学说，具体案件中能否具体运用该学说。

【典型真题】

1. 乙女在路上被铁丝绊倒，受伤不能动，手中钱包（内有现金5000元）摔出七八米外。路过的甲捡起钱包时，乙大喊"我的钱包不要拿"，甲说"你不要喊，我拿给你"，乙信以为真没有再喊。甲捡起钱包后立即逃走。关于本案，下列哪一选项是正确的？（　　）（单选）（16年卷二18题）①

A. 甲以其他方法抢劫他人财物，成立抢劫罪

B. 甲以欺骗方法使乙信以为真，成立诈骗罪

C. 甲将乙的遗忘物据为己有，成立侵占罪

D. 只能在盗窃罪或者抢夺罪中，择一定性甲的行为

2. 菜贩刘某将蔬菜装入袋中，放在居民小区路旁长条桌上，写明"每袋20元，请将钱放在铁盒内"。然后，刘某去3公里外的市场卖菜。小区理发店的店员经常好奇地出来看看是否有人偷菜。甲数次公开拿走蔬菜时假装往铁盒里放钱。关于甲的行为定性（不考虑数额），下列哪一选项是正确的？（　　）（单选）（15年卷二19题）②

A. 甲乘人不备，公然拿走刘某所有的蔬菜，构成抢夺罪

B. 蔬菜为经常出来查看的店员占有，甲构成盗窃罪

C. 甲假装放钱而实际未放钱，属诈骗行为，构成诈骗罪

D. 刘某虽距现场3公里，但仍占有蔬菜，甲构成盗窃罪

3. 甲潜入他人房间欲盗窃，忽见床上坐起一老妪，哀求其不要拿她的东西。甲不理睬而继续翻找，拿走一条银项链（价值400元）。关于本案的分析，下列哪些选项是正确的？（　　）（多选）（13年卷二60题）③

A. 甲并未采取足以压制老妪反抗的方法取得财物，不构成抢劫罪

B. 如认为区分盗窃罪与抢夺罪的关键在于是秘密取得财物还是公然取得财物，则甲的行为属于抢夺行为；如甲作案时携带了凶器，则对甲应以抢劫罪论处

C. 如采取B选项的观点，因甲作案时未携带凶器，也未秘密窃取财物，又不符合抢夺罪"数额较大"的要件，无法以侵犯财产罪追究甲的刑事责任④

D. 如认为盗窃行为并不限于秘密窃取，则甲的行为属于入户盗窃，可按盗窃罪追究甲的刑事责任

---

① 答案：D。

② 答案：D。

③ 答案：ABCD。

④ 坚持通说的观点，甲的行为属于抢夺，又由于根据刑法267条规定，成立抢夺罪应达到"数额较大"或"多次抢夺"，甲仅得400元，所以不能定抢夺罪。当然，如果抢夺金额达到4000元、40000元，当然成立抢夺罪。有同学认为，在本案中，采用通说观点不能将甲的行为认定为侵犯财产罪，而采用另一观点（盗窃可以是公开的），可以将甲的行为认定为是盗窃罪，因为"入户盗窃"成立盗窃罪无数额要求。这种理解是极其错误的：第一，难道认定为犯罪的观点就一定是更合理的吗？第二，我国刑法对"入户盗窃"成立盗窃罪没有数额要求，但对于"入户抢夺"成立抢夺罪却要求数额较大，这种立法本身存在一定的不合理性，才会导致上述认识。当然，本案可以构成非法侵入住宅罪。

4. 家长将小学生的生活费发到某个微信群里，在班主任接收该红包前，甲"抢"走了其中的5000元红包，事后群内的家长纷纷谴责甲。（2021年真题）——本案名为"抢"红包，实为"偷"红包，构成盗窃罪。甲拿走这个红包的过程不能认为是公开（当面）拿走该红包。事实上，只有当甲拿走该红包至自己微信钱包中（既遂）之后，群里其他人才知道他拿走红包，此时他的犯罪行为已经既遂了。可能是1秒钟后，也可能是1小时后，群里成员才知道甲领取了这个红包。无论群里其他成员是事后多久（1秒后、1分钟后、1个小时以后、1天以后）知晓该甲领取了红包，都不可能改变甲之前领取红包行为的定性。因此，甲当时是秘密窃取了该红包，应成立盗窃罪。或者说，甲取走该红包的过程是秘密的，在犯罪已经既遂后，事后结果被他人发现，是公开的，这不影响盗窃罪的成立。类似案件，判决理由也明确指出，行为人是秘密窃取红包，成立盗窃罪。参见《进微信群抢防疫捐款红包，一被告人犯盗窃罪被判罚金2400元》，最高人民检察院正义网。

（三）盗窃罪的认定标准

定罪的标准：数额较大，或者多次盗窃、入户盗窃、携带凶器盗窃、扒窃。

《刑法修正案（八）》规定三种新型盗窃"入户盗窃""携带凶器盗窃""扒窃"，其"入罪"并没有"数额"与"次数"的要求，主要是考虑到这三种新型盗窃有侵犯被害人人身权利的潜在可能。

1. 数额较大

对于盗窃罪中所要求的"数额较大""数额巨大""数额特别巨大"应作主客观相统一（重合）的理解，即行为人主观上应认识到财物的数额大小。

（1）主客观认识错误一

客观上所盗财物"数额特别巨大"，但行为人主观上认识不到，不能认定为盗窃数额特别巨大。

例如，天价葡萄案：2003年8月，4名外地来京民工，进入北京农林科学院林业果树研究所葡萄研究园内偷摘葡萄约47斤。殊不知此葡萄系科研新品种，民工的行为导致研究所研究数据断裂。北京物价部门对被偷的葡萄评估金额为1.122万元。因各行为人主观上无法认识到该葡萄数额巨大，后各行为人被无罪释放。因为虽然按当时的标准，客观上财物数额特别巨大，但由于行为人主观上仅认识到财物不值钱，故从主客观相统一（重合）的角度看，无罪。

（2）主客观认识错误二

行为人主观上欲盗窃"数额特别巨大"的财物，但客观上根本不存在数额特别巨大的财物，行为人仅得数额较大的财物，仅应认定为盗窃罪数额较大。

例如，甲在乘坐公交车时，以为公交车上的乘客乙手提包中有贵重物品（数额特别巨大），将该包偷来打开一看，仅有几千元（数额较大）。虽然行为人主观上想盗窃数额特别巨大的财物，但客观上根本不存在数额特别巨大的财物，行为人仅得数额较大的财物，因此，不能认定为盗窃罪数额特别巨大（未遂），只能认定为盗窃罪数额较大。

（3）主客观认识错误三

行为人主观上欲盗窃"数额特别巨大"的财物，客观上也存在数额特别巨大的财物，行为确实也针对数额特别巨大的财物，但因为意志以外的原因未得逞，可以认定为盗窃罪数额特别巨大的未遂。可以说，这不是认识错误的问题，认识上没有错误，是未遂犯的问题。

例如，甲进入乙的办公室，欲盗窃50万元，打开保险柜，确实有50万元，后来警察赶到，甲无法将50万元全部带走，于是抓了一把钱（5000元）就跑。甲是因为意志以外原因未得逞，认识上没有错误，甲的行为属于盗窃罪数额特别巨大的未遂。

【典型真题】

2010年某日，甲到乙家，发现乙家徒四壁。见桌上一块玉坠，断定是不值钱的仿制品，甲便顺手拿走。后甲对丙谎称玉坠乃秦代文物，值5万元，丙以3万元买下。经鉴定乃清代玉坠，市值5000元。关于本案的分析，下列哪一选项是错误的？（　　）（单选）（13年卷二6题）①

A. 甲断定玉坠为不值钱的仿制品具有一定根据，对"数额较大"没有认识，缺乏盗窃犯罪故意，不构成盗窃罪

B. 甲将所盗玉坠卖给丙，具有可罚性，不属于不可罚的事后行为

C. 不应追究甲盗窃玉坠的刑事责任，但应追究甲诈骗丙的刑事责任

D. 甲诈骗丙的诈骗数额为5万元，其中3万元既遂，2万元未遂

2. 多次盗窃

二年内盗窃三次以上的，应当认定为"多次盗窃"。多次盗窃的认定，不要求每次都达到"数额较大"的标准。

3. 扒窃

第一，行为发生在公共场所。不特定人可以进入的场所以及有多数人在内的场所，如公共汽车、地铁、火车、公园、影剧院、大型商场等。只要行为发生在公共场所，即使公共场所的人不是很多，也不影响扒窃的成立。

第二，所窃取的应是他人随身携带的财物，亦即他人带在身上的"贴身"的财物，不限于体积微小的财物。②口袋内、外与被害人贴身的财物均可。

4. "携带凶器"盗窃

不要求行为人显示、暗示凶器，更不要求行为人对被害人使用凶器，否则，成立抢劫罪。行为人携带凶器的目的是为了"备用"。

5. 入户盗窃

非法进入供他人家庭生活、与外界相对隔离的住所盗窃的，应当认定为"入户盗窃"。

（四）其他问题

1. 盗窃罪"犯罪成立"与"犯罪既遂"的区别

（1）"犯罪成立"（进入跑道）没有数额的要求

"多次盗窃"、"入户盗窃"、"携带凶器盗窃"、"扒窃"行为成立盗窃罪，没有数额上的要

---

① 答案：D

② 最高人民法院认为，扒窃所窃取的随身携带的财物，应当限缩解释为未离身的财物，即被害人的身体应当与财物有接触，即"贴身"，如装在衣服口袋内的手机、钱包、手提、肩背的包、坐、躺、倚靠时与身体有直接接触的行李等。胡云腾、周加海、周海洋：《关于办理盗窃刑事案件适用法律若干问题的解释的理解与适用》，《人民司法》2014年第15期。《刑法修正案（八）》增设入户盗窃、携带凶器盗窃、扒窃三种新型盗窃，这三种新型盗窃成立犯罪没有数额标准要求，从这一意义上看，立法已经极度扩张了盗窃罪的范围。我国审判实践中的刑事犯罪，盗窃罪的比例超过20%以上，在立法已经对盗窃罪的范围作扩张规定的情况下，刑法理论上如果还扩张解释盗窃罪，扩张解释"扒窃"，将会使司法机关不堪重负处理这些案件。从这一意义上看，最高人民法院适当限制解释"扒窃"的对象为"贴身"的财物，有其合理性。

求，只要实施了上述行为，就成立盗窃罪。这除了是因为这几种犯罪常见多发，有必要采取特别方式予以制止之外，还因为其与人身有关，极易转化为抢劫等严重犯罪，社会危害性较大。

（2）"犯罪既遂"（冲向终点），要求行为人窃取到具有一定价值的财物，仍以行为人取得了值得刑法保护的财物为"既遂"标准。如果行为人窃取到的财物价值极为低廉，不应认定为盗窃罪既遂，只能认定为盗窃未遂。如行为人扒窃得到了10元，虽然成立盗窃罪，但只能认定为是盗窃罪未遂。①

例如，用刀杀人、用枪杀人、用绳子勒人等，只要实施了上述行为之一，成立故意杀人罪。但只有将被害人杀死，才能成立故意杀人罪既遂，否则，仅成立故意杀人罪未遂。

【典型真题】

关于盗窃罪的理解，下列哪一选项是正确的？（　　）（单选）（11年卷二16题）②

A. 扒窃成立盗窃罪的，以携带凶器为前提
B. 扒窃仅限于窃取他人衣服口袋内体积较小的财物
C. 扒窃时无论窃取数额大小，即使窃得一张白纸，也成立盗窃罪既遂
D. 入户盗窃成立盗窃罪的，既不要求数额较大，也不要求多次盗窃

2. 盗窃数额的计算

（1）有价支付凭证、有价证券：以给被害人造成的实际损失作为盗窃数额

质言之，财产凭证被盗后，对财产凭证的内容的支配权，如果还在被害人手中（如银行卡），其卡内金额就不能认定为损失金额。

例如，盗窃他人银行卡后，并不必然使用他人银行卡，且卡是被害人名义的，被害人完全可以通过挂失挽回损失，所以，盗窃金额应以犯罪行为人给被害人实际造成的损失为准。

又如，盗窃他人的商场购物券的，由于购物券一般不能挂失，购物券的金额应认定为盗窃数额。

（2）盗窃后销售的，原则上仅成立盗窃罪一罪

首先，盗窃违禁品（如枪支弹药、毒品、淫秽物品等）后销售的，要数罪并罚。

其次，如果已经超出了销赃意义上的欺诈，即销赃数额远远高于被盗窃物品价格的（不等价交换），销赃行为另成立诈骗罪。

例如，甲盗窃了一个SEIKO手表（2万元），后将该手表伪装成OMEGA手表以20万元的价格卖给他人，此种情形下，销赃数额远高于被盗窃物品价格，甲的行为成立盗窃罪、诈骗罪，并罚。之所以2万元的财物能够卖出20万元的价格，起主要作用的不是财物本身，而是因为"欺诈"行为。——坑两头

3. 盗窃既、未遂的判断标准：采控制说

只要行为人取得（控制）了财物，就是盗窃既遂。其他取得型的财产犯罪，如诈骗罪、敲诈勒索罪，也应作相同的理解。

（1）基本原理：一般来说，只要被害人丧失了对财物的控制，就应认定为行为人取得（控

---

① 2016年卷二53 C. 丙见商场橱柜展示有几枚金锭（30万元/枚），打开玻璃门拿起一枚就跑，其实是值300元的仿制品，真金锭仍在。丙属于犯罪未遂。该案中，300元的仿制品本身在"量"上并不值得刑法保护，仅成立盗窃罪的未遂。

② 答案：D。

制)了财物。

例如，行为人以非法占有为目的，从火车上将他人财物扔到偏僻的轨道旁，打算下车后再捡回该财物。不管行为人事后是否捡回了该财物，均应认定为犯罪既遂。

需要说明的是，"控制"并不要求行为人将财物"拿到手"，只要能将财物拿至自己指定的位置、且被害人会失去控制，就应该认定为是"控制"了财物，应成立盗窃罪既遂。

例如，2021年主观真题，甲敲诈勒索乙10万元，约定乙将10万元现金放置在某个垃圾点旁边，方便甲拿取。不料乙放置完毕后被其他人捡走。——甲构成敲诈勒索罪既遂。该案中，虽然甲没有拿到该10万元，但乙应甲的要求将财物放至甲指定的地点，并且，乙事实上失去了财物，就应认定为甲控制了财物，甲的行为成立敲诈勒索罪既遂。

又如，2021年真题，淘宝卖家甲欺骗买家乙，以假酒充好酒出售给乙。乙将钱款给淘宝支付平台，后乙收货发现是假酒，要求退货，支付平台就将钱款退回给乙。——甲是诈骗未遂。

（2）具体判断：应当结合财物的性质、形状、他人占有财物的状态、窃取行为的样态与社会生活的一般见解作个别分析：

第一，对容量大的财物，搬出较为困难的，一般以搬出时为既遂。他人对财物支配力较强的，例如进入他人住所、商店内盗窃体积较大的财物，将其搬出屋外为既遂；在警戒严密的工厂内，将不容易搬动的财物从仓库中拿出，并藏在院墙边准备伺机搬出院墙的，是盗窃的未遂；他人支配力较弱的，准备搬出时即为既遂，例如用车辆将他人财物加以装运，装妥就是既遂。

第二，对形状较小、容易搬动的财物而言，接触该财物并控制的就是既遂，即使行为人、被窃财物还在被害人能够一般地加以支配的空间内也不影响既遂成立。

例如，甲在珠宝柜台偷拿一枚钻戒后迅速逃离，慌乱中在商场内摔倒。保安扶起甲后发现其盗窃行为并将其控制。甲虽然未能离开商场，但仍属于盗窃罪既遂。(13年卷二54题)

第三，警方事先控制下的盗窃行为，仅成立犯罪未遂。

例如，某首饰商场近日多次被盗，警方遂加强店内监控。某日午后，警方发现店内有一顾客（申某）鬼鬼祟祟，形迹可疑，于是布置多名警员对其密切监视。待申某成功偷得一枚价值2万元的钻戒后，附近布线的警员才一拥而上，抓了申某一个现行。后被盗钻戒当场交还给了商场。申某的行为成立犯罪未遂。

【典型模拟题】

关于盗窃罪，下列说法正确的是？（　　）（多选）①

A. 甲是帮乙开卡车的司机，一天甲与乙一块送货到外地时，乙将3万元货款放在自己所坐的副驾座位下，回来后乙忘记取出，甲就趁机将3万元藏在自己的座位，准备干完活回家时再拿走。甲的行为成立盗窃既遂

B. 某个夏天下午，卡车司机甲把车停在马路边去小店买冷饮，车上装的是贵重金属。路人乙趁卡车司机不注意，把车上的贵重金属掀下来，推到马路边上的水沟里，准备晚上再捞回去。但下午连续几小时的暴雨，将贵重金属冲走了，乙晚上没有捞到贵重金属。乙的行为是盗窃未遂

C. 甲从乙处购买一辆汽车，约定甲付清全部货款前，汽车给甲使用，但所有权属于乙。在甲交付部分货款后，乙觉得卖得太低，将汽车偷偷开回。如果认为盗窃罪的保护法益是占有权，乙的行为构成盗窃罪

---

① 答案：ACD.

D. 某夜，朱某、谢某、谭某等五人到某天然橡胶公司种植的橡胶园，擅自砍伐了一大片橡胶树。在朱某等人装车准备运输木材时，被巡逻的保安队发现，为了防止被抓，朱某等人对保安实施殴打，导致保安莫某、吴某轻伤。朱某等人的行为成立转化型抢劫

三、诈骗罪

行为结构：虚构事实、隐瞒真相的欺诈行为→被害人陷于认识错误→被害人"自愿处分"财物→被告人受益→被害人受损

（一）如何理解"处分财产"的行为

1. 条件一： 被害人应对财物有"处分权"

原则上，只要占有财产的人就有处分权，不限于财产所有权人。

例如，甲来到董事长乙的家门口，欺骗董事长的妻子丙说："我是董事长新来的秘书，请把董事长的包交给我，我给他带去办公室。"丙信以为真，将该包交给甲。——该案中，丙虽然不是包的所有权人，但事实上占有着该包，对包仍有处分权。甲的行为成立诈骗罪。

又如，顾客购物时将车钥匙遗忘在收银台，收银员问是谁的，丁谎称是自己的，然后持该钥匙将顾客的车开走——虽然丁对收银员实施了欺骗行为，并基于该欺骗行为取得了钥匙，但收银员并不具备处分汽车的权限与地位，没有占有汽车，也没有处分汽车的意思，故不能认为收银员处分了该汽车。无论钥匙是否遗失，汽车均为主人（顾客）占有。丁在汽车主人不知情的情况下开走了汽车，应成立盗窃罪。（16年卷二59题D项）

2. 条件二： 被害人应有"处分能力"（精神病人、小孩没有这个权利）

例如，张某发现王某夫妇外出，家中只有其6岁的女儿璐璐一人。张某走进王某家中，对璐璐谎称自己是其父同事，她爸爸求自己帮忙，把家中的彩电拿到公司用一下。璐璐信以为真，让张某将彩电搬走。本案中，璐璐作为无民事行为能力人，根本不具有处分财产的能力或权限。张某的行为应以盗窃罪（或抢夺罪）论处。

3. 条件三： 被害人客观上实施了"处分行为"

即被害人"自愿"放弃原占有，放弃对财物"站岗"。

（1）"处分"不等于交付，处分是将自己占有的财产交给被告人独自地、排他性地占有，脱离被害人本人的占有（控制、视线）。

例如，甲以欺骗手段借用乙的手机拨打电话，甲趁乙不注意时，悄悄将手机带走。——当乙交付手机给甲拨打时，乙并没有放弃对手机的占有，相反，乙双眼注视着正在使用手机的甲。因此，不能认定乙处分了财产，甲的行为应以盗窃罪论处。

又如，乙驾车带甲去海边游玩，到达后，乙欲游泳。甲骗乙说："我在车里休息，把车钥匙给我。"趁乙游泳，甲将该车开往外地卖给他人。——被害人乙虽然自愿"交付"了钥匙给甲，但没有自愿将汽车交给甲独自占有、脱离本人占有的意思，从这一意义上来看，被害人乙没有"处分"自己的财产。甲的行为应以盗窃罪论处。（13年卷二17题）

（2）对"处分行为"应作扩张解释，可以表现为直接交付财产、承诺使行为人取得财产，或者承诺转移财产性利益，或者承诺免除行为人的债务。

例如，甲在餐厅用餐后，临时起意，产生了不想支付费用的想法，于是欺骗餐厅经理乙说："我是省长的弟弟，以后可以多关照你们，你们看看能否免单。"乙信以为真，签字免单。——被

害人乙基于甲实施的欺骗行为，自愿免除甲的债务，甲的行为构成诈骗罪。

（3）行为人**实施欺骗行为**，使他人放弃财物，行为人拾取该财物的，也宜认定为诈骗罪。

例如，甲对持有外币的乙说："你手上拿的是假币，得扔掉，否则要坐牢。"乙将外币扔掉，甲乘机将外币捡走。——甲实施欺骗行为，乙陷入错误认识自愿放弃财物，甲拾取财物，甲的行为成立诈骗罪（分阶段诈骗）。(15年卷二63题B项)

4. 条件四：主观上，有处分意识（知道自己处分的财产）

即被害人对于财物从自己占有之下转移至他人占有之下这一过程是**明知**的，或者，行为人与被害人就财物的转移、脱离被害人的占有**进行过"沟通"**。

例如，甲知道乙的书中夹了一张清代的邮票，乙本人对此邮票毫不知情。甲欺骗乙说："把你的书借给我看一下吧，我明天还给你。"乙将书出借给甲，甲拿到该书后，将书中邮票据为己有，第二天将书还给乙。——乙对书中的邮票全然不知，主观上没有处分意识，甲的行为成立盗窃罪。

【典型真题】

关于诈骗罪的认定，下列哪一选项是正确的（不考虑数额）？（　　）（单选）（16年卷二17题）①

A. 甲利用信息网络，诱骗他人点击虚假链接，通过预先植入的木马程序取得他人财物。即使他人不知点击链接会转移财产，甲也成立诈骗罪

B. 乙虚构可供交易的商品，欺骗他人点击付款链接，取得他人财物的，由于他人知道自己付款，故乙触犯诈骗罪

C. 丙将钱某门前停放的摩托车谎称是自己的，卖给孙某，让其骑走。丙就钱某的摩托车成立诈骗罪

D. 丁侵入银行计算机信息系统，将刘某存折中的5万元存款转入自己的账户。对丁应以诈骗罪论处

【争议问题】关于"处分意识"的不同观点

（1）**概括（抽象，50%）的处分意识说**认为，只要被害人主观上**大致认识**到自己交付的财产的种类（如衣服、酒、手机），就认为行为人具有处分意识。

（2）**具体的（100%）处分意识说**认为，只有被害人**清楚地认识**到自己交付的财产的全部内容（种类、数量、质量、价格、外形等），才能认为其有处分意识。

例如，甲去商场购买西服，其将两件分别标有1000元、10000元的西服的价格标签进行调换，甲仅付款1000元就买走了实际价格为10000元的西服，被害人（售货员）乙并没有发现甲调换价格标签的行为。——本案中，售货员知道自己交付了西服，但对于西服的价格没有认识到，如果持概括的处分意识，可以认为售货员处分了财产，行为人的行为成立诈骗罪；如果持具体的处分意识，售货员确实没有认识清楚自己交付的财产的全部内容，其没有处分意识，行为人的行为成立盗窃罪。

审判实务最近更多地坚持"概括的处分意识说"。如果要求被害人要有具体的处分意识，在很多案件中并不现实。如果要求犯罪行为人与被害人进行充分沟通，被害人清楚地认识到自己处

---

① 答案：B

分的财产，被害人又怎么会处分财产呢？①

例如，毛毛在某酒店就餐，消费3000元。在王某结账时，收银员吴某偷偷调整了POS机上的数额，故意将3000元餐费改成30000元，交给王某结账。王某果然认错，支付了30000元。——本案中，对于吴某盗刷他人信用卡的行为，可能存在两种处理意见：一种观点认为，成立盗窃罪。这种观点认为，被害人并不知道自己多余处分的钱款（30000—3000＝27000元），行为人吴某拿走这部分财产的，应成立盗窃罪。另一种观点认为，成立诈骗罪。这种观点认为，对诈骗罪所要求的"处分意识"不作严格解释，持概括（抽象）的处分意识说（这种观点也称之为处分意识必要说的缓和论），只要行为人主观上大致认识到自己交付的财产的种类（如衣服、酒、手机）就可以认为有处分意识。(18年主观题)

（二）如何理解"财产上的损失"

成立诈骗罪，要求欺骗行为造成了被害人的财产损失。但如何界定财产损失的范围，亦存在不同的观点。

1. 无效债权的丧失不能视为财产损失

例如，采取欺骗行为使妓女免收嫖资的，不成立诈骗罪，这实际上是骗"色"。当然，如果已经交付了嫖资，又从卖淫女手中骗回来的，成立诈骗罪。

2. 行为人即使提供了相当对价，但如果没有实现被害人的交换目的，能否认定为有财产损失，进而认定为诈骗罪，存在不同观点。

例如，行为人将某产品卖给被害人，夸大了产品的功效，虽然被害人交付的钱财与产品的价值相当，但由于被害人将财物买回来对被害人而言没有任何效用。较为典型的案例就是实践中经常出现的，欺骗老年人购买一些对其并没有作用的药品、保健品，行为人给付的药品、保健品与被害人交付的金钱在价值上基本相等，但这些药品、保健品对被害人并无作用。

一种观点认为，诈骗罪是针对个别财产的犯罪，上述行为实际上是侵害了被害人的财产权（金钱给付），应成立诈骗罪。

另一种观点认为（多数观点），这种案件不构成犯罪，或者已经交付的药品、保健品应从犯罪数额中扣除。这种观点认为诈骗罪是针对整体财产的犯罪，只要被害人的财产整体（总量）没有减少，就不认为存在财产损失，不成立诈骗罪。

3. 延伸阅读：对于偷换商家"二维码"从而获取财物的案件，如何定性？

例如，张某利用自己所学的计算机技术，偷偷将某西餐厅收款的支付二维码换成自己的，致使一些顾客在该西餐厅消费支付时，直接将钱款转到张某的账户内。对于张某的行为如何定性，存在不同观点：

（1）多数观点认定为成立盗窃罪

该类案件的实质是张某受益，商家受损，而张某和商家之间没有任何沟通，商家完全不知情，故张某的行为成立盗窃罪。

（2）少数观点认为成立诈骗罪

行为人虚构事实即偷换商家二维码的行为，致使顾客产生错误认识，基于错误认识而处分财产，导致商家产生损失，成立诈骗罪，即顾客处分了商家的财产（商家对顾客的债权）。

---

① 参见《刑事审判参考》第1048号葛玉友等诈骗案。

(3) 审判实践中，对于偷换二维码的案件，认定为盗窃罪。①

(4) 关联真题

甲用乙的淘宝账号从网上买了一个手机，用甲自己的银行卡付了款，留的是自己的号码。手机卖家核实信息时，按照淘宝账号信息打电话给了乙，乙骗商家说手机是他买的，并告知商家更改收货地址，商家把手机发货给乙。(18年真题)

该题有两种观点：

一种观点，成立诈骗罪。乙的行为对商家构成诈骗，乙并没有欺骗所有权人甲，而是欺骗了卖家。卖家对该财物当然具有处分权，而且，卖家对于将财产（手机）转移给乙是知情的，可以认为是处分了财产。

另一种观点，成立盗窃罪。如果整体来看这个案件，似乎最终遭受损失的是甲，而甲并没有处分财产的行为、意识，同时，该案中，甲并没有委托商家占有其财产，商家也无处分甲的财产的权利，从这一意义上看，乙对甲的行为亦成立盗窃罪，盗窃的是债权（即甲对商家的债权，也即发货权）。

司法实践中，对于这类案件，商家本身一般不承担责任，而且商家的做法也完全符合规范，商家没有进一步审查行为人身份信息的义务，甚至都不能认为商家"被骗"，最终损失应该由甲来承担，而甲并没有处分财产的行为及意识。从这一意义上看，乙的行为成立盗窃罪更为妥当。

(三) 诈骗罪与盗窃罪的区别

诈骗罪中，犯罪分子是使用了诈术，使被害人"自愿交付"财产，即被害人对于财产的"转移"是知情的，即犯罪行为人与被害人就财物的处分、转移是进行过"沟通"的。

盗窃罪中，被害人对于自己占有的财物怎么从自己占有之下转移至犯罪分子之下，是不知情的，犯罪行为人与被害人就财物的处分、转移没有进行过"沟通"。

1. 三角诈骗

是指利用欺骗方法，使他人处分财物，财产处分人和被害人不同一，即行为人欺骗的是不知情的、财产所有权人以外的第三人。

(1) 如果该不知情的第三人是有处分权利的，行为人成立诈骗罪。如下案件中，妻子、保姆、银行职员虽然不是财产所有权人，但事实上占有财产，应认为有处分权。

例如，丙是乙的妻子，乙上班后，甲前往丙家欺骗丙说："我是乙的新任秘书，乙上班时好像忘了带提包，让我来取。"丙信以为真，甲从丙手中得到提包（价值3300元）后逃走。——乙的妻子有处分权，因此甲的行为成立诈骗罪。(08年四川卷二59题)

又如，甲对李某家的保姆说："李某现在使用的手提电脑是我的，你还给我吧。"保姆信以为真，将电脑交给甲。——保姆有处分权，因此甲的行为成立诈骗罪。(15年卷二63题)

(2) 如果该不知情的第三人没有处分权利（未占有财物），行为人成立盗窃罪。

例如，洗衣店经理A发现B家的走廊上晒着西服，便欺骗本店临时工C说："B要洗西服，但没有时间送来，你到B家去将走廊上晒的西服取来。"C信以为真，取来西服交给A，A将西服据为己有。C显然受骗了，但他只是A盗窃的工具而已，并不具有将B的西服处分给A占有的权限或地位，因为C从未占有过这些衣服。——A成立盗窃罪（间接正犯）。

---

① 参见（2017）粤0604刑初550号。

2. 暗中调包（是指调被害人的包），成立盗窃罪

理由：被害人根本不知道自己的东西被调包了，没有认识到处分了财产，主观上完全<u>没有处分意识</u>。

例如，欣欣在高某的金店选购了一条项链，高某趁欣欣接电话之际，将为其进行礼品包装的项链调换成款式相同的劣等品（两条项链差价约 3000 元）。欣欣回家后很快发现项链被"调包"，即返回该店要求退还，高某以发票与实物不符为由拒不退换。——本案中，被害人欣欣不知道自己的项链被调包了，主观上完全没有处分意识，高某的行为构成盗窃罪。（09 年卷二 59 题）

但是，甲从乙的柜台处购买了一条真项链，刚离开柜台不远就回去声称项链的款式不行，要求退货。在退货的时候，甲用假项链换得了货款。甲的这种行为就构成诈骗，诈骗所得的财物是退货的货款而非金项链。①

又如，甲系某股份制电力公司所属某供电所抄表组抄表员，在一次抄表时，甲与某金属加工厂承包人乙合谋少记载该加工厂用电量，并将电表上的数字回拨，使加工厂少交 3 万元电费。事后甲从乙处索取好处费 1 万元。——甲的行为构成非国家工作人员受贿罪、盗窃罪。（08 年四川卷二 62 题）

3. 调虎离山的，原则上成立盗窃罪

（1）虽然对老虎实施了欺骗行为使老虎离开了山，但由于老虎并<u>没有处分财产</u>，犯罪分子是<u>在老虎不知情的情况下取走财产的</u>，因此，仅<u>成立盗窃罪</u>。

例如，甲与乙一起乘火车旅行，火车在某车站仅停 2 分钟，但甲欺骗乙说："本站停车 12 分钟"，乙信以为真，下车购物。乙刚下车，火车便发车了。甲立即将乙的财物转移至另一车厢，然后在下一站下车后携物潜逃。——本案中，虽然甲实施了欺骗行为，但乙并没有因为受骗而产生处分财产的错误认识，更没有基于错误认识处分财产，只是由于下车导致对财物占有的弛缓，甲转移财产的行为构成盗窃罪。（08 年四川卷二 15 题）

又如，甲路过某自行车修理店，见有一辆名牌电动自行车（价值 1 万元）停在门口，欲据为己有。甲见店内货架上无自行车锁便谎称要购买，催促店主去 50 米之外的库房拿货。店主临走时对甲说："我去拿锁，你帮我看一下店。"店主离店后，甲骑走电动自行车。——本案中，店主离店让甲帮忙看店的行为并没有处分财产的意思，甲骑走电动车的行为构成盗窃罪。②（07 年卷二 15 题）

（2）但如果调虎离山，不仅把老虎骗走了，而且让老虎<u>自愿处分财产</u>，则<u>成立诈骗罪</u>。

例如，甲欺骗乙说："你女友出车祸了，赶紧去看一下。你的这个包就交给我吧！"乙信以为真，打车去看其女友，并将手包交给甲保管。——该案中，乙放弃了对包的占有，可以认为是处分了财产，甲的行为构成诈骗罪。

4. 以欺骗方式借用财物的处理

（1）如果被害人<u>没有放弃对财物的占有</u>（站岗），行为人趁被害人不注意取走财物的，应成

---

① 参见陈兴良、陈子平：《两案刑法案例比较研究》，北京大学出版社 2010 年版，第 21 页。
② 注意，"店"是不动产。不动产范围内的财产永远归主人占有，即便主人委托他人看管，看管者也最多只有辅助占有者。主人（所有权人）以外的人取走该财产的，成立盗窃罪。例如，甲临时外出，委托乙帮他"看家"。乙在帮甲看家的过程中，将甲家中的财物拿走，成立盗窃罪。

立盗窃罪。

实践中出现的借打他人手机，然后趁被害人不知情的情况而悄悄逃走的，定盗窃罪。理由在于：

第一，借手机打电话的，被害人就在手机旁边，即使行为人在使用手机，手机也是由被害人占有，被害人并没有处分其财产，而是一直注视、控制着自己的手机。被害人虽然将手机交付给他人，却并没有终局性转移的意思，而是在其监督下有条件地使用手机。

第二，行为人之非法占有手机，还是秘密窃取的结果。如果认为行为人的行为成立诈骗罪，则意味着行为人接到手机时便成立诈骗既遂；即便行为人打完电话后将手机返还给被害人，也属于诈骗既遂后的返还行为，这恐怕难以被人接受。

实践中经常出现的伪装去商场购物，让售货员拿出商品试穿试戴类的案件，被害人虽然将财物交给行为人试穿试戴，但种交付不宜认定为是诈骗罪中的处分。因为在商场中试穿试戴的时候，商场都是进行了较为严格的监控的，有监控仪器在监视着，工作人员也一直在监督着试穿试戴的顾客。并且，根据商业惯例，试穿试戴的人也只能在特定的区域即商场工作人员所能监控的范围之内试穿试戴，而不能超出此范围。即使被害人（售货员）没有站在试衣人的旁边，而忙于接待其他客人，也不宜认为被害人处分了财产。此种情形下，行为人乘营业员不注意，带走财产的，成立盗窃罪。

（2）若被害人自愿脱离对财物的占有（站岗），说明被害人处分了占有，成立诈骗罪。

例如，甲以欺骗方式借用乙的手机打电话，并征得乙的同意后携该手机去远处，乙表示同意。此时，乙放弃了对手机的占有，甲的行为成立诈骗罪。

类似的，倘若A穿上西服后，向售货员B说："我买西服需征得妻子的同意，我将身份证押在这里，如妻子同意，我明天来交钱；如妻子不同意，我明天还回西服。"B同意A将西服穿回家，但A使用的是假身份证，次日根本没有送钱或西服给B。那么，A的行为则构成诈骗罪。因为B允许A将西服穿回家，实际上已自愿放弃了对衣服的占有。

（四）其他问题

1. 多次诈骗（连环诈骗）的数额认定：以实际没有归还的数额为限

例如，甲第一次骗了乙6万元，第二次骗了乙12万元，并且用第二次骗乙的钱归还了第一次骗乙的6万元。——本案中，乙实际受损失的数额应该是12万元，甲的诈骗金额是：6+12-6=12万元。

2. 无钱饮食、住宿

（1）原本没有支付饮食、住宿费用的意思，而伪装具有支付费用的意思，欺骗对方，使对方提供饮食、住宿的，如果数额较大，成立诈骗罪。——行为人一开始就具有欺骗的意思，就相当于骗吃骗喝、骗烟骗酒，当然成立诈骗罪，诈骗的对象就是消费的物品。

例如，甲于7：00进入酒店开始，就准备骗吃骗喝（烟、酒、海鲜），没有支付费用的意思。其将该物品（烟、酒、海鲜）能够顺利骗出酒店（如打包离开），或者在酒店消费完毕，当然成立诈骗罪。其诈骗的对象是：烟、酒、海鲜。

（2）行为人原本具有支付饮食、住宿费用的意思，但在饮食、住宿后，采取欺骗手段不支付费用的。由于被害人并没有因此而免除行为人的债务，即没有处分行为（没有免单），故对该行为难以认定为诈骗，无罪。——这种行为的本质其实是"赖账"，"赖账"只是一种民事纠纷，

不成立刑法上的犯罪。

例如，甲于7：00—8：00在某酒店正常用餐，用餐后，甲和酒店之间形成了债权债务关系（需要支付餐费）。此时，即使甲死亡，这种债权债务关系都是存在的，甲逃到天涯海角也是存在的。只要酒店（服务员）没有免除债务的行为，该债务就存在。甲的逃跑也不改变债权债务的存在，甲后续逃跑的，属于"赖账"，是民事纠纷。(21年真题)

又如，上述案例中，如果甲用餐后，才产生了不支付费用的想法。甲欺骗服务员乙说："我是大领导的弟弟，可以免单吗？"乙遂经酒店经理同意对其免单（免除债务）。甲的行为构成诈骗罪。

换言之，债权债务是逃不掉的、跑不掉的，但是，可以让债权人免掉。

【典型真题】

关于诈骗罪的理解和认定，下列哪些选项是错误的？（　　）（多选）(13年卷二61题)①

A. 甲曾借给好友乙1万元，乙还款时未要回借条。一年后，甲故意拿借条要乙还款。乙明知但碍于情面，又给甲1万元。甲虽获得1万元，但不能认定为诈骗既遂

B. 甲发现乙出国后其房屋无人居住，便伪造房产证，将该房租给丙住了一年，收取租金2万元。甲的行为构成诈骗罪

C. 甲请客（餐费1万元）后，发现未带钱，便向餐厅经理谎称送走客人后再付款。经理信以为真，甲趁机逃走。不管怎样理解处分意识，对甲的行为都应以诈骗罪论处②

D. 乙花2万元向甲购买假币，后发现是一堆白纸。由于购买假币的行为是违法的，乙不是诈骗罪的受害人，甲不成立诈骗罪

3. 文物、古董买卖与诈骗罪

文物、古董的价值本身就是不确定的，同一文物、古董，在不同的地方、经不同的拍卖师，价格可能存在很大差异，其交易价格取决于买卖双方的自愿（主观价值）。

（1）标高文物、古董的价格的，不成立诈骗罪。

（2）如果对文物、古董本身的重要信息（客观属性）予以隐瞒、欺骗的，如年代、作者等，成立诈骗罪。

（3）如果文物的"价格"是比较确定的，故意压低价格欺骗他人的，可能涉嫌诈骗罪。

例如，收藏家甲受托为江某的藏品进行鉴定，甲明知该藏品价值100万，但故意贬其价值后以1万元收买。——甲故意压低价格欺骗他人，甲的行为构成诈骗罪。(07年卷二62题A项)

【典型真题及模拟题】

1. 甲将一只壶的壶底落款"民国叁年"磨去，放在自己的古玩店里出卖。某日，钱某看到这只壶，误以为是明代文物。甲见钱某询问，谎称此壶确为明代古董，钱某信以为真，按明代文物交款买走。又一日，顾客李某看上一幅标价很高的赝品，以为名家亲笔，但又心存怀疑。甲遂拿出虚假证据，证明该画为名家亲笔。李某以高价买走赝品。请回答第86—87题。（　　）（多选）(11年卷二86—87题)

---

① 答案：BCD。
② 餐厅经理同意甲离开是以为甲送朋友，餐厅经理并未同意免除甲的餐费，亦未同意甲日后再来支付餐费。换言之，餐厅经理同意甲离开时，并无任何处分意识，未进行任何财产处分，故甲不构成诈骗罪。

86. 关于甲对钱某是否成立诈骗罪，下列选项错误的是：（　　）多选①

A. 甲的行为完全符合诈骗罪的犯罪构成，成立诈骗罪

B. 钱某自己有过错，甲不成立诈骗罪

C. 钱某已误以为是明代古董，甲没有诈骗钱某

D. 古玩投资有风险，古玩买卖无诈骗，甲不成立诈骗罪

87. 关于甲对李某是否成立诈骗罪，下列选项正确的是：（　　）（多选）②

A. 甲的行为完全符合诈骗罪的犯罪构成，成立诈骗罪

B. 标价高不是诈骗行为，虚假证据证明该画为名家亲笔则是诈骗行为

C. 李某已有认识错误，甲强化其认识错误的行为不是诈骗行为

D. 甲拿出虚假证据的行为与结果之间没有因果关系，甲仅成立诈骗未遂

2. 关于诈骗罪，下列说法正确的是？（　　）（多选）③

A. 车某在十字路口红绿灯处，对钱某谎称去某村，请求搭乘钱某驾驶的电动三轮车。行驶过程中，车某对钱某称自己路熟要求自己驾驶，钱某同意。后车某让钱某下车查看前方路况，钱某下车后，车某径直当着钱某的面将该电动三轮车骑走，钱某追赶。车某的行为成立诈骗罪

B. 车某在排档吃饭，冒充承包工程的老板，以借车回家拿衣服为由问老板王某借车用一用，王某便把自己的摩托车借给车某。车某骑走后直接将该摩托车卖给摩托车行，后车某电话告诉王某摩托车所在地点，王某到达后取回被骗的摩托车。车某的行为不构成犯罪

C. 黄某与男友吴某共同生活时，获知吴某的微信支付密码，通过转账的方式使用吴某的手机分六次向自己的微信合计转账人民币146000元，后将吴某的微信转账记录删除。黄某的行为成立盗窃罪

D. 丙让甲去骗乙，让乙把手上的画毁掉，甲遂欺骗乙说："你这幅画分文不值，拿着被发现了还可能坐牢，赶紧毁掉吧。"乙毁掉画后，丙付给甲1000元。甲的行为不成立诈骗罪

【诈骗罪总结】

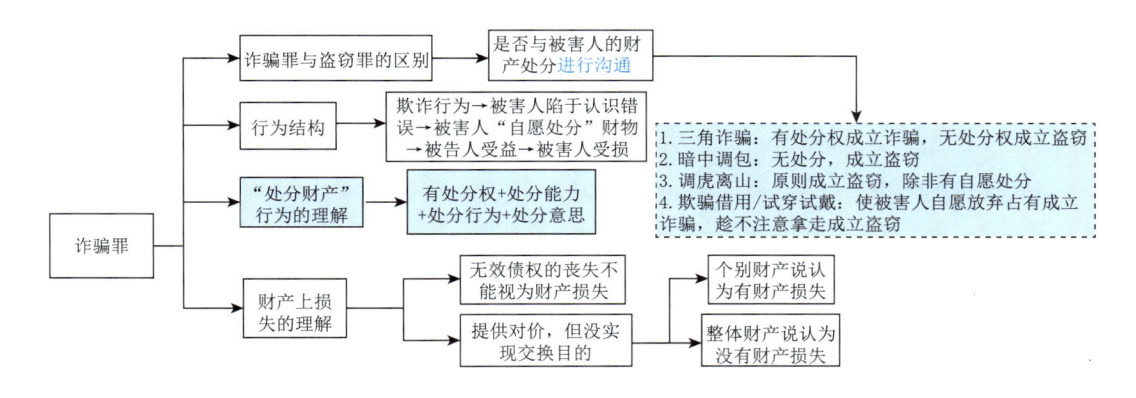

---

① 答案：BCD。

② 答案：AB。

③ 答案：CD。

主观题小案例

主观题的备考中，核心问题是财产犯罪。其中，抢劫、盗窃、诈骗是财产犯罪中的重心。在主观题备考中，需要了解各具体犯罪的构成要件及其内容，不同财产犯罪之间的差异对比，财产犯罪与人身犯罪之间的差异。并且，需要结合刑法总则中的共同犯罪理论来理解财产犯罪。

案例 1：甲当着乙的面，打了乙两耳光，要求乙给他5000元。乙心生害怕，给了甲5000元。
问题：甲的行为如何认定，请说明理由。

案例 2：巫某拿出水果刀架在出租车司机朱某脖子上，让朱某靠边停车，停车后巫某用刀划伤朱某脖子，逼迫其交出钱财。朱某在慌乱中挣脱，下车呼救，被经过的轿车撞倒，巫某见状驾驶出租车逃离现场，最终朱某经抢救无效死亡。
问题：巫某的行为是否属于抢劫致人死亡，请说明理由。

案例 3：巫某找到发小梁某一起想办法搞点钱，二人商议后决定一起去曲某家盗窃。为防止意外情况，两人均携带了匕首。两人在曲某家客厅翻找财物时，女主人突然归来，为抗拒女主人的抓捕，巫某用凶器将其打成重伤（没有反抗能力），继续寻找财物。二人获得财物后，离开现场。
问题：巫某和梁某的行为如何认定，请说明理由。

案例 4：甲乘坐司机肖某驾驶的出租车，发现座位上有一部手机。甲以为是上一个顾客遗忘的，便趁肖某不注意时，将手机装入自己口袋，然后就近让肖某停车，下车逃离。事后查明，该手机是司机肖某的。
问题：甲的行为如何定性，请说明理由。

案例 5：甲到某奔驰4S店，欲购买一辆奔驰S600汽车。后发现价格太高，便欺骗销售员说："让我自己单独去试驾一下该车吧！"销售员信以为真，便将该车钥匙交给甲，让其单独试驾。甲将该车开出4S店后并未折返，而是将车开上高速，潜逃外省。
问题：甲开走该奔驰汽车的行为构成何罪？

案例 1-问题：甲的行为如何认定，请说明理由。
答案：甲使用轻微暴力，并<u>不足以压制被害人的反抗</u>，不构成抢劫罪。使被害人基于恐惧之心而交付财物，<u>成立敲诈勒索罪</u>。

案例 2-问题：巫某的行为是否属于抢劫致人死亡，请说明理由。
答案：首先，本案中，巫某以<u>非法占有为目的</u>，实施了持刀暴力威胁，<u>压制朱某反抗</u>的行为，逼迫其当场交出财物，<u>构成抢劫罪</u>，出租车不属于公共交通工具，<u>不属于在公共交通工具上抢劫</u>。

其次，朱某在抢劫影响下慌乱无措，下车呼救是其本能（合乎规律），被来往车辆撞倒并<u>不异常</u>，<u>未能中断巫某的行为与朱某的死亡结果之间的因果关系</u>，巫某属于<u>抢劫致人死亡的结果加重犯</u>。

案例 3-问题：巫某和梁某的行为如何认定，请说明理由。

答案：巫某和梁某构成抢劫（致人重伤）罪共同犯罪，是转化型抢劫。

首先，巫某、梁某具有盗窃的共同故意，共同实施了入户盗窃行为，携带凶器表明两人主观上对在盗窃过程中可能使用凶器伤害被害人的情况有认识。

其次，巫某在盗窃过程中，为抗拒抓捕当场使用暴力将女主人打成重伤，构成转化型抢劫，是抢劫致人重伤。梁某对此也要负责，二人均转化为抢劫罪，成立抢劫（致人重伤）罪的共同犯罪。

案例4-问题：甲的行为如何定性，请说明理由。

答案：甲成立盗窃罪。手机处于相对封闭、人流量较少的空间内（出租车内），无论是否是顾客遗忘的，均由该空间管理者肖某占有，是有人占有的财物，不属于无人占有的财物。甲拿走该财物，成立盗窃罪。

案例5-问题：甲开走该奔驰汽车的行为构成何罪？

答案：成立诈骗罪。4S店工作人员基于错误认识而同意让甲单独试驾该车，说明其"处分"了该车，甲的行为成立诈骗罪。

可能考察的观点展示

1. 财产性利益能否成为抢劫罪的对象（没有直接取得欠条型的）。

模拟案例：李某决定外出散心，临行前将家里的古董花瓶（价值1000万元）交给邻居乙代为保管。半年后，李某结束旅程，前往乙家取花瓶时，乙要求李某支付5万元保管费，李某不同意。乙为了将花瓶据为己有，起了杀心，对李某谎称去卧室取花瓶，趁李某不备，乙以杀人的故意用菜刀猛砍李某10余刀，李某当场死亡。乙的行为如何定性，可以谈不同观点，请说明理由。

答案：乙的行为成立抢劫（致人死亡）罪，或故意杀人罪与侵占罪并罚。

关于乙杀害李某并将古董花瓶据为己有这一事实，刑法理论对这种情况有以下处理意见。

观点一：对乙的前后行为进行整体、综合评价，乙的行为成立抢劫罪（致人死亡）。理由是，乙杀害李某是为了不返还古董花瓶，李某对古董花瓶的返还请求权是一种财产性利益，财产性利益可以成为抢劫罪的对象。

观点二：对乙的前后行为进行分别评价。乙的行为成立侵占罪与故意杀人罪，数罪并罚。理由是：

首先，乙因委托保管合法占有该古董花瓶，在李某索要该古董花瓶时，乙才产生了据为己有之意，且并未返还古董花瓶，属于变合法占有为据为己有，成立侵占罪。

其次，乙对李某主观上有杀人的故意，客观上实施了杀害李某的行为，成立故意杀人罪，杀害李某使得乙将其保管的李某的古董花瓶据为己有。所以，乙对古董花瓶成立（委托物）侵占罪，对李某的死亡成立故意杀人罪，数罪并罚。

2. 公然以和平方式获取被害人财物的，究竟是认定为盗窃罪还是抢夺罪。

模拟案例：甲身上已无积蓄，便计划去沈某家盗窃。甲来到沈某家时被沈某发现，但由于沈某胆小，甲毫无畏惧感，沈某缩在墙角看着甲将自己家卧室里的1万元拿走。甲的行为如何认定，可以谈不同观点，请说明理由。

答案：根据不同观点，甲可能成立抢夺罪或盗窃罪。

一种观点认为，甲的行为成立抢夺罪。盗窃罪是秘密窃取，必须满足秘密性。甲进入沈某家中公然拿走沈某财物，成立抢夺罪。

另一种观点认为，甲的行为成立盗窃罪。盗窃罪既可以是秘密的，也可以是公开的，只要是以和平的方式取走他人的财物，就成立盗窃罪。甲采取和平的方式（没有造成被害人伤害的可能性）取走他人财物，成立盗窃罪。

3. 盗窃罪（诈骗罪、敲诈勒索罪）既遂、未遂的判断标准。控制说如何理解。

模拟案例： 毛毛敲诈勒索蒋某20万元，约定蒋某将20万元现金放置在某个垃圾桶旁边，方便毛毛拿取，不料蒋某放置完毕后被清洁工当作垃圾拿走。毛毛的行为成立敲诈勒索罪既遂还是未遂，请说明理由，可以谈不同观点。

答案： 一种观点认为，毛毛的行为成立敲诈勒索罪未遂。理由：

如果认为成立敲诈勒索罪要求行为人实际取得财物，那么，本案中，毛毛并没有实际取得（控制）该财物，故毛毛的行为还未完成，应认定为敲诈勒索罪未遂。

另一种观点认为，毛毛的行为成立敲诈勒索罪既遂。理由：

如果认为成立敲诈勒索罪不要求行为人实际取得财物，只要被害人将财物放至行为人指定的地点即可，那么，本案中，毛毛实施敲诈勒索行为，蒋某按照指令将财物放在垃圾桶旁边时，毛毛的行为就已经构成敲诈勒索罪既遂。

4. 关于诈骗罪所要求的处分意识，存在具体的处分意识说与概括的处分意识说两种观点。

模拟案例： 甲、乙到某黄金店铺购买黄金，甲在和店员王某挑选黄金时，乙提前偷偷在计重秤下面"做手脚"，使得计重秤在称黄金时反映不准确（实为100克，但计重秤上仅显示50克）。甲、乙支付了50克黄金的费用之后，就从王某处拿走了100克的黄金。

答案： 甲、乙二人的行为，存在盗窃罪与诈骗罪两种观点。

观点一：如果对诈骗罪所要求的处分意识持具体的处分意识说，要求被害人对交付的财物有具体的认识，那么，本案中，被害人对自己交付的财物的数量（重量）没有认识清楚，甲、乙的行为成立盗窃罪。

观点二：如果对诈骗罪所要求的处分意识持概括的处分意识说，要求被害人对交付的财物有大概的认识，那么，本案中，被害人对交付的财物的外观、形状都有大致的认识，应认为有处分意识，甲、乙的行为成立诈骗罪。

5. 偷换商家二维码（特殊的三角诈骗）中，如何认定盗窃罪与诈骗罪的区分。

模拟案例： 甲发现商业街中的部分店铺用于收款的微信二维码，无人看管，于是趁无人注意之机，将部分店铺的微信二维码调换为自己的二维码，顾客在付款时实际将货款支付给了甲。经查，甲通过此方式共获取人民币8000元。甲的行为如何认定，请说明理由。

答案： 观点一：甲的行为成立盗窃罪（多数观点）。理由：

甲偷换二维码的行为使商家受损，甲因此受益，而甲与商家之间没有任何沟通，商家完全不知情，故甲的行为成立盗窃罪。

观点二：甲的行为成立诈骗罪。理由：

甲偷换商家二维码的行为，致使顾客产生错误认识，基于错误认识而处分财产，导致商家产生损失，成立诈骗罪，即顾客处分了商家的财产（商家对顾客的债权）。

6. 死者刚死后，其身边的财物是否处于有人占有的状态。

模拟案例： 徐某在路上杀害孟某，在路旁目睹这一切的肖某，在徐某离开半个小时后，肖某顺手拿走死者的手提包。后肖某回到家中，打开手提包，发现里面只有一部手机和一张银行卡

(背面写有密码)。其妻蒋某见状，询问肖某手提包的由来，肖某谎称是捡来的。二人用该银行卡在商场消费40000元。肖某和蒋某的行为如何认定，请说明理由。

答案：（1）关于肖某拿走孟某手提包（内含手机和银行卡）的行为性质，关键在于如何认定死者占有：

观点一，肖某对孟某手提包（内含手机和银行卡）成立盗窃罪。理由：若肯定死者的占有，即肖某属于将他人占有的财产转移至自己占有，成立盗窃罪。

观点二，肖某对孟某手提包（内含手机和银行卡）成立侵占罪。理由：若否定死者的占有，即手提包（内含手机和银行卡）属于遗忘物，也即肖某属于侵占遗忘物，成立侵占罪。

（2）肖某在商场刷孟某银行卡的行为性质，取决于如何认定死者占有：

观点一，若肯定死者的占有，即肖某属于盗窃孟某的银行卡，后续使用的，成立盗窃罪。《刑法》第196条第3款规定，盗窃信用卡并使用的，成立盗窃罪。

观点二，若否定死者的占有，即肖某属于侵占（捡拾）孟某的银行卡，后续使用的，属于冒用他人信用卡并使用，成立信用卡诈骗罪。

7. 抢劫罪的认定中，手段行为与获取财物的目的的行为之间，因果关系是否需要紧密关联，理论上存在不同的认识。有的主张必须有主观上的密切关系，即行为人实施手段行为的目的，就是为了获取财物；有的主张不需要有密切的关联，只要手段行为控制了被害人，哪怕是临时起意，利用被害人不能反抗的状态取走被害人的财物的，也应构成抢劫罪。

模拟案例：赵某与孙某因为琐事发生纠纷，赵某将孙某打倒在地，致孙某昏迷。此时，孙某的手机从衣服兜内滑落，赵某临时起意，将孙某的手机（价值900元）据为己有。赵某的行为能否认定为抢劫罪，请说明理由。

答案：本题的关键在于行为人出于其他目的实施暴力压制被害人反抗后，临时产生取财目的，进而取得财物，能否认定为抢劫罪。即，认定为抢劫罪，是否要求有新的暴力、胁迫行为。对此，存在不要说和必要说。①

一种观点认为，赵某成立抢劫罪。理由：

不要说认为，行为人利用先前实施暴力使被害人产生不能抗拒的状态，事后临时起意取得财物的，就成立抢劫罪，不需要再实施新的暴力、胁迫行为，不过度强调手段行为与目的行为（获取财物）之间具有直接的、主观上的因果关系。本案中，赵某使用暴力时并没有获取财物的故意，但其利用先前的暴力行为，使被害人陷入不能反抗的状态，事后再取走被害人财物的，构成抢劫罪。

另一种观点认为，赵某成立盗窃罪。理由：

必要说认为，只有当行为人产生取得财物的意思，进而在此故意下实施暴力、胁迫行为，才能认定为抢劫罪，强调手段行为与目的行为（获取财物）之间具有直接的、主观上的因果关系。赵某对被害人使用暴力时，并没有劫取财物的故意，事后利用被害人无法反抗的状态取得财物的，不成立抢劫罪。即手段行为与目的的行为之间没有直接的、主观上的因果关系，属于以秘密手段非法占有他人财物，成立盗窃罪。

---

① 张明楷：《侵犯人身犯罪与财产犯罪》，北京大学出版社2021年版，第243-245页。

第三节　侵占罪、敲诈勒索罪及其他

法条群及知识点

一、侵占罪

(一) 侵占罪的对象

1. 种类一：代为保管的他人财物

(1) 对"保管"应做广义的理解。包括：基于委托关系而占有的他人财物，委托关系发生的原因多种多样，如租赁、担保、借用、委任、寄存等。只要获取财物时，没有基于非法的手段（没有非法占有目的），则都可以解释为"代为保管的他人财物"。

例如，甲家中的衣服被风吹到了乙的家中，乙基于此而占有甲的衣服，就属于代为保管的他人财物。后乙将其据为己有的，成立侵占罪。

(2) 如果是基于业务上的关系代为保管的财物（即代表单位保管他人财物），行为人将此财物据为己有的，成立职务侵占罪。

(3) 基于不法原因替他人保管财物，如保管他人用于行贿的财物、犯罪所得等，事后拒不返还的，能否以侵占罪论处，存在肯定说、否定说两种观点。

例如，丁分期付款购买汽车，约定车款付清前汽车由丁使用，所有权归卖方。丁在车款付清前将车另售他人。——该案中，丁将并不属于自己的、"代为保管"的他人汽车处分了，成立侵占罪。(17年卷二18题D项)

再如，在甲、乙被起诉后，甲父丙为使甲获得轻判，四处托人，得知丁的表兄刘某是法院刑庭庭长，遂托丁将15万元转交刘某。丁给刘某送15万元时，遭到刘某坚决拒绝。丁告知丙事情办不成，但仅退还丙5万元，其余10万元用于自己炒股。在甲被定罪判刑后，无论丙如何要求，丁均拒绝退还余款10万元。丁的行为是否成立侵占罪，存在两种不同的观点。①(13年主观题)

---

① （1）构成。理由：①丁将代为保管的他人财物非法占为己有，数额较大，拒不退还，完全符合侵占罪的犯罪构成。②无论丙对10万元是否具有返还请求权，10万元都不属于丁的财物，因此该财物属于"他人财物"。③虽然民法不保护非法的委托关系，但刑法的目的不是确认财产的所有权，而是打击侵犯财产的犯罪行为，如果不处罚侵占代为保管的非法财物的行为，将可能使大批侵占赃款、赃物的行为无罪化，这并不合适。这种观点事实上是坚持违法多元论，认为民法和刑法可以坚持不同的判断。虽然在民法上这一委托保管关系（合同）是无效的，委托人不能基于该委托关系（合同）要求返还财物。但是，刑法应肯定委托人的返还请求权，要求受托人按委托关系（合同）约定将保管的财物予以返还，否则，就应成立侵占罪。即民法与刑法对委托合同采取了不同的态度，民法上否认合同，刑法上肯定该合同并基于此要求受托人返还财物。（2）不构成。理由：①10万元为贿赂款，丙没有返还请求权，该财物已经不属于丙，因此，丁没有侵占"他人的财物"。②该财产在丁的实际控制下，不能认为其已经属于国家财产，故该财产不属于代为保管的"他人财物"。据此，不能认为丁虽未侵占丙的财物但侵占了国家财产。③如认定为侵占罪，会得出民法上丙没有返还请求权，但刑法上认为其有返还请求权的结论，刑法和民法对相同问题会得出不同结论，法秩序的统一性会受到破坏。这种观点事实上是坚持违法一元论，认为民法和刑法应坚持同一性的判断。既然民法认为该委托合同系非法、无效的，那么委托人就不能基于该委托合同要求受托人返还。基于此，刑法与民法应保持一致，那么，刑法也就不能基于该合同要求受托人返还财物，不能将不返还财物的行为认定为侵占罪。

【典型真题】
不计数额，下列哪一选项构成侵占罪？（　　）（单选）（12年卷二18题）①
A. 甲是个体干洗店老板，洗衣时发现衣袋内有钱，将钱藏匿
B. 乙受公司委托外出收取货款，隐匿收取的部分货款
C. 丙下飞机时发现乘客钱包掉在座位底下，捡起钱包离去
D. 丁是宾馆前台服务员，客人将礼品存于前台让朋友自取。丁见久无人取，私吞礼品

2. 种类二：无人占有的财物：遗忘物与埋藏物。其实质在于脱离了原占有人（所有人）的占有，**处于无人占有的状态**。换言之，财物被遗忘在很不安全、无序的状态。

例如，甲在公园长凳上休息后，起身要走，刚走出十米，发现自己的手机遗忘在公园长凳上。——本案中，甲虽然"遗忘"了该手机，但该手机离甲的距离很近，仍然归甲占有，而非无人占有的状态。乙见状将该手机拿走的，应成立盗窃罪。

又如，甲早上离开家的时候，忘记将手机带出家门，回到办公室才发现手机在遗忘在自己家中。——本案中，甲虽然"遗忘"了该手机，但甲的手机此时仍然是处于安全的、有人占有的状态。乙溜进甲的家中，拿走该财物的，成立盗窃罪。

（二）客观特征

1. 第一步：**合法持有（无非法占有目的）**
2. 第二步：**非法占为己有（产生非法占有目的）**。"非法占为己有"的表现形式：赠与、转让、消费、出卖、出借、交换、抵偿、加工等。

例如，甲、乙二人约定结伴爬山，二人乘坐大巴车前往目的地。在大巴车上，甲看到乙睡着，于是将乙的手机偷出，打算下车扔掉乙的手机（无非法占有目的）。下车时，乙问甲看到自己的手机了吗？甲谎称是不是落在车上了，乙自认倒霉，后来甲又将乙的手机卖给不知情的丙。——甲的行为构成侵占罪。（20年真题）②

【注意】如果行为人第一步就有非法占有目的，则成立其他犯罪（如盗窃、诈骗），而非侵占罪。

例如，张某欲向县长钱某行贿，委托甲代为将5万元贿赂款转交钱某。甲假意答应，拿到钱后据为己有。——甲一开始就具有非法占有目的，通过虚假欺骗方式占有了5万元，应成立诈骗罪。（17年卷二18题A项）

（三）侵占罪与盗窃罪、诈骗罪之间的区分——**财物占有状态的类型**

侵占罪与盗窃罪、诈骗罪等财产犯罪**区分的关键在于**，"财物是否在被害人的占有之下"：刑法中的其他财产犯罪的特点是将被害人占有的财物通过窃取、骗取、暴力的方式据为己有，"横刀夺爱"型，其犯罪对象是有人占有的财物；而侵占罪的对象是行为人代为保管的财物、无人占有的财物，即财物并不处于被害人的占有之下。

---

① 答案：A。
② 这是因为，甲在一开始获取手机时，并没有非法占有目的。即便其后来有毁坏手机的故意，但事实上并没有实施毁坏的行为，也不成立故意毁坏财物罪。此后，甲将该手机据为己有的（出售该手机给他人，利用了该手机的经济价值，有利用机能），应成立侵占罪。张明楷教授指出："以毁坏的意思取得他人财物后，没有毁坏财物而是单纯予以放置，成立故意毁坏财物罪，因为该行为导致被害人丧失了财物的效用。以毁坏的意思取得他人财物并利用的，则成立侵占罪。"参见张明楷："论财产罪的非法占有目的"，载《法商研究》2005年第5期。试想，如果本案中，甲一开始获取手机时，主观上就有非法占有目的，甲的行为成立盗窃罪。而本案中，甲一开始并没有非法占有目的，不能直接认定为盗窃罪。

占有，不仅仅是依据物理上的占有，而且包括观念上的占有。

(1) 物理上的占有，是指行为人在客观上实际控制着这个财物，行为人手握财物等。

(2) 观念上的占有，是指行为人虽然没有客观上、实际上控制着财物，但社会观念一般认为财物仍处于其占有之下。例如，甲停在路边的汽车、自行车，即便甲离开了，也归甲占有，其他人取走该财物的，成立盗窃罪。

之所以认为，财物即便处于客观上无人看守的状态，也认为可能处于观念上有人占有的状态，其理由在于：占有更多地是一种财产秩序，而良好财产秩序的维持，并不仅仅依靠客观上的人的"看守"、"站岗"，还依靠社会公众约定俗成的财产秩序观念。

例如，主人的汽车停在路边，即便主人离开汽车很远，但这种财物状态必须得到较好地维持，社会一般公众也都是这样放置自己的汽车的，公众已经形成了这种观念、秩序。当然，观念上的占有在更大范围能被接受，就说明社会越有秩序，财物都不需要主人在旁边"站岗"。

一般认为，"有人占有"的东西就意味着，这个财物这样放置是比较安全的，这种财产秩序需要维持，其他人不能随意拿走，否则，成立盗窃罪。

而"无人占有"的财物，意味着这个财物现处于无人支配、控制的状态，处于不安全的状态，其他人基于此而对此重新建立占有、支配关系的，也应返还被害人，否则成立侵占罪。用更通俗的观念来说，"无人占有"的财物，我们拿走叫"捡"（侵占）；有人占有的财物，我们拿走叫"偷"（盗窃）。在判断行为是"偷"还是"捡"，如果存在模糊，即财物是否处于"有人占有"的状态存在模糊之处时，更应倾向于认定为是"偷"，肯定财物是有人占有的，这样有助于构建整个社会的财产秩序。——质言之，"占有"就是财产秩序，是多数人能接受的、相对有序与安全的一种财产状态。如下情形，可以认为财物处于有人占有的状态：

1. 事实支配领域内的占有（我的地盘我做主）

只要是在他人事实支配领域内的财物，即使他人没有现实地握有或监视，也属于他人占有的财物。

例如，他人家中角落的财物、他人果园里的果实、农民地里的作物、他人鱼池中的水产品，即使没有围墙、栏杆，也属于他人占有。

2. 事实支配领域外的占有

虽然处于他人支配领域之外，但存在可以推知由他人事实上支配的状态时，也属于他人占有的财物。

例如，甲将汽车停在自家楼下，忘记拔车钥匙，匆匆上楼取文件，被恰好路过的乙发现。乙发动汽车刚要挂挡开动时，甲正好下楼，将乙抓获。——乙的行为构成盗窃罪（未遂）。

又如，旅客将行李放在托运柜台旁，到相距20余米的另一柜台问事时，机场清洁工丙将该行李拿走据为己有。——丙的行为构成盗窃罪。

3. 特定场所的占有

例如，在教室上课，包放在桌上，即使人短暂离开，也是主人占有的财物，其他人拿走，成立盗窃罪。

又如，甲在餐馆就餐时，将提包放在座位上，付款时忘记拿提包，或者离店时忘了拿提包，但只要时间短暂，就仍应认定甲仍然占有着自己的提包。

又如，甲拿着包坐在公园长椅上，乙看着就默默坐他旁边。甲离开时忘记将自己的包拿走，乙见甲离开，迅速将包拿走。甲走出十米突然想起了自己的包，返回原处未看见包与乙。——乙的行为构成盗窃罪，即便甲短暂离开，也应推定该包由甲占有。(18年真题)

再如，特殊事件（火灾、水灾、雪灾、车祸）不改变占有关系。大海发生沉船事故后，即使货主或者运输者离开原地，也应该认为该船舶以及船中的货物由货主或者运输者占有。

丙发现洪灾灾区的居民已全部转移，遂进入居民房屋，取走居民来不及带走的贵重财物。丙的行为成立盗窃罪。(17年卷二18题C项)

4. 特定动物的占有

主人饲养的具有回到原处能力或习性的宠物，不管宠物处于何处，都应认定为饲主占有。

5. 转移占有

即使原占有者丧失了占有，但当该财物转移为建筑物的管理者或者第三者占有时，也应认定为他人占有的财物。

（1）如果某一空间是他人的家中，家是相对封闭的系统，主人对物的占有是独立的、排他性的，其他人不可能随意进入他人的家中。这类财物可以认为是由特定的空间管理者占有。

例如，在出租车上落下的物品、在宾馆房间落下的物品，属于有人（出租车司机、宾馆管理者）占有的财物。

又如，他人遗忘在银行储蓄所内的桌上的现金等财物，由银行管理者占有。

又如，甲遗忘在乙家的财物，由乙占有。

又如，游人向公园水池内投掷的硬币，属于公园管理者占有。

再如，高尔夫运动员抛弃在高尔夫球场内的高尔夫球，属于球场管理者占有。

（2）如果是遗忘在公共场所的东西，可以认为是无人占有的财物。理由：由于公共场所人员进出比较频繁，公共场所的管理人、所有人也不可能实现对其内的他人落下的物品的排他性的占有，此时财物就处于不太安全的状态。

6. 意识占有（气场占有）

例如，A不慎从阳台将钱包掉在该道路上后，一直在阳台上看守着该钱包时，该钱包仍然由A占有。B当着A的面拿走该钱包的，属于拿走了被害人占有的财物（可能成立抢夺罪或盗窃罪）。

又如，甲（盲人、乞丐）拿着一个碗在路边要饭，好心人自发将捐款放入甲的碗中。路人乙经过该处，将甲碗中的钱拿走，是拿走了甲占有的财物，成立盗窃罪。

7. 共同管理物，上位者占有

（1）当数人共同管理某种财物，而且数人之间存在主从关系时，原则上应当认定为是上位者占有财物，下位者取走财物的，成立盗窃罪。一般认为，上位者为财物的所有权人，或是对财物的支配权更大的人。

例如，商店的店员拿走商店里的东西的，成立盗窃罪。因为此种情形下，推定店主（上位者）占有商店的财物，店员（下位者）只是辅助占有者，其取走该财物的，成立盗窃罪。

又如，酒店服务员甲在帮客人拎包时，将包中的手机放入自己的口袋据为己有。甲的行为构成盗窃罪。

再如，客人在小饭馆吃饭时，将手机放在收银台边上充电，请服务员乙帮忙照看。乙假意答应，却将手机据为己有。乙的行为构成盗窃罪。

（2）但如果上位者与下位者具有高度的信赖关系，下位者被授予某种程度的处分权时，就应承认下位者的占有，下位者任意处分财物，成立侵占罪。

例如，老板甲叫员工乙独自去讨债，乙要债之后将财物据为己有，不交给其老板甲，成立侵占罪。原因在于：老板对员工乙具有高度的信赖关系，让乙一个人去讨债，乙将债要回来了，钱就一直处于乙的占有之下，而不属于共同占有物，乙将其据为己有的，成立侵占罪。

8. 封缄物内的财物，归主人占有，受托人取走该内容物的，成立盗窃罪

例如，甲将自己的保险柜交给乙保管，但告知乙不能打开该保险柜，并设置了密码。乙在帮甲保管该保险柜时，打开保险柜取走里面财物的，成立盗窃罪。

又如，某小区五楼刘某家的抽油烟机发生故障，王某与李某上门检测后，决定拆下搬回维修站修理。刘某同意。王某与李某搬运抽油烟机至四楼时，王某发现其中藏有一包金饰，遂暗自将之塞入衣兜。——王某的行为成立盗窃罪。(17年卷二86题)①

9. 死者对财物的占有

有限度地承认死者的占有。本部分讨论死者的占有的前提是，死者并不是死在自己家中，如果死在自己家中，无论何时，财物都处于有人占有的状态，他人进入死者家中取财的，都是成立盗窃罪。本部分讨论的是，死者死在马路上、树林里等无序的状态下，其身上（边）的财物的归属问题。

死了很久	其身上（边）财产是无人占有的
死者刚死时	（1）肯定占有说。多数观点认为，身上（边）的财物是有人占有的，取走该财物的，成立盗窃罪；②
	（2）否定占有说。也有观点认为，死者身上的财物是无人占有的，取走该财物的成立侵占罪。

例如，高某（杀害钱某后）回到小屋时，发现了钱某的 LV 手提包（价值 5 万元），包内有 5000 元现金、身份证和一张储蓄卡，高某将现金据为己有。关于拿走钱某的手提包和 5000 元现金的行为性质：如果认为死者不能占有，则成立侵占罪；如果肯定死者占有的，则成立盗窃罪。(15年主观题)

【典型真题】

1. 甲的下列哪些行为属于盗窃（不考虑数额）？（　　）(多选)（14年卷二60题)③

A. 某大学的学生进食堂吃饭时习惯于用手机、钱包等物占座后，再去购买饭菜。甲将学生

---

① 问题之思考：2012年卷二18A．甲是个体干洗店老板，洗衣时发现衣袋内有钱，将钱藏匿，甲的行为成立侵占罪。可能有同学会进行对比，为什么两个相似的案件，2017年是盗窃罪，2012年是侵占罪。可以这样来理解，2017年的试题中，该金饰是被害人有意放置在抽油烟机里面的，被害人并未放弃、遗忘的意思，犯罪行为人主观上对此也应是这种认识，取走该财物的当然成立盗窃罪。这就好比日常生活中，被害人将车放到4S店修车或洗车，修理工将车内东西取走的，当然成立盗窃罪。但是，2012年真题中，被害人将衣服交给洗衣店，显然是忘记了该衣服里的钱，无论是被害人还是洗衣店老板，都应知道这是行为人"遗忘"的财物。并且，洗衣时，必须将钱财取出，所以，钱财暂时由洗衣店老板占有。而修（洗）车时，修（洗）车工人并不需要将车内财物取出，车内财物仍然由主人占有，修（洗）车工取走车内财物的，成立盗窃罪。

② 司法解释亦肯定死者刚死时，生前的占有可以延续一段时间。2005年6月8日最高人民法院《关于审理抢劫、抢夺刑事案件适用法律若干问题的意见》第八条（关于抢劫罪数的认定）：行为人实施故意杀人犯罪行为之后，临时起意拿走他人财物的，应以此前所实施的具体犯罪与盗窃罪实行数罪并罚。

③ 答案：ABCD。

乙用于占座的钱包拿走

B. 乙进入面馆，将手机放在大厅6号桌的空位上，表示占座，然后到靠近窗户的地方看看有没有更合适的座位。在7号桌吃面的甲将手机拿走

C. 乙将手提箱忘在出租车的后备箱。后甲搭乘该出租车时，将自己的手提箱也放进后备箱，并在下车时将乙的手提箱一并拿走

D. 乙全家外出打工，委托邻居甲照看房屋。有人来村里购树，甲将乙家山头上的树谎称为自家的树，卖给购树人，得款3万元

2. 关于侵占罪的认定（不考虑数额），下列哪些选项是错误的？（　　）（多选）（11年卷二62题）①

A. 甲将他人停放在车棚内未上锁的自行车骑走卖掉。甲行为构成侵占罪

B. 乙下车取自己行李时将后备厢内乘客遗忘的行李箱一并拿走变卖。乙行为构成侵占罪

C. 丙在某大学食堂将学生用于占座的手机拿走卖掉。丙行为成立侵占罪

D. 丁受托为外出邻居看房，将邻居锁在柜里的手提电脑拿走变卖。丁行为成立侵占罪

【总结】整体而言，审判实务中已经逐步扩大"占有"的范围，越来越多的案件被认定为盗窃罪。

例如，车主遗忘在电动车储物槽内的财物系车主占有。田阳县人民法院（2017）桂1021刑初159号：2017年7月20日15时许，被告人黄国恩路过"民乐网吧"门前时，见到蒙某1放置的一部OPPO牌R9SK型手机（价值2300元）在电动车头下的储物槽里，即趁四周无人注意之机，将该手机盗走后逃离现场。法院认定为盗窃罪。

（四）侵占罪认识错误的处理

侵占罪的认识错误，要解决的问题是，行为人对其所取走的财物是否处于有人占有的状态，存在认识上的错误。

例如，误将无人占有的财物当作有人占有的财物；或者，误将有人占有的财物当作无人占有的财物。如上错误，在主客观相统一（重合）的范围内，应成立侵占罪。

1. 事实上是有人占有的财物（危害系数100分），行为人误以为是无人占有的（危害系数20分），将其拿走，成立侵占罪

例如，甲看见公园长凳上一个手包，未发现手包的主人乙，其实乙就站在该手包旁边。甲将该手包拿走的，成立侵占罪。虽然该手包事实上是有人（乙）占有的财物，但甲主观上并没有认识到，甲的行为成立侵占罪。

2. 事实上是无人占有的财物（危害系数20分），行为人误以为是有人占有的（危害系数100分），由于客观上不可能侵害他人对财物的占有，亦成立侵占罪。

例如，甲看见公园长凳上一个手包，乙站在手包旁边，甲误以为乙是手包的主人，事实上手包是他人遗忘在此处的。甲在乙未注意的情况下，将该手包拿走，甲的行为成立侵占罪。该案中，行为人虽然主观上想拿有人占有的财物，但财物事实上处于无人占有的状态，只能说甲主观上"异想天开"，甲事实上拿走的是无人占有的财产，应成立侵占罪。

---

① 答案：ABCD。

【侵占罪总结】

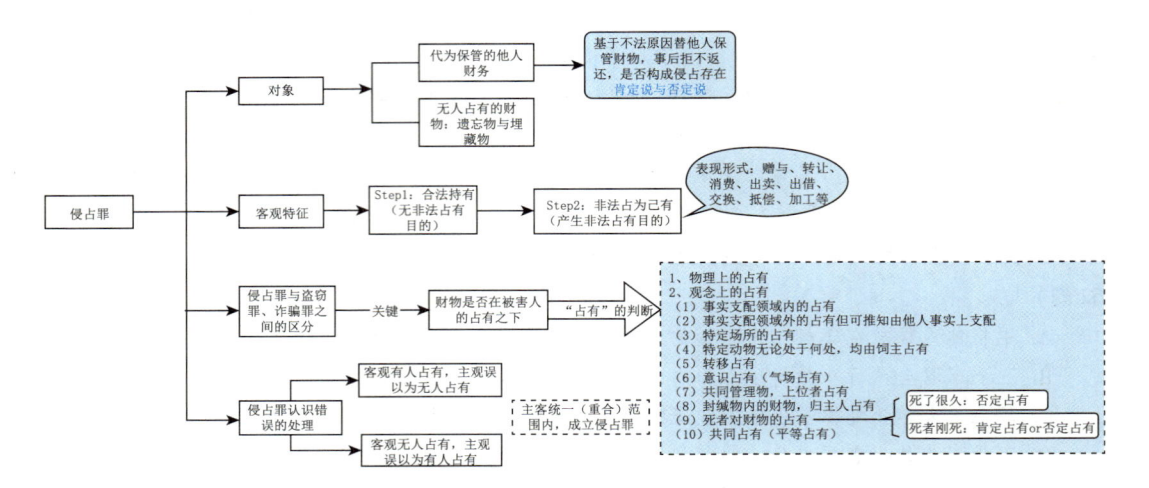

```
                        ┌─ 代为保管的他人 ──→ 基于不法原因替他人保
                        │   财务              管财物,事后拒不返
                ┌─ 对象 ─┤                    还,是否构成侵占存在
                │       └─ 无人占有的财        肯定说与否定说
                │          物:遗忘物与埋
                │          藏物
                │
                │                                    表现形式:赠与、转让、
                │       ┌─ Step1:合法持有 ──→ Step2:非法占为己有  消费、出卖、出借、
  侵占罪 ───────┼─ 客观特征  (无非法占有        (产生非法占有目的)  交换、抵偿、加工等
                │          目的)
                │
                │  侵占罪与盗窃                                     1、物理上的占有
                │  罪、诈骗罪之 ─ 关键 ─ 财物是否在被害人 ─"占有"的判断 → 2、观念上的占有
                │  间的区分              的占有之下                    (1)事实支配领域内的占有
                │                                                      (2)事实支配领域外的占有但可推知由他人事实上支配
                │                         ┌─ 客观有人占有,主观误        (3)特定场所的占有
                │                         │  以为无人占有               (4)特定动物无论处于何处,均由饲主占有
                └─ 侵占罪认识错 ──┤        主客观统一(重合)           (5)转移占有
                   误的处理          │        范围内,成立侵占罪          (6)意识占有(气场占有)
                                     └─ 客观无人占有,主观              (7)共同管理物,上位者占有
                                        误以为有人占有                 (8)封缄物内的财物,归主人占有     死了很久:否定占有
                                                                      (9)死者对财物的占有              死者刚死:肯定占有or否定占有
                                                                     (10)共同占有(平等占有)
```

【典型真题及模拟题】

1. 甲乘坐长途公共汽车时,误以为司机座位后的提包为身边的乙所有(实为司机所有);乙中途下车后,甲误以为乙忘了拿走提包。为了非法占有该提包内的财物(内有司机为他人代购的13部手机,价值2.6万元),甲提前下车,并将提包拿走。司机到站后发现自己的手提包丢失,便报案。公安人员发现甲有重大嫌疑,便询问甲,但甲拒不承认,也不交出提包。关于本案,下列说法正确的是:(　　)(多选)(04年卷二88题)①

   A. 由于甲误认为提包为遗忘物,所以,甲的认识错误属于事实认识错误

   B. 由于甲误认为提包为遗忘物,因而没有盗窃他人财物的故意,根据主客观相统一的原则,甲的行为成立侵占罪

   C. 由于提包实际上属于司机的财物,所以,甲的行为成立盗窃罪

   D. 由于提包实际上属于司机的财物,而甲又没有盗窃的故意,所以,甲的行为不成立盗窃罪;又由于甲具有侵占遗忘物的故意,但提包事实上不属于遗忘物,所以,甲的行为也不成立侵占罪

2. 某游戏厅早上8点刚开门,甲就进入游戏厅玩耍,发现6号游戏机上有一个手机,甲马上装进自己口袋,然后逃离。事后查明,该手机是游戏厅老板打扫房间时顺手放在游戏机上的。甲被抓获后称其始终以为该手机是其他顾客遗忘的财物——甲的行为构成盗窃罪。(03年卷二47

---

① 答案:AB。提包在公共汽车上,而公共汽车是人员出入比较频繁的地方,属于公共空间。甲主观上认为该包是乙遗忘在公交车上的,如果是乙遗忘在公交车上的财物,应当属于"脱离他人占有的财物",甲基于此拿走提包的,当然成立侵占罪。但事实上,提包是属于公交车司机的,即"他人占有的财物",甲客观上拿的是"他人占有的财物",但由于甲主观上并没有拿走"他人占有的财物"的故意,因此,不成立盗窃罪。该案中,甲将"司机的财物"(有人占有的财物)误以为是"乘客乙遗忘在公交车中的财物"(无人占有的财物),这两种财物体现了不同的犯罪构成所保护的法益,因此,属于抽象的事实认识错误。

题 A 项）①

3. 关于侵占罪，下列说法正确的是？（　　）（单选）②

A. 乙商店在开门前，就将口罩发给排队的顾客，每人一盒，等到商店开门后，顾客才可以进入店内付款。顾客甲拿到口罩后，趁人多离开。不考虑数额，甲的行为构成侵占罪

B. 仇某持本人身份证办理工商银行"e时代"卡，该卡交由崔某保管。崔某将银行卡租给牟某使用，牟某使用时，卡不慎被ATM机吞入，牟某请崔某、仇某到银行帮助领卡。崔某、仇某挂失并补办新卡，将牟某储于卡内的29万元侵吞，两人瓜分。崔某、仇某的行为成立侵占罪

C. 张某请隔壁桌的顾客邓某帮忙照看下笔记本电脑，自己去趟洗手间。邓某假意答应，待张某一去洗手间，邓某就拿着他的电脑离开了咖啡馆。邓某的行为成立侵占罪

D. 闫某为了避免自己名下的股份被法院查封，在未经签订股权转让协议的情况下，基于对老友乔某的信任，将其所拥有的公司股份（价值数千万）过户到乔某名下。后闫某多次要求其返还，遭到乔某拒绝。乔某的行为成立侵占罪

二、敲诈勒索罪

第274条【敲诈勒索罪】敲诈勒索公私财物，数额较大或者多次敲诈勒索的，处三年以下有期徒刑、拘役或者管制，并处或者单处罚金；数额巨大或者有其他严重情节的，处三年以上十年以下有期徒刑，并处罚金；数额特别巨大或者有其他特别严重情节的，处十年以上有期徒刑，并处罚金。

基本结构：行为人对他人实施威胁或要挟→致使被害人产生恐惧心理→被害人基于恐惧心理而处分财产→行为人取得财产→对方财产权受到损害

（一）客观表现

1. 方法行为：威胁、要挟（恐吓）——没有达到抑制对方反抗的程度

（1）威胁、要挟的内容可以是真实的事情，也包括虚假的事情（与诈骗罪存在竞合）。

例如，甲打电话欺骗乙说："你的孩子丙被我绑架了，必须打30万元给我的银行账户，否则就永远见不到你的孩子了。"乙信心为真，将30万元打入甲的银行账户。事实上，甲并没有绑架

---

① 试分析如下案例：（1）游戏厅晚上八点刚关门，甲就破门进入游戏机室玩，看到一部手机，以为是其他顾客遗忘在这里的，实为正在睡觉的游戏厅老板的手机，甲将该手机拿走。甲的行为成立盗窃罪。——本案中，虽然甲认为该东西是他人遗忘的，但他人遗忘的东西并不等同于刑法上的"遗忘物"，刑法上的"遗忘物"是无人占有的财产、不安全的财产，本案即便是他人遗忘的财物，也不等同于刑法概念中的"遗忘物"，故不成立侵占罪。可能会有人认为，甲认为这个"安全"的手机就是其他顾客遗忘的，甲就认为是"遗忘物"，那只能说甲对法律概念"遗忘物"没有学好，这属于对法律概念的认识错误，即法律认识错误，不影响定罪量刑。需要提醒的是：生活中所谓的"遗忘的财物"，并不等同于刑法上的"遗忘物"，只有当财物遗忘在很不安全、公共空间，才属于刑法上的"遗忘物"，如果遗忘在安全的地方，该财物仍然是有人占有的财物。也就是说，刑法上的"遗忘物"的范围，比生活概念中所理解的遗忘物要小很多。类似这样的问题，在2021年真题中考查过：甲将他人占有的财物（他人遗忘在自己家中的财物）评价为遗忘物而取走，那只能说甲没有搞清楚刑法中"遗忘物"的概念，这不属于遗忘物，而是有人占有的财物。甲属于法律认识错误，不影响犯罪的认定，甲成立盗窃罪。（2）毛毛家里早上八点刚开门，三毛就溜进毛毛家，见毛毛家客厅的茶几上有一个手机，以为是他人遗忘的手机，将该手机拿走，实际上该手机就是毛毛本人的手机。三毛的行为成立盗窃罪。——本案与前一案例完全相同，无论是毛毛本人的手机，还是他人遗忘在毛毛家的手机，手机都处于一个封闭、安全的场所，是处于毛毛的占有之下，三毛将该手机拿走的，成立盗窃罪。

② 答案：D。

丙，丙在幼儿园开心地玩耍。该案中，甲的行为既具有欺骗的成分，也具有恐吓的成分，应成立诈骗罪与敲诈勒索罪的想象竞合。

（2）威胁、要挟的内容可以非法的，但也可以是合法的。

例如，甲得知乙贪污了100万元，便电话告知乙："必须给我50万元，否则我就去纪委告你。"乙担心甲的告发，遂给甲50万元。甲的行为成立敲诈勒索罪，虽然向纪委告发乙的贪污行为本身是合法的，但是通过该"合法"手段从他人（乙）处获取不法利益，则是法律所禁止的。

（3）威胁的内容必须是由行为人本人或行为人所能控制的第三人来实现。即，必须让被害人对犯罪行为人本人感到害怕。

例如，甲威胁乙说，如果不给我十万元，我下周会杀你全家，或者，我下周会找人杀你全家。甲的行为成立敲诈勒索罪。

又如，乙与丙因某事发生口角，甲知此事后，找到乙，谎称自己受丙所托带口信给乙，如果乙不拿出2000元给丙，丙将派人来打乙。乙害怕被打，就托甲将2000元带给丙。甲将钱占为己有。——甲的行为构成诈骗罪，而非敲诈勒索罪，因为，乙对甲本人并不感到害怕。（05年卷二19题）

2. 目的行为：非法索要财物

（1）有理由要钱，哪怕要得过多都不构成敲诈勒索罪，但别侵犯被害人的人身权利

例如，黄静案：2006年，黄静购买了一台华硕电脑，在使用过程中多次出现异常现象，经过华硕售后几次检修后，发现该笔记本电脑机内原装正式版Pentium-m7602.0GCPU被更换为工程测试样品ES2.13GCPU，而英特尔公司明确规定其不能用于最终用户产品。黄静发现之后，委托代理人与华硕公司进行多次和解谈判。谈判中，其代理人周成宇提出了要求华硕公司按照其营业额0.05%进行惩罚性赔偿，数额为500万美元。此后，华硕公司向警方报案称其受到敲诈勒索。海淀检察院以证据不足为由，对黄静做出不起诉决定。

（2）没有理由要钱而非法索要的，原则上成敲诈勒索罪

例如，甲到乙的餐馆吃饭，偷偷在食物中投放一只事先准备好的苍蝇，然后以砸烂桌椅进行威胁，索要精神损失费3000元。乙迫于无奈付给甲3000元。甲没有理由而非法索要，构成敲诈勒索罪。

（二）敲诈勒索罪与相关犯罪的区别

1. 敲诈勒索罪与抢劫罪

	敲诈勒索罪	抢劫罪
暴力的程度不同	（1）原则上不对人使用暴力； （2）即便对人使用暴力，程度也较为轻微，不足以抑制被害人的反抗	（1）暴力或暴力威胁的对象针对人； （2）暴力的程度应达到足以抑制被害人反抗的程度
威胁的方式不同	可以当着被害人的面发出，也可以通过书信、电话或者第三者传达	当着被害人的面直接发出的
胁迫的内容不同	威胁的内容包括实施暴力、揭发隐私、毁坏财物、阻止正当权利的行使、不让对方实现某种正当要求等等	是以当场实施暴力相威胁

续表

	敲诈勒索罪	抢劫罪
暴力、威胁内容的实现时间不同	如果不满足行为人的要求，暴力、威胁的内容会在将来的某个时间实现	如果要求得不到满足，便会当场实施
暴力和取财的时间不同	不要求两个当场，包括： （1）以当场对人使用暴力相威胁，要求被害人日后交付财物； （2）以对被害人日后使用暴力相威胁，要求被害人日后交付财物	要求两个当场： （1）当场使用暴力，或者以当场使用暴力相威胁； （2）当场取得财物

敲诈勒索罪中的处分自由，是一种不充分的、有瑕疵的自由：面对行为人的压迫，被害人仍有保卫财产的可能。相对于**抢劫罪是反抗无用且不敢反抗，敲诈勒索罪就是反抗有用且应能反抗**。①

【典型真题】

张某乘坐出租车到达目的地后，故意拿出面值100元的假币给司机钱某，钱某发现是假币，便让张某给10元零钱，张某声称没有零钱，并执意让钱某找零钱。钱某便将假币退还张某，并说："算了，我也不要出租车钱了"。于是，张某对钱某的头部猛击几拳，还吼道："你不找钱我就让你死在车里"。钱某只好收下100元假币，找给张某90元人民币。张某的行为构成何罪？（　　）（单选）（02年卷二12题）②

A. 使用假币罪
B. 敲诈勒索罪
C. 抢劫罪
D. 强迫交易罪

2. 敲诈勒索罪与绑架罪

	敲诈勒索罪	绑架罪=非法拘禁+敲诈勒索等（不法目的）
使用的方法	使用扣押人质以外的方式的勒索财物，不侵犯人身权利	实施了控制人质的行为
索取财物的对象	向敲诈的对象本人勒索财物（只存在一方受害人）	向第三人索要财物或实现其他目的（存在两方受害人：人质、第三人）

例如，甲、乙合谋勒索丙的钱财。甲与丙及丙的儿子丁（17岁）相识。某日下午，甲将丁邀到一家游乐场游玩，然后由乙向丙打电话。乙称丁被绑架，令丙赶快送3万元现金到约定地点，不许报警，否则杀害丁。丙担心儿子的生命而没有报警，下午7点左右准备了3万元后送往约定地点。乙取得钱后通知甲，甲随后与丁分手回家。——由于该案件中不存在扣押人质的行为，只存在一方受害人丙，因此甲、乙的行为构成敲诈勒索罪（与诈骗罪存在竞合）。（03年卷二50题）

---

① 车浩："抢劫罪与敲诈勒索罪之界分：基于被害人的处分自由"，载《中国法学》2017年第6期。
② 答案：C。

3. 绑架罪与抢劫罪

	绑架罪	抢劫罪
暴力和取财的时间不同	绑架人质后，并不当场取得财物	暴力胁迫和取财行为均在当场
针对的对象	三面关系：绑架人质后，利用第三人对被绑架人的安危，向第三人索要财物（挟天子以令诸侯，诸侯很担心）。人质和第三人一般处于"不同场所"。	两面关系：直接向暴力胁迫的对象（即被害人本人）索要财物。在财物的交付者和暴力、胁迫的承受者不一致但处于"同一场所"的情况下，本罪的成立也不受影响。例如，对商场的保安实施暴力，然后从营业员手中夺取金银首饰的，也是抢劫罪。
通说及司法解释观点认为，抢劫罪是两面关系，犯罪行为人与被害人；绑架罪是三面关系，犯罪行为人、被挟持的人质、人质的亲友等。如果在抢劫的过程中，加入了第三面当事人的出现，则视犯罪行为人主观上是否想将其控制人质的事实告诉第三方当事人，而认定为绑架罪或抢劫罪。 （1）例如，甲控制乙后，抢劫乙的财物，但乙身上的钱并不多，甲要求乙给妻子丙打电话打钱过来，并要求乙将"甲、乙之间的故事，即乙被甲控制"告诉丙，甲的行为成立绑架罪。 （2）又如，甲控制乙后，抢劫乙的财物，但乙身上的钱并不多，甲要求乙给妻子丙打电话打钱过来，并要求乙不要将"甲、乙之间的故事，即乙被甲控制"告诉丙，甲的行为成立抢劫罪。 质言之：**绑架罪是抢劫罪的"升级版"**。在甲对乙实施抢劫的过程中，如果甲想将甲控制乙的事实告诉乙的妻子丙，让丙基于担忧而转账给甲，即让事态升级，甲的行为成立绑架罪；但如果甲并不将甲控制乙的事实告诉丙，只是想让乙通知丙转账，甲的行为仍成立抢劫罪。		

例如，甲使用暴力将乙扣押在某废弃的建筑物内，强行从乙身上搜出现金3000元和1张只有少量金额的信用卡，甲逼迫乙向该信用卡中打入人民币10万元。乙便给其妻子打电话，谎称自己开车撞伤他人，让其立即向自己的信用卡打入10万元救治伤员并赔偿。乙妻信以为真，便向乙的信用卡中打入10万元，被甲取走，甲在得款后将乙释放。——甲的行为构成抢劫罪。因为本案中，甲并没有想将自己控制乙的事实告诉乙的妻子，没有让事态升级，是乙自己欺骗妻子，此种情形下，仍然是甲使用暴力向乙要钱。(06年卷二14题)

又如，甲持刀将乙逼入山中，让乙通知其母送钱赎人。乙担心其母心脏病发作，遂谎称开车撞人，需付5万元治疗费，其母信以为真。——甲的行为构成绑架罪。[1](10年卷二16题)

---

[1] 行为人一开始就具有勒索乙的母亲的财物的目的，乙在本案中只是作为一个人质，从此意义上而言，甲的行为应该成立绑架罪（既遂）。绑架罪较之抢劫罪是重罪，即便事后乙并没有告诉其母亲自己被控制的事实，也不否认绑架罪的成立，绑架罪既遂后更不可能转化为抢劫罪。

4. 知识提升：抢劫罪与绑架罪是对立还是竞合关系？①

（1）通说及司法解释观点认为，抢劫罪与绑架罪是对立的（非此即彼，不能是亦此亦彼。例如，男人与女人）。

抢劫罪是两面关系，犯罪行为人与被害人；绑架罪是三面关系，犯罪行为人、被挟持的人质、人质的亲友等。

例如，乙闯入银行营业厅挟持客户王某，以杀害王某相要挟，迫使银行职员交给自己20万元。根据通说及司法解释的观点，该案是两面关系，顾客与职员是共同被挟持的对象，一起遭到控制，应成立抢劫罪，不构成绑架罪。（17年卷二15题B项）

（2）有学者认为，抢劫罪与绑架罪是竞合关系（可能亦此亦彼，例如，江西人与中国人，本科生与男人）。这种观点认为，既然三面关系的都成立绑架罪，两面关系的更应成立绑架罪，亦构成抢劫罪，二者存在竞合。或者说，抢劫是现场型的绑架罪。

例如，甲以勒索财物为目的绑架乙后，打电话威胁远在外地的乙的亲属丙说，"如果不交付赎金便杀害乙"，甲的行为成立绑架罪。但是，如果丙来到甲、乙所在的现场，甲将丙控制住，则更应该成立绑架罪，同时亦触犯了抢劫罪。

又如，乙闯入银行营业厅挟持客户王某，以杀害王某相要挟，迫使银行职员交给自己20万元。——根据绑架罪与抢劫罪的竞合论的观点，既然绑架人质后，劫取财物不具有当场性的，应认定为绑架罪。那么，绑架人质后，当场劫取财物的，认定为绑架罪也未尝不可，但这可能与抢劫罪存在竞合。（17年卷二15题B项）

【典型真题及模拟题】

1. 下列哪种行为构成敲诈勒索罪？（　　）（单选）（06年卷二15题）②

A. 甲到乙的餐馆吃饭，在食物中发现一只苍蝇，遂以向消费者协会投诉为由进行威胁，索要精神损失费3000元。乙迫于无奈付给甲3000元

B. 甲到乙的餐馆吃饭，偷偷在食物中投放一只事先准备好的苍蝇，然后以砸烂桌椅进行威胁，索要精神损失费3000元。乙迫于无奈付给甲3000元

C. 甲捡到乙的手机及身份证等财物后，给乙打电话，索要3000元，并称若不付钱就不还手机及身份证等物。乙迫于无奈付给甲3000元现金赎回手机及身份证等财物

D. 甲妻与乙通奸，甲获知后十分生气，将乙暴打一顿，乙主动写下一张赔偿精神损失费2万元的欠条。事后，甲持乙的欠条向其索要2万元，并称若乙不从，就向法院起诉乙

---

① 对于不同犯罪之间的关系，可能存在如下三种看法：第一，对立关系。也就是非此即彼的关系。例如，男人、女人这两个概念就是对立关系，谁也不可能既是男人，又是女人。具体到犯罪中，如果认为不同犯罪之间是对立关系，那么，某一行为，要么就是A罪，要么就是B罪，而不可能既是A罪，又是B罪。参见图1。第二，包容竞合关系。也就是亦此亦彼关系。例如，江西人与中国人之间，就属于这种关系。我既是江西人，也是中国人。参见图2。第三，交叉竞合关系。也就是说，两个概念之间不是包容与被包容关系，但存在部分交叉。例如，江西人与大学生这两个概念，就存在交叉，江西人有一部分是大学生，大学生中有一部分是江西人。参见图3。

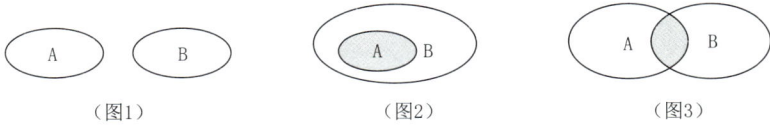

（图1）　　（图2）　　（图3）

② 答案：B。

2. 关于敲诈勒索罪，下列说法错误的是？（   ）（多选）①

A. 张某拿着菜刀来到李某办公室，要求李某出资 100 万元成为张某公司的股东，不然就要了李某的命。但张某给李某的股份几乎不值钱，李某被迫签了投资入股协议，第二天张某取走李某准备好的 100 万元。张某的行为成立敲诈勒索罪

B. 甲与已婚的演员乙发生不正当两性关系后，甲以曝光两人关系及隐私为由，先后多次向乙索要钱财。乙担心事情被曝光后影响工作、家庭以及名誉，交付钱财给甲。甲的行为构成敲诈勒索罪

C. 甲欲分得富商好友乙的遗产，遂对乙的继承人丙说："乙与我约定，他死后每个月给我 1000 元的生活费。你们要是不给我，我就去法院起诉你们，并曝光你们的丑事。"丙给了甲大量钱财。甲、乙之间不存在真实的约定，甲的行为不成立敲诈勒索罪

D. 网络知名写手周某，通过互联网平台对多个寺庙存在"假和尚"进行发帖，制造网络舆论。事实上，这些寺庙也均存在"假和尚"。后周某主动与寺庙负责人联系以"消除负面影响，帮助正面宣传"为由向对方索要钱款，对方被迫向其支付钱财。周某的行为系正当维权，不构成犯罪

三、总结：不同财产犯罪的区别（抢劫、敲诈勒索、盗窃、诈骗、抢夺、侵占）

长期以来，不少同学在学具体财产犯罪时，总是通过公式化的记忆来掌握各个财产犯罪的构成要件及其特征，例如，认为抢劫罪要使用暴力、突出两个当场（当场对人使用暴力或以当场对人使用暴力相威胁，当场取得财物），而没有深刻领悟为什么抢劫罪要具备这些特征。透过现象看本质：不同财产犯罪，其共同点在于取走了被害人的财产，而其区别在于，对被害人的影响各不相同：

1. 抢劫罪与敲诈勒索罪

抢劫罪对被害人的控制程度是 100%，使被害人不知反抗、不敢反抗、不能反抗、反抗无用，必须交付财产。抢劫罪所要求的对人使用严重暴力、胁迫，两个当场，就是"对被害人的控制程度是 100%"的具体展开。而敲诈勒索罪，对被害人的控制程度没有达到 100%，被害人不是"必须"交付财产，被害人保卫自己的财产仍有可能，被害人可以反抗、反抗有用。敲诈勒索罪所要求的不对人使用严重暴力、不需要两个当场，其实就是"对被害人的控制程度没有达到 100%"的具体展开。②

2. 盗窃与诈骗

盗窃的实质在于（通说观点），取走被害人的财物没有和被害人进行沟通，被害人并不知道自己财产被犯罪行为人取走，犯罪分子取走财物是秘密的。诈骗的实质在于，被害人知道自己处分财产，犯罪行为人与被害人就财物的转移进行过沟通。

3. 盗窃与抢夺

盗窃是秘密的（通说观点），其秘密性是相对被害人而言的，犯罪行为人主观上并不想让被

---

① 答案：ACD。

② 理论上，已经有越来越多的学者主张，不能机械地以两个当场、使用暴力、足以压制被害人的反抗，作为抢劫罪与敲诈勒索罪的区分标准，认为两罪的区分的实质在于，行为是否严重侵犯了被害人的人身权利、是否对被害人的控制程度达到非常严重。参见郭晓红："抢劫罪手段行为的界定：实务考察与标准重塑"，载《法学家》2021 年第 5 期。

害人知道财物转移的事实,说明犯罪行为人对被害人心存"敬畏"之心。而抢夺是公开的,相对被害人而言是公开的,那么犯罪分子对被害人毫无"敬畏"之心,而是"藐视"被害人。

4. 侵占罪与其他财产犯罪

侵占罪的对象是行为人代为保管的财物、无人占有的财物,即财物并不处于被害人的占有之下。其他财产犯罪(盗窃罪、诈骗罪、抢夺罪、抢劫罪)的对象是他人占有的财物。

主观题小案例

案例 1:甲给自己手机充电话费时,误将 3 万元充入乙的电话号码。后甲打电话给乙,要求乙返还该 3 万元,乙拒不返还。

问题:乙的行为应如何认定,请说明理由。

案例 2:甲在学校操场上看到一个钱包(内有财物若干),误以为是他人遗忘在操场上的,将其带走。事实上,钱包的主人乙正在离钱包十米远处打电话。

问题:甲的行为如何认定,请说明理由。

案例 3:毛毛在某电线杆上看到一则寻人启示,失踪人为男童蒋小某。毛毛便给蒋小某的父亲蒋某打电话,谎称蒋小某在其手上,要求蒋某交付 10 万元至指定帐户,否则将对蒋小某实施不利行为。后蒋某感到害怕,打入 10 万至毛毛指定的账户。

问题:毛毛的行为如何认定,请说明理由。

案例 4:徐某为非法获取肖某的财物,持刀胁迫肖某交出随身携带的财物。由于肖某身无分文,毛毛便要求肖某给其情妇蒋某打电话,肖某照做。蒋某担心徐某将对肖某实施不利行为,遂给徐某指定银行账户转入 10 万元。

问题:徐某的行为如何认定,请说明理由。

案例 1-问题:乙的行为应如何认定,请说明理由。

答案:乙的行为构成侵占罪。乙一开始获得该 3 万元时并没有基于非法手段,属于代为保管的他人财物。乙后续将该财物非法据为己有,有非法占有目的,成立侵占罪。

案例 2-问题:甲的行为如何认定,请说明理由。

答案:甲的行为构成侵占罪。该钱包事实上是有人占有的财物,但误认为钱包是他人遗忘在操场上的,即误认为是无人占有的财物。甲主观上没有犯盗窃罪的故意,即没有非法获取有人占有的财物的故意,只能认定为是侵占罪。

案例 3-问题:毛毛的行为如何认定,请说明理由。

答案:毛毛的行为应认定为诈骗罪与敲诈勒索罪的想象竞合。毛毛对蒋小某的家属实施了欺骗行为,构成诈骗罪。同时,毛毛让蒋小某的家属出于恐惧心理,交付了钱财,构成敲诈勒索罪。一行为触犯两罪名,是诈骗罪与敲诈勒索罪的想象竞合,择一重罪处罚。

案例 4-问题:徐某的行为如何认定,请说明理由。

答案:徐某的行为构成绑架罪。

首先，徐某使用持刀胁迫的方式迫使肖某交出随身携带的财物，足以压制肖某的反抗，有非法占有目的，构成抢劫罪。

其次，在肖某身无分文的情况下，徐某以控制肖某为由，以肖某作为人质向其情妇索要财物，使第三方担忧，其行为从抢劫罪升级为绑架罪。

可能考查的观点展示

1. 基于不法原因替他人保管财物，进而将财物据为己有的，能否成立侵占罪。

模拟案例：在被起诉后，甲的父亲吴某为使甲获得轻判，四处打听，了解到徐某是当地法院院长蒋某的表弟，遂托徐某将20万元转交蒋某。徐某将20万元送给蒋某时，遭到了蒋某坚决拒绝。徐某告知吴某事情办不成，但仅退还吴某10万元。无论吴某如何要求，徐某均拒绝退还余款10万元。徐某拒不返还该10万元，是否成立侵占罪，可以谈不同观点，请说明理由。

答案：观点一：如果坚持违法多元论，那么徐某构成侵占罪。

首先，无论吴某对10万元是否具有返还请求权，10万元都不属于徐某的财物，因此该财物属于"他人财物"。徐某将代为保管的他人财物非法占为己有，数额较大，拒不退还，完全符合侵占罪的犯罪构成。

其次，虽然民法不保护非法的委托关系，但刑法的目的不是确认财产的所有权，而是打击侵犯财产的犯罪行为，因此徐某成立侵占罪。

观点二：如果坚持违法一元论，徐某不构成侵占罪。

首先，10万元为贿赂款，吴某在民法上没有返还请求权，该财物已经不属于吴某，因此，徐某没有侵占"他人的财物"。

其次，既然民法不保护吴某的财产，刑法应与民法保持相同的价值取向，也不能通过认定徐某构成侵占罪而保护吴某的财产。

2. 绑架罪与抢劫罪的关系，究竟是竞合关系，还是对立关系。

模拟案例：甲离开李某家后，在街头闲逛，发现妇女王某抱着1岁的儿子在路边等公交。甲见天色昏暗、四下无人，突然上前抢过幼儿，把刀架在幼儿的脖子上，威胁其母王某交付财物，否则就杀害幼儿。王某因担心儿子的安危，将自己身上所有的现金2万余元全部交给甲。甲的行为应如何定性，可以谈不同观点，请说明理由。

答案：甲的行为可以认定为抢劫罪，或抢劫罪和绑架罪的想象竞合犯。

观点一：如果认为抢劫罪与绑架罪是对立关系，即抢劫罪是两面关系、绑架罪是三面关系，甲的行为构成抢劫罪，不构成绑架罪。

在甲行为当时，甲、王某、幼儿三人即本案的犯罪行为人、被害人都在犯罪现场，符合抢劫罪要求的两面关系，不符合绑架罪所要求的三面关系。

观点二：如果认为抢劫罪与绑架罪是竞合关系，甲的行为构成抢劫罪与绑架罪的想象竞合犯。

首先，甲当场将刀架在幼儿的脖子上，以此要挟王某交付财物，该行为使得王某陷入无法反抗的状态，被迫当场交付财物，完全符合抢劫罪的构成要件，甲构成抢劫罪。

其次，如果认为两罪之间是竞合关系，甲向不在现场的王某勒索财物都构成绑架罪，那么甲向在现场的王某勒索财物的行为更应成立绑架罪。

最后，甲只有一个行为，同时触犯绑架罪与抢劫罪，属于想象竞合，从一重罪处罚。

第十一章 人身犯罪

第一节　侵犯人身自由的犯罪（非法拘禁罪与绑架罪）

法条群及知识点

一、非法拘禁罪

第238条【非法拘禁罪】非法拘禁他人或者以其他方法非法剥夺他人人身自由的，处三年以下有期徒刑、拘役、管制或者剥夺政治权利。具有殴打、侮辱情节的，从重处罚。

犯前款罪，致人重伤的，处三年以上十年以下有期徒刑；致人死亡的，处十年以上有期徒刑。使用暴力致人伤残、死亡的，依照本法第二百三十四条、第二百三十二条的规定定罪处罚。

为索取债务非法扣押、拘禁他人的，依照前两款的规定处罚。

国家机关工作人员利用职权犯前三款罪的，依照前三款的规定从重处罚。

1. 保护法益：人身自由

（1）一种观点认为（国家法律职业资格考试持此观点），是现实的人身自由

换言之，如果某人没有认识到自己被剥夺自由，就表明行为没有妨害其意思活动，因而没有侵犯其人身自由。只有实际上影响了他人人身自由，才能成立非法拘禁罪。

例如，甲正准备出门，乙在门口堵住甲，并将甲的手、脚捆绑住，让甲无法出门。乙的行为现实、实际地侵犯了甲的人身自由，乙构成非法拘禁罪。

（2）另一种观点认为（通说），是"可能的人身自由"

例如，甲在房间睡觉期间，乙将房间门反锁，又在甲醒来之前将房间门打开，乙虽然没有实际上侵犯甲的人身自由，但可能会侵犯被害人的人身自由，如果持"可能的人身自由"说，乙的行为成立非法拘禁罪。但如果持现实的人身自由说，因为甲在睡觉，因此乙的行为并没有现实地侵犯甲的人身自由，不构成非法拘禁罪。

2. 非法拘禁过程中致人重伤、死亡的定性

（1）结果加重犯

非法拘禁过程中"拘禁行为本身"且过失致人重伤、死亡的，仅定非法拘禁罪一罪，作为该罪的结果加重犯（第238条第2款前半段）。

第一，拘禁行为与重伤死亡结果之间有因果关系。致人重伤、死亡，是指在非法拘禁过程中，由于捆绑过紧、长期囚禁、进行虐待等致使被害人身体健康受到重大伤害、死亡的；被害人

在被非法拘禁期间不堪忍受，自伤自残、自杀；非法拘禁会引起警方正常解救行为，造成被害人伤亡的，均具备直接性要件，应将伤亡结果归责于非法拘禁者，成立结果加重犯。

例如，甲将乙拘禁在宾馆20楼，声称只要乙还债就放人。乙无力还债，深夜跳楼身亡。乙的死亡结果与甲的拘禁行为没有因果关系，故甲的行为不成立非法拘禁罪的结果加重犯。（15年卷二8题）

第二，行为人对重伤、死亡结果是过失的心态。

例如，丙非法拘禁小孩后，小孩哭闹不止要离开，丙恐被人发觉，用手捂住小孩口、鼻，然后用胶带捆绑其双手并将嘴缠住，致其机械性窒息死亡。——丙的行为成立故意杀人罪（或过失致人死亡罪），该行为已经超出了"拘禁"行为，没有认定为非法拘禁罪的加重犯。但该题答案当年存在一定的争议，也有观点认为，捆绑并将被害人嘴缠住，就是为了更好地拘禁，造成被害人死亡的，可以认定为是结果加重犯。（17年主观题）

（2）非法拘禁罪的转化犯——转化为故意杀人罪、故意伤害罪

非法拘禁过程中，使用暴力致人伤残、死亡的，转化为故意伤害罪、故意杀人罪（第238条第2款后半段）。

例如，非法拘禁被害人，大力反扭被害人胳膊，致其胳膊折断。成立故意伤害罪。（12年卷二16题）

对于非法拘禁他人后，另使用暴力致人质重伤的，究竟是认定为非法拘禁罪与故意伤害罪两罪，还是仅认定为故意伤害罪一罪：前者认为，刑法第238条第2款后半段是法律注意规定，行为人实施了非法拘禁、故意伤害两行为的，就应认定为两罪；后者认为，这一规定为法律拟制规定，认为在非法拘禁过程中故意伤害他人的，仅认定为故意伤害罪一罪。（21年真题）

3. 为索取债务而非法扣押、拘禁他人的，以非法拘禁罪论处

（1）债务的性质：不仅仅限于合法债务，还包括非法债务，如赌债、高利贷等法律不予保护的债务。

2000年《最高人民法院关于对为索取法律不予保护的债务，非法拘禁他人行为如何定罪问题的解释》规定："行为人为索取高利贷、赌债等法律不予保护的债务，非法扣押、拘禁他人的，依照《刑法》第二百三十八条的规定定罪处罚。"

（2）如果明显超出索债的范围，则可能构成绑架罪

例如，行为人索取的数额如果超过债务部分数额很大，则应将超出部分以绑架罪论处。

或者，索债时扣押与债务人没有共同财产关系、扶养、抚养关系的第三者作为人质的，成立绑架罪。①

例如，甲为要回30万元赌债，将乙扣押，但2天后乙仍无还款意思。甲等5人将乙押到一处山崖上，对乙说："3天内让你家人送钱来，如今天不答应，就摔死你。"乙勉强说只有能力还5万元。甲刚说完"一分都不能少"，乙便跳崖。众人慌忙下山找乙，发现乙已坠亡。——甲的行为成立非法拘禁，但不属于非法拘禁致人死亡。（14年卷二59题）

例如，甲为要回5万元赌债，将乙扣押，对乙说："3天内让你家人送30万来，否则就摔死你。"乙说只欠了5万元，甲说"30万都不能少"。对于甲索要的超出的25万元，认定为绑架罪。

---

① 冤有头、债有主。如果为了索债而关押了与债务人无直接关系的人，则会导致债务人以外的其他人的恐惧，宜认定为绑架罪。

【典型真题】

《刑法》第二百三十八条第一款与第二款分别规定："非法拘禁他人或者以其他方法非法剥夺他人人身自由的，处三年以下有期徒刑、拘役、管制或者剥夺政治权利。具有殴打、侮辱情节的，从重处罚。""犯前款罪，致人重伤的，处三年以上十年以下有期徒刑；致人死亡的，处十年以上有期徒刑。使用暴力致人伤残、死亡的，依照本法第二百三十四条、第二百三十二条的规定定罪处罚。"关于该条款的理解，下列哪些选项是正确的？（　　）（多选）（2011年卷二60题）①

A. 第一款所称"殴打、侮辱"属于法定量刑情节

B. 第二款所称"犯前款罪，致人重伤"属于结果加重犯

C. 非法拘禁致人重伤并具有侮辱情节的，适用第二款的规定，侮辱情节不再是法定的从重处罚情节

D. 第二款规定的"使用暴力致人伤残、死亡"，是指非法拘禁行为之外的暴力致人伤残、死亡

二、绑架罪

第239条【绑架罪】：以勒索财物为目的绑架他人的，或者绑架他人作为人质的，处十年以上有期徒刑或者无期徒刑，并处罚金或者没收财产；情节较轻的，处五年以上十年以下有期徒刑，并处罚金。

犯前款罪，杀害被绑架人的，或者故意伤害被绑架人，致人重伤、死亡的，处无期徒刑或者死刑，并处没收财产。

以勒索财物为目的偷盗婴幼儿的，依照前两款的规定处罚。

1. 绑架行为的认定

（1）实力控制人质即可，不要求必须转移场所。使被害人滞留在本来的生活场所但使其丧失行动自由的绑架案件，也可以成立绑架罪（既遂）。

（2）既遂标准：只要完成绑架行为即为既遂，而不以是否实现勒索财物的目的或者其他目的作为未遂与既遂的区分标准。

（3）绑架罪可以包容：故意杀人、故意伤害致人重伤。绑架后杀害被绑架人的，或者故意伤害被绑架人，致人重伤、死亡的，处无期徒刑或者死刑，并处没收财产。

2. 如何理解"杀害被绑架人"这一加重情节

第一，主观上必须是"故意"杀害被害人。

第二，"杀害"行为必须存在于绑架过程之中。脱离于绑架之外的杀害行为，应独立评价为故意杀人罪，不能认定为是绑架罪的加重犯。

第三，"杀害"行为不要求必须造成被害人死亡结果。可以造成被害人死亡结果，也可以没有造成死亡结果。主要是考虑到，"杀害被绑架人"与"故意伤害被绑架人，致人重伤、死亡的"并列适用相同法定刑。根据刑法规定，绑架过程中，即便故意伤害被害人仅造成重伤结果的，也应适用加重法定刑。那么，绑架过程中，"杀害被绑架人的"就不必解释为必须造成被害

---

① 答案：ABD。

人死亡。

原《刑法》规定，绑架过程中"杀害被绑架人的，处死刑并处没收财产"。在当时的立法背景下，考虑到该加重犯的法定刑较重，多数学者主张"杀害被绑架人"必须造成被害人死亡。但是，2015年《刑法修正案（九）》对此进行了修改，规定"绑架杀害被绑架人的，处无期徒刑或者死刑，并处没收财产"，进一步扩大了法定刑的范围。因此，对"杀害被绑架人"亦应扩大解释，包括造成被害人死亡、未造成被害人死亡。①

3. 绑错人的，应成立犯罪未遂

绑架过程中，误将无关的人当作人质进行了错误绑架，即便控制了人质，但不可能实现勒索的目的，也仅能认定为绑架罪未遂。

例如，甲、乙欲绑架钱某的小孩，向钱某勒索财物。误将赵某的小孩当作钱某的小孩进行绑架，后乙给钱某打电话："你的儿子在我们手上，赶快交50万元赎人，否则撕票！"钱某看了一眼身旁的儿子，回了句："骗子！"便挂断电话，不再理睬。乙感觉异常，将情况告诉甲。甲来到丙处发现这个孩子不是钱某的小孩而是赵某的小孩。甲、乙的行为成立绑架罪未遂。②（17年主观题）

【典型真题】

下列哪项构成了绑架罪中的"杀害被绑架人"？（　　）（单选）（20年真题）③
A. 以勒索财物为目的控制被害人之后，故意伤害被害人，被害人因重伤而死亡
B. 绑架被害人之后，为防止被害人出声，用毛巾塞住其嘴后离开，被害人窒息死亡
C. 为勒索财物而着手绑架被害人，遭到被害人的激烈反抗，用绳子直接勒死被害人
D. 取得赎金后，已经释放被害人，因担心被害人报警，开车追了3公里，杀死被害人

知识点分析思路总结

1. 非法拘禁过程中，造成被害人重伤、死亡的，究竟是认定为非法拘禁罪的结果加重犯，还是将该造成被害人重伤、死亡结果的行为，单独评价为故意伤害罪、故意杀人罪，或过失致人重伤罪、过失致人死亡罪等，在主观题考试中，是非常重要的问题。我国刑法对非法拘禁致人重伤、死亡的结果加重犯，规定了较低的法定刑，因此，对于非法拘禁罪的结果加重犯的认定，应该进行限制解释，即拘禁行为本身过失地导致了被害人重伤、死亡。应回答：

结论：不成立（成立）非法拘禁罪的结果加重犯。

理由模式一：行为人在拘禁过程中，是拘禁行为本身过失地导致了被害人重伤、死亡，应认定为非法拘禁致人重伤、死亡的结果加重犯。

理由模式二：行为人在拘禁过程中，并非拘禁行为本身导致了被害人重伤、死亡，而是拘禁

---

① 参见张明楷：《刑法学》，法律出版社2016年版，第891页。
② 刑法之所以对绑架罪规定远高于非法拘禁罪的刑罚，甚至远高于非法拘禁罪与敲诈勒索罪之和的法定刑，主要原因在于，行为人主观上有两个目的，第一，拘禁他人；第二，以此向第三方要挟实现其他目的（如勒索财物）。而如果行为人第一个目的如果实现了的话，第二个目的的实现的可能性就非常大，因此，刑法对其规定的法定刑特别重。但是，如果第一步就绑错了人，第二步目的就破灭了，应该认定为是未遂。这就好比行贿罪，行为人主观上有两个目的，第一，送礼；第二，提不正当要求。只要行为人实施了第一阶段的行为，第二个目的就很容易实现。但是，如果送礼送错人了呢，就应该认定为是行贿罪的犯罪未遂。
③ 答案：C。

之外的行为导致了被害人重伤死亡，该行为应单独评价为故意伤害罪、故意杀人罪（或过失致人重伤罪、过失致人死亡罪。）

理由模式三：行为人在拘禁过程中，即便是为了拘禁而造成被害人重伤、死亡，但由于其主观上对于被害人重伤、死亡结果是出于故意，也不能认定为是非法拘禁罪的结果加重犯，应单独评价为故意伤害罪、故意杀人罪。

2. 共同犯罪中，不同行为人基于不同的故意（非法拘禁罪的故意，或者绑架罪的故意）而拘禁、扣押他人，并且造成了被害人重伤、死亡的，应如何认定。应回答：

结论：各行为人均需要对死亡结果承担责任。

理由：死亡结果实际上并没有违背共同犯罪各行为人的根本意愿。

主观题小案例

案例1：毛毛为要回蒋某欠自己的赌债10万元，便将蒋某拘禁，并向蒋某父母索要赌债。在捆绑蒋某的过程中，不慎将蒋某摔成重伤。

问题：毛毛的行为应如何认定，请说明理由。

案例2：毛毛为要回蒋某欠自己的赌债10万元，便将蒋某拘禁，并向蒋某父母索要赌债。在拘禁过程中，蒋某与毛毛争论起来，毛毛出于愤怒，把蒋某打成重伤。

问题：对于毛毛将蒋某打成重伤的行为，如何认定，请说明理由。

案例3：毛毛为要回蒋某欠自己的赌债10万元，便将蒋某拘禁，并向蒋某父母索要赌债。在拘禁过程中，蒋某与毛毛争论起来，蒋某准备逃跑。毛毛为了防止蒋某的逃跑，把蒋某打成重伤。

问题：对于毛毛将蒋某打成重伤的行为，如何认定，请说明理由。

案例4：陆某与简某是夫妻，二人吵架后，妻子简某负气回娘家。几天后，陆某借岳母来访之机，将其岳母拘禁于自己家中，并打电话威胁其妻子简某早日从娘家返回，否则就不让其岳母回去。简某三天后回家，陆某才将其岳母放回。

问题：陆某的行为如何定性，请说明理由。

案例5：徐某欲绑架肖某向其妻子夏某索要财物，便欺骗蒋某："肖某欠我10万元，我们将他拘禁起来，向其妻子夏某索要财物，如何？"蒋某答应。徐某与蒋某共同将肖某关押在某地下室，徐某外出联系夏某索要财物，蒋某在看管肖某时，因为肖某欲逃跑，蒋某遂使用暴力将肖某打成重伤。

问题：徐某、蒋某的行为应如何认定，请说明理由。

案例1-问题：毛毛的行为应如何认定，请说明理由。

答案：构成非法拘禁（致人重伤）罪的结果加重犯。

首先，毛毛以实施捆绑的行为非法拘禁蒋某，要求蒋某返还赌债，构成非法拘禁罪。同时，毛毛是为了索取赌债，不具有非法占有目的，不构成绑架罪。

其次，毛毛对拘禁行为本身导致的被害人重伤的结果，主观上存在过失，成立非法拘禁罪（致人重伤）的结果加重犯。

案例2-问题：对于毛毛将蒋某打成重伤的行为，如何认定，请说明理由。

答案：成立故意伤害罪。毛毛并非出于拘禁的目的，而是在拘禁之外使用暴力将蒋某打成重伤，应单独评价为故意伤害罪。

案例3-问题：对于毛毛将蒋某打成重伤的行为，如何认定，请说明理由。

答案：成立故意伤害罪。虽然毛毛是为了拘禁而造成了蒋某重伤，但不成立非法拘禁致人重伤的结果加重犯，应单独成立故意伤害罪。非法拘禁致人重伤的结果加重犯，应限定为拘禁行为、过失导致了被害人重伤、死亡的结果，而本案中，毛毛是基于故意而造成了被害人重伤。

案例4-问题：陆某的行为如何定性，请说明理由。

答案：本案陆某的行为不成立绑架罪，成立非法拘禁罪。陆某只是为要求妻子简某回家，而将其岳母限制在自己家内，并非是严重不法要求，不宜以绑架罪论处。需要指出的是，既然为了索债（包括非法债务）都不构成绑架罪，那么，为了让老婆回家这一目的而拘禁他人的，更不应该认定为绑架罪。

案例5-问题：徐某、蒋某的行为应如何认定，请说明理由。

答案：徐某构成绑架罪的加重犯，蒋某的行为成立非法拘禁罪与故意伤害罪，二人在非法拘禁罪的范围内成立共犯。

首先，徐某基于勒索财物的目的而拘禁肖某，构成绑架罪。蒋某基于索债目的而拘禁肖某，构成非法拘禁罪。二人在非法拘禁罪的范围内成立共同犯罪。

其次，蒋某将肖某打成重伤的行为，应单独评价为故意伤害罪，不构成非法拘禁致人死亡的结果加重犯，应以非法拘禁罪与故意伤害罪并罚。

再次，对于蒋某的故意伤害行为，徐某亦应承担责任。徐某主观上有绑架的故意，蒋某将被害人打成重伤的目的是为了更好地控制被害人，不违背徐某绑架的目的，故徐某仍需要对故意伤害行为承担责任。徐某在绑架过程中，故意伤害被绑架人，构成绑架罪的加重犯。

可能考查的观点展示

如何理解《刑法》第238条第2款（非法拘禁罪）的规定：非法拘禁过程中，使用暴力致人伤残、死亡的，以故意伤害罪、故意杀人罪论处。对于这一规定，在罪数的认定上、在罪过形式的认定上，均存在法律注意规定与法律拟制规定两种不同的观点。

模拟案例一（罪过形式的不同观点）：徐某非法拘禁了蒋某后，为了阻止蒋某呼喊求救，使用毛巾堵住蒋某的嘴，致使蒋某窒息死亡。但是，徐某主观上没有杀人的故意，仅有伤害的故意。对于徐某造成被害人死亡的行为如何认定，存在几种观点，请说明理由。

答案：一种观点认为，刑法第238条第2款"非法拘禁过程中，使用暴力致人死亡的，成立故意杀人罪"，为法律拟制规定，只要在非法拘禁过程中使用暴力致人死亡，无论行为人主观上是故意或过失，都成立故意杀人罪。

另一种观点认为，刑法第238条第2款为法律注意规定，不改变定罪量刑的规则。徐某主观上只有伤害的故意，造成被害人死亡的，应成立故意伤害（致人死亡）罪。

模拟案例二（罪数的不同观点）：2019年，杨某欠刘某的债务到期没有偿还，刘某想要向杨某索取债务。赵某出主意说："我们把他绑起来逼他还钱。"刘某同意。二人将杨某拘禁后，杨某说:"你们把我绑起来我没办法还钱,就算你们把我放了我也没钱还"。两天后,赵某出主意说把杨某的大拇指砍下来,刘某同意,后来二人将杨某的大拇指砍下(重伤)。有观点认为刘某和赵某仅成立故意伤害罪,你反对还是赞同这个观点,请说明理由。

答案:一种观点认为,刘某的行为成立非法拘禁罪与故意伤害罪,应数罪并罚。理由:

(1) 行为人先后实施了 两个犯罪行为,分别构成非法拘禁罪和故意伤害罪,应数罪并罚。

(2)《刑法》第 238 条第 2 款规定:非法拘禁后,使用暴力致人伤残的,依照本法第二百三十四条(故意伤害罪)的规定定罪处罚。这一规定在罪数的认定上,属于 法律注意规定,不改变定罪的基本规则,数罪就是数罪。

另一种观点认为,刘某的行为仅成立故意伤害罪一罪,之前实施的非法拘禁不必再评价。理由:

虽然行为人先后实施了两个犯罪行为,但仅能认定为故意伤害罪一罪。该观点认为《刑法》第 238 条第 2 款属于 法律拟制规定,将本该是两行为、两罪的,拟制(特别规定)为一罪。

第二节 侵犯生命、健康的犯罪(故意杀人罪、故意伤害罪、过失致人死亡罪等)

法条群及知识点

一、故意杀人罪

第 232 条【故意杀人罪】故意杀人的,处死刑、无期徒刑或者十年以上有期徒刑;情节较轻的,处三年以上十年以下有期徒刑。

(一) 涉"自杀"案件认定中的若干问题

1. 安乐死

(1) 积极安乐死。是指医务人员为解除身患不治之症的临终患者死亡过程的痛苦而采取某种措施促使病人死亡,即加速被害人死亡。一般认为,成立故意杀人罪。当然,考虑到行为人主观上是为了缓解病人的痛苦,在量刑时应从宽。

(2) 消极安乐死。是指医务人员对身患绝症而濒临死亡的患者,为解除其痛苦,中止维持其生命的医治措施,不积极救治,也不加速被害人死亡。一般认为,不构成犯罪。

2. 教唆他人自杀,不成立故意杀人罪

教唆他人自杀,是指故意采用引诱、怂恿等方法,使他人产生自杀意图并进而实行自杀的行为。之所以不成立故意杀人罪,其理由在于"自杀"与否的决定权在自杀者自己手中,而不在教唆者手中。

例如,他人欲跳楼自杀,围观者大喊"怎么还不跳",他人跳楼而亡。围观者的行为不成立故意杀人罪。(12 年卷二 5 题 A 项)

3. 帮助自杀,不成立故意杀人罪

是在他人已有自杀意图的情况下,实施了帮助行为(非实行行为)。

例如,在他人已有自杀意愿的前提下,行为人提供针剂、药物或者其他自杀工具,供被害人自杀之用，帮助他人自杀。在这种情况下，因为他人已有了自杀意愿，自杀与否的决定权在自杀者本人手中，因此帮助者不能按照故意杀人罪处理。

但是，如果行为人对自杀者实施了具体的杀人"实行行为"，应定故意杀人罪。

例如，乙希望甲帮助自己自杀，向甲借来菜刀一把，但乙没有勇气自杀，要求甲将自己砍死，甲遂将乙砍死，甲的行为不再是帮助行为，属于故意杀人罪的"实行行为"，成立故意杀人罪。

4. 相约自杀（两个人都想死）

两人以上相互约定自愿共同自杀的行为，各行为人对自己的自杀负责，不成立故意杀人罪。理由：相约自杀的情形下，自杀的意愿是自己就有的，而且自杀行为是本人亲自实施的，他人不对此负责。

例如，甲、乙二均有自杀的想法，二人相约跳江后，甲被他人救起，乙溺亡，甲的行为不成立故意杀人罪。

5. 欺骗他人自杀的，使被害人对"生命"这一法益存在错误认识，应成立故意杀人罪

（1）欺骗不能理解死亡意义的儿童或者精神病患者等人，使其自杀的，属于故意杀人罪的间接正犯。

（2）行为人的欺骗行为使被害人对法益的有无、程度、情况等产生错误认识，其对死亡的同意无效时，也应认为故意杀人罪。

例如，医生甲欺骗可能治愈的患者乙说："你得了癌症，只能活两周了。"乙信以为真，进而跳楼自杀的，对医生应认定为故意杀人罪。

又如，甲欺骗盲人乙说："往前再走一步就好了。"乙信以为真，往前走一步就掉下了悬崖而死亡。甲的行为成立故意杀人罪。

6. 逼迫他人自杀的，使被害人无自由选择权，应成立故意杀人罪

较为典型的是，凭借某种权势或者利用某种特殊关系，以暴力、威胁或者其他心理强制方法，使他人自杀身亡的，成立故意杀人的间接正犯。

例如，甲用枪指着乙的脑袋，要乙从楼上跳下去。乙遂跳楼而亡，甲的行为成立故意杀人罪。

7. 引起他人自杀

即行为人所实施的某种行为引起他人自杀身亡，引起者原则上不成立故意杀人罪

但是：

（1）严重不法行为引起他人自杀身亡，将严重不法行为与引起他人自杀身亡的后果进行综合评价，其法益侵害达到犯罪程度时，应以相关犯罪论处。

例如，诽谤他人，行为本身的情节并不严重，但引起他人自杀身亡，便可综合起来认定行为的情节严重，将该行为以诽谤罪论处。

（2）犯罪行为引起他人自杀身亡，不符合故意杀人罪构成要件的，应按该犯罪行为定罪并可从重处罚。

例如，强奸妇女引起被害妇女自杀的，应以强奸罪从重处罚。

（3）极少数犯罪的结果加重犯，刑法特别规定包括了"自杀"的，应按结果加重犯的法定刑处罚。

例如，暴力干涉婚姻自由引起被害人自杀的，长期虐待导致被害人不堪忍受而自杀的，均应认定为结果加重犯。

【总结】

第一，教唆、帮助、相约自杀（伤）行为，不构成故意杀人（伤害）罪。因为这些行为并不能直接决定被害人是否自杀，是否自杀的决定权、选择权仍然在自杀者本人。生命是非常重大的法益，受外界的影响相对较小，自杀的决定权主要取决于自杀者本人。①

第二，逼迫、欺骗他人自杀，或亲手杀害被害人的，成立故意杀人罪。理由在于：逼迫、欺骗、亲手杀人的，导致被害人（自杀者）别无选择，则应以故意杀人罪论处。

质言之，谁在决定、选择自杀，谁对死亡结果负责。谁支配风险，谁对结果负责。

【典型真题】

关于自伤，下列哪一选项是错误的？（   ）（单选）（11年卷二13题）②

A. 军人在战时自伤身体、逃避军事义务的，成立战时自伤罪

B. 帮助有责任能力成年人自伤的，不成立故意伤害罪

C. 受益人唆使60周岁的被保险人自伤、骗取保险金的，成立故意伤害罪与保险诈骗罪

D. 父母故意不救助自伤的12周岁儿子而致其死亡的，视具体情形成立故意杀人罪或者遗弃罪

（二）罪数的认定

实施了刑法中的其他犯罪，同时又故意致人死亡的，有如下三种情形：

1. 将故意杀人行为作为其他犯罪的手段，认定为结果加重犯

例如，以杀人为手段劫取他人财物的，即先将被害人杀害，进而取得被害人财物的，应认定为抢劫致人死亡的结果加重犯。

2. 转化犯（想象竞合）

例如，刑讯逼供罪、暴力取证罪、虐待被监管人罪、聚众斗殴罪、非法拘禁罪中，杀害被害人的，转化为故意杀人罪一罪。此种情形下，行为人也仅实施了一个行为。

3. 数罪并罚

行为人在实施其他犯罪行为完毕之后，为了杀人灭口的，将原罪与故意杀人罪并罚。例如，抢劫、强奸后，再实施杀人行为的，应以前行为与之后的故意杀人罪并罚。例外的是，《刑法》第239条规定，绑架后杀害被绑架人的，仅定绑架罪一罪。

【典型真题】

下列哪些行为构成故意杀人罪？（   ）（多选）（00年卷二71题）③

A、甲在实施抢劫之后，为了灭口，将被害人杀死

B、乙强奸某女，引起某女自杀

C、丙与丁通奸多年，某日，丙要丁杀死其夫，丁不同意。丙毒打丁，并砸毁其家中物品，扬言如果丁2日内不能杀死其夫，就要丁自杀，丁因不忍心杀夫而自杀身亡

---

① 教唆、帮助、相约自杀行为不构成故意杀人罪，其主要原因还在于：犯罪行为应是一种"类型性"的行为，即该种行为必须具有造成危害结果的通常性，显然，教唆、帮助、相约自杀行为不具有造成被害人死亡的"类型性""通常性"；第二，刑法之所以惩罚某一行为，在于该行为支配、创造了风险，而对于自杀行为而言，教唆、帮助、相约行为事实上对他人的自杀行为没有"支配权"，不能认定为是刑法上的危害行为。

② 答案：C。

③ 答案：ACD。

D、某男与某女相约自杀，欺骗某女先自杀后，该男逃走

二、过失致人死亡罪

第233条【过失致人死亡罪】过失致人死亡的，处三年以上七年以下有期徒刑；情节较轻的，处三年以下有期徒刑。本法另有规定的，依照规定。

1. 注意过失致人死亡罪与故意伤害（致人死亡）罪的区别

（1）相同点：行为人主观上对他人死亡均是出于过失。

（2）不同点：行为人是否有伤害的故意、行为。

生活中的"殴打"故意不能简单等同于刑法上的"伤害"故意。行为人只具有一般殴打的意图，并无刑法上"伤害"的故意，由于某种原因或条件引起了被害人死亡的，不能认定为故意伤害致死，如果行为人对死亡结果具有过失，就应认定为过失致人死亡罪。司法实践中，经常出现推人一把或者打人一拳，他人倒地因头部磕在石块或者其他硬物上而导致死亡的情形，应以过失致人死亡罪论处。总之，刑法中的伤害、杀害，较之生活中的伤害、杀害范围要小，程度更严重。可以认为，"伤害"是头破血流型的进攻，"杀人"是致命性的攻击。

如下两案的区别在于：前者，行为人对于被害人摔到地上可能预见到，因此有过失。后者，行为人对被害人的心脏病几乎不能预见到，属于意外事件。

【典型真题】

1. 张某和赵某长期一起赌博。某日两人在工地发生争执，张某推了赵某一把，赵某倒地后后脑勺正好碰到石头上，导致颅脑损伤，经抢救无效死亡。关于张某的行为，下列哪一选项是正确的？（　　）（单选）（07年卷二14题）①

A. 构成故意杀人罪

B. 构成过失致人死亡罪

C. 构成故意伤害罪

D. 属于意外事件

2. 甲与素不相识的崔某发生口角，推了他肩部一下，踢了他屁股一脚。崔某忽觉胸部不适继而倒地，在医院就医时死亡。经鉴定，崔某因患冠状粥样硬化性心脏病，致急性心力衰竭死亡。关于本案，下列哪一选项是正确的？②（　　）（单选）（12年卷二6题）

A. 甲成立故意伤害罪，属于故意伤害致人死亡

B. 甲的行为既不能认定为故意犯罪，也不能认定为意外事件

C. 甲的行为与崔某死亡结果之间有因果关系，这是客观事实

D. 甲主观上对崔某死亡具有预见可能性，成立过失致人死亡罪

三、故意伤害罪

1. 保护法益：他人生理机能的健全

包括：

（1）破坏他人身体组织的完整性，如砍掉手指、刺破肝脏。

---

① 答案：B。

② 答案：C。

(2) 使身体器官机能受到损害或者丧失，如视力、听力降低或者丧失、精神错乱等。

(3) 伤害行为不限于有形力，包括无形力，如装神弄鬼吓唬人，造成被害人精神失常。

剃除他人的毛发、剪掉他人的指甲的行为，不影响身体机能，不成立故意伤害罪。但是，如果剃除他人毛发情节严重的，可以以侮辱罪定罪。

2. 故意伤害（致人死亡）罪与故意杀人罪的区别

(1) 故意伤害（致人死亡）罪，行为人主观上具有伤害他人的故意，对于造成被害人死亡是出于过失。

(2) 故意杀人罪中，行为人具有致人死亡的故意，无论实际上是否造成被害人死亡。

要正确地判断行为人的故意内容是伤害故意还是杀人故意，必须查明犯罪的起因、经过和结果，犯罪的手段、工具，打击部位和强度，犯罪的时间、地点、环境与条件，犯罪人犯罪前后的表现，犯罪人与被害人之间的关系等案件事实，全面分析，综合判断。

(3) 故意杀人罪与故意伤害（致人死亡）罪存在竞合

故意杀人罪（100分）包容了故意伤害（致人死亡）罪（80分），前者的故意程度更重，二者存在竞合关系。

【典型真题】

1. 甲以伤害故意砍乙两刀，随即心生杀意又砍两刀，但四刀中只有一刀砍中乙并致其死亡，且无法查明由前后四刀中的哪一刀造成死亡。关于本案，下列哪一选项是正确的？（　　）（单选）（15年卷二16题）①

A. 不管是哪一刀造成致命伤，都应认定为一个故意杀人罪既遂

B. 不管是哪一刀造成致命伤，只能分别认定为故意伤害罪既遂与故意杀人罪未遂

C. 根据日常生活经验，应推定是后两刀中的一刀造成致命伤，故应认定为故意伤害罪未遂与故意杀人罪既遂

D. 根据存疑时有利于被告人的原则，虽可分别认定为故意伤害罪未遂与故意杀人罪未遂，但杀人与伤害不是对立关系，故可按故意伤害（致死）罪处理本案

2. 关于法条关系，下列哪一选项是正确的（不考虑数额）？（　　）（单选）（16年卷二11

---

① 答案：D。该题难度较大，请结合本书配套视频讲解再听一次。孤立地看行为人的两次砍杀行为可以发现，第一次（伤害的故意）并不能确定是否砍中了被害人，故只能认定为是故意伤害罪（未遂），第二次（杀人行为）也并不确定砍中了被害人，只能认定为故意杀人罪（未遂）。但这样的处理导致的困惑是，被害人确实是被行为人砍死的，但却只能被认定为故意伤害罪（未遂）或故意杀人罪（未遂），这显然是不合适的。整体看这个案件，死亡结果一定是甲造成的，但究竟是第一次（伤害故意）还是第二次（杀人故意）行为造成的，不确定。如果是第一次，就是故意伤害（致人死亡），如果是第二次，就是故意杀人罪（既遂）。但杀人故意是较之伤害故意更为严重的故意，死亡结果是被害人造成的，只是查不清行为当时行为人主观上轻度故意（伤害，80分）还是重度故意（杀人，100分故意）造成的，伤害故意与杀人故意存在竞合，至少可以认定行为人有轻度故意，故行为人的行为至少成立故意伤害（致人死亡）罪。该题实际上最终传达的理念是：刑法中的此罪与彼罪虽然存在区别，但也可能存在竞合，比如故意伤害罪与故意杀人罪，故意杀人罪实际上也是程度更为严重的故意伤害罪，故意伤害罪与故意杀人罪不是绝对对立关系，二者完全可能存在竞合，伤害故意与杀人故意并非对立关系，而完全可能存在竞合，后者比前者的危害性更具有递进性。传统刑法理论与审判实践更多地强调犯罪之间的对立关系，认为此罪与彼罪更多的是区别，不存在竞合，刑法学教科书也长期谈论犯罪之间的区别。该题实际上想适度改变传统对于此罪、彼罪认定的观念。如果认为伤害故意与杀人故意是非此即彼的对立关系，那么，本题中，无法肯定伤害行为、杀人行为是否造成了被害人死亡结果，就只能认定为是故意伤害罪未遂、故意杀人罪未遂。

题）①

A. 即使认为盗窃与诈骗是对立关系，一行为针对同一具体对象（同一具体结果）也完全可能同时触犯盗窃罪与诈骗罪

B. 即使认为故意杀人与故意伤害是对立关系，故意杀人罪与故意伤害罪也存在法条竞合关系

C. 如认为法条竞合仅限于侵害一犯罪客体的情形，冒充警察骗取数额巨大的财物时，就会形成招摇撞骗罪与诈骗罪的法条竞合

D. 即便认为贪污罪和挪用公款罪是对立关系，若行为人使用公款赌博，在不能查明其是否具有归还公款的意思时，也能认定构成挪用公款罪

主观题小案例

案例1：王某在甲所在的医院看病，甲作为王某的主治医生，拿出一份他人的体检报告欺骗王某说："你得了癌症，只能活三个月了，不如死了算了。"王某信以为真，遂跳楼自杀。

问题：甲的行为应如何认定，请说明理由。

案例2：甲在马路上发现乙正在抢劫他人的财物，便制止乙。乙被发现后逃跑，甲追赶乙，后乙在逃跑时，不小心撞向电线杆而当场身亡。

问题1：甲是否需要对乙的死亡结果负责，请说明理由。

问题2：如果乙被撞电线杆后，仅是重伤，甲站在旁边，没有救助，乙流血过多而死，甲的行为如何定性，请说明理由。

案例1-问题：甲的行为应如何认定，请说明理由。

答案：甲不需要对宋某的死亡结果负责。谁支配风险，谁对结果承担责任。风险的支配权在宋某手中，应由宋某对该死亡结果负责。

案例2-问题1：甲是否需要对乙的死亡结果负责，请说明理由。

答案：甲不需要对乙的死亡结果负责。因为甲的追赶行为是合法行为，没有创设法律所禁止的风险。

案例2-问题2：如果乙被撞电线杆后，仅是重伤，甲站在旁边，没有救助，乙流血过多而死，甲的行为如何定性，请说明理由。

答案：甲对乙有救助义务，不予救助的，应成立不作为犯的故意杀人罪。理由在于，虽然甲的追赶行为本身是合法的，但是，追赶行为导致乙重伤，甲在当时能够救助并且有救助可能性的情况下，不予救助的行为，应成立不作为犯的故意杀人罪。

可能考查的观点展示

1. 故意杀人罪与故意伤害罪，究竟是对立关系，还是竞合关系。

模拟案例：毛毛与蒋某发生矛盾后，毛毛以伤害故意砍蒋某两刀，随即心生杀意又砍两刀，但是四刀中只有一刀砍中并致其死亡，且无法查明由前后四刀中的哪一刀造成死亡。毛毛的行为

---

① 答案：D。

如何认定，请说明理由。

答案：一种观点认为，毛毛的行为可分别认定为故意伤害罪未遂与故意杀人罪未遂，应数罪并罚。理由：

如果认为故意杀人罪与故意伤害罪是对立关系，根据事实存疑有利于被告原则，没有证据证明毛毛前两刀（伤害行为）确定地造成了被害人死亡的结果，故前两刀的行为只能认定为故意伤害罪（未遂）；同样，也没有证据证明毛毛的后两刀（杀人行为）确定地造成了被害人死亡的结果，故后两刀的行为也仅能认定为故意伤害罪（未遂）。所以，毛毛的行为应分别认定为故意伤害罪未遂与故意杀人罪未遂，应数罪并罚。

另一种观点认为，毛毛的行为成立故意伤害（致人死亡）罪。理由：

如果认为故意杀人罪与故意伤害罪是竞合关系，故意杀人罪是程度更为严重的故意伤害罪，无论是前两刀（伤害行为）造成被害人死亡，还是后两刀（杀人行为）造成被害人死亡，毛毛的行为已经造成了被害人死亡的结果。根据事实存疑有利于被告原则，可以将死亡结果归责于毛毛的伤害行为。故，毛毛的行为成立故意伤害（致人死亡）罪。

2. 在实施其他犯罪行为（如聚众斗殴、刑讯逼供）过程中，过失造成被害人死亡的，能否认定为是故意杀人罪。

模拟案例：警察乐某在讯问徐某时，为抓紧得到口供，基于伤害的故意踢了徐某两脚，不料致徐某死亡。乐某的行为应如何评价，可以谈不同观点，请说明理由。

答案：乐某构成刑讯逼供罪与过失致人死亡罪的想象竞合或故意杀人罪，理论上对此有不同观点。

《刑法》第 247 条规定，刑讯逼供、暴力取证致人伤残、死亡的，依照第 234 条（故意伤害罪）、第 232 条（故意杀人罪）的规定定罪从重处罚。

一种观点认为，本规定属于注意规定，要认定故意杀人罪，就要求行为人主观上具有杀人的故意。本案中，乐某并没有杀人的故意，故不能转化为故意杀人罪，仅能认定为刑讯逼供罪与过失致人死亡罪的想象竞合。

另一种观点认为，本规定属于法律拟制，那么无论行为人主观上是"故意"还是"过失"导致被害人重伤、死亡的，均应转化为故意伤害罪、故意杀人罪。本案中，乐某应以故意杀人罪论处。

第三节　侵犯性权利的犯罪（强奸罪、负有照护职责人员性侵罪）

法条群及知识点

一、强奸罪

（一）对象

1. 妇女（年满 14 周岁）

违背"妇女"意志与其发生性行为。包括暴力、胁迫和其他手段。①

---

① 从刑法条文的表述看，强奸罪的对象"妇女"并没有排除妻子，因此，至少从文理解释这一角度来看，强奸罪的对象是包括妻子的。当然，审判实践中，对于强奸罪的对象妇女进行了适度的限制解释，一般认为，丈夫"强奸"妻子的，不构成强奸罪，除非夫妻关系已经名存实亡。

(1) 胁迫

可以是暴力胁迫，也可以是精神胁迫。包括扬言行凶报复、揭发隐私、加害亲属等相威胁、利用迷信进行恐吓、欺骗，利用教养关系、从属关系、职权以及孤立无援的环境条件，进行挟制、迫害等。

例如，恋爱关系存续期间，男方以女方的裸照相威胁，企图发生性关系，属违背妇女意志的胁迫行为，应认定为存在强奸故意。

但是，以对行为人自身的利益造成侵害为内容进行胁迫的，不是强奸罪中的胁迫。

例如，甲男对乙女说："如果你不让我强奸你，我就自杀。"甲的行为不属于强奸罪中的胁迫。

(2) 其他手段：是指利用暴力、胁迫以外的，使被害妇女不知抗拒或者无法抗拒的手段。

例如，利用妇女患重病、熟睡之机进行奸淫；以醉酒、药物麻醉，以及利用或者假冒治病，利用催眠术使妇女不知反抗等方法对妇女进行奸淫。

又如，对于无性防护能力的妇女应特别保护：明知妇女是精神病患或者痴呆者（程度严重的）而与其发生性行为的，不管犯罪分子采取什么手段，都认为违反了其意愿，应认定为"其他手段"，以强奸罪论处。

(3) 程度：必须达到使妇女明显难以反抗的程度

例如，当女子将要离开男子住宅时，男子以轻微力量拉住女子的手，要求发生性关系的，不能认定为暴力手段；

又如，当考生感觉可能不及格，而要求考官关照时，考官说"如果不和我发生关系，就不给你及格"的，不能认定为胁迫手段；

再如，男子对女子说"我是警察"，进而要求发生性关系的，不能认定为其他手段。行为人利用职权引诱女方，女方基于互相利用与之发生性行为的，不定为强奸罪。

2. 幼女（不满 14 周岁）

幼女没有性同意能力，在我国，性同意年龄为 14 周岁，与不满 14 周岁的人发生性关系的，原则上应以强奸罪论处。

【注意】无论被害幼女是否同意，只要行为人知道或者应当知道其为幼女并且与之发生性行为的，以强奸罪论处，并从重处罚。根据司法解释规定，如下特殊情形，可以不认为是犯罪：

(1) 已满十四周岁不满十六周岁的人偶尔与幼女发生性关系，情节轻微、未造成严重后果的，不认为是犯罪。

(2) 行为人确实不知对方是不满 14 周岁的幼女，双方自愿发生性关系，未造成严重后果，情节显著轻微的，不认为是犯罪。

3. 婚内强奸

(1) 原则上：不以强奸罪论处。

(2) 例外：审判实践中，只有在婚姻关系处于非正常存续期间，婚内强奸才有限度地被认定为构成强奸罪。

(二) "加重"处罚情节

1. 强奸妇女、奸淫幼女情节恶劣的

2. 强奸妇女、奸淫幼女多人的

3. 在公共场所"当众"强奸妇女、奸淫幼女的

（1）对"当众"进行扩大解释：只要在不特定或者众人可能看到、感觉到的公共场所强奸妇女，就属于在公共场所"当众"强奸妇女。

（2）司法解释规定：在校园、游泳馆、儿童游乐等公共场所对未成年人实施强奸、猥亵犯罪，只要有其他多人在场，不论在场人员是否实际看到，均可以认定为在公共场所"当众"强奸妇女，强制猥亵、侮辱妇女，猥亵儿童。参见2013年最高人民法院、最高人民检察院、公安部、司法部：《关于依法惩治性侵害未成年人犯罪的意见》。

4. 二人以上轮奸的

（1）只要在客观上二人共同强奸，就属于轮奸。

（2）至于行为人是否达到刑事责任年龄，并不影响轮奸的成立。

例如，16周岁的甲与12周岁的乙共同强奸妇女的，成立轮奸。当然，乙最终未达年龄而不构成犯罪。

5. 奸淫不满十周岁的幼女或者造成幼女伤害的——此为《刑法修正案（十一）》增设

（1）"奸淫幼女"不是加重情节，十四周岁以下都属于幼女，只是从重情节。

（2）而奸淫不满十周岁的幼女（0—10）或者造成幼女（0—14）伤害的，才属于加重情节。

6. 致使被害人重伤、死亡或者造成其他严重后果的

（1）"致人重伤、死亡"：是指强奸行为本身导致被害人性器官严重损伤，或者造成其他严重伤害，甚至当场死亡或者经抢救无效死亡（原则上不包括被害人事后自杀身亡）。

对于强奸犯出于报复、灭口等动机，在实施强奸的过程中或强奸后，杀死或者伤害被害人的，应分别认定为强奸罪、故意杀人罪或故意伤害罪，实行数罪并罚。

（2）明知是"痴呆女"而与之发生性关系导致被害人怀孕的情形，认定为强奸"造成其他严重后果"。

【典型真题】

关于强奸罪及相关犯罪的判断，下列选项是正确的是？（　　）（多选）（2007年卷二12题）①

A. 甲欲强奸某妇女遭到激烈反抗，一怒之下卡住该妇女喉咙，致其死亡后实施奸淫行为。甲的行为构成强奸罪的结果加重犯②

B. 乙为迫使妇女王某卖淫而将王某强奸，对乙的行为应以强奸罪与强迫卖淫罪实行数罪并罚

C. 丙在组织他人偷越国（边）境过程中，强奸了被组织的妇女李某。丙的行为虽然触犯了组织他人偷越国（边）境罪与强奸罪，但只能以组织他人偷越国（边）境罪定罪量刑

D. 丁在拐卖妇女的过程中，强行奸淫了该妇女。丁的行为虽然触犯了拐卖妇女罪与强奸罪，但根据刑法规定，只能以拐卖妇女罪定罪量刑

---

① 答案：BD。

② A错误，行为人的暴力（一怒之下卡住该妇女喉咙）并不是为了排斥妇女的反抗，进而强奸妇女，而是出于报复，即该行为不是强奸罪的手段行为，因此，不成立强奸致人重伤的结果加重犯。B正确，原《刑法》第358条规定，组织、强迫卖淫，又奸淫被害对象的，仅作为一加重情节。根据2015年《刑法修正案（九）》的规定，组织、强迫卖淫并强奸妇女的，应数罪并罚。

二、负有照护职责人员性侵罪

《刑法修正案（十一）》增设了第二百三十六条之一：

对已满十四周岁不满十六周岁的未成年女性负有监护、收养、看护、教育、医疗等特殊职责的人员，与该未成年女性发生性关系的，处三年以下有期徒刑；情节恶劣的，处三年以上十年以下有期徒刑。

有前款行为，同时又构成本法第二百三十六条（强奸罪）规定之罪的，依照处罚较重的规定定罪处罚。

1. 构成要件

（1）对象：14—16周岁的被监护者（"小"妇女）。
（2）主体：负有照护职责的人员。
（3）行为方式：利用优势地位，"自愿"发生性关系。

该罪的手段：不需要采用暴力、胁迫，而是利用优势地位。从实际情况看，由于收养、监护等特定关系，对于未成年而言，往往会由于恐惧、不知所措等而不敢反抗。

该规定的实质在于：在负有照护职责的情形下，将"性同意年龄"在特定情形下，提升至16周岁以上。负有照护职责的人员，与14—16周岁的人，"自愿"发生性关系的，也构成犯罪。

当然，负有照护职责的人员，强行与14—16周岁的人发生性关系的，构成强奸罪。从这一意义上看，负有照护职责人员性侵罪与强奸罪之间是竞合关系，后者性质更为严重。

2. 如下情形认定为强奸罪

（1）强行与女性（妇女、幼女）发生性关系。
（2）以任何手段与幼女发生性关系。

三、强制猥亵、侮辱罪　猥亵儿童罪

1. 对象

（1）强制猥亵罪的对象是"他人"，包括男性、女性（年满14周岁）。
（2）强制侮辱罪的对象是"妇女"，即年满14周岁的女性。
（3）猥亵儿童罪的对象：不满14周岁的"儿童"（男童、女童）。

2. 猥亵、侮辱行为

（1）只要侵犯了对方的性意义上的决定权即可，不要求必须有满足性欲的目的。

例如，甲（女）基于愤怒在超市剥光了乙（女）的衣服，引起群众围观，甲主观上虽然没有（也不可能有）满足性欲的目的，但侵犯了乙（女）的性羞耻心，其行为仍然属于猥亵。

（2）通过网络形式猥亵、侮辱的，构成本罪。

例如，行为人以满足性刺激为目的，以诱骗、强迫或者其他方法要求儿童拍摄裸体、敏感部位照片、视频等供其观看，严重侵害儿童人格尊严和心理健康的，构成猥亵儿童罪。参见骆某猥亵儿童案（检例第43号）。

（3）不以公然实施为前提，即使在非公开的场所也可以。

3. "在公共场所当众"的理解（加重情节）

行为人在教室、集体宿舍等场所实施猥亵行为，只要当时有多人在场，即使在场人员未实际看到，也应当认定犯罪行为是在"公共场所当众"实施。①

4. 猥亵与强奸不是对立关系，而是竞合关系，即强奸是程度更为严重的"猥亵"

我国《刑法》未将强奸男性（包括男性儿童、成年男性）的行为规定为独立的犯罪，但既然猥亵男性的都构成犯罪，强行与男性发生性关系的不认为是犯罪就不合理。可以认为，强奸男性也是猥亵行为之一，成立强制猥亵罪、猥亵儿童罪。

（1）女性强奸男性儿童的，不能认定为强奸罪，可以成立猥亵儿童罪。

（2）女性强奸男性（非儿童）的，不能认定为强奸罪，可以成立强制猥亵罪。

【典型真题】

1. 丁和朋友为寻求刺激，在大街上追逐、拦截两位女生。丁的行为构成强制侮辱罪——错误，丁的行为应成立寻衅滋事罪。（16年卷二58题D项）

2. 关于侮辱罪与诽谤罪的论述，下列哪一选项是正确的？（　　）（单选）（13年卷二16题）②

A. 为寻求刺激在车站扒光妇女衣服，引起他人围观的，触犯强制猥亵、侮辱妇女罪，未触犯侮辱罪

B. 为报复妇女，在大街上边打妇女边骂"狐狸精"，情节严重的，应以侮辱罪论处，不以诽谤罪论处

C. 捏造他人强奸妇女的犯罪事实，向公安局和媒体告发，意图使他人受刑事追究，情节严重的，触犯诬告陷害罪，未触犯诽谤罪

D. 侮辱罪、诽谤罪属于亲告罪，未经当事人告诉，一律不得追究被告人的刑事责任

3. 关于负有照护职责人员性侵罪，下列选项中说法正确的是？（　　）（多选）③

A. 课外辅导机构老师张某欺骗贺某（14周岁）说："只要你和我发生性关系，我能保你考上本市最好的高中。"贺某求学心切，自愿和张某发生性关系。后贺某意外怀孕，被张某强制流产，精神恍惚，多次自杀被制止。张某的行为成立负有照护职责人员性侵罪，且情节恶劣

B. 李某系某学校物理老师，李某在网上和另一所学校的女初中生潘某（14周岁）相识，两人自愿发生性关系。李某的行为成立负有照护职责人员性侵罪

C. 曹某（15周岁）的父母因忙于工作，同租住于院内的邻居林某（某餐馆老板）受托照顾曹某的午饭。因曹某发育比较成熟，林某产生奸淫想法。某日，林某趁曹某午休时，对曹某动手动脚，曹某惊醒，拼命反抗，林某强行与其发生性关系。林某的行为成立负有照护职责人员性侵罪

D. 吴某（15周岁）欲交学费，继父康某提出与其发生性关系就替其支付学费，吴某为了能继续上学，遂答应康某的要求。康某的行为成立负有照护职责人员性侵罪

主观题小案例

案例1：某晚，毛毛使用暴力两次强行奸淫了农村青年妇女蒋某。蒋某在遭强奸后，一直精神抑郁，经医院诊断为神经反应症，后服毒自杀身亡。

---

① 参见齐某强奸、猥亵儿童案（检例第42号）
② 答案：B。
③ 答案：AD。

问题：毛毛的行为是否属于强奸致人死亡的结果加重犯，请说明理由。

案例2：甲（18周岁）、乙（13周岁）二人共同对妇女丙实施了强奸行为。
问题：甲、乙二人的行为如何认定，请说明理由。

案例1-问题：毛毛的行为是否属于强奸致人死亡的结果加重犯，请说明理由。
答案：毛毛的行为不属于强奸致人死亡的结果加重犯。被害人的死亡结果（自杀）并不是强奸行为直接造成的，不能认定为是强奸致人死亡的结果加重犯。但是，可以认定为是强奸"造成其他严重后果"这一加重情节。

案例2-问题：甲、乙二人的行为如何认定，请说明理由。
答案：甲、乙二人客观上共同实施了强奸行为，主观上有轮奸的故意，是轮奸的共同正犯，均属于轮奸，乙未达到刑事责任年龄，不用承担刑事责任。

可能考查的观点展示

1. 猥亵和强奸究竟是对立关系，还是竞合关系，理论上存在不同的观点。
模拟案例：张某（女）强行和甲（13周岁，男性）发生了性关系。甲的行为如何认定，请说明理由。
答案：（1）一种观点认为，张某的行为不构成犯罪。理由：
如果认为强奸罪与猥亵儿童罪是对立关系，猥亵行为只能是性交以外的行为，张某强行与不满14周岁的男童发生性关系的行为不符合强奸罪的构成要件（强奸罪的对象为女性），同样也不符合猥亵儿童罪的构成要件，故张某的行为无罪。
（2）另一种观点认为，张某的行为构成猥亵儿童罪。理由：
如果认为强奸罪与猥亵儿童罪是竞合关系，猥亵行为也包括性交行为，张某与不满14周岁的男童发生性关系，不能认定为强奸罪，但符合猥亵儿童罪的构成要件，可以成立猥亵儿童罪。

2. 是否存在片面的轮奸，理论上存在不同的观点。
模拟案例：甲使用暴力使丙女丧失反抗能力并奸淫丙女，随后甲电话通知不在现场的乙，让没有参与前行为的乙强奸没有反抗能力的丙女，但乙并不知道甲事前已经对丙女实施了强奸行为。甲、乙的行为如何认定，请说明理由。
答案：（1）乙的行为构成强奸罪，不构成轮奸。乙没有参与甲的强奸行为，乙仅对自己的行为承担责任，构成普通强奸罪。
（2）甲的行为是否构成轮奸，理论上存在两种观点：
一种观点认为，甲构成轮奸，承认片面的轮奸。即便乙不知道甲之前的强奸行为，但甲既需要对自己的强奸行为（实行行为）负责，又要对乙的强奸行为负责，甲使用暴力使丙女丧失反抗能力，就是乙的强奸行为的手段行为。故甲构成轮奸。
另一种观点认为，甲的行为仅构成普通强奸罪，不构成轮奸。因为甲、乙没有共同轮奸的故意，乙并不知道甲之前实施了强奸行为。甲需要对自己的强奸行为负责，也需要对乙的强奸行为负责，但没有轮奸的共同故意，不属于轮奸。

第十二章 危害公共安全犯罪

法条群及知识点

危害公共安全犯罪是侵犯社会利益的犯罪，具体为人身权利、财产权利。危害公共安全犯罪与侵犯财产罪、侵犯人身权利罪的区别在于是否危害了"公共安全"。"公共安全"是指不特定或者多数人的生命、身体或者财产安全。

所谓"不特定"，是指犯罪行为可能侵犯的对象和可能造成的结果事先无法确定，行为人对此既无法具体预料也难以实际控制，行为的危险或行为造成的危害结果可能随时扩大或增加，随时有向"多数"发展的现实可能性，会使社会多数成员遭受危险和侵害。①

所谓"多数人"，则难以用具体数字表述，行为使较多的人（即使是特定的多数人）感受到生命、健康或者财产受到威胁时，应认为危害了公共安全。

需要说明的是，危害公共安全罪并非一定要造成多人死亡、重大财产损失，而是看行为本身是否有造成不特定或者多数人伤亡、财产损失的可能性。例如，交通肇事罪是危害公共安全的犯罪，实践中的交通肇事罪也可能是仅造成了一人死亡，但因为肇事行为发生在道路上（即公共交通管制的领域），有可能会造成不特定或者多数人的生命、健康、财产安全，故属于危害公共安全类的犯罪。

一、以危险方法危害公共安全罪

1. "危险方法"的种类

对于以危险方法危害公共安全罪中的"危险方法"应进行缩小解释、体系解释，只有危险性与放火、爆炸、决水、投放危险物质性质相当的，才能认定为"危险方法"。实践中较为典型的情况：

（1）以驾驶机动车的方式撞人，放任他人死亡结果，危害公共安全的。

（2）在公共场所私设电网，危害公共安全的。

---

① 不特定有以下几种情况：（1）针对不特定的对象，实际危害了不特定多数人的生命、健康和重大公私财产安全，如姚锦云驾车在天安门广场撞人案；（2）针对不特定的对象，没有实际造成不特定多数人的生命、健康和重大公私财产安全的损害后果，但有造成不特定多数人的生命、健康和重大公私财产安全损害的危险或者可能；（3）针对特定的对象，但实际上造成了不特定多数人的生命、健康和重大公私财产安全的损害后果；（4）针对特定的对象，没有实际造成不特定多数人的生命、健康和重大公私财产安全的损害后果，但有造成不特定多数人的生命、健康和重大公私财产安全损害的危险或者可能。

（3）故意传播"突发性"传染病病原体，危害公共安全的。①

（4）故意破坏矿井下的通风装置。

（5）在高速公路上逆行。

（6）研制、生产、销售"瘦肉精"。此类行为，审判实践中早期的做法是认定为非法经营罪或者生产、销售有毒、有害食品罪，近年来，有部分案件被认定为以危险方法危害公共安全罪。

（7）无故殴打公交车司机、抢夺司机方向盘，严重危及公共安全的。

（8）盗窃、破坏人员密集往来的非机动车道、人行道以及车站、码头、公园、广场、学校、商业中心、厂区、社区、院落等生产生活、人员聚集场所的窨井盖。②

（9）故意从高空抛弃物品，足以危害公共安全的。

2. 对本罪应限制适用

本罪是危害公共安全的犯罪，但并不意味着，行为只要达到"危害公共安全"的程度，就成立本罪。刑法对本罪所规定的法定刑较重，如果行为对公共安全的侵害程度相对有限，则不应该认定为本罪。

例如，高空抛物，危害性相对相小的，即高空抛"小物"，可以认定为高空抛物罪。

又如，妨害安全驾驶行为，即便危害公共安全，但如果危害性相对较小，如打小架，可以认定为妨害安全驾驶罪。

【解题技巧】以危险方法危害公共安全罪是故意犯罪，考题中，行为人对于危害公共安全的结果究竟是故意还是过失是判断的难点，尤其是开车撞死人，究竟是定交通肇事罪还是以危险方法危害公共安全罪，一般认为，行为人干了一件"超级危险的事情"，就可以推定其主观上对结果（他人生命、财产）至少是一种放任的心态，成立以危险方法危害公共安全罪。

例如，将重度醉酒后在高速公路超速驾驶机动车的行为，认定为以危险方法危害公共安全罪。实践中，醉酒驾车的人，如果第一次撞人，定交通肇事罪。如果撞人后继续乱开，撞死人的，可以考定以危险方法危害公共安全罪。（14年卷二51题C项）

【典型真题及模拟题】

1. 甲、乙、丙、丁的下列哪些行为构成以危险方法危害公共安全罪？（　　）（多选）（20年真题13题）③

A. 甲把蜂窝煤点燃从高处扔向人群，引发火灾，导致多人伤亡

B. 乘客乙在乘坐公交车时，与司机徐某发生争吵，在车辆行驶过程中，抢夺司机徐某手中的方向盘，导致车辆失控而撞死多人

C. 公交车汽车司机丙与乘客孟某发生争吵，在遭受孟某的辱骂后，丙置行驶中的车辆于不

---

① 2003年5月14日最高人民法院、最高人民检察院《关于办理妨害预防、控制突发传染病疫情等灾害的刑事案件具体应用法律若干问题的解释》第一条。该解释主要是针对2003年的"非典"病毒事件。

② 对于盗窃窨井盖的行为，通常会危害公共安全。破坏交通设施罪、以危险方法危害公共安全罪这两罪均是危害公共安全类的犯罪，其中，破坏交通设施罪系特别法。当盗窃的窨井盖属于"交通设施"时，应优先适用破坏交通设施罪。2020年最高人民法院、最高人民检察院、公安部《关于办理涉窨井盖相关刑事案件的指导意见》规定：（1）盗窃、破坏正在使用中的社会机动车通行道路上的窨井盖，足以使汽车、电车发生倾覆、毁坏危险，以破坏交通设施罪定罪处罚。（2）盗窃、破坏人员密集往来的非机动车道、人行道以及车站、码头、公园、广场、学校、商业中心、厂区、社区、院落等生产生活、人员聚集场所的窨井盖，足以危害公共安全，以以危险方法危害公共安全罪定罪处罚。

③ 答案：BC。

顾，离开方向盘和乘客孟某扭打，导致交通事故，致多人伤亡

D. 丁把马路（机动车道）上的窨井盖偷走，路过车辆与其他车辆相撞，发生严重交通事故，导致多人伤亡

2. 下列哪一行为成立以危险方法危害公共安全罪？（　　）（单选）（12年卷二15题）①

A. 甲驾车在公路转弯处高速行驶，撞翻相向行驶车辆，致2人死亡

B. 乙驾驶越野车在道路上横冲直撞，撞翻数辆他人所驾汽车，致2人死亡

C. 丙醉酒后驾车，刚开出10米就撞死2人

D. 丁在繁华路段飙车，2名老妇受到惊吓致心脏病发作死亡

3. 关于以危险方法危害公共安全罪，下列选项错误的是？（　　）（多选）②

A. 甲在家中为少走几步路，将吃完的梨核直接从29楼丢下，险些砸中楼下跳广场舞的人群。甲构成以危险方法危害公共安全罪

B. 乙抱着"砸着谁谁倒霉"的心理从高楼窗户扔出一个烟灰缸，恰巧砸到楼下的一位行人，致其重伤。乙构成以危险方法危害公共安全罪

C. 丙因工作不顺心，将水桶、杠铃、花盆从18楼扔下，持续时间长达二十分钟，其楼下为公共道路，行人来往频繁，但未造成人员伤亡。丙构成以危险方法危害公共安全罪

D. 丁携带弹弓及弹珠到宿舍楼顶玩耍。期间，丁使用弹弓向楼顶的墙体发射弹珠，后又向公共街道方向的路面发射了2粒弹珠，其中一粒弹珠（钢珠）击穿途经该处的一辆正载有多名乘客的公共汽车车窗玻璃。经鉴定，该辆公共汽车受损的车窗玻璃损失价格为850元。丁构成以危险方法危害公共安全罪

二、交通肇事罪

《刑法》第133条【交通肇事罪】违反交通运输管理法规，因而发生重大事故，致人重伤、死亡或者使公私财产遭受重大损失的，处三年以下有期徒刑或者拘役；交通运输肇事后逃逸或者有其他特别恶劣情节的，处三年以上七年以下有期徒刑；因逃逸致人死亡的，处七年以上有期徒刑。

（一）刑罚适用情况表

三年以下有期徒刑或者拘役（罪与非罪的界限）	三年以上七年以下有期徒刑	七年以上有期徒刑
1. 死亡1人或者重伤3人以上，负事故全部或者主要责任 2. 死亡3人以上，负事故同等责任 3. 造成公共财产或者其他财产直接损失，负事故全部或者主要责任，无能力赔偿数额在30万元以上的。 4. 致1人以上重伤，负事故全部或者主要责任，并且下列情形之一的：（1）酒后、吸食毒品后驾驶机动车辆的；（2）无驾驶资格驾驶机	1. 交通肇事后逃逸：交通肇事后为逃避法律追究而逃跑（即符合三年以下有期徒刑或者拘役的条件，并且逃跑的） 2. 其他特别恶劣情节：（1）死亡2人以上或者重伤5人以上，负事故全部或者主要责任的；（2）死亡6人以上，负事故同等责任的；（3）造	因逃逸致人死亡：指行为人在交通肇事后为逃避法律追究而逃跑，致使被害人因得不到救助而死亡的情形。

---

① 答案：B。
② 答案：AB。

续表

三年以下有期徒刑或者拘役（罪与非罪的界限）	三年以上七年以下有期徒刑	七年以上有期徒刑
动车辆的；（3）明知是安全装置不全或者安全机件失灵的机动车辆而驾驶的；（4）明知是无牌证或者已报废的机动车辆而驾驶的；（5）严重超载驾驶的；（6）为逃避法律追究逃离事故现场的。	成公共财产或者他人财产直接损失，负事故全部或者主要责任，无能力赔偿数额在60万元以上的。	

如何认定"责任"：<u>交通行政管理上的"责任"不能等同于认定交通肇事罪的"责任"</u>

在发生交通事故的场合，通常由交通管理部门认定行为人的责任，而交通管理部门只是根据交通运输管理法规认定责任，这种认定常常是出于交通管理的需要，<u>并不是刑法上的责任</u>。

例如，甲于某晚9时驾驶货车在县城主干道超车时，逆行进入对向车道，撞上乙驾驶的小轿车，乙被卡在车内无法动弹，乙车内黄某当场死亡、胡某受重伤。后查明，乙无驾驶资格，事发时略有超速，且未采取有效制动措施。——本案中，乙无证驾驶，根据《道路交通安全实施条例》，应负全部或主要责任，但这种责任并不是刑法上的责任。换言之，乙无证驾驶对造成此次事故的原因并不是太大，乙不构成交通肇事罪。(13年主观题)

（二）构成要件

1. 主体

一般主体，包括从事交通运输人员或者非交通运输人员（如行人）。

（1）如单位主管人员、机动车辆所有人或者承包人等"<u>指使、强令</u>"他人违章驾驶，造成重大交通事故，以交通肇事罪定罪处罚（不定共犯，事故前瞎指挥）。这种情形不能认定为是共同犯罪，因为指使者与司机对于事故的发生均是持反对（过失）的心态，不宜以共同犯罪论处。

但是，"<u>纵容</u>"他人违章驾驶的，<u>不成立交通肇事罪</u>。对"纵容他人在道路上醉酒驾驶机动车造成重大交通事故"的，不宜以交通肇事罪追究刑事责任。主要理由：将机动车交由醉酒者驾驶与指使、强令他人违章驾驶相比，行为人的主观故意明显不同，以交通肇事罪追究将机动车交由醉酒者驾驶的人的刑事责任，不符合共同犯罪原理，当事人之间对危害后果不存在共同罪过。①

例如，甲女和乙男相约喝酒，聚会结束后，甲女请求乙男醉酒开甲的车送自己回家，乙男拒绝，甲女反复请求后，乙男遂送甲女回家。乙在驾驶途中，在路口闯红灯撞死行人丙。甲、乙均构成交通肇事罪。(19年法考真题)

（2）司机交通肇事后，机动车辆所有人、承包人等指使行为人逃逸，致使被害人因得不到救助而死亡的，以交通肇事罪（因逃逸致人死亡）的"<u>共同犯罪</u>"论处。(<u>事故后指使逃逸</u>)

（3）道路上通行的车辆、行人、乘车人以及在道路上进行与交通有关活动的人员，均可构成本罪的主体。

2. 保护法益：交通运输安全

（1）空间范围：公共交通管理的范围内，其实质在于，<u>可以承载公共安全，可以通过汽车等大型运输工具，且非私人场所。一般小区内道路属于"道路"</u>。

（2）在<u>公共交通管理的范围外</u>，例如工厂厂区、乡村路上，驾驶机动车辆或者使用其他交通

---

① 2014年11月最高人民法院研究室《关于纵容他人醉酒驾驶造成重大交通事故定性问题的研究意见解读》。

工具致人伤亡或者致使公共财产或者他人财产遭受重大损失，构成犯罪的，分别依照《刑法》第134条（重大责任事故罪）、第135条（重大劳动安全事故罪）、第233条（过失致人死亡罪）等规定定罪处罚。

（三）其他问题

1. 结果加重犯

交通肇事"因逃逸致人死亡"。——原风险继续

一般认为，"因逃逸致人死亡"是消极的、不作为的方式致人死亡。"因逃逸致人死亡"需要具备两个要件：①

（1）主观上：行为人为逃避法律追究而逃跑。如果不是为逃避法律追究，而是害怕受害方或者其他围观群众对其进行殴打而躲避，但及时报警等待司法机关处理，不得视为"逃逸"。

（2）客观上：逃逸行为导致被害人得不到及时救助而死亡。即，逃逸行为与死亡结果之间具有因果关系。行为人主观上对逃逸行为与被害人得不到救助而死亡之间的关联性有认知，即至少有过失。

2. 认定"交通肇事因逃逸致人死亡"，是否需要逃逸之前的交通肇事行为符合交通肇事罪的基本罪

（1）一种观点，要求之前的肇事行为应符合交通肇事罪的基本罪。

（2）另一种观点，不要求前行为成立交通肇事罪的基本罪。

最高人民法院支持后一种观点，因为前行为是否满足交通肇事罪的成立条件（至少造成重伤以上），实践中根本没有办法判断，被害人被撞后，行为人逃逸，导致被害人得不到救助而死亡的，实践中根本无法判断第一次撞击被害人被撞击的程度究竟是轻伤还是重伤。

【典型真题】

根据刑法规定与相关司法解释，下列哪一选项符合交通肇事罪中的"因逃逸致人死亡"？（　　）（单选）（07年卷二9题）②

A. 交通肇事后因害怕被现场群众殴打，逃往公安机关自首，被害人因得不到救助而死亡

B. 交通肇事致使被害人当场死亡，但肇事者误以为被害人没有死亡，为逃避法律责任而逃逸

C. 交通肇事致人重伤后误以为被害人已经死亡，为逃避法律责任而逃逸，导致被害人得不到及时救助而死亡

D. 交通肇事后，将被害人转移至隐蔽处，导致其得不到救助而死亡

3. 交通肇事后，积极移置被害人，加剧风险的，成立新罪——风险升级

（1）交通肇事当场致人死亡，但被告人误以为其没有死亡，将尸体转移并予以遗弃，因主观认识错误而构成故意杀人罪的未遂。

---

① 刑法对交通肇事罪（因逃逸致人死亡）这一结果加重犯规定的法定刑为"七年以上有期徒刑"，事实上，行为人的逃逸导致被害人得不到救助而死亡，符合不作为犯的故意杀人罪的构成要件。立法之所以配置相对较轻的法定刑主要是基于两个因素的考虑：第一，行为人在肇事后"逃逸"，在一定程度上是人的"本能"，出于害怕而逃跑。第二，行为人的"逃逸"行为本身，并没有进一步"提升"被害人所处的风险，其他人仍然可以救助被害人，并没有排除被害人受到其他人救助的机会。

② 答案：C。

（2）交通肇事当场没有死亡，但被告人误以为已经死亡，将被害人转移并予以遗弃，最终致被害人死亡的，应当将后行为认定为过失致人死亡罪。

（3）交通肇事当场没有死亡，被告人将被害人带离事故现场后隐藏或者遗弃，致使被害人死亡的，构成故意杀人罪。

4. 公交车肇事案件中司机与乘客责任的认定

近年来，发生在公交车上的乘客与司机的冲突，引发车辆事故而造成人员伤亡的案件，如何认定乘客和司机的责任，需要结合行为人的主观罪过（故意、过失）而认定为以危险方法危害公共安全罪、交通肇事罪。可参见 2019 年 1 月 8 日最高人民法院、最高人民检察院和公安部《关于依法惩治妨害公共交通工具安全驾驶违法犯罪行为的指导意见》。

	司机	乘客
重度危险行为	以危险方法危害公共安全罪	以危险方法危害公共安全罪
中度危险行为	以危险方法危害公共安全罪	交通肇事罪
轻度危险行为	交通肇事罪、妨害安全驾驶罪、无罪	交通肇事罪、妨害安全驾驶罪、无罪

总结：只要是直接针对"方向盘"的，原则上成立以危险方法危害公共安全罪。司机置行驶中的车辆于不顾，离开方向盘的；或者，乘客抢夺方向盘的，成立以危险方法危害公共安全罪。

当然，针对"方向盘"等驾驶操纵装置所实施的行为，成立以危险方法危害公共安全罪，还要求对行为的危害性进行实质判断，只有事实上严重危及公共安全的，才成立以危险方法危害公共安全罪，对公共安全危害较小的，可以考虑成立妨害安全驾驶罪。

【典型真题】

乘客甲和公交车司机乙发生争吵，狠狠地殴打司机乙的头部，并抢夺方向盘，持续时间长达十分钟。乙非常气愤，后乙把正在高速行驶的车停到路边，让客人下来，将车门打开。骑自行车的丙正好经过此地，撞上打开的车门而当场身亡。下列说法正确的是？（　　）（单选）（19 年真题 17 题）①

A. 甲、乙的行为均成立交通肇事罪

B. 甲构成以危险方法危害公共安全罪，乙成立交通肇事罪

C. 甲构成交通肇事罪，乙成立以危险方法危害公共安全罪

D. 甲构成寻衅滋事罪，乙成立交通肇事罪

三、危险驾驶罪

1. 行为方式

（1）追逐竞驶型的，要求"情节恶劣"。

（2）醉酒驾驶机动车，不要求情节恶劣，仅要求血液酒精含量达到 80 毫克/100 毫升以上。

（3）从事校车业务或者旅客运输，严重超过额定乘员载客，或者严重超过规定时速行驶的。

（4）违反危险化学品安全管理规定运输危险化学品，危及公共安全的。并对此规定了车辆所

---

① 答案：B。

有人、管理者的责任。

2. "机动车"的范围

包括各类汽车（拖拉机）、摩托车和轻便摩托车。

【典型真题】

下列哪一行为应以危险驾驶罪论处？（　　）（单选）（15年卷二13题）①

A. 醉酒驾驶机动车，误将红灯看成绿灯，撞死2名行人

B. 吸毒后驾驶机动车，未造成人员伤亡，但危及交通安全

C. 在驾驶汽车前吃了大量荔枝，被交警以呼气式酒精检测仪测试到酒精含量达到醉酒程度

D. 将汽车误停在大型商场地下固定卸货车位，后在醉酒时将汽车从地下三层开到地下一层的停车位

	危险驾驶罪	交通肇事罪	以危险方法危害公共安全罪
危险系数	轻度危险	中度危险	重度危险（多重危险叠加）
罪过形式	故意（对危险驾驶行为）	过失（对严重后果）	故意
是否要求严重后果	不要求，该罪是行为犯	必须造成严重后果	只要造成具体危险，就是犯罪既遂；造成严重后果，属于结果加重犯
法定刑	6个月以下拘役	3年以下有期徒刑；3年以上7年以下；7年以上15年以下	3年以上10年以下；10年以上至死刑

　　司法实践中，对于驾驶机动车行为，可能涉及上述三罪。上述三罪的**危害性是递增关系**，一般认为，车辆驾驶过程中，客观危险性越高、造成危害结果的可能性越大、违章程度越严重，越有理由定重罪。例如，行为人在驾驶过程中伴有严重醉酒、超速、随意变道、长时间逆行、无证驾驶等多种严重违章行为的，无论是否造成严重后果，都应认定为以危险方法危害公共安全罪。例如，2014年卷二51C.将重度醉酒后在高速公路超速驾驶机动车的行为，认定为以危险方法危害公共安全罪。

　　此外，**三罪之间亦存在竞合关系**。例如，驾驶行为超级危险，在高速公路上逆行，可以认为同时触犯了危险驾驶罪与以危险方法危害公共安全罪。又如，危险驾驶行为造成事故，导致他人死亡的，成立交通肇事罪，当然也触犯了危险驾驶罪。2017年卷二8.B.乙在道路上醉酒驾驶机动车，行驶20公里后，不慎撞死路人张某。乙的行为既触犯了危险驾驶罪，也触犯了交通肇事罪。

四、妨害安全驾驶罪

《刑法修正案（十一）》增设了第一百三十三条之二：

对行驶中的公共交通工具的驾驶人员**使用暴力或者抢控驾驶操纵装置**，干扰公共交通工具正常行驶，危及公共安全的，处一年以下有期徒刑、拘役或者管制，并处或者单处罚金。

---

① 答案：D。

前款规定的 驾驶人员在行驶的公共交通工具上擅离职守，与他人互殴或者殴打他人，危及公共安全的，依照前款的规定处罚。

有前两款行为，同时构成其他犯罪的，依照处罚较重的规定定罪处罚。

1. 主体

一般主体，既包括驾驶人员，也包括乘客等其他 妨害驾驶安全 的人员。

2. 本罪的性质

针对公共交通工具，没有严重危害公共安全。本罪的法定刑偏低，行为对公共安全的影响程度相对有限。

3. 本罪与以危险方法危害公共安全罪、交通肇事罪的区别

对公共安全的危害大小不同。

主观题小案例

案例1：徐某素来与婆婆蒋某不和，欲毒死蒋某。某日，徐某趁蒋某不备进入蒋某住房，将一包毒鼠药放入蒋某使用的茶壶中。当天，到蒋某家聊天、做客的邻居、亲戚等10人喝了壶内的水后中毒，导致6人死亡（包括蒋某），4人重伤。

问题：徐某的行为如何定性，请说明理由。

案例2：徐某家住五楼，楼下便是人行道。一日，徐某从窗口朝人行道上扔下一个玻璃水杯，后玻璃水杯砸中了路边的一辆自行车，造成损失约为400元。

问题1：徐某的行为如何定性，请说明理由。

问题2：若徐某的行为发生在2020年2月1日，徐某的行为如何定性，请说明理由。

案例3：练某回家后因开车撞人心情不好，与妻子梁某发生争吵，梁某激动之下站在阳台上，不顾楼下人员劝阻，先将八个花盆、一把木柄斧子以及其他杂物从9楼扔向居民进出通道及停车位，持续时间长达二十分钟，楼下人流量较大，致使一辆汽车前引擎盖被砸穿，另一辆汽车后挡风玻璃被砸碎，并险些砸到过路居民。

问题：梁某的行为应如何定性，请说明理由。

案例4：甲（无证）驾驶一辆没有年检的汽车上路，在十字路口等待红灯时，邓某驾驶车辆逆行撞上甲驾驶的汽车，造成甲车中一名乘客当场死亡。事后，交警以甲无证驾驶、车辆未年检为由，认定甲负事故全部责任。

问题：甲的行为是否构成交通肇事罪，交警认定甲负事故全部责任应否作为认定交通肇事罪的依据，请说明理由。

案例5：丁驾驶汽车在道路上行驶时，撞上了人行道上的陈某，丁下车询问陈某身体状况，陈某告知丁并无大碍，自己只需要休息一会。于是丁留下了自己的电话给陈某，便开车驶离现场。后陈某感觉身体不适，被撞击的部位不断流血，无人救助，半小时后死亡。

问题：丁的行为能否认定为交通肇事因逃逸致人死亡的结果加重犯，请说明理由。

案例6：大毛因过于疲劳，驾驶面包车在高速公路上突然停车睡觉。此时，在后方以130公里/小时超速行驶的另一货车司机刘某急忙刹车，但依然发生了相撞事故，并导致大毛死亡。事后查明，即使刘某以低于限速的 120 公里/小时的速度行驶，由于大毛停车过于突然，刘某还是会撞死大毛。

问题：刘某的行为与大毛的死亡结果之间有无刑法上的因果关系，请说明理由。

案例 1-问题：徐某的行为如何定性，请说明理由。
答案：徐某成立故意杀人罪，不成立投放危险物质罪。
首先，徐某以杀人故意，向蒋某投毒，导致包括蒋某在内多人死亡，成立故意杀人罪。
其次，徐某不成立投放危险物质罪。投放危险物质罪系危害公共安全犯罪，而徐某主观上没有危害公共安全的故意，客观上徐某投放毒药的行为发生在蒋家中，非公共场所，毒药投在蒋某茶具中而非公共所用器具内。

案例 2-问题 1：徐某的行为如何定性，请说明理由。
答案：徐某成立高空抛物罪。
首先，徐某从高空（五楼）扔下水杯，属于高空抛物，并导致 400 元的财产损失，属于"情节严重"，成立高空抛物罪。
其次，徐某不构成以危险方法危害公共安全罪。徐某所抛物品仅是一个玻璃水杯，该危险不具有扩张性、蔓延性，不足以危害公共安全。

案例 2-问题 2：若徐某的行为发生在 2020 年 2 月 1 日，徐某的行为如何定性，请说明理由。
答案：若徐某的行为发生在 2020 年 2 月 1 日，徐某无罪。
首先，徐某的行为不足以危害公共安全，不构成以危险防卫危害公共安全罪。
其次，在徐某行为当时，《刑法修正案（十一）》尚未生效，也即高空抛物罪尚未被明文规定，根据从旧兼从轻原则，徐某不适用新法，不能对徐某以高空抛物罪定罪量刑。

案例 3-问题：梁某的行为应如何定性，请说明理由。
答案：梁某的行为同时构成高空抛物罪与以危险方法危害公共安全罪，择一重罪（以危险方法危害公共安全罪）处罚。
首先，梁某从高处建筑物上向下抛掷物品，情节严重，构成高空抛物罪。
其次，梁某高空抛物的行为造成两辆车损坏，并对楼下不特定的多数人的生命安全产生具体危险，其行为客观上已造成了危害公共安全的后果。梁某明知楼下有人劝阻，仍先后从高处抛掷斧头等物，主观上对危害公共安全的后果存在直接或间接故意，构成以危险方法危害公共安全罪。
最后，梁某一行为同时触犯数罪，是想象竞合，择一重罪以以危险方法危害公共安全罪处罚。

案例 4-问题：甲的行为是否构成交通肇事罪，交警认定甲负事故全部责任应否作为认定交通肇事罪的依据，请说明理由。
答案：甲的行为不构成交通肇事罪。交警认定甲负事故全部责任，是行政法上的责任，不能成为认定刑事责任的依据。

案例 5-问题：丁的行为能否认定为交通肇事因逃逸致人死亡的结果加重犯，请说明理由。

答案：丁的行为仅构成一般的交通肇事罪。丁主观上并没有逃逸的想法，是交通肇事行为本身导致了被害人死亡，应认定为交通肇事罪的基本罪，不应认定为交通肇事因逃逸致人死亡的结果加重犯。

案例 6-问题：刘某的行为与大毛的死亡结果之间有无刑法上的因果关系，请说明理由。

答案：刘某的行为与大毛的死亡结果之间无刑法上的因果关系。

首先，即便刘某正常的速度行驶，也会造成大毛死亡的结果。换言之，死亡结果不具有回避的可能性，故刘某的行为与大毛的死亡结果之间没有因果关系。

其次，刘某没有创设法律所不允许的风险。刘某虽以 130 公里/小时的速度追尾大毛的面包车，但事实查明其以低于限速的 120 公里/小时的速度行驶，依然有可能会造成大毛的死亡，可以排除刘某的行为与大毛死亡之间的因果关系。

最后，大毛的死亡结果应归责于其自己的行为（停车在高速公路上睡觉）。

可能考查的观点展示

1. 纵容他人违章驾驶，进而造成交通事故的，能否认定为交通肇事罪。

模拟案例：甲醉酒后，向乙借车。乙明知甲处于醉酒状态，仍然将自己的车钥匙借给甲。后甲醉酒驾驶，造成两路人死亡。乙的行为是否构成交通肇事罪，可以谈不同观点，请说明理由。

答案：一种观点认为，构成交通肇事罪。乙作为车辆的所有人，对车辆的驾驶负有安全监督义务。其不履行该义务的，说明其主观上有过失，应构成交通肇事罪。

另一种观点认为，不构成交通肇事罪。将机动车交由醉酒者驾驶与指使、强令他人违章驾驶相比，行为人的主观故意明显不同，以交通肇事罪追究将机动车交由醉酒者驾驶的人的刑事责任，不符合共同犯罪原理，当事人之间对危害后果不存在共同罪过。

2. 交通肇事后，留在事发地点，等候警察，但不救助伤者，能否认定为是交通肇事罪因逃逸致人死亡。

模拟案例：甲醉酒驾驶机动车造成路人乙、丙重伤，甲仍然停留在原地，没有及时将被害人送往医院。待警察赶到时，被害人乙、丙已经流血过多而死。甲的行为是否属于交通肇事因逃逸致人死亡的结果加重犯，请说明理由。

答案：一种观点认为（通说、司法解释）：不属于交通肇事因逃逸致人死亡的结果加重犯。要成立交通肇事因逃逸致人死亡的结果加重犯，要求行为人主观上是为了逃避法律追究，客观上要实施具体的"逃逸"行为，并因此使被害人得不到救助而死亡。甲主观上并没有逃避法律追究的想法，客观上也没有实施逃逸行为。因此，不能认定为交通肇事因逃逸致人死亡的结果加重犯。

另一种观点认为（张明楷教授）：属于交通肇事因逃逸致人死亡的结果加重犯。刑法规定交通肇事"因逃逸致人死亡"的目的在于赋予肇事者的救助义务，防止被害人需要救助的情况下，行为人不履行救助义务。本案中，甲不履行该救助义务，就成立交通肇事因逃逸致人死亡的结果加重犯。

3. 成立交通肇事罪因逃逸致人死亡这一结果加重犯，是否要求前行为达到交通肇事罪的标准。

模拟案例：徐某超速驾驶车辆，造成行人肖某一人重伤，尚未达到交通肇事罪的标准。徐某为了逃避法律追究，驾车逃走，导致肖某因未得到及时救助而死亡。徐某的行为能否认定为交通肇事罪（因逃逸致人死亡）这一加重犯，可以谈不同观点，请说明理由。

答案：（1）徐某超速驾驶，仅致肖某一人重伤，未达到交通肇事罪的标准。

（2）徐某肇事后逃逸，导致肖某未得到及时救助而死亡的行为定性关键在于，"交通肇事因逃逸致人死亡"，是否需要逃逸之前的交通肇事行为符合交通肇事罪的基本罪，对此，存在两种观点：

一种观点认为，徐某只成立一般的交通肇事罪。理由：

"交通肇事因逃逸致人死亡"，需要逃逸之前的交通肇事行为符合交通肇事罪的基本罪，徐某逃逸之前的行为未达交通肇事罪的标准，之后逃逸进而导致肖某死亡的行为，不成立"因逃逸致人死亡"。①

另一种观点认为，徐某成立交通肇事罪（因逃逸致人死亡）。理由：

"交通肇事因逃逸致人死亡"，不需要逃逸之前的交通肇事行为符合交通肇事罪的基本罪，徐某交通肇事后逃逸，并因此导致肖某死亡，成立交通肇事罪"因逃逸致人死亡"。②

---

① 张明楷：《刑法学》（第六版），法律出版社2021年版，第928页。
② 徐光华：《2022觉晓法考培优系列：刑法培优——从入门到贯通》，中国政法大学出版社2021年版，第315页。

第十三章 破坏社会主义市场经济秩序罪

第一节 生产、销售伪劣商品罪

法条群及知识点

一、生产、销售伪劣产品罪

1. 罪与非罪的界限

（1）生产、销售金额 5 万元以上。未达此标准，一般不认为是犯罪。

（2）虽然没有销售 5 万元以上，但如果查获的伪劣产品价值 15 万元以上的，以犯罪未遂论处。

销售金额，是指生产者、销售者出售伪劣产品后所得和应得的全部违法收入。全部违法收入，不应当扣除成本以及各种费用。①

2. 其他行为方式

司法解释规定，生产、销售不符合食品安全标准的食品添加剂，用于食品的包装材料、容器、洗涤剂、消毒剂，或者用于食品生产经营的工具、设备等，构成犯罪的，依照生产、销售伪劣产品罪定罪处罚。

理由：生产、销售的对象不是作为食品本身，而是作为食品的包装、生产工具、设备等，不成立生产、销售有毒、有害食品罪。

二、生产、销售、提供假药罪

1. 本罪成立的标准

行为犯（抽象危险犯）。只要实施了生产、销售、提供行为就应定罪。

（1）生产：一切制造、加工、配制、采集、收集某种物品充当合格或特定药品的行为，都是生产假药的行为。

（2）销售：一切有偿提供假药的行为，都是销售。

（3）提供：药品使用单位的人员明知是假药而提供给他人使用的。不要求行为人主观上具有特定犯罪目的，也不要求行为人具有牟利的目的，只要行为人明知是假药而提供给他人使用。

---

① 参见《关于办理生产、销售伪劣商品刑事案件具体应用法律若干问题的解释》第 2 条。

2. 假药的认定

（1）应限定为内容（效用）上的假药——害人的药

2019年修订后的《药品管理法》第98条规定：假药包括，所含成分与国家药品标准规定的成分不符的药品，以非药品冒充药品或者以他种药品冒充此种药品，变质的药品，所标明的适应症或者功能主治超出规定范围的药品。

《药品管理法》注重从功效上界定假药，对假劣药的范围进行了调整，缩小了假药定义范围，删除"按照假药论处"情形。

（2）程序上未经批准的，不属于刑法上的"假药"——救人的药

但生产、销售行为，要承担其他责任（如行政责任，或构成其他犯罪，如非法经营罪、妨害药品管理秩序罪等）。

2019年新修订的《药品管理法》规定，实施该类行为的，要承担行政责任。

例如，药品使用单位的法定代表人、主要负责人、直接负责的主管人员和其他责任人员有医疗卫生人员执业证书的，还应当吊销执业证书。

三、妨害药品管理罪

第142条之一【妨害药品管理罪】违反药品管理法规，有下列情形之一，足以严重危害人体健康的，处三年以下有期徒刑或者拘役，并处或者单处罚金；对人体健康造成严重危害或者有其他严重情节的，处三年以上七年以下有期徒刑，并处罚金：

（一）生产、销售国务院药品监督管理部门禁止使用的药品的；

（二）未取得药品相关批准证明文件生产、进口药品或者明知是上述药品而销售的；

（三）药品申请注册中提供虚假的证明、数据、资料、样品或者采取其他欺骗手段的；

（四）编造生产、检验记录的。

有前款行为，同时又构成本法第一百四十一条、第一百四十二条规定之罪或者其他犯罪的，依照处罚较重的规定定罪处罚

1. 立法背景

生产、销售的药品属于违反审批程序的情形，本身既可能是真药，也可能是假药、劣药，甚至可能是无法鉴定出假劣药的情形（假劣药标准是法定的，在特定情况下由于程序、标准等限制，无法得出假劣药的明确结论），故而上述行为犯罪化的成因在于其妨害了药品管理秩序，进而可能危害病患用药安全。

2. 本罪规范的对象

在药品生产、销售、审批环节中，程序不规范的行为。其对象并非仅限于假药、劣药，包括不符合程序规范的药品。《刑法修正案（十一）》缩小了生产、销售假药、劣药罪的范围，分流部分到本罪中，实现区别对待。

3. 性质

具体危险犯，足以严重危害人体健康才能入罪。

4. 本罪与生产、销售、提供假（劣）药罪可能存在竞合，应择一重罪处罚。

四、生产、销售有毒、有害食品罪

1. 本罪的性质

行为犯（抽象危险犯）。

2. 行为方式

主动在食品中"掺入"毒。包括但不限于如下情形：

（1）在食品加工、销售、运输、贮存等过程中，掺入有毒、有害的非食品原料，或者使用有毒、有害的非食品原料加工食品的。

（2）在食用农产品种植、养殖、销售、运输、贮存等过程中，使用禁用农药、兽药等禁用物质或者其他有毒、有害物质的。

（3）在保健食品或者其他食品中非法添加国家禁用药物等有毒、有害物质的。

例如，丁在食品中违法添加易使人形成瘾癖的罂粟壳粉末，食品在市场上极为畅销。——该类行为在实践中具有一定的典型性，审判实践中多认定为生产、销售有毒、有害食品罪，可能与欺骗他人吸毒罪存在竞合。（17年卷二57题D项）

五、生产、销售不符合安全标准的食品罪

1. 性质

具体危险犯。必须足以造成严重食物中毒事故或者其他严重食源性疾患。

2. 行为方式

（1）在食品加工、销售、运输、贮存等过程中，违反食品安全标准，超限量或者超范围滥用食品添加剂，足以造成严重食物中毒事故或者其他严重食源性疾病的。

（2）在食用农产品种植、养殖、销售、运输、贮存等过程中，违反食品安全标准，超限量或者超范围滥用添加剂、农药、兽药等，足以造成严重食物中毒事故或者其他严重食源性疾病的。

3. 生产、销售有毒、有害食品罪与生产、销售不符合安全标准的食品罪的区别

（1）前者是指"在生产、销售的食品中掺入有毒、有害的非食品原料的，或者销售明知是有毒、有害的非食品原料的食品"的行为，即实施了"掺入有毒、有害的非食品原料"、"销售明知是有毒、有害的非食品原料"的行为。即主动"掺入"毒。

（2）后者仅仅是指食品本身不符合标准，如食品本身质量发生变化不符合食用标准，或者过量地添加了可以添加的食品添加剂。质言之，生产、销售不符合安全标准的食品罪，是在食品中超量加入了可加入的物质（如食品添加剂，而非毒），或者在食品本身"长出"了毒（如食品本身过了保质期）。

六、本节犯罪的其他问题

1. 关于定罪的标准

（1）2个行为犯（抽象危险犯）：生产、销售有毒、有害食品罪（第144条）；生产、销售假药罪（第141条）。

（2）3个危险犯（具体危险犯）：生产、销售不符合安全标准的食品罪（第143条）、生产、

销售不符合标准的医用器材罪（第 145 条）、妨害药品管理罪（第 142 条之一）。

（3）**4 个结果犯（实害结果）**：生产、销售劣药罪（第 142 条），生产、销售不符合安全标准的产品罪（第 146 条），生产、销售伪劣农药、兽药、化肥、种子罪（第 147 条），生产、销售不符合卫生标准的化妆品罪（第 148 条）。

2. 法条竞合——重法优先

行为人实施的行为如果同时符合第 140 条（生产、销售伪劣产品罪）与第 141 条—148 条所规定的犯罪的，依照处罚较重的处罚。

生产、销售伪劣产品罪与其他罪名之间是一般法与特别法的关系，是法条竞合，本应特别法优先，但我刑法为了**突出对制售假货的打击**，规定**重法优先**。

3. 罪数

（1）**以一重罪处罚**：实施生产、销售伪劣商品犯罪，同时构成侵犯知识产权、非法经营等其他犯罪的，依照处罚较重的规定定罪处罚。

（2）知道或者应当知道他人实施生产、销售伪劣商品犯罪，而为其提供贷款、资金、账号、发票、证明、许可证件，或者提供生产、经营场所或者运输、仓储、保管、邮寄等便利条件，或者提供制假生产技术的，以**生产、销售伪劣商品犯罪的共犯**论处。

4. 食品安全犯罪的缓刑、禁止令的慎用

通常不适用缓刑、免予处罚，即使适用缓刑，也应当宣告禁止令。

应当依照刑法规定的条件严格适用缓刑、免予刑事处罚。根据犯罪事实、情节和悔罪表现，对于符合刑法规定的缓刑适用条件的犯罪分子，可以适用缓刑，但是应当同时宣告禁止令，禁止其在缓刑考验期限内从事食品生产、销售及相关活动。①

5. 最高检指导案例要旨

（1）明知对方是食用油经销者，仍将用餐厨废弃油（俗称"地沟油"）加工而成的劣质油脂销售给对方，导致劣质油脂**流入食用油市场供人食用的**，构成生产、销售有毒、有害食品罪。

（2）明知油脂经销者向饲料生产企业和药品生产企业等单位销售豆油等食用油，仍将用餐厨废弃油加工而成的劣质油脂销售给对方，导致劣质油脂流向饲料生产企业和药品生产企业等单位的，构成生产、销售伪劣产品罪。

【典型真题】

1. 关于生产、销售伪劣商品罪，下列哪些选项是正确的？（　　）（多选）（16 年卷二 57 题）②

A. 甲既生产、销售劣药，对人体健康造成严重危害，同时又生产、销售假药的，应实行数罪并罚

B. 乙为提高猪肉的瘦肉率，在饲料中添加"瘦肉精"。由于生猪本身不是食品，故乙不构成生产有毒、有害食品罪

C. 丙销售不符合安全标准的饼干，足以造成严重食物中毒事故，但销售金额仅有 500 元。对丙应以销售不符合安全标准的食品罪论处

D. 丁明知香肠不符合安全标准，足以造成严重食源性疾患，但误以为没有毒害而销售，事实上香肠中掺有有毒的非食品原料。对丁应以销售不符合安全标准的食品罪论处

---

① 参见《最高人民法院、最高人民检察院关于办理危害食品安全刑事案件适用法律若干问题的解释》第 18 条。
② 答案：ACD。

2. 关于生产、销售伪劣商品罪，下列哪些判决是正确的？（　　）（多选）（14年卷二58题）①

A. 甲销售的假药无批准文号，但颇有疗效，销售金额达500万元，如按销售假药罪处理会导致处罚较轻，法院以销售伪劣产品罪定罪处罚

B. 甲明知病死猪肉有害，仍将大量收购的病死猪肉，冒充合格猪肉在市场上销售。法院以销售有毒、有害食品罪定罪处罚

C. 甲明知贮存的苹果上使用了禁用农药，仍将苹果批发给零售商。法院以销售有毒、有害食品罪定罪处罚

D. 甲以为是劣药而销售，但实际上销售了假药，且对人体健康造成严重危害。法院以销售劣药罪定罪处罚②

知识点分析思路总结

1. 如案情涉及生产、销售有毒、有害食品罪、销售不符合安全标准的食品罪等抽象危险犯或具体危险犯的，应回答：

结论：成立生产、销售有毒、有害食品罪（或其他危险犯罪名）。

理由：生产、销售有毒、有害食品罪是行为犯，不要求造成严重后果，行为人实施了生产、销售有毒、有害食品的行为即构成本罪。

2. 对于未经批准而生产、销售假药的行为或其他生产、销售假药罪与妨害药品管理罪之间可能存在竞合的，应回答：

结论：构成销售假药罪，同时亦构成妨害药品管理罪，应择一重罪处罚。

理由：行为人未经批准销售假药，构成妨害药品管理罪。同时，该药品所含成分与国家药品标准规定的成分不符/以非药品冒充药品/以他种药品冒充此种药品/已变质/所标明的适应症或者功能主治超出规定范围，符合假药的标准，亦触犯了销售假药罪，应择一重罪处罚。

3. 如果行为人主观上想犯的罪与客观所实施的行为不完全一致的，应回答：

结论：构成销售不符合安全标准的食品罪（以两罪重合部分定罪）。

理由：行为人主观上想销售不符合安全标准的食品，但事实上销售的是有毒、有害食品，由于有毒、有害食品亦属于不符合安全标准的食品，即销售有毒、有害食品同时符合销售不符合安全标准的食品罪的构成要件，二者之间在销售不符合安全标准的食品罪范围内重合。因此，对行为人应以生产、销售不符合安全标准的食品罪定罪处罚。

主观题小案例

案例1：蒋某销售不符合安全标准的饼干，足以造成严重食物中毒事故，但销售金额仅有500元。

---

① 答案：ACD。

② 有人认为，主观上想销售劣药，而客观上销售的是假药，定销售劣药罪系主观归罪。这种理解是不正确的。可以这样理解：劣药说明药效丧失了80%，而假药根本没有药效，或者说假的药效丧失了100%。行为人主观上仅想销售劣药，而客观上销售了假药，在主客观相统一的范围内——劣药（80%）实现了统一。该题实际上想告诉我们，劣药和假药不是对立关系，行为人主观上想销售劣药，客观上虽然销售了假药，其实"假药"也属于"劣药"，"假药"是质量更差的"劣药"。所以，至少也可以认为行为人客观上销售了更坏的"劣药"，成立生产、销售劣药罪。试想，如果行为人主观上想销售劣药，事实上销售的是更为严重的假药，如果认为假药与劣药是对立关系，那么，行为人的行为只能认定为是销售劣药罪的未遂，未遂犯可以从轻、减轻处罚，这显然不合理。

问题：蒋某的行为应如何认定，请说明理由。

案例2：徐某未经批准，从境外带来一批已变质的药品入境销售，销售金额达4万元。
问题：徐某的行为应如何认定，请说明理由。

案例3：徐某明知香肠不符合安全标准，足以造成严重食源性疾患，但误以为没有毒害而销售，事实上香肠中掺有有毒的非食品原料。
问题：徐某的行为应如何认定，请说明理由。

案例1-问题：蒋某的行为应如何认定，请说明理由。
答案：应以销售不符合安全标准的食品罪论处。销售不符合安全标准的食品罪是具体危险犯，蒋某的行为已达到"足以造成严重食物中毒事故或者其他严重食源性疾病"这一危险状态，符合销售不符合安全标准的食品罪的构成要件。

案例2-问题：徐某的行为应如何认定，请说明理由。
答案：构成妨害药品管理罪，同时亦触犯了销售假药罪，应择一重罪处罚。徐某未经国家批准擅自销售药品的行为，构成妨害药品管理罪。同时，该药品已变质，属于假药，徐某销售假药的行为还触犯了销售假药罪。徐某的行为同时构成妨害药品管理罪与销售假药罪，应择一重罪处罚。

案例3-问题：徐某的行为应如何认定，请说明理由。
答案：徐某的行为构成销售不符合安全标准的食品罪。徐某主观上想销售不符合安全标准的香肠，但事实上销售的是有毒、有害的香肠，有毒有害的香肠（食品）事实上也是不符合安全标准的食品，在主客观重合的范围内，应认定为销售不符合安全标准的食品罪。

可能考查的观点展示

1. 生产、销售伪劣产品行为，同时符合诈骗罪的构成要件，应如何处理，有不同的观点：

模拟案例：孙某将价值20元的低档白酒当作价值3000元的高档白酒销售，获利60万余元。孙某的行为是构成销售伪劣产品罪，还是诈骗罪，请说明理由。

答案：一种观点（通说）认为，法条竞合应坚持特别法优先，赵甲与孙某的行为构成销售伪劣产品罪。

本案中赵甲以20元的低档白酒冒充3000元的高档白酒进行销售，符合以次充好的行为情形，即以低档产品冒充高档产品进行销售，符合销售伪劣产品罪的规定情形。

这种观点认为，销售伪劣产品行为是一种特殊领域（商品销售领域）的诈骗行为，应坚持法条竞合的特别法优先，认定为销售伪劣产品罪。法条依据为《刑法》第140条；①《关于办理生

---

① 《刑法》第140条：生产者、销售者在产品中掺杂、掺假，以假充真，以次充好或者以不合格产品冒充合格产品，销售金额五万元以上不满二十万元的，处二年以下有期徒刑或者拘役，并处或者单处销售金额百分之五十以上二倍以下罚金；销售金额二十万元以上不满五十万元的，处二年以上七年以下有期徒刑，并处销售金额百分之五十以上二倍以下罚金；销售金额五十万元以上不满二百万元的，处七年以上有期徒刑，并处销售金额百分之五十以上二倍以下罚金；销售金额二百万元以上的，处十五年有期徒刑或者无期徒刑，并处销售金额百分之五十以上二倍以下罚金或者没收财产。

产、销售伪劣商品刑事案件具体应用法律若干问题的解释》第 1 条第 2 款。①

另一种观点认为，法条竞合应坚持重法优先，赵甲与孙某的行为构成诈骗罪。理由：本案中赵甲以低档白酒冒充高档白酒即"以次充好"的行为属于对消费者的欺诈，已经构成了诈骗罪，同时亦触犯了销售伪劣产品罪。但考虑到如果认定为诈骗罪"数额特别巨大"判处的刑罚更重，以诈骗罪论处，能更好地实现罪刑相适应。法条依据为《刑法》第 266 条。②

【延伸阅读】本题还可以从另外一个角度解答，即对于销售伪劣产品罪与诈骗罪，究竟是想象竞合还是法条竞合，存在不同的观点。如果认为是想象竞合，应坚持重法优先，认定为诈骗罪。如果认为是法条竞合，应坚持特别法优先，认定为销售伪劣产品罪。也就是说，该案究竟是定诈骗罪，还是销售伪劣产品罪，可以从不同的角度来说明自己的理由，都是合理的。

第二节　其他犯罪

法条群及知识点

一、洗钱罪

1. 洗钱罪的上游犯罪

（1）走私犯罪

（2）毒品犯罪

（3）黑社会性质组织犯罪

（4）恐怖活动犯罪

（5）贪污贿赂犯罪

（6）破坏金融管理秩序犯罪

（7）金融诈骗犯罪

【注意】洗钱罪的对象不仅仅限于"他人的犯罪所得"，而包括"自己的犯罪所得"。意即，"自洗钱"的也构成洗钱罪。③

例如，甲贪污 100 万元后，将该笔资金通过逃避监管的方式汇往境外，甲的行为构成贪污罪、洗钱罪，应并罚。

2. 关于上游犯罪的几个理解

（1）上游犯罪事实可以认定，但罪名变化的，不影响洗钱罪的成立。主要是考虑到实践中存在一些吸收犯、牵连犯，法院虽然认可了某一上游犯罪，但因被其他更重的犯罪所吸收。此种情形虽然在最后的量刑上未将上游犯罪作为一个单独的犯罪来评价，但不影响上游犯罪的性质认定

---

① 《关于办理生产、销售伪劣商品刑事案件具体应用法律若干问题的解释》第 1 条第 2 款：刑法第一百四十条规定的"以次充好"，是指以低等级、低档次产品冒充高等级、高档次产品，或者以残次、废旧零配件组合、拼装后冒充正品或者新产品的行为。

② 《刑法》第 266 条：诈骗公私财物，数额较大的，处三年以下有期徒刑、拘役或者管制，并处或者单处罚金；数额巨大或者有其他严重情节的，处三年以上十年以下有期徒刑，并处罚金；数额特别巨大或者有其他特别严重情节的，处十年以上有期徒刑或者无期徒刑，并处罚金或者没收财产。本法另有规定的，依照规定。

③ 《刑法修正案（十一）》将自洗钱的行为规定为洗钱罪。

以及相关洗钱犯罪的处理。

例如，甲实施了 A 罪（洗钱罪的上游犯罪）、B 罪（非洗钱罪的上游犯罪），A、B 罪之间具有牵连关系，法院最终判处甲 B 罪。乙对甲的上述犯罪所得实施洗钱罪的，仍然构成洗钱罪。

（2）上游犯罪不是指具体的罪名，而是指犯罪类型（犯罪行为）。换言之，黑社会性质组织的抢劫所得，也是黑社会性质组织犯罪，属于洗钱罪的上游犯罪。又如，甲盗窃信用卡并使用，根据《刑法》第 196 条第 3 款的规定，构成盗窃罪。但甲使用信用卡的行为本身是信用卡诈骗，即金融诈骗行为，系洗钱罪的上游犯罪。

（3）洗钱犯罪的审判不以上游犯罪已经刑事判决为前提。上游犯罪事实是否存在，可以在洗钱犯罪的审判中一并予以审查，而不必依赖于上游犯罪的有罪判决。即便上游犯罪的人已经死亡，不影响洗钱罪的成立。换言之，上游犯罪的人虽然已经死亡，但上游犯罪所产生的所得及其收益，当然也应该追缴，通过洗钱的方式予以掩盖的，当然成立洗钱罪。

3. 洗钱罪与掩饰、隐瞒犯罪所得、犯罪所得收益罪（《刑法》第 312 条）的区别——特别法与一般法

（1）行为方式不同

洗钱罪主要是通过"金融方式"，其本质在于，逃避金融监管。而掩饰、隐瞒犯罪所得、犯罪所得收益罪的行为方式包括各种方式。

（2）上游犯罪不同（主要区别）

洗钱罪的上游犯罪仅限于刑法所规定的上述七大类，而掩饰、隐瞒犯罪所得罪的上游犯罪则没有限定。并且，洗钱罪的对象，既可以是他人的犯罪所得，亦可以是自己的犯罪所得；而掩饰、隐瞒犯罪所得罪的对象，是他人的犯罪所得。

（3）审判实践中，对于洗钱罪的认定，更强调的其上游犯罪的特定性，而非洗钱的行为方式。通过金融机构以外的其他途径实施的转换、转移、掩饰、隐瞒犯罪所得及其收益的行为，应当以洗钱罪还是掩饰、隐瞒犯罪所得罪追究刑事责任，理论上和实践上均存在严重分歧。经研究，从公约文件规定看，基于掩饰、隐瞒财产非法来源或者帮助上游犯罪人逃避刑事追究之目的而转换或者转移犯罪所得的行为，以及掩饰、隐瞒上游犯罪所得的真实性质、来源等的行为，均属于洗钱行为，具体行为方式上的差异不影响行为性质的认定；从国外洗钱犯罪的立法例看，多数国家都存在不断修订增补和多法条并存的现象，都涉及对既有法律条文作重新解释和整合的问题，在这一问题的处理上，重行为性质轻行为方式，是一个普遍趋势。①

4. 洗钱的具体方式

（1）提供资金账户的；

（2）将财产转换为现金、金融票据、有价证券的；

（3）通过转账或者其他支付结算方式转移资金的；

（4）跨境转移资产的；

---

① 刘为波：《<关于审理洗钱等刑事案件具体应用法律若干问题的解释>的理解与适用》。

（5）以其他方法掩饰、隐瞒犯罪所得及其收益的来源和性质的。①

【典型真题】

1. 关于洗钱罪的认定，下列哪一选项是错误的？（　　）（单选）（11年卷二12题）②

A.《刑法》第一百九十一条虽未明文规定侵犯财产罪是洗钱罪的上游犯罪，但是，黑社会性质组织实施的侵犯财产罪，依然是洗钱罪的上游犯罪

B. 将上游的毒品犯罪所得误认为是贪污犯罪所得而实施洗钱行为的，不影响洗钱罪的成立

C. 上游犯罪事实上可以确认，因上游犯罪人死亡依法不能追究刑事责任的，不影响洗钱罪的认定

D. 单位贷款诈骗应以合同诈骗罪论处，合同诈骗罪不是洗钱罪的上游犯罪。为单位贷款诈骗所得实施洗钱行为的，不成立洗钱罪

2. 甲盗窃他人信用卡后，在银行柜台冒用该卡骗取50万元。事后，甲指使知道真相的乙将该50万元汇往境外。关于本案，下列说法正确的是？（　　）（单选）（21年真题）③

A. 不管《刑法》第191条规定的洗钱罪的上游犯罪是指罪名还是指具体犯罪行为，乙的行为仅成立掩饰、隐瞒犯罪所得罪

B. 如果认为《刑法》第191条规定的洗钱罪的上游犯罪是指具体犯罪行为，则甲的行为成立盗窃罪与洗钱罪，乙的行为成立洗钱罪

C. 甲盗窃信用卡并使用的行为，是按照盗窃罪定罪处罚。但甲使用该卡行为本身构成信用卡诈骗罪，属于金融诈骗罪行，是洗钱罪的上游犯罪。如果认为乙的行为成立洗钱罪，这是将洗钱罪的上游犯罪理解为具体罪名得出的结论

D. 若要认定乙的行为构成洗钱罪，就必须认定甲的行为成立信用卡诈骗罪而非盗窃罪，否则有违罪刑法定原则

二、信用卡诈骗罪

第196条【信用卡诈骗罪】 有下列情形之一，进行信用卡诈骗活动，数额较大的，处五年以下有期徒刑或者拘役，并处二万元以上二十万元以下罚金；数额巨大或者有其他严重情节的，处五年以上十年以下有期徒刑，并处五万元以上五十万元以下罚金；数额特别巨大或者有其他特别严重情节的，处十年以上有期徒刑或者无期徒刑，并处五万元以上五十万元以下罚金或者没收财产：

（一）使用伪造的信用卡，或者使用以虚假的身份证明骗领的信用卡的；

（二）使用作废的信用卡的；

---

① 2009年最高人民法院《关于审理洗钱等刑事案件具体应用法律若干问题的解释》规定，主要包括：（一）通过典当、租赁、买卖、投资等方式，协助转移、转换犯罪所得及其收益的；（二）通过与商场、饭店、娱乐场所等现金密集型场所的经营收入相混合的方式，协助转移、转换犯罪所得及其收益的；（三）通过虚构交易、虚设债权债务、虚假担保、虚报收入等方式，协助将犯罪所得及其收益转换为"合法"财物的；（四）通过买卖彩票、奖券等方式，协助转换犯罪所得及其收益的；（五）通过赌博方式，协助将犯罪所得及其收益转换为赌博收益的；（六）协助将犯罪所得及其收益携带、运输或者邮寄出入境的；（七）通过前述规定以外的方式协助转移、转换犯罪所得及其收益的。为逃避金融监测、监管，通过人体、所携行李或者交通工具偷运犯罪所得出入境，或者利用国际邮件夹带现金将赃款邮寄出境，正日益成为重要的洗钱手段。

② 答案：D

③ 答案：B。

（三）冒用他人信用卡的；
（四）恶意透支的。

前款所称恶意透支，是指持卡人以非法占有为目的，超过规定限额或者规定期限透支，并且经发卡银行催收后仍不归还的行为。

【盗窃罪】盗窃信用卡并使用的，依照本法第二百六十四条的规定定罪处罚。

（一）重要争议问题提示：信用卡犯罪不要区分对机器、对人使用

理论上有一种观点认为，信用卡犯罪，需要区分对机器、对人使用，即：

如果是针对机器使用（在ATM机上取款）信用卡，由于机器不能成为被骗的对象，成立盗窃罪；

如果是针对人使用（在银行柜台取款、商场柜台消费），成立信用卡诈骗罪。

本书认为，就我国当前立法及审判实务的做法来看，涉信用卡的犯罪，不需要区分对机器、对人使用，不需要认定为不同的罪名。

主要理由如下：

1. 从立法、司法解释、审判实践中的做法来看，从未规定要区别对待

《刑法》第196条关于信用卡诈骗罪的规定中，对行为人用卡的方式未作任何规定，更未规定必须对人使用。相反，为了纠正"对机器使用成立盗窃罪"的观点，最高司法机关专门出台批复。2008年最高人民检察院《关于拾得他人信用卡并在自动柜员机（ATM机）上使用的行为如何定性问题的批复》指出：拾得他人信用卡并在自动柜员机（ATM机）上使用的行为，以信用卡诈骗罪追究刑事责任。如果捡拾信用卡后对人使用，当然也成立信用卡诈骗罪。

2. 信用卡诈骗罪，在司法实务中的常见形态就是"恶意透支"型

稍有实务常识的都可以知道，审判实践中认定恶意透支型信用卡诈骗罪，不可能会调查行为人使用信用卡的方式是对机器还是对人使用，只要以非法占有为目的，恶意透支信用卡达到一定的数额，符合相关条件，就成立信用卡诈骗罪。试想，如果甲在国内捡拾一张信用卡后，持卡在国外消费，后又回中国。难道我们要派国际刑警去国外调查一下，他是对机器还是对人使用该卡。显然这是不现实的。有兴趣的同学可以自行上中国裁判文书网查找相关案例，无数涉信用卡犯罪的案件，中国审判实践中无一例外地不作区分！

3. 区分定罪会导致罪刑失衡

我国刑法、司法解释对盗窃罪、信用卡诈骗罪规定了不同数额的定罪标准，将信用卡犯罪区分对机器成立盗窃罪，对人使用成立信用卡诈骗罪，将导致严重的罪刑失衡：

拾得他人信用卡在银行或特约商户取款消费的以信用卡诈骗罪（最低立案标准为5000元）定性，而拾得他人信用卡在ATM机上使用的则会以盗窃（最低立案标准为1000元）定性，两种行为从客观行为到主观罪过都相差无几，而处理上后者却要重于前者，这不符合罪刑相适应原则。①

4. 人工智能时代的到来，意味着很多由人完成的工作，都将由人的代表"机器"来完成，固守"机器不能成为被骗的对象"是否合适，值得进一步思考。

退一步讲，机器不能被骗，那机器背后的人呢，难道也不能被骗吗？即便将信用卡对人使

---

① 最高人民检察院研究室韩耀元、吴峤滨：《〈最高人民检察院关于拾得他人信用卡并在自动柜员机（ATM机）上使用的行为如何定性问题的批复〉的理解与适用》。

用,如在商场柜台消费、结账,服务员也不对持卡人进行实质审查,只要密码正确被 POS 机(机器)接受就可以了,何来的"骗人"呢?从这一意义上看,所谓的信用卡"对人"使用,实质上就是对机器(POS 机)使用。

(二)信用卡诈骗罪的客观表现形式(《刑法》第 196 条)

1. 使用伪造的信用卡,或者使用以虚假的身份证明骗领的信用卡的

2. 使用作废的信用卡的

3. 冒用他人信用卡的

根据 2009 年最高人民法院 最高人民检察院《关于办理妨害信用卡管理刑事案件具体应用法律若干问题的解释》,"冒用他人信用卡"主要包括如下形式:

(1)拾得他人信用卡并使用的;

(2)骗取他人信用卡并使用的;

(3)窃取、收买、骗取或者以其他非法方式获取他人信用卡信息资料,并通过互联网、通讯终端等使用的;

(4)其他冒用他人信用卡的情形。

4. 恶意透支

持卡人以非法占有为目的,超过规定限额或者规定期限透支,经发卡银行两次有效催收后超过三个月仍不归还的。

【总结】

(1)信用卡诈骗罪的表现形式,其**本质在于用的不是自己真实有效的信用卡**,除非是恶意透支的情形。根据刑法规定,**并无区分对机器、人使用进而成立不同犯罪**。——这是立法的明确规定。

(2)理论上有一种观点认为,信用卡犯罪,如果是针对机器使用信用卡,由于机器不能成为被骗的对象,成立盗窃罪;如果是针对人使用非本人的信用卡,成立信用卡诈骗罪。

(三)"恶意透支"型信用卡诈骗罪的认定

"恶意透支"是信用卡诈骗罪最为常见的形态。如何认定行为人是"恶意"透支,从而认定其有"非法占有目的",需要综合考虑如下因素:

1. 是否具有非法占有为目的

应当综合持卡人信用记录、还款能力和意愿、申领和透支信用卡的状况、透支资金的用途、透支后的表现、未按规定还款的原因等情节作出判断。**不得单纯依据持卡人未按规定还款的事实认定非法占有目的。**

具有以下情形之一的,应当推定为有《刑法》第一百九十六条第二款规定的"以非法占有为目的",但有证据证明持卡人确实不具有非法占有目的的除外:

(1)明知没有还款能力而大量透支,无法归还的;

(2)使用虚假资信证明申领信用卡后透支,无法归还的;

(3)透支后通过逃匿、改变联系方式等手段,逃避银行催收的;

(4)抽逃、转移资金,隐匿财产,逃避还款的;

(5)使用透支的资金进行犯罪活动的;

(6) 其他非法占有资金，拒不归还的情形。

2. 司法解释对"以非法占有为目的"的推定情形作进一步完善

(1) 不再将"肆意挥霍透支的资金，无法归还的"作为认定非法占有为目的的情形之一。司法实践普遍反映，"肆意挥霍"的认定存在较大弹性，受持卡人自身情况和消费时间、地点等因素影响较大，且与信用卡"透支消费"这一最重要功能的界限难以准确把握，不利于信用卡功能的正常发挥和持卡人合法权益的有效维护。

(2) 将"使用虚假资信证明申领信用卡后透支，无法归还的"增设为认定非法占有目的的情形之一。实践中，一些持卡人通过提供虚假的财产状况、收入、职务等资信证明材料的方式，骗领信用卡或者提高信用卡的授信额度后透支，导致无法归还的情况时有出现。此种情形，反映持卡人具有相当的主观恶性，且往往是实施信用卡套现、信用卡诈骗的前提和基础，危害较大，有必要加以规制。基于此，将此种情形纳入认定非法占有目的的情形。

(3) 增加但书规定。鉴于司法实践的情况比较复杂，应当允许对具有本款规定推定"以非法占有为目的"的情形提出反证，即"有证据证明持卡人确实不具有非法占有目的的除外"。

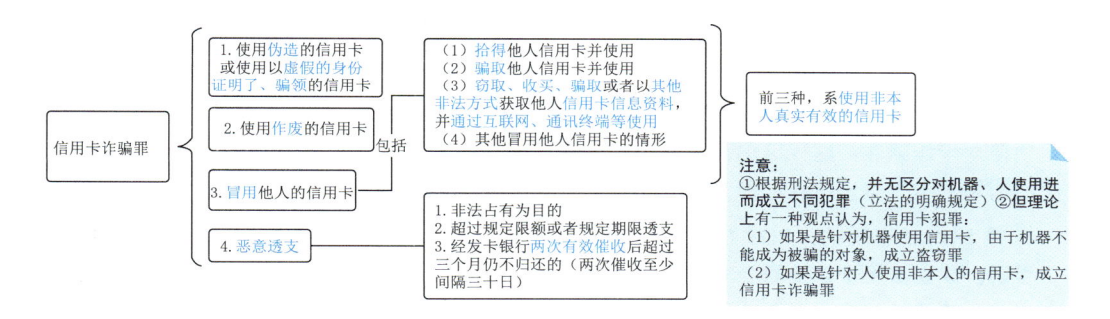

信用卡诈骗罪
├─ 1. 使用伪造的信用卡或使用以虚假的身份证明骗领的信用卡
│   包括：(1) 拾得他人信用卡并使用
│   (2) 骗取他人信用卡并使用
│   (3) 窃取、收买、骗取或者以其他非法方式获取他人信用卡信息资料，并通过互联网、通讯终端等使用
│   (4) 其他冒用他人信用卡的情形
│   前三种，系使用非本人真实有效的信用卡
├─ 2. 使用作废的信用卡
├─ 3. 冒用他人的信用卡
└─ 4. 恶意透支
      1. 非法占有为目的
      2. 超过规定限额或者规定期限透支
      3. 经发卡银行两次有效催收后超过三个月仍不归还的（两次催收至少间隔三十日）

注意：
①根据刑法规定，并无区分对机器、人使用进而成立不同犯罪（立法的明确规定）②但理论上有一种观点认为，信用卡犯罪：
(1) 如果是针对机器使用信用卡，由于机器不能成为被骗的对象，成立盗窃罪
(2) 如果是针对人使用非本人的信用卡，成立信用卡诈骗罪

（四）罪数（重要）

信用卡就相当于通向财富的钥匙，行为人欲实施信用卡犯罪，需要两个步骤：

第一，获取信用卡（相当于获取他人家中的钥匙）。

第二，使用信用卡（用钥匙开他人家门）。

其中，第一个行为并没有实质上侵犯他人的财产权利，原则上不应该以犯罪论处。

第二个环节是获取财物的核心步骤，原则上应该以第二个行为作为认定犯罪的依据，应认定为信用卡诈骗罪。这就好比，无论是通过何种方式获取他人家中的钥匙后，后续使用该钥匙开门取走财物的，应以后行为（盗窃罪）定性。从这一意义上看，无论是通过何种方式获取他人信用卡，后续使用的行为，都应该认定为信用卡诈骗罪（以后行为定罪），除非刑法有特别规定。

具体如下：

1. 无论是合法还是非法获取信用卡，如果没有使用该卡的，原则上不认定为犯罪

(1) 这就相当于盗窃、诈骗、捡拾他人的家中钥匙、汽车钥匙，如果没有使用的，由于钥匙、信用卡本身不值钱，不宜以犯罪论处。

(2) 但是，以虚假的方式骗领信用卡的行为，刑法有专门规定，成立妨害信用卡管理罪。①

---

① 2011年主观题：陈某因没有收入来源，以虚假身份证明骗领了一张信用卡，使用该卡从商场购物10余次，金额达3万余元，从未还款。——陈某的行为构成信用卡诈骗罪。

2. 以合法或非法方式获取信用卡后，再使用该卡的，使用行为是获取财产的关键，应认定为信用卡诈骗罪

捡拾、抢夺、骗取、敲诈勒索、通过虚假的方式骗领信用卡后，再使用该卡的，成立信用卡诈骗罪。2008年最高人民检察院《关于拾得他人信用卡并在自动柜员机（ATM机）上使用的行为如何定性问题的批复》指出：拾得他人信用卡并在自动柜员机（ATM机）上使用的行为，以信用卡诈骗罪追究刑事责任。如果捡拾信用卡后对人使用，当然也成立信用卡诈骗罪。

3. 盗窃、抢劫他人"真实有效"的信用卡后再使用的，应成立盗窃罪、抢劫罪

这是《刑法》及司法解释的明文规定，《刑法》第196条第3款：盗窃信用卡并使用的，成立盗窃罪。最高人民法院《关于审理抢劫、抢夺刑事案件适用法律若干问题的意见》规定：抢劫信用卡并使用的，成立抢劫罪。①

（1）如果本人盗窃信用卡，他人明知是盗窃的信用卡而使用的，对他人应以盗窃罪的共犯论处。这种情况可以解释为盗窃行为还没有完全结束，行为人中途加入进来的可以成立共同犯罪。

（2）如果他人不知是盗窃的信用卡而冒名使用的，对他人应定信用卡诈骗罪。

例如，甲偷了一张信用卡，欺骗乙说："这是我捡到的信用卡，我们一起去取钱吧！"随后，甲、乙二人一起持卡取钱。甲是盗窃信用卡并使用，成立盗窃罪；乙是捡拾信用卡并使用，成立信用卡诈骗罪。

（3）但是，盗窃、抢劫伪造、作废的信用卡，并在知道是伪造、作废信用卡后而使用的，应认定为信用卡诈骗罪。这种信用卡并不是通往财富的钥匙，本身就是不能用的，后续使用伪造、作废的信用卡本身应该单独评价，不能认为是之前的盗窃、抢劫行为的必然延伸。

4. 用POS机套现的，POS机主成立非法经营罪。持卡人如没有非法占有目的，不构成犯罪，否则，成立信用卡诈骗罪

例如，甲是经销商，有POS机，顾客乙到甲处购买100元钱的东西，甲刷了乙1000元钱的信用卡，然后甲找给乙900元现金，即套现900元，乙事后支付甲50元"手续费"。根据信用卡管理办法，信用卡原则上是不能取现的，国家出台信用卡的目的就是为了刺激消费，而不是为了放贷。如果要通过信用卡取现，银行是要收取很高的利息的。本案中，行为人通过虚假交易（或者说虚开高价）的方式套现，显然是违反信用卡管理的规定的，甲成立非法经营罪。实际上甲这是在非法经营金融业务。

【总结】

1. 根据立法、司法解释，凡涉使用信用卡的犯罪，犯罪分子用的不是本人真实的信用卡，成立信用卡诈骗罪。例外：盗窃、抢劫真实有效的信用卡后再使用的，成立盗窃罪、抢劫罪。——做题时以法律的规定为标准。

2. 理论上有一种观点：信用卡对机器使用的，成立盗窃罪；对人使用的，成立信用卡诈骗罪。

三、第三方支付（支付宝、微信）与信用卡犯罪

近年来，随着微信支付、支付宝的普及，通过他人的微信、支付宝获取他人财物的案例也较

---

① 还有人主张，盗窃、抢劫信用卡之后再使用的，应区分当场还是事后使用。如果当场使用的，可以认为是抢劫、盗窃行为的延伸，抢劫罪、盗窃罪；如果是事后使用的，使用行为另成立信用卡诈骗罪。这种观点并不合理，其实，当场或事后使用，并没有本质区别。

为突出，如何处理该类问题，理论与实务都没有较为统一的意见。但可以预见的是，随着微信、支付宝的支付功能、地位的逐步提升，越来越多的学者，逐步承认微信、支付宝不同于信用卡，具有独立的支付地位。具体而言，可以归纳为如下情形：

1. 未经允许，仅仅使用他人的微信、支付宝，不使用银行卡的，属于未经他人同意获取他人财产，成立盗窃罪。

理由在于：行为人取走被害人的财物，并没有和被害人沟通过，成立盗窃罪。这就相当于捡到他人的钥匙后再开他人的家门而取财，成立盗窃罪。

2. 未经允许，通过使用他人的微信、支付宝，从而消费了该微信、支付宝捆绑的信用卡，多数观点观认为成立盗窃罪。

一种观点认为，成立信用卡诈骗罪。理由：这属于冒用他人信用卡的情形，成立信用卡诈骗罪。这种观点认为，微信仅仅是信用卡使用过程中的一种识别方式，冒用他人信用卡才是该行为的本质，故成立信用卡诈骗罪。

另一种观点认为（法考观点），成立盗窃罪。理由：此种情形下，行为人并没有使用信用卡，而是使用了微信，属于通过微信窃取他人财物，成立盗窃罪。微信与信用卡二者之间具有独立性，应承认微信支付方式的独立地位，并且微信支付的密码与信用卡本身的密码都是不相同的，不应将微信视作其捆绑的信用卡的附随品。微信是一个大框，里面有零钱、各种卡，只要知道微信支付的密码，不需要知道其捆绑的银行卡的密码，就可以使用微信支付进行消费，进而扣除微信捆绑的银行卡的钱款。从这一意义上，微信具有独立的地位。应逐步承认微信支付的独立地位。

例如，2021年真题，甲未经孙某同意，将孙某的银行卡与孙某的微信绑定，后甲在自己的手机上登录孙某的微信，从孙某的微信中，将5000元转入自己的微信。——甲的行为构成盗窃罪。甲将孙某微信内的"钱"转到自己微信中非法占有的行为，是一个盗窃行为。但这个行为本身并没有使用孙某银行卡的账号与密码，是典型的盗窃行为，构成盗窃罪。①

【典型真题】

1. 甲、乙共谋盗窃丙的银行卡，乙偷窥到丙的密码，甲盗窃了丙的卡。甲去ATM取钱，乙帮忙望风掩护，显示余额有7万，甲取出了2万，但骗乙说卡里只有1万，并分了5000元给乙。后甲又自己取了5万。（18年真题）

——甲成立盗窃罪，金额是7万；乙成立盗窃罪，金额2万。

2. 关于信用卡诈骗罪，下列哪些选项是错误的？（　　）（多选）（17年卷二58题）②

A. 以非法占有目的，用虚假身份证明骗领信用卡后又使用该卡的，应以妨害信用卡管理罪与信用卡诈骗罪并罚

B. 根据司法解释，在自动柜员机（ATM机）上擅自使用他人信用卡的，属于冒用他人信用卡的行为，构成信用卡诈骗罪

C. 透支时具有归还意思，透支后经发卡银行两次催收，超过3个月仍不归还的，属于恶意透支，成立信用卡诈骗罪

D. 《刑法》规定，盗窃信用卡并使用的，以盗窃罪论处。与此相应，拾得信用卡并使用的，

---

① 参见张明楷：《刑法学》（第六版），法律出版社2021年版，第1253页。
② 答案：ACD。

就应以侵占罪论处

3. 高某（杀害钱某后）回到小屋时，发现了钱某的 LV 手提包（价值 5 万元），包内有 5000 元现金、身份证和一张储蓄卡，高某将现金据为己有。三天后，高某将 LV 提包送给前女友尹某，尹某发现提包不是新的，也没有包装，问："是偷来的还是骗来的"，高某说："不要问包从哪里来。我这里还有一张储蓄卡和身份证，身份证上的人很像你，你拿着卡和身份证到银行柜台取钱后，钱全部归你。"尹某虽然不知道全部真相，但能猜到包与卡都可能是高某犯罪所得，但由于爱财还是收下了手提包，并冒充钱某从银行柜台取出了该储蓄卡中的 2 万元。（15 年主观题）
——高某将钱某的储蓄卡与身份证交给尹某取款 2 万元的行为性质：如果认为死者占有信用卡，则高某、尹某属于盗窃信用卡并使用，成立盗窃罪；如果认为死者不占有信用卡，则高某、尹某属于"捡拾"无人占有的信用卡再使用，成立信用卡诈骗罪。

4. 甲、乙为朋友。乙出国前，将自己的借记卡（背面写有密码）交甲保管。后甲持卡购物，将卡中 1.3 万元用完。乙回国后发现卡里没钱，便问甲是否用过此卡，甲否认。（13 年卷二 15 题）
——甲的行为成立信用卡诈骗罪。

5. 关于《刑法》分则条文的理解，下列哪些选项是错误的？（   ）（多选）（11 年卷二 58 题）①

A. 即使没有《刑法》第二百六十九条的规定，对于犯盗窃罪，为毁灭罪证而当场使用暴力的行为，也要认定为抢劫罪

B. 即使没有《刑法》第二百六十七条第二款的规定，对于携带凶器抢夺的行为也应认定为抢劫罪

C. 即使没有《刑法》第一百九十六条第三款的规定，对于盗窃信用卡并在 ATM 取款的行为，也能认定为盗窃罪（内容正确）②

D. 即使没有《刑法》第一百九十八条第四款的规定，对于保险事故的鉴定人故意提供虚假的证明文件为他人实施保险诈骗提供条件的，也应当认定为保险诈骗罪的共犯

6. 甲捡到乙的手机，猜出了支付宝密码，用支付宝蚂蚁花呗（第三方支付平台）在网上向商家购买了价值 3 万元的商品。请问下列选项中哪些是正确的？（   ）（多选）（19 年真题）③

A. 甲导致乙向第三方支付平台借款后，又使用该款项，构成盗窃罪

---

① 答案：AB。
② 《刑法》第 196 条第 3 款明确规定："盗窃信用卡并使用的，成立盗窃罪"。该规定将盗窃信用卡、使用信用卡的两个行为综合评价为盗窃罪。根据《刑法》第 196 条第 3 款的规定，对于如何使用信用卡并没有细分，盗窃信用卡后，无论是在机器上使用，还是对人使用，均成立盗窃罪一罪。如果没有《刑法》第 196 条第 3 款的规定，如何评价盗窃信用卡后再使用的行为，刑法并无其他规定针对"盗窃信用卡并使用"。理论上可能存在不同的观点，如可以将盗窃信用卡后的使用行为认定为是事后不可罚行为，仅认定为盗窃罪一罪，无论是后续对机器使用还是对人使用。也有观点认为，盗窃信用卡后对机器使用的，应成立盗窃罪；对人使用的，成立信用卡诈骗罪。还有观点认为，盗窃信用卡后对机器使用的，因为信用卡本身并不值钱，盗窃信用卡的行为没有必要作为犯罪处理，惩罚的重点还是后续使用信用卡，使用信用卡的行为（对机器使用）也成立信用卡诈骗罪。所以，如果没有《刑法》第 196 条第 3 款的规定，盗窃信用卡并在 ATM 机上取钱的行为，可能会存在不同的意见，成立盗窃罪，或者信用卡诈骗罪。因此，本选项"即使没有《刑法》第一百九十六条第三款的规定，对于盗窃信用卡并在 ATM 取款的行为，也能认定为盗窃罪"，并没有下去绝对的结论，只是认为也"能"认定为盗窃罪，即在众多观点中，也"能"认定是盗窃罪，是方案之一。请注意该选项与本题 A 选项"也要"、B 选项"也应"、D 选项"也应当"在表述上的差异。
③ 答案：ABCD。

B. 因商家没有被骗，故对商家不构成诈骗罪
C. 因没有欺骗乙，故对乙不构成诈骗罪
D. 虽然蚂蚁花呗具有借贷功能，但其不属于信用卡，故甲的行为不构成信用卡诈骗

7. 洪某潜入某机关办公室，发现办公桌内有一个装有现金的信封，便将信封和现金一起盗走。次日，洪某取出信封中的现金（共8000元）时，意外发现信封里还有一张背面写着密码的银行卡。于是，洪某就对其妻青某说："我捡了一张银行卡，你到商场给自己买点衣服去吧！"青某没有去商场购买衣服，而是用银行卡从自动取款机里取出了4万元现金，但没有将此真相告诉洪某。（19年主观题）

——本案中，洪某从某机关办公室的办公桌内拿走他人的信用卡与现金，成立盗窃罪。其妻青某以为是捡拾的信用卡，其妻使用该卡的行为，属于冒用他人信用卡。根据刑法第196条的规定，成立信用卡诈骗罪。

知识点分析思路总结

1. 如果案例中部分行为人知道前罪的具体情况，但部分行为人仅知道该赃款属于犯罪所得，但不清楚前罪的具体情况的，应回答：

结论：行为人A构成洗钱罪，行为人B构成掩饰、隐瞒犯罪所得罪。

理由：行为人A明知该赃款属于他人走私（或贩毒等洗钱罪上游犯罪）所得，仍为其提供银行账户（或实施跨境转移资产等洗钱行为）的，构成洗钱罪。行为人B主观上仅明知该赃款属于他人犯罪所得，客观上帮助他人转移了走私（或贩毒等洗钱罪上游犯罪）所得赃款，在主客观重合的范围内，构成帮助掩饰、隐瞒犯罪所得罪。

2. 凡涉使用信用卡的犯罪，除盗窃、抢劫信用卡后再使用的，应回答：

结论：构成信用卡诈骗罪。

理由：行为人在ATM机（或银行柜台、商场等地）使用拾捡的（或代为保管等其他方式占有、获得的）他人的信用卡，属于冒用他人信用卡，成立信用卡诈骗罪。

3. 案例中涉及单纯的转移或使用他人微信、支付宝内的余额的，应回答：

结论：成立盗窃罪。

理由：行为人未经他人同意，将他人微信中的款项秘密转为己有的，成立盗窃罪。微信（支付宝）不属于银行卡，不成立信用卡诈骗罪。

主观题小案例

案例1：徐某逃到外地扎根后，找到某地下钱庄老板巫二，要求处理其贷款诈骗所得的500万赃款。巫二明知该钱来路不正，但不知道该钱是来源于徐某的贷款诈骗犯罪所得，仍将500万逐步转到某国外账户。

问题：对徐某、巫二处钱款的行为应当如何评价，请说明理由。

案例2：温某在某银行ATM机附近10米的路上，发现银行卡一张，温某捡起该卡前往ATM机并插入该卡，猜出密码后连续取款1.5万元。

问题：温某的行为如何定性，请说明理由。

案例3：徐某趁同寝室何某睡觉之机，将何某手机上的微信中的余额，分两次将人民币1万

元转账至自己的微信账户。

问题：徐某的行为如何认定，请说明理由。

案例1-问题：对徐某、巫二的行为应当如何评价，请说明理由。

答案：徐某构成洗钱罪，巫二构成掩饰、隐瞒犯罪所得罪，二人在掩饰、隐瞒犯罪所得罪的范围内成立共同犯罪。

首先，巫二并不知晓500万元是金融诈骗所得，但明知该款项是犯罪所得，仍帮助其将赃款转移到国外，掩饰、隐瞒赃款来源和性质，在主客观重合的范围内，构成掩饰、隐瞒犯罪所得罪。

其次，《刑法修正案（十一）》规定，自洗钱行为也构成洗钱罪。徐某教唆他人为自己跨境转移资产，构成洗钱罪的教唆犯。

综上，巫二有掩饰、隐瞒犯罪所得罪的故意，徐某有洗钱罪的故意，洗钱罪与掩饰隐瞒犯罪所得罪之间有包容关系，根据部分犯罪共同说，二人在掩饰、隐瞒犯罪所得罪的范围内成立共同犯罪。

案例2-问题：温某的行为如何定性，请说明理由。

答案：构成信用卡诈骗罪。温某拾得他人信用卡后又使用的，属于刑法规定的"冒用他人信用卡"的情形，以信用卡诈骗罪论处。

案例3-问题：徐某的行为如何认定，请说明理由。

答案：成立盗窃罪。徐某未经何某同意，秘密取走其微信中的余额，应成立盗窃罪。

可能考查的观点展示

1. 对洗钱罪的上游犯罪的性质的界定的不同观点：

模拟案例：徐某抢劫路人肖某的信用卡后，前往银行取款50万元。事后，蒋某明知是徐某抢来的信用卡并所取得的款项，仍然帮徐某将该50万元汇往境外。对蒋某的行为如何定性，存在几种观点，请说明理由。

答案：对于蒋某的行为定性，存在以下两种不同观点：

一种观点认为，蒋某的行为成立洗钱罪。理由：

洗钱罪的上游犯罪是指犯罪行为。虽然徐某的行为最终是以抢劫罪论处，但徐某使用信用卡的行为本身是信用卡诈骗罪，即金融诈骗行为，属于洗钱罪的上游犯罪。蒋某"洗"的对象是徐某的金融诈骗犯罪行为所得，蒋某的行为构成洗钱罪。

另一种观点认为，蒋某的行为不成立洗钱罪。理由：

洗钱罪的上游犯罪是指具体的罪名。徐某抢劫信用卡并使用的行为构成抢劫罪，抢劫罪不属于洗钱罪的上游犯罪，蒋某"洗"的对象是徐某的抢劫罪所得，故不构成洗钱罪，构成掩饰、隐瞒犯罪所得罪。

2. 微信、支付宝与信用卡捆绑型犯罪的不同观点：

模拟案例：赵甲试出李某的手机开机密码，打开支付宝，发现支付宝中没有零钱，但是绑定了银行卡。遂将李某银行卡上的3万元转到李某的支付宝账号上，来到商场通过支付宝付款消费了3万元。有人认为赵甲构成信用卡诈骗罪，有人认为构成盗窃罪，请各阐述理由。

210

答案： 一种观点认为，赵甲构成信用卡诈骗罪。理由：

首先，赵甲通过利用李某手机号码与支付宝账户、银行卡的绑定关系，将李某银行卡上的3万元转移到李某支付宝账号，并在商场通过支付宝付款消费，属于冒用他人信用卡的行为，构成信用卡诈骗罪。①法条依据为《关于办理妨害信用卡管理刑事案件具体应用法律若干问题的解释》第5条第2款。②

另一种观点认为，赵甲构成盗窃罪。理由：

首先，赵甲虽然使用了李某的银行卡，但是，只将被害人李某的银行卡里的"钱"变成李某支付宝里的"钱"，即被害人的财产状况实际上并没有发生任何变化。因此，赵甲将李某银行卡上的3万元转到李某的支付宝账号上的行为不构成犯罪。

其次，赵甲使用李某的支付宝在商场消费3万元，属于秘密窃取了李某支付宝中的财产，并没有冒用他人信用卡，故应认定为盗窃罪。③

---

① 【延伸阅读】：2012年8月，被告人李乔在四川省成都市购买被害人姚某原先使用的手机号后，发现该手机号绑定了姚某的支付宝和银行卡，遂利用该手机重置了支付宝账号，并利用支付宝与银行卡的绑定关系，通过支付宝进行网上消费、转账，截至同年9月10日，被告人李乔使用被害人姚某支付宝所绑定的银行卡，消费、转账共计14918.2元。一审法院认为，被告人李乔以非法占有为目的，利用被害人姚某开通的支付宝与银行卡的绑定关系进行网上消费和转账，致使被害人姚某的银行卡账户遭受经济损失1.4万余元，该行为属于冒用他人信用卡的诈骗行为，且数额较大，构成信用卡诈骗罪。参见上海市金山区人民法院（2013）金刑初字第52号刑事判决书。

② 《关于办理妨害信用卡管理刑事案件具体应用法律若干问题的解释》第5条第2款："窃取、收买、骗取或者以其他非法方式获取他人信用卡信息资料，并通过互联网、通讯终端等使用的"，属于"冒用他人信用卡"的情形。

③ 【延伸阅读】：张明楷教授认为《关于办理妨害信用卡管理刑事案件具体应用法律若干问题的解释》中的构成冒用他人信用卡的"通过互联网、通讯终端等使用"应是指直接使用（输入）了信用卡的卡号、密码等要素的情形。这是因为，冒用他人信用卡中的"用"是指使用，即必须依照信用卡的通常功能与通常使用方法予以利用，而不能认为，凡是资金最终源于信用卡就是使用信用卡。行为人使用他人支付宝付款时，所直接使用的是支付宝的相关资料，而没有直接使用他人信用卡的卡号、密码等，因而不能认定为使用他人信用卡，当然也不能认定为冒用他人信用卡。参见张明楷：《诈骗犯罪论》，法律出版社2021年版，第812页。

质言之，这种观点更多的认为，支付宝与信用卡是两套系统，冒用信用卡系统消费、取款，成立信用卡诈骗罪，冒用他人支付宝进行消费、取款的，成立盗窃罪。

实务中有类似的案例：男子张某趁其女友李某熟睡之机，拿走李某的手机，从李某手机微信绑定的银行卡中盗转10000元。之后，张某使用李某的手机秘密下载支付宝，并登录李某的支付宝账号，又通过自己的手机登录李某的支付宝账号，分四次盗走李某支付宝中钱款共计121500元。法院审理认为，被告人张某以非法占有为目的，多次秘密窃取他人财物，数额巨大，其行为已构成盗窃罪。参见"张某盗窃女友支付宝微信钱款案"【法宝引证码】CLI.CR.323831598。

第十四章 妨害社会管理秩序犯罪

第一节 妨害司法罪

法条群及知识点

一、基础性问题

1. 基本理论

任何案件，无论是刑事、民事、行政案件，发生后司法机关都想努力弄清案情，实现公正司法。本节的犯罪在相当程度上可以说是司法机关活动的相对面，妨害司法活动的顺利进行。在学习本节的犯罪之前，需要明白几个前提性的问题：

（1）本节的犯罪行为原则上是积极行为，单纯知情不举无罪。例如伪证罪、妨害作证罪等，都要求行为人实施了积极的行为，单纯的知情不举，消极的方式不配合司法机关的工作，不成立妨害司法罪。在我国司法实践中，证人知悉案情但不作证的现象普遍存在，这种行为不可能作为犯罪处理。

（2）妨害司法类犯罪，刑法规定较为详尽，诸多行为被规定为独立的罪名。例如，证人作伪证的，成立伪证罪；他人妨害证人作证的，构成妨害作证罪。基于此，国家法律职业资格考试真题中经常出现"甲成立伪证罪的教唆犯""乙成立帮助毁灭证据罪的帮助犯"之类的选项，一般认为是错误的，因为，每个人都有独立的罪名。

（3）本犯（包括：共犯人）原则上不成立本节当中的犯罪。即任何人犯罪之后，妨害司法都是基于人的本能的行为，犯罪分子犯罪之后实施的妨害司法的行为，一般认为是属于事后不可罚的行为，没有必要作为妨害司法罪处理。同样，共同犯罪中，部分犯罪人毁灭、伪造共同犯罪的证据，包括同案犯的证据，也是出于保护自己的本能，不宜以犯罪论处。

2. 妨害司法类犯罪的基本结构

正常的司法活动步骤	1. 弄清案情	2. 抓获犯罪嫌疑人	3. 追赃	4. 追究犯罪行为人刑事责任（坐牢）
妨害司法的犯罪	伪证罪； 妨害作证罪，帮助毁灭、伪造证据罪； 辩护人、诉讼代理人毁灭、伪造证据、妨害作证罪； 虚假诉讼罪	窝藏罪，包庇罪	掩饰、隐瞒犯罪所得、犯罪所得收益罪	脱逃罪

二、伪证罪——自己说假话

第305条【伪证罪】在刑事诉讼中，证人、鉴定人、记录人、翻译人对与案件有重要关系的情节，故意作虚假证明、鉴定、记录、翻译，意图陷害他人或者隐匿罪证的，处三年以下有期徒刑或者拘役；情节严重的，处三年以上七年以下有期徒刑。

1. 主体：证人、鉴定人、记录人、翻译人

其中，对"证人"应作扩大解释，包括被害人、相关的侦查人员、检察人员，换言之，只要是知道案情的人，都可以认定为是"证人"。

2. 发生的阶段：刑事诉讼过程中

民事案件的证人作伪证的，一般不以犯罪论处。主要原因在于：民事诉讼中，一般而言，败诉方的证人很多都是在作伪证，实践中也不会以犯罪论处，其危害性不如刑事案件的证人作伪证那么大。再者，民事诉讼中，基于诉讼策略的考虑，证人作证也会讲究一些技术，可能不会一次性将真实情况说出。

3. 定罪的标准

只要实施了虚假陈述的行为即可，并不要求造成严重结果。

（1）"虚假陈述"应当以证人的主观记忆为标准，与自己的体验、观察、确信相反的陈述就是虚假陈述。证人根据自己记忆作出的诚实陈述，由于记忆不准确，即使该陈述与客观事实相反也不构成伪证罪。①

（2）"虚假陈述"的内容：对与案件有重要关系的情节。

4. 伪证罪与诬告陷害罪

区别	伪证罪	诬告陷害罪
主体	特殊主体（证人、鉴定人、记录人、翻译人）	一般主体
内容	就关键事实作假（局部）	就整个事实造假（全面）
发生的过程	刑事诉讼过程中	立案侦查前（主动告发）
主观意图	既可能是陷害他人，也可能是为他人开脱罪责	意图使他人受刑事追究

三、妨害作证罪　帮助毁灭、伪造证据罪

第307条【妨害作证罪】以暴力、威胁、贿买等方法阻止证人作证或者指使他人作伪证的，处三年以下有期徒刑或者拘役；情节严重的，处三年以上七年以下有期徒刑。

---

① 当然，如果行为人"故意"作出与其主观记忆不一致的虚假陈述，但该"虚假陈述"与真实的事实恰好一致，由于事实上没有妨害司法，也不构成伪证罪。例如，张三目睹了王五和赵六共同抢劫的行为，因此作为证人被公安机关询问。不过，张三再作证的时候，想借此机会栽赃自己的情敌李四，于是对警察谎称自己目睹了李四指挥王五和赵六实施抢劫的犯罪事实。本来张三以为自己在说谎，结果公安机关最后查明，王五和赵六的抢劫行为确实是受到了李四的指使。张三的行为不成立伪证罪。

【帮助毁灭、伪造证据罪】帮助当事人毁灭、伪造证据，情节严重的，处三年以下有期徒刑或者拘役。

司法工作人员犯前两款罪的，从重处罚。

（一）妨害作证罪——不让"证人"说真话

1. 行为性质

是指以暴力、威胁、贿买等方法阻止"证人"作证，或者指使他人作伪证的行为。

（1）该罪针对的是证人证言，即针对的是言词证据。

（2）证人，不是刑事诉讼中狭义的证人，而是包括被害人、鉴定人、翻译人在内。刑事诉讼法与刑法的目的不同，刑事诉讼法区分证人、被害人、鉴定人并不排除刑法将被害人、鉴定人视为证人。

2. 存在阶段

刑事、民事、行政诉讼阶段。

妨害作证罪与帮助毁灭、伪造证据罪，存在于各类诉讼阶段，而不仅仅存在于刑事诉讼阶段，其主要理由在于：

（1）妨害作证罪的行为方式是"妨害"他人作证，性质较伪证罪更为恶劣，不仅仅是自己说假话，还不让别人说真话，所以，惩罚的范围更广。

（2）帮助毁灭、伪造证据罪是针对实物证据，实物证据一旦被毁灭、伪造，很难还原，所以，惩罚范围要广。而伪证罪是说假话，假话说错了，还可以再说还原，所以，伪证罪仅限于刑事诉讼。

（二）帮助毁灭、伪造证据罪

1. 对象和内容：实物证据

帮助毁灭、伪造证据罪针对的是实物证据。行为人所毁灭、伪造的证据，应限于物证、书证、鉴定结论、勘验、检查笔录与视听资料、物体化（转化为书面或者视听资料）的证人证言、被害人陈述、犯罪嫌疑人、被告人供述和辩解等。

2. "帮助""毁灭"行为的理解

（1）帮助。本罪中的"帮助"与共犯中的帮助犯的"帮助"不同。本罪的"帮助"是一种实行行为，既包括行为人单独为当事人毁灭、伪造证据的，也包括行为人与当事人共同毁灭、伪造证据，又包括行为人为当事人毁灭、伪造证据提供各种便利条件，还包括行为人唆使当事人毁灭、伪造证据（行为人不是教唆犯，而是实行犯）。

（2）毁灭。帮助毁灭证据罪中的"毁灭"与故意毁坏财物罪中的"毁坏"不同，前者是使犯罪证据不被司法机关发现的一切行为，属于妨害司法的行为；后者是使财物丧失效用的行为，是侵犯财产罪。

3. 经当事人同意，帮助当事人毁灭有利于当事人的证据时，是否成立本罪？

（1）刑事诉讼中，成立本罪。理由：在刑事诉讼中，由于举证责任在公诉一方，而公诉方也负有收集被告人无罪、罪轻的证据。因此，即使经过犯罪嫌疑人同意，帮助其毁灭无罪证据（有利于被告人的证据），也妨害了刑事司法的客观公正性。应当认定为帮助毁灭证据罪。

（2）民事诉讼中，不构成本罪。在民事诉讼、行政诉讼中，由于举证责任在当事人，当事人放弃自己的利益，法院作出了不利于当事人的判决裁定时，法院的判决裁定也是客观公正的。所以，在民事诉讼、行政诉讼中，经当事人同意，帮助当事人毁灭有利于己方的证据，或者伪造不利证据的，是放弃自己的民事权利，不宜认定为帮助毁灭、伪造证据罪。

（3）民事、行政诉讼中，如果伪造<u>对己方有利</u>的证据，相当于侵害了对方（他人）的民事权利，应以本罪论处。

【典型真题】

甲的下列哪些行为成立帮助毁灭证据罪？（不考虑情节）（　　）（多选）（14年卷二61题）①

A. 甲、乙共同盗窃了丙的财物。为防止公安人员提取指纹，甲在丙报案前擦掉了两人留在现场的指纹

B. 甲、乙是好友。乙的重大贪污罪行被丙发现。甲是丙的上司，为防止丙作证，将丙派往境外工作

C. 甲得知乙放火致人死亡后未清理现场痕迹，便劝说乙回到现场毁灭证据

D. 甲经过犯罪嫌疑人乙的同意，毁灭了对乙有利的无罪证据

四、虚假诉讼罪

1. 虚假诉讼罪限于"<u>无中生有型</u>"虚假诉讼行为

（1）行为类型：积极、消极的方式捏造事实

2018年最高人民法院、最高人民检察院《关于办理虚假诉讼刑事案件适用法律若干问题的解释》明确，刑法规定的<u>"以捏造的事实提起民事诉讼"</u>是指捏造民事法律关系，虚构民事纠纷，向人民法院提起民事诉讼的行为。<u>消极的捏造事实</u>行为也包括在内，例如，司法实践中存在的隐瞒债务已获全部清偿、仍然起诉要求原债务人履行债务的情况，属于消极的捏造事实行为。

（2）"<u>部分篡改型</u>"虚假诉讼，<u>不属于刑法规定的虚假诉讼罪的范畴，不应以虚假诉讼罪定罪处罚</u>。其具体手段可能构成其他犯罪，如行为人伪造证据时伪造了某单位的印章或者行为人有指使他人作伪证的行为，对此可以依照《刑法》第280条、第307条等规定以伪造公司、企业、事业单位、人民团体印章罪，妨害作证罪等犯罪定罪处罚。

2. 存在的范围：民事审判与民事执行程序

向人民法院申请执行基于捏造的事实作出的仲裁裁决、公证债权文书，或者在民事执行过程中以捏造的事实对执行标的提出异议、申请参与执行财产分配的，属于"以捏造的事实提起民事诉讼"。

3. 罪数

（1）实施虚假诉讼行为，非法占有他人财产或者逃避合法债务，又构成诈骗罪、职务侵占罪、拒不执行判决、裁定罪、贪污罪等犯罪的，依照处罚较重的规定定罪从重处罚。②

（2）即便没有提起虚假诉讼，但在债权人提起民事诉讼后，使用虚假证据使法官作出免除自

---

① 答案：CD。

② 例如，甲（A私营企业副总经理）、乙合谋，由乙对A公司提起虚假诉讼，向A公司索要500万元，甲代表公司应诉，法院判决A公司败诉。A公司由此支付乙500万元，甲、乙二人事后各分得250万元。这事实上是甲、乙二人共同利用甲职务上的便利侵吞A企业的财产，成立职务侵占罪。

己债务的判决的，也可能成立诈骗罪。

罪名	时空条件	主体	行为方式
伪证罪（305条）	刑事诉讼	证人、鉴定人、记录人、翻译人	对与案件有重要关系的情节，作假证明、鉴定、记录、翻译
妨害作证罪（307条第1款）	各类诉讼	一般主体	（1）以暴力、威胁、贿买等方法阻止证人作证； （2）以暴力、威胁、贿买等方法指使他人作伪证
帮助毁灭、伪造证据罪（307条第2款）	各类诉讼	一般主体	帮助当事人毁灭、伪造证据，情节严重。
辩护人、诉讼代理人毁灭证据、伪造证据、妨害作证罪（306条）	刑事诉讼	辩护人、诉讼代理人（不限于律师）	（1）毁灭、伪造证据； （2）帮助毁灭、伪造证据； （3）威胁、引诱"证人"违背事实改变证言或者作伪证

注：上表的不同罪名，其实质在于，让司法机关无法弄清案情。

五、窝藏罪、包庇罪

第310条【窝藏、包庇罪】明知是犯罪的人而为其提供隐藏处所、财物，帮助其逃匿或者作假证明包庇的，处三年以下有期徒刑、拘役或者管制；情节严重的，处三年以上十年以下有期徒刑。

犯前款罪，事前通谋的，以共同犯罪论处。

1. 对象："犯罪的人"

（1）认定窝藏、包庇罪，以被窝藏、包庇的人的行为构成犯罪为前提。但对"犯罪的人"应作扩大解释，只要是客观上实施了犯罪行为的人即可。被窝藏、包庇的人实施的犯罪事实清楚，证据确实、充分，但尚未到案、尚未依法裁判或者因不具有刑事责任能力依法未予追究刑事责任的，不影响窝藏、包庇罪的认定。但是，被窝藏、包庇的人归案后被宣告无罪的，应当依照法定程序宣告窝藏、包庇行为人无罪。

例如，13周岁的杀人犯也属于"犯罪的人"，应成为窝藏罪的对象。

（2）特殊情形下，包括"违法行为人"，即卖淫、嫖娼的人

《刑法》第362条规定，旅馆业、饮食服务业、文化娱乐业、出租汽车业等单位的人员，在公安机关查处卖淫、嫖娼活动时，为"违法犯罪分子"通风报信，情节严重的，依包庇罪定罪处罚。根据该规定，本罪的对象可以包括"违法行为人"。

（3）共同犯罪者之间互相窝藏、包庇的，不构成犯罪

因为对其他共犯人的窝藏、包庇也是行为人自我防御的手段，因此不构罪。

例如，甲、乙共同故意杀人后，甲对乙实施窝藏行为的，不应以窝藏罪论处。

2. 与犯罪分子事前通谋的，以共犯论处

（1）"通谋"：是指在犯罪活动之前，就谋划或合谋，答应犯罪分子作案后给以窝藏或者包庇，这样会从心理上增强犯罪分子的信心，当然以共同犯罪论处。既然事前已经通谋，成立共同

犯罪，那么，事后相互窝藏、包庇，或者掩饰、隐瞒犯罪所得的，属于事后不可罚行为，也不成立窝藏、包庇罪或掩饰、隐瞒犯罪所得罪。

例如，在甲实施杀人行为之前，乙对甲说："好好杀，杀完人之后，我会窝藏你的。"甲实施杀人行为后，乙对甲实施了窝藏行为。因为乙在甲犯罪前就承诺事后会给以窝藏，因此甲、乙构成故意杀人罪的共犯，乙不构成窝藏罪。

（2）"通谋"不同于"明知"。如果只是知道作案人员要去实施犯罪，事后予以窝藏、包庇，不应以共同犯罪论处，仅成立窝藏罪、包庇罪。

例如，乙知道甲要对丙实施杀害行为，甲对丙实施杀害行为之后，乙对甲实施了窝藏行为。甲、乙不构成故意杀人罪的共犯，乙仅构成窝藏罪。

3. 窝藏与包庇的区分

窝藏、包庇罪的对象都是针对犯罪的人。

（1）窝藏主要是发生在行为人与罪犯之间，针对的是犯罪的人。窝藏可以形象地理解为找个"窝"把人给藏起来了，窝藏罪中，必须是帮助当事人逃匿的心理。即为犯罪人提供隐藏处所、财物等，帮助犯罪人逃匿。窝藏行为的特点是"妨害公安、司法机关发现犯罪的人"，向犯罪的人通报侦查或追捕的动静，向犯罪的人提供化妆的用具等等，也属于帮助其逃匿的行为。窝藏的方式主要有：

第一，有形的方式。为被告人化妆、换衣服，提供逃走的资金、伪造的身份证、逃匿必需的工具（如地图、伪造的身份证、指南针等），假扮本犯站在司法机关追捕罪犯所必经的场所等。

第二，无形的方式。向犯罪的人通报侦查或者追捕的动向、劝告犯罪人逃避、将搜查的形式告知逃避中的犯罪者、对欲告发、告诉犯罪的第三人施加压力、为犯罪的人指示逃跑线路。发现现行犯的警察故意放走现行犯，属于不作为的窝藏行为。因此，在理论上，有必要将窝藏扩大解释为一切帮助罪犯逃匿的方法。

第三，保证人在犯罪的人取保候审期间，协助其逃匿，或者明知犯罪的人的藏匿地点、联系方式，但拒绝向司法机关提供的。参见：2021年最高人民法院、最高人民检察院发布《关于办理窝藏、包庇刑事案件适用法律若干问题的解释》第一条。

（2）包庇发生在包庇者与司法机关之间，针对犯罪事实。即向司法机关提供虚假的证明材料，为犯罪分子掩盖罪行或者开脱、减轻罪责。包庇主要是：

第一，不具有证人身份的人，假冒证人对与案件有重要关系的情节作虚伪陈述的。包括：故意向司法机关提供虚假证明，以证明犯罪的人具有法定从轻、减轻、免除处罚情节的。

第二，顶包。在司法机关追捕的过程中，行为人出于某种特殊原因为了使犯罪人逃匿，而自己冒充犯罪的人向司法机关投案或者实施其他使司法机关误认为自己为犯罪人的行为的。

4. 包庇罪与伪证罪

伪证是特定主体实施的包庇，伪证罪与包庇罪存在竞合关系。

不具有"证人"身份的人，向司法机关作假证明的，构成包庇罪（一般法）；具有证人身份的人，向司法机关作假证明的，构成伪证罪（特别法），更应该构成包庇罪（一般法）。从这一意义上看，伪证罪是特定主体（证人）实施的包庇行为，伪证罪与包庇罪之间存在竞合关系。

5. 刑法中关于包庇类犯罪的特别规定

（1）其他特殊类型的包庇罪

《刑法》第294条第3款【包庇、纵容黑社会性质组织罪】

《刑法》第 349 条【包庇毒品犯罪分子罪，窝藏、转移、隐瞒毒品、毒赃罪】

（2）单纯知情不举，不成立窝藏、包庇罪

但是：明知他人有间谍行为、恐怖主义行为、极端主义行为，安全机关向其调查有关情况、有关证据时，拒绝提供，情节严重，构成拒绝提供间谍犯罪、恐怖主义犯罪、极端主义犯罪证据罪（第 311 条）；

负有查禁违法犯罪行为职责的人员，明知他人是犯罪人或有犯罪行为发生而不依法履行查禁职责的，可能构成玩忽职守罪或帮助犯罪分子逃避处罚罪。

【典型真题】

1．《刑法》第 310 条第 1 款规定了窝藏、包庇罪，第 2 款规定："犯前款罪，事前通谋的，以共同犯罪论处。"《刑法》第 312 条规定了掩饰、隐瞒犯罪所得罪，但没有规定"事前通谋的，以共同犯罪论处。"关于上述规定，下列哪一说法是正确的？（　　）（单选）（17 年卷二 19 题）①

A．若事前通谋之罪的法定刑低于窝藏、包庇罪的法定刑，即使事前通谋的，也应以窝藏、包庇罪论处

B．即使《刑法》第 310 条没有第 2 款的规定，对于事前通谋事后窝藏、包庇的，也应以共同犯罪论处

C．因缺乏明文规定，事前通谋事后掩饰、隐瞒犯罪所得的，不能以共同犯罪论处

D．事前通谋事后掩饰、隐瞒犯罪所得的，属于想象竞合，应从一重罪处罚

2．甲杀丙后潜逃。为干扰侦查，甲打电话让乙将一把未留有指纹的斧头粘上丙的鲜血放到现场。乙照办后报案称，自己看到"凶手"杀害了丙，并描述了与甲相貌特征完全不同的"凶手"情况，导致公安机关长期未将甲列为嫌疑人。关于本案，下列哪一选项是错误的？（　　）（单选）（16 年卷二 20 题）②

A．乙将未留有指纹的斧头放到现场，成立帮助伪造证据罪

B．对乙伪造证据的行为，甲不负刑事责任

C．乙捏造事实诬告陷害他人，成立诬告陷害罪

D．乙向公安机关虚假描述"凶手"的相貌特征，成立包庇罪

六、掩饰、隐瞒犯罪所得、犯罪所得收益罪

第 312 条【掩饰、隐瞒犯罪所得、犯罪所得收益罪】明知是犯罪所得及其产生的收益而予以窝藏、转移、收购、代为销售或者以其他方法掩饰、隐瞒的，处三年以下有期徒刑、拘役或者管制，并处或者单处罚金；情节严重的，处三年以上七年以下有期徒刑，并处罚金。

单位犯前款罪的，对单位判处罚金，并对其直接负责的主管人员和其他直接责任人员，依照前款的规定处罚。

（一）行为方式

1. 窝藏、转移、收购或者代为销售

2. "其他方法"

范围是非常宽泛，只要行为人的行为使得司法机关在查找赃物的过程中增添了障碍的，采用

---

① 答案：B。
② 答案：C。

任何方法，使司法机关难以发现赃物或者难以分辨赃物性质的，均属于掩饰、隐瞒犯罪所得罪，包括接受犯罪分子赠送的赃物。例如，居间介绍买卖，收受，持有，使用，加工，提供资金账户，协助将财物转换为现金、金融票据、有价证券，协助将资金转移、汇往境外等。

（二）主观

明知是犯罪所得的赃物，即知道或者应当知道。

如何认定行为人主观上"明知"是犯罪所得的赃物，既要考虑行为人自身的认知能力，又要考察案件的具体情况，从财物的来源、数量与价值，本犯提供财物的时间、地点、方法，行为人与本犯之间的关系等方面来综合判断行为人是否明知。

如下司法解释规定了在一定情形下，可以"推定"行为人主观上"明知"对象是赃物，供参考。

1998年最高人民法院、最高人民检察院、公安部、国家工商行政管理局《关于依法查处盗窃、抢劫机动车案件的规定》，有下列情形之一的，可视为应当知道，但有证据证明属被蒙骗的除外：

（1）在非法的机动车交易场所和销售单位购买的；
（2）机动车证件手续不全或者明显违反规定的；
（3）机动车发动机号或者车架号有更改痕迹，没有合法证明的；
（4）以明显低于市场价格购买机动车的。

【总结】行为人实施了以上的行为方式，可以"推定"其主观上明知财物是"赃物"，因为上述行为方式不符合正常的交易规则。当然，推定不是确定，如果行为人可以提出反证的，也可以否认主观上的"明知"。

（三）犯罪对象

1. 只要是他人"客观上的犯罪所得"，均可以成为本罪的对象

并不意味着本犯的行为要完全符合犯罪成立条件，在本犯是无刑事责任能力的精神病人或者年幼者而不具有可谴责性的场合，对其利用盗窃、抢劫、抢夺等方法所获得的财物仍然应当认为是赃物，可以成为本罪对象。

例如，甲（13周岁）盗窃了他人的一辆电动车，乙帮助甲将该电动车销售的，乙的行为构成掩饰、隐瞒犯罪所得罪。虽然甲最终不构成盗窃罪，但是，甲的行为客观上符合盗窃罪的构成要件。

2. 数额认定：从高认定

（1）掩饰、隐瞒犯罪所得及其产生的收益的数额，应当以实施掩饰、隐瞒行为时赃物的市场价为准。

（2）收购或者代为销售财物的价格高于赃物实际价值的，以收购或者代为销售的价格计算。①

例如，甲盗窃了乙的一个手机（价值5000元），丙帮助甲将该手机出卖，价格为4000元，那么丙的犯罪数额应以行为时赃物的价格为准，即5000元。如果丙将该手机卖出的价格为6000元，丙的犯罪数额为6000元。

---

① 参见2021年最高人民法院《关于修改〈关于审理掩饰、隐瞒犯罪所得、犯罪所得收益刑事案件适用法律若干问题的解释〉的决定》第4条。

【典型真题】
下列哪一选项的行为应以掩饰、隐瞒犯罪所得罪论处？（　　）（单选）（11年卷二17题）①
A. 甲用受贿所得1000万元购买了一处别墅
B. 乙明知是他人用于抢劫的汽车而更改车身颜色
C. 丙与抢劫犯事前通谋后代为销售抢劫财物
D. 丁明知是他人盗窃的汽车而为其提供伪造的机动车来历凭证

主观题小案例

案例1：徐某故意杀人后找到朋友蒋某，告知蒋某自己杀人了，希望蒋某提供一些帮助。蒋某将徐某安排在自己郊外的房子里，两天后司法机关询问蒋某，是否知道徐某的消息，蒋某告诉司法机关徐某已经逃往外省。

问题：如何评价蒋某的行为？

案例2：徐某盗窃30000元后告知蒋某，蒋某说："你可以用这个盗窃所得报一个觉晓的对赌班，参加法考。"徐某同意，交款30000元后，参加了蒋某觉晓教育的辅导班。

问题：蒋某的行为如何认定，请说明理由。

案例1-问题：如何评价蒋某的行为？
答案：蒋某构成窝藏罪、包庇罪。
首先，蒋某明知徐某杀人，仍为徐某提供住所，事实上妨碍了司法机关抓获徐某，属于窝藏行为。
其次，蒋某明知蒋某就在省内郊区，欺骗司法机关蒋某已经逃出省内，属于包庇行为。
综上，蒋某构成窝藏罪、包庇罪。

案例2-问题：蒋某的行为如何认定，请说明理由
答案：蒋某的行为构成掩饰、隐瞒犯罪所得罪。蒋某明知是徐某的盗窃所得，仍然接受该钱款作为报法考辅导班的学费，妨害了司法机关对该款物的追查，成立掩饰、隐瞒犯罪所得罪。

可能考查的观点展示

1. 根据刑法规定，成立伪证罪，要求行为人作虚假陈述。如何认定"虚假"，存在不同的观点。

模拟案例：徐某和蒋某向来有仇。某日，小区发生一起凶杀案，民警找到徐某调查。徐某根本不知道该凶杀案是谁实施的，但欺骗民警说，该凶杀案很可能是蒋某实施的，并谎称前两天看见蒋某在外买凶器、行踪诡秘。公安机关侦查后查明，该凶杀案果然是蒋某实施的。徐某的行为是否属于虚假陈述，是否构成伪证罪，请说明理由。

答案：一种观点（主观说）认为，属于虚假陈述，徐某的行为构成伪证罪。
不按照自己的记忆与实际体验陈述的，即使与客观事实相符合，也是虚假的陈述，构成伪证罪。本案中，徐某陈述的内容与其主观记忆是不符合的，成立伪证罪。

---

① 答案：D。

另一种观点（客观说）认为，不属于虚假陈述，徐某的行为不构成伪证罪。

只有陈述的内容与客观事实不相符合的，才是虚假的。本案中，徐某陈述的内容与客观事实是符合的，不构成伪证罪。

2. 犯罪行为人本人，以不正当的方式妨害证人作证的，是否成立伪证罪。

模拟案例：甲杀人之后，采用暴力手段，强迫乙去公安机关作证，证明自己案发当时不在犯罪现场。乙迫于压力，前往公安机关作证。甲的行为是否构成妨害作证罪，请说明理由。

答案：一种观点认为，不构成妨害作证罪。犯罪分子妨害作证的，是人的本能，缺乏期待可能性，不宜以犯罪论处。

另一种观点认为，构成妨害作证罪。即便是犯罪分子本人，其妨害作证、干扰司法，侵犯了新的法益，应以妨害作证罪论处。

第二节 走私、贩卖、运输、制造毒品罪

法条群及知识点

一、走私、贩卖、运输、制造毒品罪

（一）走私毒品

1. 直接向走私人非法收购走私进口的毒品。
2. 在内海、领海运输、收购、贩卖毒品的。

（二）贩卖毒品

1. 犯罪既遂的标准：交付说

以毒品实际上转移给买方为既遂，转移毒品后行为人是否已经获取了利益，则并不影响既遂的成立。

例如，甲在网上预定了毒品，甲、乙二人交付时被警察当场抓获。二人构成贩卖毒品罪既遂。（20年真题）

2. 毒品的来源没有限制

既可能是自己所购买的毒品，也可能是自己制造的毒品，还可能是捡拾到的毒品、家中祖传的毒品。

3. 贩卖行为

只要有毒品和钱、财（包括非法的财物）之间的交易，都是贩卖毒品。

任何人对毒品和钱的交易起了促进作用的，都属于贩卖毒品罪的共犯。

例外：纯粹为了吸毒所作的购买，不构成贩卖毒品罪。

（1）吸毒的人购买毒品供自己吸食（买），不构成贩卖毒品罪。

理由：既然"吸毒"行为在中国刑法中无罪，那么，维持吸毒所必需的一些行为，如吸毒的人购买毒品、购买毒品后从购买地带回自己的家中，就不应该作为犯罪处理。这种行为不是"卖"，而是"买"，故不成立贩卖毒品罪。

但是，吸毒者购买、持有的毒品数量较大的，成立非法持有毒品罪、运输毒品罪。

或者，如果吸食毒品者"以贩养吸"的，即购买毒品不仅仅是为了供自己吸食，部分还是为

了贩卖（卖），则成立贩卖毒品罪。

（2）帮吸毒的人"代购"毒品并且没有赚取差价的（买），不构成贩卖毒品罪。①

但是，如果代购者从中牟利，变相加价贩卖毒品的，对代购者应以贩卖毒品罪定罪。代购者在交通、食宿等必要开销之外收取"介绍费""劳务费"以及其他费用的，或者从中截留、获取部分毒品的，应视为从中牟利，以贩卖毒品罪论处。这种赚取中间"差价"的行为，实质上是"二道贩子"（卖），属于贩卖毒品罪。

质言之，"贩卖"是指："卖"以及"为卖而买"。单纯的购买，不是贩卖毒品罪。

【典型真题】

甲、乙通过丙向丁购买毒品，甲购买的目的是为自己吸食，乙购买的目的是为贩卖，丙则通过介绍毒品买卖，从丁处获得一定的好处费。对于本案，下列哪些选项是正确的？（　　）（多选）（06年卷二62题）②

A. 甲的行为构成贩卖毒品罪

B. 乙的行为构成贩卖毒品罪

C. 丙的行为构成贩卖毒品罪③

D. 丁的行为构成贩卖毒品罪

（三）制造毒品

1. "制造"

使用毒品原植物而制作成毒品，或者是提炼毒品。——质言之，制造毒品罪之"制造"行为，必须是有技术含量的行为。

（1）为什么要对"制造"进行限制解释？

理由：《刑法》第347条将走私、贩卖、制造、运输毒品罪规定在同一个条文中，四种行为方式的法定刑也完全相同。但从司法实践的情况看，走私、贩卖毒品的危害性明显要重于制造、运输毒品，基于此，刑法理论上主张对制造毒品罪、运输毒品罪中的"制造""运输"进行限制解释。

（2）制造是有技术含量的工作。"制造"毒品不仅包括非法用毒品原植物直接提炼和用化学方法加工、配制毒品的行为，也包括以改变毒品成分和效用为目的，用混合等物理方法加工、配制毒品的行为，如将甲基苯丙胺或者其他苯丙胺类毒品与其他毒品混合成麻古或者摇头丸。

2. 为便于隐蔽运输、销售、使用、欺骗购买者，或者为了增重，对毒品掺杂使假，添加或者去除其他非毒品物质，不属于制造毒品的行为。

例如，行为人将"摇头丸""Y仔""K粉"等与袋装咖啡混合，其主观目的不是制造出一种新类型的毒品，而是通过混合的形式掩人耳目，不构成制造毒品罪。④

---

① 代购者必须是帮吸毒的人代购，如果代购者主要是帮贩毒的人贩卖，则可成立贩卖毒品罪。另外，一定要弄清什么叫"代购"，代购，是指你这里没货，你从其他地方帮买方购进。如果你自己有毒品，以成本价卖给买方，就不属于代购了，依然成立贩卖毒品罪。审判实务中，对于行为人将毒品卖给他人，是否属于帮他人代购，代购者应当如实供述毒品来源、价格、食宿地点、交通路线、交通方式及具体开支等，提供相关材料，以供核查。

② 答案：BCD。

③ 即使丙在本案中没有收取任何的好处费，也成立贩卖毒品罪。因为丙不仅仅是帮助吸毒的人，还帮助贩毒的人，对丁的贩卖毒品起了帮助作用，成立贩卖毒品罪。

④ 《刑事审判参考》指导案例第800号。

【典型真题】

甲拿出40克冰毒（系甲盗窃所得），让乙将40克冰毒和80克其他物质混合，冒充120克纯冰毒卖出（事实三）。关于事实三的判断，下列选项正确的是？（   ）（多选）（14年卷二91题）①

A. 甲让乙卖出冰毒应定性为甲事后处理所盗赃物，对此不应追究甲的刑事责任

B. 乙将40克冰毒掺杂、冒充120克纯冰毒卖出的行为，符合诈骗罪的构成要件

C. 甲、乙既成立诈骗罪的共犯，又成立贩卖毒品罪的共犯

D. 乙在冰毒中掺杂使假，不构成制造毒品罪

（四）运输毒品

1. "运输"行为

只要实施了运输的行为即可，<u>不要求到达目的地</u>，就属犯罪既遂。

例如，行为人先将毒品从A地运到B地，后来又将其从B地运回A地的，虽然从结局上看毒品还在A地，但仍然属于运输毒品。

又如，龚某采用人体携带91克毒品，从云南省瑞丽市转移运送到了云南省芒市机场且购买了机票，已经进入运输毒品的环节、状态；在其欲乘飞机接受检查时被挡获。法院认定其构成运输毒品罪（既遂）。②

又如，丙乘广州至北京的火车运输毒品，快到武汉时被查获，构成运输毒品罪既遂。（17年卷二61题C项）

2. 对"运输"的限制解释

刑法理论上多数学者认为，只有<u>与走私、贩卖、制造有关联的运输行为</u>，才宜认定为运输毒品罪。

行为人仅仅是购买毒品供自己吸食，从购买地带到目的地的，不属于运输。

（1）为<u>个人吸食目的</u>，运输"<u>少量</u>"毒品的，不成立运输毒品罪。（运输的是合情合理的少量吸食的毒品，可以不作为犯罪）

（2）为<u>个人吸食目的</u>，运输"<u>数量较大</u>"的毒品的，成立运输毒品罪。

2015年最高人民法院《全国法院毒品犯罪审理工作座谈会纪要》规定，吸食者在运输毒品过程中，数量较大的，以运输毒品罪论处。

理由： 该规定之所以将出于"吸食"目的而运输毒品的也认定为运输毒品罪，主要是考虑到，运输的"数量较大"，可以推定行为人主观上不仅仅是出于吸食目的，而可能是基于其他毒品犯罪的故意。换言之，基于合理的吸食少量数量而运输毒品的，可以不认为是犯罪。

（3）<u>非出于个人吸食目的，无论数量多少</u>，均成立运输毒品罪。

（五）毒品数量、纯度的计算

1. 定罪的数量要求

（1）走私、贩卖、运输、制造毒品罪，无论数量多少，均构成犯罪。当然，数量越多，刑罚越重。

（2）将以未成年人作为犯罪对象的，直接规定为入罪情节，对数量没有要求。

---

① 答案：BCD。
② 邓维聪："运输毒品罪既、未遂的认定"，载《人民法院报》2007年12月19日，第006版。

（3）其他毒品犯罪，必须达到一定的数量才能定罪，如非法持有毒品罪等毒品犯罪。

2. 纯度

不以纯度折算。但是，对于查获的毒品有证据证明大量掺假，经鉴定查明毒品含量极少，确有大量掺假成分的，在处刑时应酌情考虑。特别是掺假之后毒品的数量才达到判处死刑的标准的，对被告人可不判处死刑立即执行。

3. 针对不同类型（品种）的毒品，应统一折算

2006年最高人民法院刑一庭《关于审理若干新型毒品案件定罪量刑的指导意见》指出，对新型混合毒品的量刑应以其主要毒品成分为依据。将危害较大的主要几类毒品成分按其比例折算成海洛因后，再确定数量量刑。

【典型真题】

王某贩卖海洛因50克，运输甲基苯丙胺30克，走私鸦片500克。下列说法正确的是？（　　）（多选）（19年第8题）①

A. 无论是否需要转化为海洛因定罪，都以580克计算毒品重量
B. 如果被判十年以上有期徒刑或无期徒刑，则不得假释
C. 应将鸦片和甲基苯丙胺转化为海洛因后定罪
D. 不以贩卖、运输、走私毒品罪数罪并罚

（六）其他问题

1. 从重处罚的情形

利用、教唆未成年人走私、贩卖、运输、制造毒品，或者向未成年人出售毒品的。

2. 误将面粉当作毒品进行贩卖的，存在两种观点：

（1）一种观点认为不构成犯罪；
（2）另一种观点认为成立贩卖毒品罪（未遂）。②——司法解释、审判实务持此观点。

3. 《刑法》第355条（非法提供麻醉药品、精神药品罪）

该罪主体：依法从事生产、运输、管理、使用国家管制的麻醉药品、精神药品的人
该类人员：

（1）违反国家规定，向吸食、注射毒品的人提供国家规定管制的能够使人形成瘾癖的麻醉药品、精神药品的。——非法提供麻醉药品、精神药品罪

（2）向走私、贩卖毒品的犯罪分子或者以牟利为目的，向吸食、注射毒品的人提供国家规定管制的能够使人形成瘾癖的麻醉药品、精神药品的。——贩卖毒品罪

---

① 答案：CD。
② 刑法理论上的持极端的结果无价值论的学者认为，误将面粉当作毒品出售的，由于没有贩卖毒品的具体危险，因此，可以考虑无罪。但是，审判实践中以往的观点，更多的是从行为无价值的立场出发，认为此种行为应认定为贩卖毒品罪（未遂）。原最高人民法院1994年《关于适用<全国人民代表大会常务委员会关于禁毒的决定>的若干问题的解释》第17条，亦持此观点。现今的审判实践亦支持此观点，如《刑事审判参考》指导案例第37号——误认尸块为毒品而予以运输的行为，被认定为运输毒品罪（未遂）。

4. 《刑法修正案（十一）》对于非法提供兴奋剂的，规定了独立的罪名——妨害兴奋剂管理罪，作为第 355 条之一：

引诱、教唆、欺骗运动员使用兴奋剂参加国内、国际重大体育竞赛，或者明知运动员参加上述竞赛而向其提供兴奋剂，情节严重的应以犯罪论处。

组织、强迫运动员使用兴奋剂参加国内、国际重大体育竞赛的，依照前款的规定从重处罚。①

【注意】

（1）本罪不处罚运动员本人。

（2）处罚的对象：引诱、教唆、欺骗；组织、强迫。

5. 认定任何毒品犯罪，都不需要犯罪行为人是毒品的所有者，也不需要其主观上知道所有者是谁

理由：毒品属于违禁品，任何人均不得实施持有、贩卖、走私等行为，否则，应成立非法持有毒品罪、贩卖毒品罪。

【典型真题】

关于毒品犯罪的论述，下列哪些选项是错误的？（　　）（多选）（12 年卷二 62 题）②

A. 非法买卖制毒物品的，无论数量多少，都应追究刑事责任

B. 缉毒警察掩护、包庇走私毒品的犯罪分子的，构成放纵走私罪

C. 强行给他人注射毒品，使人形成毒瘾的，应以故意伤害罪论处

D. 窝藏毒品犯罪所得的财物的，属于窝藏毒赃罪与掩饰、隐瞒犯罪所得罪的法条竞合，应以窝藏毒赃罪定罪处刑

二、非法持有毒品罪

1. 认定

（1）只有在其他毒品犯罪如走私、贩卖、运输、制造毒品罪等无法查证的情形下，才能以本罪论处。

（2）因实施其他毒品犯罪（如走私、贩卖毒品罪）而持有毒品的，不另定非法持有毒品罪。

（3）本罪定罪必须达到一定数量，持有少量毒品的不能认定为本罪。

（4）持有的方式：包括直接持有、间接持有。例如，行为人认为自己管理毒品不安全，将毒品委托给第三者保管时，行为人与第三者均持有该毒品。第三者为直接持有，行为人为间接持有。

2. 对吸食毒品者的处罚

（1）吸食毒品不构成犯罪，但吸食者持有的毒品数量大的，成立非法持有毒品罪。

例如，王某第二天用该款购买 100 克海洛因藏在家中，用于自己吸食。——王某的行为不成立窝藏毒品罪，仅成立非法持有毒品罪。（13 年卷二）

（2）对"以贩养吸"的，行为人本身就是贩毒者，被查获的毒品数量应当认定为其贩卖毒

---

① 有关兴奋剂违规行为严重损害国家形象，破坏体育竞赛公平竞争，严重损害运动员身心健康，因此将组织、强迫运动员使用兴奋剂，以及引诱、教唆、欺骗运动员使用兴奋剂参加国内、国际重大体育竞赛，或者向其提供兴奋剂等严重情形规定为犯罪。

② 答案：ABC。

品的数量，认定为贩卖毒品罪，但量刑时应当考虑被告人吸食毒品的情节。①

例如，吸毒者甲长期吸食毒品，但是，为了解决吸毒的资金来源问题，甲经常从乙处购买两份毒品，一份用于自己吸食，一份用于贩卖给他人赚取差价，以维持自己吸毒所需要的费用。对于其贩卖的毒品部分，应认定为贩卖毒品罪。

3. 非法持有毒品罪与窝藏毒品罪

（1）非法持有毒品罪的主观故意是明知是毒品而非法持有（毒品在行为人处是终点站）。

（2）窝藏、转移、隐瞒毒品、毒赃罪的主观故意是故意为毒品犯罪分子窝藏、转移、隐瞒毒品、毒赃，达到逃避司法机关法律制裁的目的，行为人持有毒品的目的是"为他人"转移、藏匿毒品（毒品在行为人处是中转站）。

例如，毒贩甲得知公安机关近来要开展"严打"斗争，遂将尚未卖掉的50多克海洛因和贩毒所得赃款8万多元拿到家住偏远农村的亲戚乙处隐藏。公安机关得到消息后找乙调查此事，乙矢口否认。乙当晚将上述毒品、赃款带到后山山洞隐藏时被跟踪而至的公安人员当场抓获。乙的上述行为应当以窝藏、转移、隐瞒毒品、毒赃罪论处。（05年卷二12题）

4. 罪数

（1）盗窃、抢夺、抢劫毒品的（明知是毒品），应当分别以盗窃罪、抢夺罪或者抢劫罪定罪（但不计犯罪数额，根据情节轻重予以定罪量刑），不另认定为非法持有毒品罪。

（2）行为人盗窃财物的同时盗窃了毒品后（不明知是毒品），非法持有毒品的，应当以盗窃罪与非法持有毒品罪实行并罚。

【典型真题】

1. 关于非法持有毒品罪，下列哪一选项是正确的？（   ）（单选）（11年卷二18题）②

A. 非法持有毒品的，无论数量多少都应当追究刑事责任

B. 持有毒品不限于本人持有，包括通过他人持有

C. 持有毒品者而非所有者时，必须知道谁是所有者

D. 因贩卖而持有毒品的，应当实行数罪并罚

2. 陈某向王某声称要购买80克海洛因，王某便从外地购买了80克海洛因。到达约定交货地点后，陈某掏出仿真手枪威胁王某，从王某手中夺取了80克海洛因。此后半年内，因没有找到买主，陈某一直持有80克海洛因。半年后，陈某将80克海洛因送给其毒瘾很大的朋友刘某，刘某因过量吸食海洛因而死亡。关于本案，下列哪一选项是错误的？（   ）（单选）（07年卷二16题）③

A. 王某虽然是陈某抢劫的被害人，但其行为仍成立贩卖毒品罪

B. 陈某持仿真手枪取得毒品的行为构成抢劫罪，但不属于持枪抢劫

---

① 《全国法院毒品犯罪审判工作座谈会纪要》规定："对于有吸毒情节的贩毒人员，一般应当按照其购买的毒品数量认定其贩卖毒品的数量，量刑时酌情考虑其吸食毒品的情节……确有证据证明其购买的部分毒品并非用于贩卖的，不应计入其贩毒数量。"根据该《会议纪要》，如果吸毒者本身是贩卖人员，其购买毒品的数量直接认定为贩卖毒品的数量，除非有证据证明部分毒品是吸毒的，该部分可以扣除。亦可参见《刑事审判参考》指导案例第105号：张敏贩卖毒品案——如何正确认定非法持有毒品罪。

② 答案：B。

③ 答案：D。

C. 陈某抢劫毒品后持有该毒品的行为，被抢劫罪吸收，不另成立非法持有毒品罪①

D. 陈某将毒品送给刘某导致其过量吸食进而死亡的行为，成立过失致人死亡罪

主观题小案例

案例1：徐某与肖某共同合租，二人均为吸毒人员。某日，徐某应肖某的要求，从他人处购买500克甲基苯丙胺给肖某用于吸食，徐某帮肖某代购毒品没有赚取差价。

问题：徐某的行为应如何认定，请说明理由。

案例2：徐小毛在北京出差期间，从毒贩肖某处购得冰毒162.58克供自己吸食，后携带毒品从上海驾车回家。

问题：徐小毛的行为是否构成运输毒品罪，请说明理由。

案例1-问题：徐某的行为应如何认定，请说明理由。

答案：构成非法持有毒品罪。

首先，徐某的行为不构成贩卖毒品罪。徐某为他人代购用于自己吸食的毒品，没有从中牟利的，不能定性为贩卖毒品罪。徐某的行为本质上还是"买"，而不是"卖"。

其次，构成非法持有毒品罪。因徐某代购毒品的数量达到非法持有毒品罪的定罪数量标准，构成非法持有毒品罪。

案例2-问题：徐小毛的行为是否构成运输毒品罪，请说明理由。

答案：构成运输毒品罪。

徐小毛运输的数量较大，即便是为了自己吸食，也应认定为运输毒品罪。

可能考查的观点展示

1. 贩卖毒品罪的犯罪既遂标准如何界定。

模拟案例：赵某花了3000元购买了60克毒品，与王某约定好3天后，以8000元的价格进行交易。第二天，赵某因害怕，决定放弃交易，并将毒品悉数进行掩埋。到了约定的交易时间，王某因未见到赵某，便向公安机关举报了赵某贩卖毒品，公安机关从土壤里提取到了毒品的成分。有的观点认为赵某成立贩卖毒品罪犯罪中止，有的观点认为不成立，分别说明理由。

答案：本题的关键在于贩卖毒品罪的既遂标准，对此，存在两种观点。

一种观点（交付说）认为，赵某成立犯罪中止。这种观点认为，贩卖毒品罪以毒品实际上转移给买方为既遂，即要求交付毒品。本案中，赵某在将毒品交付、转移给买方之前，自动放弃犯罪的，成立犯罪中止。

另一种观点（进入交易环节说）认为，赵某成立犯罪既遂。这种观点认为，只要买卖双方进行了交易，即便毒品还没有交付，甚至只要买卖双方达成了合意，就应认定为是贩卖毒品罪的既

---

① 抢劫罪的对象既包括普通财物，也包括毒品，刑法中并无抢劫毒品罪这一罪名。既然抢劫罪的对象本身包括毒品，那么，抢劫毒品后非法持有毒品的行为，可以被抢劫罪吸收，仅定抢劫罪一罪。而且，本案中，行为人抢劫时主观上已经知道对象是毒品，没有超出其故意的范围，后续持有毒品的行为被抢劫罪吸收，仅定抢劫罪一罪。

遂。本案中，赵某与黄某已确定了交易价格、时间及数量，毒品贩卖进入交易环节，贩卖毒品的行为已完成，成立犯罪既遂。

2. 误将面粉当作毒品贩卖的，应如何认定。

模拟案例：某日上午，贩毒人员方某想将手上的毒品进行出售赚点钱，但出门时，误将面粉当作毒品而带出，将面粉当作毒品卖给吸毒人员蔡某。后下午方某回家才发现，上午卖出去的不是毒品而是面粉，自己拿错了。方某的行为是否构成贩卖毒品罪，请说明理由，可以谈不同观点。

答案：一种观点认为，无罪。这种观点系较为极端的结果无价值论者，其认为误将面粉当作毒品出售的，由于没有贩卖毒品的具体危险，可以考虑无罪。

另一种观点认为，成立贩卖毒品罪（未遂）。审判实践中多持此观点，这种观点更多的是基于行为无价值的立场。这种情形下，由于行为人方某本身就是从事毒品贩卖的，类似行为重复上演的话，有贩卖毒品的可能性，应以贩卖毒品罪论处。①

---

① 我国司法实践中，基于对毒品犯罪的严惩需要，对该行为认定为贩卖毒品罪的未遂，司法解释也持此观点。

第十五章 贪污贿赂罪

第一节 贪污犯罪

法条群及知识点

一、贪污罪

第382条【贪污罪】国家工作人员利用职务上的便利,侵吞、窃取、骗取或者以其他手段非法占有公共财物的,是贪污罪。

受国家机关、国有公司、企业、事业单位、人民团体委托管理、经营国有财产的人员,利用职务上的便利,侵吞、窃取、骗取或者以其他手段非法占有国有财物的,以贪污论。

与前两款所列人员勾结,伙同贪污的,以共犯论处。

（一）条件一：对象为公共财产

1. 国有财产
2. 劳动群众集体所有的财产
3. 用于扶贫和其他公益事业的社会捐助或者专项基金的财产
4. 在国家机关、国有公司、企业、集体企业和人民团体管理、使用或者运输中的私人财产,以公共财产论 [1]
5. 国家机关、国有公司、企业、事业单位委派到非国有公司、企业、事业单位、社会团体从事公务的人员,利用职务上的便利,非法占有所在的非国有性质单位的财产构成贪污罪 [2]

【总结】

（1）对象是公共财产,如果非法获取的不是公共财产,则可能涉嫌盗窃、诈骗、侵占等犯罪。

（2）公共财产的范围,包括财产性利益、债权、股权等。

例如,土地使用权具有财产性利益,属于《刑法》第三百八十二条第一款规定中的"公共

---

[1] 之所以将"私人财产"以"公共财产"论,主要是考虑到"私人财产"处于国家机关管理过程中,国家机关有保障其安全的义务,一旦灭失,国家机关应该承担赔偿责任,因此,最终遭受损失的是国家。例如,甲因为违章驾驶,汽车被司法机关扣押。如果相关国家工作人员乙将其车辆开走,逃离。最终司法机关是要对甲承担赔偿责任,真正遭受损失的是国家。

[2] 国有单位委派到非国有单位从事公务的人员,如果取走了非国有单位的财产,最终作为委派者的国有单位应承担代为赔偿责任。故最终遭受损失的也是国有单位,应成立贪污罪。

财物"，可以成为贪污的对象。参见：最高人民法院指导案例 11 号，杨延虎等贪污案。

（3）违规存放的公共财产，亦是公共财产。

部分国有单位非法设置小金库，虽然设置小金库本身也是非法的，但也属于公共财产，可以成为贪污罪的对象。

（4）变相侵吞公共财产的（增设中间环节），成立贪污罪。即，不是直接拿走公共财物，而是通过间接方式，借经他人之手取走公共财产的，也成立贪污罪。

【典型真题】

1. 国有 A 公司总经理甲发现 A 公司将从 B 公司购进的货物转手卖给某公司时，A 公司即可赚取 300 万元。甲便让其妻乙注册成立 C 公司，并利用其特殊身份，让 B 公司与 A 公司解除合同后，再将货物卖给 C 公司。C 公司由此获得 300 万元利润。关于甲的行为定性，下列哪一选项是正确的？（   ）（单选）（13 年卷二 20 题）①

A. 贪污罪

B. 为亲友非法牟利罪

C. 诈骗罪

D. 非法经营同类营业罪

2. 国有甲公司领导王某与私企乙公司签订采购合同，以 10 万元的价格向乙公司采购一批设备。后王某发现，丙公司销售的相同设备仅为 6 万元。王某虽有权取消合同，但却与乙公司老总刘某商议，由王某花 6 万元从丙公司购置设备交给乙公司，再由乙公司以 10 万元的价格卖给甲公司。经王某签字批准，甲公司将 10 万元货款支付给乙公司后，刘某再将 10 万元返给王某。刘某为方便以后参与甲公司采购业务，完全照办。

——王某、刘某属于变相侵吞公共财产，成立贪污罪的共犯，金额 4 万元。（17 年卷二 21 题）

（二）条件二：客观上利用职务上的便利

1. 利用职务上的便利

包括：

（1）利用本人职务上主管、直接管理公共财物的职务便利。

（2）利用职务上有隶属关系的其他国家工作人员的职务便利。

只有当国家工作人员基于职务直接管理（占有）了公共财物，或者基于职务对公共财物享有支配权、决定权，或者对具体支配财物的人员处于领导、指示、支配地位（主管），进而利用了职务上的便利，才能认定为贪污罪。否则，只能认定为盗窃罪、诈骗罪等。

例如，村民乙谎称危房翻新，村长甲代其填写虚假材料并以村长名义签字同意后上报镇政府，从镇政府骗取 10 万元的危房补助给乙。本案中，甲虽然因为从事扶贫管理工作而属于国家工作人员，但该 10 万元并不是其主管、直接管理的，不构成贪污罪，仅成立诈骗罪。②

---

① 答案：A。如果没有甲的行为，A 公司从 B 公司购进货物后再卖出的，A 公司可以获利 300 万元。但由于甲的行为，A 公司并没有直接获利，而是甲妻乙注册的 C 公司获利了。从这一意义上而言，甲的行为属于变相侵吞公共财产，成立贪污罪。本案中，成立 C 公司的目的并不是为了经营，而是通过这种方式非法获取公共财物。换言之，如果最简单、直接的贪污就是：甲直接让 A 公司营利，将 A 公司的钱转至自己个人账户。但是，甲却让其妻成立 C 公司，进而变相让自己受益，A 公司受损。设立 C 公司，这实际上就是通过增设中间环节，侵吞 A 公司的财产，应成立贪污罪。

② 参见张明楷：《刑法学》，法律出版社 2021 年版，第 1558 页。

【疑难问题】 国家工作人员谎报出差费用或者多报出差费用骗取公款的，通说及审判实践的观点认为成立贪污罪。

例如，贾智在担任白城市保平乡农业经营管理站站长期间，采取伪造领导签字将虚假票据入账核销、多开多报及个人差旅费入账核销之手段，侵吞公款人民币6403.52元，其行为已构成贪污罪。①

部分学者认为，定诈骗罪更合适，因为，出差报销并不是国家工作人员职务。

【典型真题】

某国有公司出纳甲意图非法占有本人保管的公共财物，但不使用自己手中的钥匙和所知道的密码，而是使用铁棍将自己保管的保险柜打开并取走现金3万元。之后，甲伪造作案现场，声称失窃。关于本案，下列哪一选项是正确的？（　　）（单选）（08年卷二18题）②

A. 甲虽然是国家工作人员，但没有利用职务上的便利，故应认定为盗窃罪

B. 甲虽然没有利用职务上的便利，但也不属于将他人占有的财物转移为自己占有，故应认定为侵占罪

C. 甲将自己基于职务保管的财物据为己有，应成立贪污罪

D. 甲实际上是通过欺骗手段获得财物的，应认定为诈骗罪

2. 行为方式：侵吞、窃取、骗取、其他手段

即使行为人利用了职务上的便利，但非法占有的财产并非其主管、管理、经营、经手的公共财物，也不成立贪污罪，可能涉嫌盗窃罪、诈骗罪。

例如，在甲单位征用土地的过程中，土地管理局的工作人员乙与被征用土地的农民丙相勾结，由丙多报土地上的庄稼数，乙加盖土地管理局的印章予以证实，进而从甲单位多领补偿款的，不成立贪污罪，仅成立诈骗罪。因为拿的不是公共财产，而是开发商的钱。

（1）侵吞：监守自盗。即将完全属于自己保管的财物，据为己有，属于侵吞。

（2）窃取：只有当行为人与他人共同占有公共财物时，行为人利用职务上的便利窃取该财物的，才属于贪污罪中的"窃取"。即利用职务上的便利，取走了他人占有下的财物。

例如，当单位保险柜需要同时使用钥匙与密码才能打开，而钥匙与密码由甲、乙二人分别掌握时，甲利用自己掌握的钥匙并猜中密码取得保险柜中的现金的，或者乙利用自己掌握的密码和私自配制的钥匙取得保险柜中的现金的，可以认为利用职务上的便利窃取。③意即，利用部分的职务上的便利，也认为是利用了职务上的便利。（19年真题）

（三）条件三：主体原则上应为国家工作人员

1. 国家工作人员

（1）国家机关工作人员：指国家机关中从事公务的人员。

（2）国有公司、企业、事业单位、人民团体中从事公务的人员。（是指纯国有，100%国有）

---

① 参见吉林省高级人民法院刑事判决书，（2013）吉刑再终字第11号。
② 答案：C。
③ 参见张明楷：《刑法学》，法律出版社2016年版，第1184页。

（3）国家机关、国有公司、企业、事业单位**委派**①到非国有公司、企业、事业单位、社会团体**从事公务**的人员。

（4）其他依照法律**从事公务**的人员，如从事公务活动的村委会成员。村民委员会成员从事的"公务"，一般应理解为**上级政府部门**的事情，如上级政府委托下级村委会从事的，如防汛、抢险、计划生育等，这都是上级部门的工作。但如果村委会出租集体所有的土地的，则属于村民委员会内部的事情，不属于公务。

2. 受委托管理、经营国有财产的人员（《刑法》第382条第2款）——非国家工作人员

是指基于承包、租赁、聘用等方式，管理、经营国有公司、企业，或者其中的某个部门，以承包人、租赁人的身份，在承包、租赁合同约定的时间、权限范围内，管理、经营国有财产的人员。这类主体本身不是国家工作人员，但《刑法》第382条第2款将其特别规定为贪污罪的主体，是**法律拟制规定（绿色通道）**。即刑法对于贪污罪的主体"扩容"至该类非国家工作人员，**但对于受贿罪、挪用公款罪等，刑法对其主体严格限制为"国家工作人员"，并没有扩容至该类"非国家工作人员"**，如果该类主体（即受委托管理、经营国有财产的人员）收受他人财物或者挪用单位财产的，应成立非国家工作人员受贿罪、挪用资金罪。

【**注意**】通过伪造国家机关公文、证件获得了国家工作人员身份的，也能成为贪污罪的主体。

（四）认定

1. 既遂的标准：以行为人是否实际控制财物

行为人控制公共财物后，是否将财物据为己有，不影响既遂的认定。

2. 公务活动、经济往来中收受礼物的定性

（1）受贿罪

《刑法》第385条第2款，国家工作人员在**经济往来**中，违反国家规定，收受各种名义的回扣、手续费，归个人所有的，以受贿论处。

（2）贪污罪

《刑法》第394条：国家工作人员在国内**公务活动**或者**对外交往**中接受礼物，依照国家规定应当交公而不交公，数额较大的，以贪污罪论处。

3. 贪污罪与非法经营同类营业罪的区别

（1）贪污罪，是国家工作人员利用职务上的便利，侵吞了公共财产。贪污罪中，行为人是直接或者变相拿走了公共财产，是必然获利的。——**直接或间接侵吞了国有单位的钱**。

（2）非法经营同类营业罪（兼职），是国家工作人员利用其职务上的便利，经营同类营业，利用了国家工作人员、国有公司的关系、资源，最终还是通过市场经营行为获利。最终是否能够获利，还是取决于市场，或者说行为人并不必然获利。——**从市场要钱**。

---

① 最高人民法院、最高人民检察院2010年2月《关于办理国家出资企业中职务犯罪案件具体应用法律若干问题的意见》第6条规定："经国家机关、国有公司、企业、事业单位提名、推荐、任命、批准等，在国有控股、参股公司及其他分支机构中从事公务的人员，应当认定为国家工作人员。具体的任命机构和程序，不影响国家工作人员的认定。经国家出资企业中负有管理、监督国有资产职责的组织批准或者研究决定，代表其在国有控股、参股公司及其分支机构中从事组织、领导、监督、经营、管理工作的人员，应当认定为国家工作人员。"

4. 从宽及从严规定

（1）特别从宽规定

犯贪污罪，在提起公诉前如实供述自己罪行、真诚悔罪、积极退赃，避免、减少损害结果的发生，可以从轻、减轻或者免除处罚。

（2）从严规定（终身监禁）

贪污数额特别巨大，并使国家和人民利益遭受特别重大损失的，被判处死刑缓期执行的，人民法院根据犯罪情节等情况可以同时决定在其死刑缓期执行二年期满依法减为无期徒刑后，终身监禁，不得减刑、假释。

二、挪用公款罪

第384条【挪用公款罪】国家工作人员利用职务上的便利，挪用公款归个人使用，进行非法活动的，或者挪用公款数额较大、进行营利活动的，或者挪用公款数额较大、超过三个月未还的，是挪用公款罪，处五年以下有期徒刑或者拘役；情节严重的，处五年以上有期徒刑。挪用公款数额巨大不退还的，处十年以上有期徒刑或者无期徒刑。

挪用用于救灾、抢险、防汛、优抚、扶贫、移民、救济款物归个人使用的，从重处罚。

（一）对象

1. 原则上仅指"公款"[①]

（1）公款的范围可以扩大至：公有国库券、失业保险基金、下岗职工基本生活保障资金，但其实质还是"款"。

（2）公款不要求一定是行为人所在单位的公款，国有单位的领导利用职务上的便利指令具有法人资格的下级单位将公款供个人使用的，属于挪用公款行为，构成犯罪的，应以挪用公款罪定罪处罚。

（3）挪用公物的，原则上不成立挪用公款罪。例如，挪用公车的，即公车私用，不构成犯罪。

2. 特定情形下指"公物"

挪用用于救灾、抢险、防汛、优抚、扶贫、移民、救济款物归个人使用的，从重处罚。

（二）主体

1. 严格限制为国家工作人员，不包括受委托经营、管理国有财产的人员

2. 受委托经营、管理国有财产的人员，不是国家工作人员，其挪用公款的，成立挪用资金罪

2000年最高人民法院《关于对受委托管理、经营国有财产的人员挪用国有资金行为如何定罪问题的批复》："对于受国家机关、国有公司、企业、事业单位、人民团体委托，管理、经营国有财产的非国家工作人员，利用职务上的便利，挪用国有资金归个人使用构成犯罪的，应当依照挪用资金罪定罪处罚。"

[①] 问题提示：贪污罪的对象非常广泛，包括款、物、股权等。但是，挪用公款罪的对象，原则上仅指"款"。这主要原因在于，贪污罪中，行为人的主观恶性非常大，想侵吞、永久性地占有公共财产，所以，其对象范围更广。而挪用公款罪中，行为人仅想临时借用单位财产，危害性相对较小，刑法将其对象限定为"公款"，原则上不包括公物等。

（三）如何理解"归个人使用"？——因"私"犯罪

挪用公款罪要求将公款"归个人使用"。①即：公款的使用者为个人的，或者以个人名义借出的，均属于归个人使用。如下两种情形特别注意：

（1）形式上"公对公"，但实质上是"个人私下决定"的，且谋取个人利益，属于"归个人使用"。即，以单位的名义借出给其他单位使用的，但个人决定，且谋取个人利益。——因私

（2）因"公"需要而将公款挪归"个人"使用的，不属于"归个人使用"。即，经单位领导集体研究决定将公款给个人使用，或者单位负责人为了单位的利益，决定将公款给个人使用的。——因公

（四）类型

刑法设立挪用公款罪，其立法目的在于保障公款的安全。公款被挪用后就存在收不回的风险。如果这种风险完全不存在，就不宜认定为成立挪用公款罪。例如，某国有公司的公款原来是在中国工商银行，后该公司总经理甲决定在中国农业银行开设公司账户，把所有的款项转至农业银行。甲的行为没有造成公款的任何风险，不成立挪用公款罪。

立法上，根据公款被挪出后的去向不同，风险系数不同，进而规定了如下不同的处罚原则：

1. 进行非法活动的

只要挪用公款进行非法活动，原则上无论数额多少、时间长短，都成立挪用公款罪。当然，如果挪用1元钱用于赌博，也不值得刑法处罚。

挪用公款给他人使用，挪用时对他人使用公款的方式并不知情，但在案发前已明知他人用公款进行营利活动或者非法活动的，应视为挪用人挪用公款进行营利活动或非法活动，从而成立挪用公款罪。

2. 进行营利活动，数额较大

营利活动，是指挪用公款存入银行、用于集资、购买股票、国债等，还包括挪用金融凭证、有价证券用于质押。挪用公款存入银行、用于集资、购买股票、国债等，属于挪用公款进行营利活动；所获取的利息、收益等违法所得，应当追缴，但不计入挪用公款的数额。

"营利活动"应理解为以合法手段谋取合法经济利益的整个过程，包括生产、经营、交换等各个环节的再生物质和资金的营利活动。

3. 从事其他活动，数额较大、超过三个月未还的

"其他活动"主要是指，挪用公款用于一般的生活用途，例如，购买房产、子女出国留学的费用等。

行为人使公款脱离单位后，即使尚未使用该公款的，也属于挪用。例如，行为人将公款转出，准备日后购买个人住房，即使尚未使用该公款购买住房，也属于挪用。

【重要】
1. "非法活动""营利活动""其他活动"存在竞合关系，即以营利为目的的"非法活动"，

---

① "个人"并不限于一个人，而是相对于单位、集体而言。例如，没有经过单位领导集体研究，只是由其中的少数领导违反决策程序决定将公款供其他单位使用的，属于"个人决定"；同样，为单位少数人谋取利益的，也属于"谋取个人利益"。"以个人名义"是相对于单位名义而言的，如果单位负责人或者其他责任人员超出职权范围或者逃避财物监管，将公款借出给他人使用，或者明确与公款使用人约定以个人名义，擅自将公款借给其他单位或者个人使用的，都可以认定为以个人名义。

完全可以解释为属于"营利活动"。

实践中存在挪用公款部分进行非法活动,部分进行营利活动或者超过三个月未还,分别均未达到《解释》规定的相应入罪数额标准的情形。对此,可以按照"轻行为吸收重行为"的原则合并计算挪用数额,即将"进行非法活动"数额计入"进行营利活动或者超过三个月未还"的数额,如合并计算后达到后者入罪,应当依法定罪处罚。

例如,A挪用公款4000元用于非法活动,挪用公款5000元进行营利活动,挪用公款6000元进行其他活动,而且均超过三个月未还,假设这三项都未达到相应的入罪标准。对此,应认定A挪用公款15000元进行"其他活动",成立挪用公款罪。①

2. 挪用公款的类型,应以实际使用用途,作为挪用公款罪的类型。例如,国家工作人员肖沛公,计划挪用公款200万元开办公司,从事营利活动。将公款挪出后,因市场行情欠佳,便将公款用于家用。肖沛公的行为属于挪用公款从事"其他活动",不属于"营利活动"。

(五)认定

1. 数额的计算

多次挪用公款不还,挪用公款数额累计计算;多次挪用公款,并以后次挪用的公款归还前次挪用的公款,挪用公款数额以案发时未还的数额认定。

例如,甲第一次挪用公款10万元用于生活消费一个月,后又挪用50万元,并将后次挪用的公款归还了第一次的挪用款。甲的挪用公款数额应认定为50万元(10+50-10),即最终未归还的是50万元。

2. 挪用公款罪与贪污罪的区分:是否具有非法占有目的

(1)客观上不能归还的,仍定挪用公款罪;如果是主观上不想还的,以贪污罪论处。

(2)贪污是"偷"钱,是平账;挪用公款是"借"钱,是挂账。

(3)如果事先没有非法占有目的,事后"不能"归还的,也仅成立挪用公款罪。当然,事后如果产生了"非法占有目的",应转化为贪污罪,如挪用后携款潜逃的。

3. 事实上影响了公款的挪用的,应认定为挪用公款罪。

实务中,部分国家工作人员,将单位本应支出的对外费用提前支付,这事实上是提前让渡了公款的使用权,构成挪用公款罪。

4. 挪用公款罪与挪用资金罪、挪用特定款物罪的区别:

(1)挪用公款罪与挪用资金罪:前者为国家工作人员,后者为非国家工作人员。

(2)挪用公款罪与挪用特定款物罪:前者为"因私"犯罪,将公共财产挪归个人使用;后者为"因公"犯罪,将"此"公用的款物挪作"彼"公用,违反了专款专用的财经纪律。

5. 共犯

公款的使用人,原则上不成立挪用公款罪。

(1)使用者参与了"挪"的,成立挪用公款罪的共犯。是指使用者实施了指使或者参与策划取得挪用款的行为,即参与了将公款"挪出"的行为。

(2)使用者仅仅"用",未参与"挪",不成立挪用公款罪。

---

① 参见裴显鼎等:《〈关于办理贪污贿赂刑事案件适用法律若干问题的解释〉的理解与适用》,载《人民司法(应用)》2016年第19期。

例如，丙发现李四挪用公款所取得的款项放在家中，尚未使用，就"借用"李四的公款50万元购买毒品，丙不属于挪用公款罪共犯。(03年卷二48题C项)

【典型真题】

1. 甲恳求国有公司财务主管乙，从单位挪用10万元供他炒股，并将一块名表送给乙。乙做假账将10万元交予甲，甲表示尽快归还。20日后，乙用个人财产归还单位10万元。关于本案，下列哪一选项是错误的？（   ）（单选）(12年卷二20题)①

A. 甲、乙勾结私自动用公款，构成挪用公款罪的共犯

B. 乙虽20日后主动归还10万元，甲、乙仍属于挪用公款罪既遂

C. 乙非法收受名表，构成受贿罪

D. 对乙不能以挪用公款罪与受贿罪进行数罪并罚

2. 甲是A公司（国有房地产公司）领导，因私人事务欠蔡某600万元。蔡某让甲还钱，甲提议以A公司在售的商品房偿还债务，蔡某同意。甲遂将公司一套价值600万元的商品房过户给蔡某，并在公司财务账目上记下自己欠公司600万元。三个月后，甲将账作平，至案发时亦未归还欠款。（事实一）下列选项正确的是？（   ）（单选）(16年卷二89题)②

A. 甲将商品房过户给蔡某的行为构成贪污罪

B. 甲将商品房过户给蔡某的行为构成挪用公款罪

C. 甲虚假平账，不再归还600万元，构成贪污罪

D. 甲侵占公司600万元，应与挪用公款罪数罪并罚

三、巨额财产来源不明罪

1. 性质：堵截性罪名

明知财产或者支出明显超过合法收入，拒不"说明"其来源。

（1）本罪的实行行为是"拒不说明"（顽固对抗）。国家工作人员的财产、支出明显超出合法收入，并不必然构成本罪，只有"拒不说明"财产来源的，才构成本罪。

（2）"拒不说明"来源而被判处巨额财产来源不明罪，但事后即便说明来源，或者司法机关查清来源，已经作出的巨额财产来源不明罪，也不需要撤销。因为行为人确实存在"拒不说明来源"（顽固对抗）的行为。

例如，国家工作人员甲家中有2000万财产，甲拒绝说明来源，法院判处其巨额财产来源不明罪。刑罚执行期间，司法机关查明其中1000万是甲贪污所得，另1000万是受贿所得，甲的行为另成立贪污罪、受贿罪，与先前的巨额财产来源不明罪并罚。之前给甲判处的巨额财产来源不明罪，不需要撤销，因为甲确实实施了"拒不说明来源"的行为。

又如，司法机关发现国家工作人员乙家中有2000万存款，乙当即告诉司法机关，其中1000万是贪污所得，1000万是受贿所得，乙的行为仅构成贪污罪、受贿罪。

2. 说明来源的时间要求：一审判决前

如果一审判决后，行为人再说明巨额财产来源的，已经判决的巨额财产来源不明罪，不需要被撤销。因为行为人毕竟已经实施了"拒不说明来源"的行为，并且，法院曾经认定巨额财产来

---

① 答案：D。
② 答案：C。

源不明罪是没有错误的。

【典型真题】

检察院在调查朱某时发现，朱某有100万元财产明显超过合法收入，但其拒绝说明来源。在审查起诉阶段，朱某交代100万元系在澳门赌场所赢，经查证属实。关于朱某100万元财产的来源，下列分析：（15年卷二90题）

A. 其财产、支出明显超过合法收入，这是巨额财产来源不明罪的实行行为（错误）；

B. 在审查起诉阶段已说明100万元的来源，故不能以巨额财产来源不明罪提起公诉（正确）。

四、私分国有资产罪

1. 性质

是一种集体、公开贪污行为。属于 单位犯罪，但 仅处罚自然人。

2. 贪污罪与私分国有资产罪的区分

罪名	贪污罪（账面看不出来）	私分国有资产罪（账面看得出来）
主体	自然人犯罪	单位犯罪
获取财物的人员范围	通常情形下只在少数人之间对公共财物进行瓜分，但也可能在多数人中分配。	通常是在单位内部全体职工或者绝大多数职工中进行集体私分，也可能在少数人中进行分配。
获取财物的方式、手段、程序（本质区分）	采取隐蔽手段将公共财物非法地予以占有，将账做平了。	采取公开的手段、经集体研究决定将国有资产以各种名义私分给个人，公开记账了。

上述两种犯罪使国有资产受到损失上是相同的，但在行为方式上还是存在区分：贪污由于采取隐蔽方式更难以发现，私分国有资产由于采取公开的方式，往往是账上有记载，相比较而言后者更容易发现。

《刑事审判参考》第125号刘忠伟私分国有资产案的"裁判要旨"：以单位名义集体私分给个人，是私分国有资产罪最本质的特征。但是不能机械地将此处的"单位"理解为本单位的全体或者大多数职工。他们也可以是一个单位内部某一层次的所有人或者大多数人。由于单位的领导层、管理层的意志、行为所起的决定作用，单位领导集体作出决定或者由负责人决定，违反国家规定给本单位集体或者一定层次以上的领导、管理层"发奖金""发红包"与共同贪污犯罪在犯意的形成、行为特征上有明显不同，并且决策者不仅仅是为了个人的利益，因此，符合单位犯罪的特征。应以私分国有资产罪定罪处罚。

主观题小案例

案例1：徐某在担任A国有公司董事长期间，因为A公司要采购一批空调，该批空调市场价为100万元，于是徐某与B空调企业总经理肖某商量，由A公司打150万给B空调企业，并由B公司出具150万元的发票，并将多余的50万元返还至徐某的情妇夏某账户中。

问题：徐某的行为应如何认定，请说明理由。

案例2：徐某是A国有企业的董事长，系国家工作人员。徐某让其妻郭某注册成立了B公司

（私营公司），该公司的业务类型与 A 公司相同，徐某平时如有闲暇时间就在 B 公司兼职。徐某将诸多原来与 A 公司业务有关的客户介绍给其妻子郭某认识，B 公司基于此迅速地获得了广泛的人脉资源，一年期间盈利就高达 500 万元。

问题：徐某的行为应如何认定，请说明理由。

案例 3：某道路工程拆迁征地过程中，王某利用担任该村委会主任、协助乡政府从事宅基地确认工作的职务便利，为多人出具宅基地确认单，骗取拆迁补偿款共计 210 万元。

问题：王某的行为应如何认定，请说明理由。

案例 4：甲是某开发区政府负责人，该开发区的一个工程款 3000 万元本应在 3 个月之后才能支付给 A 施工单位。甲的好友乙希望从开发区政府借 3000 万元供自己使用，甲便找到 A 施工单位的负责人丙，由开发区政府立即将 3000 万元工程款给 A 施工单位，但 A 施工单位必须将这 3000 万元给乙使用 3 个月，丙同意。A 施工单位收到该 3000 万元便转给乙，后乙按约还给了 A 施工单位。

问题：甲的行为如何认定，请说明理由。

案例 1-问题：徐某的行为应如何认定，请说明理由。
答案：成立贪污罪。徐某作为国有企业董事长，属于国家工作人员，其将公款转入 B 公司账户，再由 B 公司转入其个人（情妇）账户，属于通过增设中间环节，变相侵吞 50 万元国有财产，从而使 A 国有公司以 150 万元购买了仅价值 100 万元的空调，造成了国有财产损失，应认定为贪污罪。

案例 2-问题：徐某的行为应如何认定，请说明理由。
答案：徐某的行为构成非法经营同类营业罪。徐某让其妻子成立与 A 国有企业同样业务类型的 B 公司，并将 A 公司的客户介绍给 B 公司，通过 B 公司的市场行为获益，属于非法经营同类营业行为，构成非法经营同类营业罪。此外，因并没有直接侵吞 A 公司的财产，徐某不构成贪污罪。

案例 3-问题：王某的行为应如何认定，请说明理由。
答案：构成诈骗罪。
首先，王某作为村干部，协助政府从事公务活动，应视同国家工作人员。
其次，王某未直接管理、主管补偿款，对补偿款的发放没有决定权，并没有利用职务上的便利，仅仅是利用了工作便利，其伪造材料，骗取拆迁补偿款的行为，应认定为是诈骗罪。

案例 4-问题：甲的行为如何认定，请说明理由。
答案：构成挪用公款罪。甲作为国家工作人员，利用职务上的便利，提前 3 个月支出公款，让渡了公款的使用权，事实上使公款处于流失的风险之中，成立挪用公款罪。

可能考查的观点展示

1. 国家工作人员没有因公出差，谎称出差而报销差旅费的，究竟应认定为是诈骗罪还是贪污罪，存在以下两种观点：

模拟案例：徐某是某省政府办公厅工作人员，某日，徐某将其以前旅游的飞机票、住宿发票等，谎称出差凭证，找相关领导签字之后，前往财务部门报销，共得款5万元。徐某的行为应如何认定，可以谈不同观点，请说明理由。

答案：徐某作为**国家工作人员**，谎报出差费用骗取公款的，有以下两种处理观点：

一种观点认为，成立**贪污罪**。徐某作为国家工作人员，**利用其职务上的便利，谎报出差费用，侵吞了公共财产**，成立贪污罪。

另一种观点认为，成立**诈骗罪**。徐某并**没有利用职务上的便利**，出差报销差旅费并不是国家工作人员的职务行为，不成立贪污罪。徐某**通过骗取的方式获取公共财产的**，应成立诈骗罪。

2. 行为人一行为同时符合贪污罪及受贿罪的构成要件的，其罪数问题存在以下观点：

模拟案例：徐某是某县政府土管办负责人，在负责土地征用、拆迁补偿过程中，收受村民（拆迁户）蒋某20万元好处费，将蒋某被拆迁的房屋面积虚报了100平米。后蒋某顺利地获取了额外的100万元拆迁补偿费用。徐某的行为应如何认定，请说明理由。

答案：徐某收受蒋某20万元，利用职权，为其谋取额外拆迁补偿，导致公共财物受损的行为，有以下两种处理观点：

一种观点认为，徐某的行为**仅构成受贿罪**。国家工作人员徐某**利用职务上的便利，收受他人贿赂（20万元），为他人谋取利益**，构成受贿罪。审判实务多持此观点。

另一种观点认为，徐某构成**受贿罪与贪污罪，数罪并罚**。这种观点认为，徐某收受贿赂构成受贿罪。同时，徐某利用职务上的便利，**与蒋某共同侵吞了100万元的拆迁补偿费用**，成立**贪污罪的共同犯罪**，即便徐某本人没有获得该拆迁补偿款，也**构成贪污罪**。受贿同时实施其他犯罪的，数罪并罚，故徐某应以受贿罪和贪污罪数罪并罚。

第二节 贿赂犯罪

法条群及知识点

一、受贿罪

第385条【受贿罪】国家工作人员利用职务上的便利，索取他人财物的，或者非法收受他人财物，为他人谋取利益的，是受贿罪。

国家工作人员在经济往来中，违反国家规定，收受各种名义的回扣、手续费，归个人所有的，以受贿论处。

第386条 对犯受贿罪的，根据受贿所得数额及情节，依照本法第三百八十三条〔贪污罪〕的规定处罚。索贿的从重处罚。

第388条 国家工作人员利用本人职权或者地位形成的便利条件，通过其他国家工作人员职务上的行为，为请托人谋取不正当利益，索取请托人财物或者收受请托人财物的，以受贿论处。

（一）条件一（主体）：**国家工作人员**

1. 不同身份类型的受贿犯罪

（1）我国刑法中，收受他人的贿赂的行为，基于主体身份的不同，规定了受贿罪、利用影响力受贿罪、非国家工作人员受贿罪等。

（2）不同身份的主体共同受贿的，以高身份者定罪。国家工作人员这一身份是"高"（重）身份，其他身份的人如果与国家工作人员共同收受他人贿赂的，应以"高"身份的犯罪即受贿罪的共犯论处。

例如，甲（国家工作人员）与其妻子乙（有影响力的人）共同收受他人财物的，二人成立受贿罪的共犯。

又如，副县长赵某带队前来开展拆迁、评估工作的验收。李某给赵某的父亲（原县民政局局长，已退休）送去1万元现金，请其帮忙说话。赵某得知父亲收钱后答应关照李某，令人将邻近山坡的树苗都算到李某名下。——赵某和他的父亲成立受贿罪的共同犯罪。（12年主观题）

2. 特定关系人（有影响力的人）索取、收受他人财物，国家工作人员知道后未退还或者上交的，应当认定国家工作人员具有受贿故意

（1）理由：国家工作人员的近亲属、特定关系人收受他人财物，国家工作人员事后知情如果不反对，说明其认可该财物，会给行贿人传递出"权钱交易"的信号，应认定为受贿罪。实质上看，行贿者之所以会给予国家工作人员的近亲属、特定关系人以财物，也是有求于国家工作人员的职权，国家工作人员对此不予反对的，就是认可"权钱交易"，构成受贿罪。

（2）如果国家工作人员知道其近亲属、特定关系人收受他人财物后，国家工作人员明确反对，并要求退回的，国家工作人员不构成受贿罪。

例如，张某为谋取不正当利益，给李某（国家机关工作人员）的妻子钱某10万元，后李某知道后，让妻子退还给张某，钱某假装同意，后并未将10万元退还给张某，并将10万元用于家庭生活。——该案中，国家工作人员李某的行为不构成犯罪，钱某的行为构成侵占罪。如果本案中，钱某一开始就知道自己没有影响力而非法收受他人财物，则属于诈骗，应以诈骗罪论处。（18年真题）

（二）条件二（对象）：财物

1. 包括财产性的利益

是指可以折算为货币的物质利益如房屋装修、债务免除、土地使用权等，以及需要支付货币的其他利益如会员服务、旅游等。

2. 不包括非财产性的利益

如性贿赂、提供招工指标、安置亲属就业、升学、提供职务、迁移户口。

理由：这些"利益"无法用数额衡量，且难以确定是否是国家工作人员职务行为的对价。

请托人直接为国家工作人员提供性服务的，不能认定国家工作人员的行为构成受贿罪。但是，国家工作人员在色情场所嫖宿或者接受其他性服务，由请托人支付费用的，或者请托人支付费用雇请卖淫者为国家工作人员提供性服务的，属于受贿，受贿的对象是"嫖资"。

例如，原广州市政府原副秘书长晏某，接受郭某为其安排嫖娼"200多次"，每名卖淫女的嫖资为"3000元或5000元"，故嫖资共计60万元，被认定为受贿罪。

又如，黄某动用关系，帮朱某升任民政局局长。——朱某事后虽获得了利益（升任局长）这一"非财产性利益"，但不构成受贿罪。（15年卷二89题）

再如，王某（国家工作人员）购买一套房屋后，让刘某负责装修，并将50万元的装修费转交给刘某，同时对装修提出了需要花100万元才能完成的要求。——就此而言，王某的受贿对象为房屋装修，其金额为50万元。（20年主观题）

3. 非法的财物仍然成立受贿罪

受贿罪的保护法益是 职务行为的不可收买性，即便是收受非法财物，也侵犯了职务行为的不可收买性。

（三）条件三：客观行为方式

受贿罪的主体是国家工作人员，刑法对其惩罚是最严格的，该罪的表现形式有如下五种。其他受贿类型的犯罪，如单位受贿罪、非国家工作人员受贿罪，其表现形式最多只有如下五种中的前三种。

1. 利用职务上的便利，索取他人财物。——主动索贿型
2. 利用职务上的便利，非法收受他人财物，为他人谋取利益——被动收受型
3. 在经济往来中受贿，即在经济往来中违法收受各种名义的回扣、手续费——商业受贿
4. 斡旋受贿

利用工作而非职务上的便利，为请托人谋取不正当利益，索取或收受请托人财物。

5. 事（退休）后受贿

要求事先（在职时）有约定，即受贿意图必须在职时形成。——先发"货"（权力），后收款。

（1）理由：之所以要求事先有约定，因为，受贿罪的本质是权钱交易，国家工作人员在职的时候才有"权力"，约定好了退休后受贿，就相当于用"权力"锁住了未来的"钱"，仍属权钱交易。即"赊账型"受贿。

例如，甲在职时利用职务上的便利为乙谋取利益，同时，甲、乙约定，待甲退休后乙送给甲100万元。后甲退休，乙遂送给甲100万元。很显然，这100万元是甲在职的时候的权力锁住的钱，甲的行为构成受贿罪。

（2）事先（在职时）无约定的，不构成受贿罪。如果在职时虽然有权，并且用权力帮他人办事，但没有约定收受礼物，就没有进行权钱交易，退休后已经无"权"了，索取或收受他人财物，就不能认定为是"权钱交易"，不能认定为受贿罪。

例如，甲在职时利用职务上的便利为乙谋取利益，但甲拒绝收受乙的任何好处。退休后，甲想起自己曾经帮过乙的忙，遂打电话给乙索要5万元钱，乙答应并给甲5万元。由于甲在职的时候（即有权力的时候）并没有和乙约定收受财物，即没有权钱交易，退休后甲并不属于国家工作人员（没有权力），故甲的行为不构成受贿罪。

【应试技巧】从应对考试的角度看，国家工作人员，只要收受了礼物，原则上就成立受贿罪。法考真题不大可能出现某一国家工作人员收受礼物不构成受贿罪，因为这样传递的价值观并不正确。

（四）如何理解客观行为要件

1. "利用职务上的便利"

（1）利用本人职务范围内的权力，即自己职务上主管、分管、负责某项公共事务的职权所形成的便利条件。

（2）利用有隶属关系的其他国家工作人员的职权。

（3）利用有制约关系的人员的职权。

如果仅仅是利用因工作关系熟悉作案环境等与职务无关的便利，不属于利用职务上的便利。

有一般的职务权限，但具体权限的行使要依靠"将来的条件"才能确定，将来可能实施的职务行为也认为是与职务有关的权限。

例如，任期马上届满的公安局局长，与赌博团伙约定，如其连任公安局局长，就应当给予该犯罪团伙以特别保护，从而收受贿赂款 10 万元。公安局局长构成受贿罪。

2. "为他人谋取利益"——包括：承诺、实施、实现为他人谋取利益

（1）推定的承诺，也属于"承诺"为他人谋取利益。即，明知他人有具体的请托事项而收受他人财物，视为承诺为他人谋取利益（即推定的承诺）。

例如，开发商有甲有求于市长乙，甲送给乙 100 万元，乙明知甲有求于自己，仍然收受该礼物，可以推定乙承诺（愿意）为甲谋取利益，构成受贿罪。

（2）虚假许诺也属于"承诺"。①一般认为，即便是虚假承诺，之所以相对方会送礼，更多的是基于国家工作人员的职权。退一步讲，即便相对方识破了国家工作人员的"虚假"，基于国家工作人员的职权压力，也会交付财物，仍然认为是权钱交易，成立受贿罪。

（3）利用未来的职权实现权钱交易，也认为是"为他人谋取利益"（"先收钱，后发货"型的权钱交易）。司法解释规定，国家工作人员索取、收受具有上下级关系的下属或者具有行政管理关系的被管理人员的财物价值三万元以上，可能影响未来职权行使的，视为承诺为他人谋取利益。

（4）国家工作人员利用职务上的便利为请托人谋取利益前后多次收受请托人财务，受请托之前收受的财物数额在一万元以上的，应当一并计入受贿数额。

【应试技巧】"为他人谋取利益"的范围的界定

受贿类型的犯罪中，多要求行为人"为他人谋取利益"，但如何界定其范围，是需要明确的。一般认为，行为人只要利用自己的"直接职权"收受财物，无论是为他人谋取正当利益，还是不正当利益，均构成犯罪。但是，如果自己并没有"直接职权"，而是斡旋受贿或者利用影响力受贿，则要求行为人为他人谋取"不正当利益"，才构成犯罪。

（五）其他问题

1. 受贿的方式

参见 2007 年最高人民法院、最高人民检察院《关于办理受贿刑事案件适用法律若干问题的意见》。如下各种类型的受贿方式，其本质在于，通过你的职权，拿了别人给你的本不该属于你的财物。或者说，如下行为并不符合市场经济的明规则，但符合"权钱交易"的潜规则。

（1）以交易形式收受贿赂；——以高价卖或者低价买

（2）收受干股的；

（3）以开办公司等合作投资名义收受贿赂的；

（4）以委托请托人投资证券、期货或者其他委托理财的名义收受贿赂的；

---

① 案例：2006 年至 2013 年期间，被告人吴某担任湖南省高速公路管理局养护工程公司副经理、湖南省洞新高速公路建设开发有限公司经理期间，其公司股东徐某某多次找吴某，要求承接高速所需钢绞线全部供应业务。吴某虚构为了让徐某某顺利承接到业务，需要给"领导的朋友"100 万好处费，让"领导的朋友"退出竞争。后徐某某给了吴某 100 万元。有观点认为吴某采取虚构事实的方式，也符合诈骗罪的构成。但总体而言，吴某是利用了职务上的便利，徐某某也是基于对吴某职权的信任交付财物，因此认定索贿更为准确。参见《吴六徕受贿案——以欺骗方式让行贿人主动交付财物的，应认定为索贿》，刑事审判参考指导案例第 1147 号。

（5）以赌博形式收受贿赂的；
（6）特定关系人"挂名"领取薪酬；
（7）由特定关系人收受贿赂；
（8）闻风退赃。国家工作人员受贿后，因自身或者与其受贿有关联的人、事被查处，为掩饰犯罪而退还或者上交的，构成受贿罪。（但国家工作人员收受请托人财物后"及时"退还或者上交的，不是受贿。）

2. 罪数

收受贿赂后又实施了其他犯罪行为的，原则上应当数罪并罚。但存在如下例外情况：

（1）刑法399条第4款：司法工作人员受贿后又构成徇私枉法罪，民事、行政枉法裁判罪，执行判决、裁定失职罪，执行判决、裁定滥用职权罪，从一重罪。

（2）国家机关工作人员收受贿赂或者滥用职权，实施了"被执行人、担保人、协助执行义务人与国家机关工作人员通谋，利用国家机关工作人员的职权妨害执行，致使判决、裁定无法执行的"（拒不执行判决、裁定罪）的行为的，同时构成受贿罪、滥用职权罪（玩忽职守罪）的，从一重罪处罚。

（3）提供虚假证明文件的，并非法收受他人财物的，应以提供虚假证明文件罪与非国家工作人员受贿罪（受贿罪），择一重罪处罚。

3. 既遂的标准：收受（控制）财物

如下几个问题需要特别掌握：

（1）司法解释规定，（出于无奈，即无受贿故意）受贿后及时（案发前）退还或者上交的，无罪。

（2）收受银行卡的，卡内金额全额认定为受贿金额。

（3）收受请托人房屋、汽车等物品，未变更权属登记或者借用他人名义办理权属变更登记的，只要有收受财物的故意，成立受贿罪既遂。

4. 受贿数额认定

以收受时的受贿金额为准，即以"权钱交易"当时的金额为准。

例如，甲设立A公司，注册资本为1000万元，甲提出将10%股权给国家工作人员乙，乙同意并让登记在乙名下，并为其办理了注册登记，后该部分股价增值上涨为200万。甲以600万的价格回购该部分股权。——本案中，乙的前行为应认定为受贿罪，金额为100万元。后来，乙将价值200万的股份卖给甲600万元，应认定为受贿400万元。故乙的受贿金额共为500万元。（20年真题）

又如，甲向国家工作人员乙行贿，甲带了100万元现金去乙的办公室，乙对甲说："钱先放你那里吧。"甲遂将现金带回并放进自己的保险箱里，直至案发时也没有移动。——甲行贿100万元既遂，乙受贿100万元既遂。（20年真题）

又如，甲向国家工作人员乙行贿，给了乙一张空白支票，支票可填写的最高额为999万元，甲账户上也保有千万余额，直至案发时，乙也没有填写支票上的数字。——甲行贿999万元既遂，乙受贿999万元既遂。（20年真题）

再如，甲向国家工作人员乙行贿，给了乙一张500万元的银行卡，并告知其卡内余额，乙收下后，没有查看余额，也没有使用，直至案发时，卡上余额连本带息共600万元。——甲行贿金额为500万元，乙受贿金额500万元。（20年真题）

【典型真题】

1. 关于受贿相关犯罪的认定，下列哪些选项是正确的？（　　）（多选）(13年卷二63)①

A. 甲知道城建局局长张某吸毒，以提供海洛因为条件请其关照工程招标，张某同意。甲中标后，送给张某50克海洛因。张某构成受贿罪

B. 乙系人社局副局长，乙父让乙将不符合社保条件的几名亲戚纳入社保范围后，收受亲戚送来的3万元。乙父构成利用影响力受贿罪

C. 国企退休厂长王某（正处级）利用其影响，让现任厂长帮忙，在本厂推销保险产品后，王某收受保险公司3万元。王某不构成受贿罪

D. 法院院长告知某企业经理赵某"如给法院捐赠500万元办公经费，你们那个案件可以胜诉"。该企业胜诉后，给法院单位账户打入500万元。应认定法院构成单位受贿罪

2. 关于受贿罪，下列哪些选项是正确的？（　　）（多选）(17年卷二62题)②

A. 国家工作人员明知其近亲属利用自己的职务行为受贿的，构成受贿罪

B. 国家工作人员虚假承诺利用职务之便为他人谋利，收取他人财物的，构成受贿罪

C. 国家机关工作人员实施渎职犯罪并收受贿赂，同时构成渎职罪和受贿罪的，除《刑法》有特别规定外，以渎职罪和受贿罪数罪并罚

D. 国家工作人员明知他人有请托事项而收受其财物，视为具备"为他人谋取利益"的构成要件，是否已实际为他人谋取利益，不影响受贿的认定

二、利用影响力受贿罪

1. 利用影响力受贿罪与受贿罪的差异

（1）利用影响力受贿罪要求为请托人谋取"不正当利益"。该主体并没有职权，而只是具有"影响力"。

（2）而受贿罪中，非法收受他人财物的，要求"为他人谋取利益"，并非限定为"不正当利益"，包括为他人谋取"正当利益"。此外，受贿罪中的"索贿"这一情形，不需要"为他人谋取利益"这一要件。

2. 如何理解"关系密切的人"（有影响力的人）——不看形式，要看实质

通常是指与国家工作人员或者离职的国家工作人员具有共同利益关系的人，其中的利益关系不仅包括物质利益，而且包括其他方面的利益，如情人关系、密切的上下级关系（如秘书、司机等）、密切的姻亲或血亲关系。但是，没有必要将关系密切限定解释为事实上非常熟悉、关系紧密，因为客观上能够通过国家工作人员职务上的行为为请托人谋取不正当利益的人，基本上都是与国家工作人员有密切关系的人。历年国家法律职业资格考试真题中，将"关系密切的人"解释得非常宽泛。

3. 利用影响力受贿罪，同样要求"权钱交易"，即通过"影响力"实现国家工作人员的职务行为与金钱的间接交易。

利用影响力受贿罪是"贿赂型"犯罪，其实质在于，通过有影响力的人，实现金钱与国家工作人员的权力的"间接"交易，间接腐蚀了权力。即：金钱"左右"有影响力的人，有影响力

---

① 答案：ABCD。
② 答案：ABCD。

的人通过其影响力,"影响"国家工作人员的权力。

如果根本不可能实现权钱间接交易,那么,即便有影响力的人收受了他人财物,也不构成利用影响力受贿罪。

三、对有影响力的人行贿罪

1. 行为实质

金钱只想敲打有影响力的人,希望通过影响力去敲打"权力",即通过"金钱"间接影响"权力",而不是通过金钱影响权力。

2. 具体案例

(1) 请托人将财物交给特定关系人(有影响力的人),有影响力的人并没有将钱转交(告知)国家工作人员,而是通过其影响力影响国家工作人员的职务行为。特定关系人仅成立利用影响力受贿罪,国家工作人员不成立受贿罪,行为人成立对有影响力的人行贿罪。

例如,甲将财物送给市长乙的妻子丙,要求丙在乙面前美言几句,但同时甲亦告知丙不要让市长乙知道送礼的事宜。丙要求乙帮助甲,为甲谋取了利益,但是,乙并不知道甲给丙送了礼。甲的行为成立对有影响力的人行贿罪,丙成立利用影响力受贿罪,乙不构成犯罪。

(2) 请托人将财物交给特定关系人(有影响力的人),特定关系人虽然与国家工作人员构成受贿的共犯,但请托人没有认识到该受贿共犯事实时,请托人仍然成立对有影响力的人行贿罪。

例如,甲将财物送给市长乙的妻子丙,要求丙在乙面前美言几句,但同时甲亦告知丙不要让市长乙知道送礼的事宜。丙向乙告知了甲的请托事项,要求乙帮助甲,同时,丙亦将甲送礼物的事情告诉了乙,乙没有反对。本案中,乙、丙的行为构成受贿罪的共犯,甲成立对有影响力的人行贿罪。

又如,陈某欲得到一工程,送给非国家工作人员的刘甲100万元,希望其能够向管理工程的副市长刘乙(刘甲胞弟)说情。刘甲将100万元现金以及陈某的请求告诉刘乙,刘乙说:"钱你留着,工程我会帮助的"遂陈某获得工程。刘甲和刘乙构成受贿罪的共同犯罪,陈某构成对有影响力的人行贿罪。(19年真题)

(3) 行为人将财物交付给特定关系人,但特定关系人与国家工作人员构成受贿罪的共犯,行为人也明知该受贿共犯事实时,不管财物最终是否由国家工作人员占有,行为人均成立行贿罪。

例如,甲有求于市长乙,将财物送给市长乙的妻子丙,并要求丙将该财物一定转交给市长乙,丙同意。后丙告知乙甲前来送礼的事实及甲的请托事项,乙未提出反对意见。甲的行为构成行贿罪,乙、丙构成受贿罪的共犯。

【总结】

第一,行贿人"只想"将财物交给特定关系人(有影响力的人),原则上成立对有影响力的人行贿罪。

第二,只有行贿人想将财物直接给国家工作人员,或通过有影响力的人转交给国家工作人员,行贿人才构成行贿罪。

【典型真题及模拟题】

1. 根据《刑法》有关规定,下列哪些说法是正确的?(   )(多选)(09年卷二64题)①

---

① 答案:ABC。

A. 甲系某国企总经理之妻，甲让其夫借故辞退企业财务主管，而以好友陈某取而代之，陈某赠甲一辆价值12万元的轿车。甲构成犯罪①

B. 乙系已离职的国家工作人员，请接任处长为缺少资质条件的李某办理了公司登记，收取李某10万元。乙构成犯罪

C. 丙系某国家机关官员之子，利用其父管理之便，请其父下属将不合条件的某企业列入政府采购范围，收受该企业5万元。丙构成犯罪

D. 丁系国家工作人员，在主管土地拍卖工作时向一家房地产公司通报了重要情况，使其如愿获得黄金地块。丁退休后，该公司为表示感谢，自作主张送与丁价值5万元的按摩床。丁构成犯罪

2. 乙的孙子丙因涉嫌抢劫被刑拘。乙托甲设法使丙脱罪，并承诺事成后付其10万元。甲与公安局副局长丁早年认识，但多年未见面。甲托丁对丙作无罪处理，丁不同意，甲便以揭发隐私要挟，丁被迫按甲的要求处理案件。后甲收到乙10万元现金。关于本案，下列哪一选项是错误的？（　　）（单选）（13年卷二21题）②

A. 对于"关系密切"应根据利用影响力受贿罪的实质进行解释，不能仅从形式上限定为亲朋好友

B. 根据A选项的观点，"关系密切"包括具有制约关系的情形，甲构成利用影响力受贿罪

C. 丁构成徇私枉法罪，甲构成徇私枉法罪的教唆犯

D. 甲的行为同时触犯利用影响力受贿罪与徇私枉法罪，应从一重罪论处

3. 下列说法正确的是？（　　）（多选）③

A. 警察徐某将财物送给公安厅厅长孟某的妻子郑某，要求郑某在孟某面前美言几句，但同时也告诉郑某不要让孟某知道送礼的事情，郑某照办。徐某构成对有影响力的人行贿罪

B. 警察徐某将财物送给公安厅厅长孟某的妻子郑某，要求郑某在孟某面前美言几句，但同时也告诉郑某不要让孟某知道送礼的事情。郑某向孟某告知了徐某的请托事项，要求孟某帮助徐某，同时郑某将徐某送礼物的事情告诉了孟某，孟某没有反对。孟某与郑某构成受贿罪的共犯，徐某依然构成对有影响力的人行贿罪

C. 警察徐某将财物送给公安厅厅长孟某的妻子郑某，要求郑某在孟某面前美言几句，并要求郑某转告孟某其送礼物的事情。郑某将徐某的请托事项以及收受徐某财物的情况告诉孟某，孟某没有反对。孟某、郑某构成受贿罪，徐某构成行贿罪

D. 徐某为了承建某建设项目，数次到时任某日报社记者站负责人马某（非国家工作人员）的办公室，请托马某出面协调，希望该县县委书记张某在该项目中标上给予关照，并送给马某现金10万元，马某予以收受。事后马某向时任某县县委书记张某关于此事打了招呼，张某表示此事不好办，徐某在此项目上最终并未中标。后徐某联系马某，马某遂将10万元退还给徐某。马某将10万元已退还，构成利用影响力受贿罪未遂

---

① 甲如果是与她丈夫共谋这件事情的，或者说她的丈夫如果知道她收受别人财物的，二人成立受贿罪的共同犯罪。如果甲的丈夫并不知道甲收受了他人财物，她丈夫不定罪，甲成立利用影响力受贿罪。总之，甲构成犯罪。故A正确。B、C选项亦如此。一般认为，题目没有特别交代，就认为丈夫（国企总经理）不知道收受财物这一事实。

② 答案：D。

③ 答案：ABC。

四、行贿罪

第389条【行贿罪】为谋取不正当利益,给予国家工作人员以财物的,是行贿罪。

在经济往来中,违反国家规定,给予国家工作人员以财物,数额较大的,或者违反国家规定,给予国家工作人员以各种名义的回扣、手续费的,以行贿论处。

因被勒索给予国家工作人员以财物,没有获得不正当利益的,不是行贿。

第390条 对犯行贿罪的,处五年以下有期徒刑或者拘役,并处罚金;因行贿谋取不正当利益,情节严重的,或者使国家利益遭受重大损失的,处五年以上十年以下有期徒刑,并处罚金;情节特别严重的,或者使国家利益遭受特别重大损失的,处十年以上有期徒刑或者无期徒刑,并处罚金或者没收财产。

行贿人在被追诉前主动交代行贿行为的,可以从轻或者减轻处罚。其中,犯罪较轻的,对侦破重大案件起关键作用的,或者有重大立功表现的,可以减轻或者免除处罚。

1. 目的要求

行贿人主观上必须具有"为谋取不正当利益"之目的。

"为谋取不正当利益"是主观的构成要件要素,行贿人主观上具有该目的即可,并不需要客观上有相应的行为,更不要求行贿人实际上得到了不正当利益。①

不正当利益的范围,可以分为两大类:

(1) 内容上不正当:是从法律、法规、规章、政策、行业规范的规定中能够找到不正当依据的利益。

例如,甲给法官乙送去10万元,请求法院在裁判过程中判决自己胜诉,而该案件按法律规定,甲本该败诉的。甲的行为即属于谋取内容上不正当的利益,成立行贿罪。

(2) 程序上不正当:是发生在竞争性活动中的不公平利益(插队)。

例如,医疗器材供应商甲给医院院长乙送去20万元,希望在乙所在的医院的招投标中,同等条件下考虑甲所在的公司。甲所在的公司入围了,乙考虑到甲给自己送了礼,在同等条件下有五家公司入围,乙只选择了甲公司的。甲亦属于谋取不正当利益,因为这对其他同等条件竞争的公司是不公平的。

2. 行贿犯罪的特别从宽规定

(1) 排除犯罪的事由(消极的构成要件要素):因被勒索给予国家工作人员以财物,没有获得不正当利益的,不是行贿。(《刑法》第389条第3款)

(2) 主动交代的,减免处罚

《刑法》第390条第2款规定:"行贿人在被追诉前(立案侦查前)主动交代行贿行为的,可以从轻或者减轻处罚。其中,犯罪较轻的,对侦破重大案件起关键作用的,或者有重大立功表现的,可以减轻或者免除处罚。"

其中,"立案侦查前"不仅仅是形式上立案侦查,还包括实质上司法机关已经发现了行贿事实,并展开相关调查。

---

① 虽然"为谋取不正当利益"是行贿罪的主观目的,成立行贿罪不要求行贿人事实上谋取到了不正当利益。但是,至少,应要求事实上存在"不正当利益"。如果根本不存在不正当利益,行为人误以为存在,进而给国家工作人员送礼的,不构成行贿罪。

3. 行贿罪与受贿罪并非一一对应关系

有人构成受贿，未必有人成立行贿罪，反之亦然。

理由：行贿罪与受贿罪所要求的定罪标准不同，所以，完全有可能存在一方构成行贿罪，对方不构成受贿罪。

例如，因被勒索给予国家工作人员以财物，没有获得不正当利益的，不是行贿，但国家工作人员的行为仍然是受贿；

又如，为谋取正当利益给予国家工作人员以财物的，不是行贿，但国家工作人员接受该财物的行为成立受贿罪；

又如，为了谋取不正当利益而给予国家工作人员以财物的，构成行贿罪，但国家工作人员没有接受贿赂的故意，立即将财物送交有关部门处理的，不构成受贿。

再如，公安机关以洪某犯诈骗罪为由在网上通缉洪某。洪某看到通缉后，得知公安机关并没有掌握自己1995年的犯罪事实，便找到甲市环保局副局长白某，请白某向公安局领导说情，并给白某5万元现金，白某向公安局副局长李某说情时，李某假装答应大事化小，同时从白某处打听到洪某的藏身之地。——本案中，洪某构成行贿罪，白某构成受贿罪（斡旋受贿），李某不构成受贿罪。（19年主观题）

【典型真题】

1. 下列行为人所谋取的利益，哪些是行贿罪中的"不正当利益"？（　　）（多选）（05年卷二65题）①

A. 甲向某国有公司负责人米某送2万元，希望能承包该公司正在发包的一项建筑工程

B. 乙向某高校招生人员刘某送2万元，希望刘某在招生时对其已经进入该高校投档线的女儿优先录取

C. 丙向某法院国家赔偿委员会委员高某送2万元，希望高某按照国家赔偿法的规定处理自己的赔偿申请

D. 丁向某医院药剂科长程某送2万元，希望程某在质量、价格相同的条件下优先采购丁所在单位生产的药品

2. 假设甲为谋取不正当利益向国家工作人员行贿，以下构成行贿罪的是？（　　）（单选）（21年真题）②

A. 国家工作人员不符合购买股票情形，甲通过运作使其获得了资格。公司上市后，国家工作人员抛售股票获益2000万元

B. 国家工作人员利用职务之便为甲谋取不正当利益，同时利用自身技术，在周末为甲解决技术难题。甲为答谢工作人员的该两项行为，给甲500万元以表感谢

C. 国家工作人员为买房，向借甲500万元并约定还款日期和利息。2年后，甲因不正当利益有求国家工作人员，免除了国家工作人员的还款义务

D. 国家工作人员的妻子赵某的公司因运营不良，无法扭亏为盈。甲明知该情况而向该公司投资500万元，后该公司破产

3. 赵某的丈夫刘某因职务犯罪被监委留置，与赵某相识的甲声称可以把刘某"捞出来"，不

---

① 答案：ABD。
② 答案：BCD。

过需要 50 万元打点关系。赵某给了甲 50 万元，并许诺如果成功"捞"出来另有重金酬谢。甲欺骗赵某说，会将 50 万元全部用于捞刘某，事实上甲只想将其中的 10 万元用于"捞"人。后甲将 40 万元用于偿还其个人债务，10 万元给了朋友乙，让乙将钱给有门路"捞"刘某的人。乙将此事告知在监委工作的孙某，并将 10 万元给了孙某，被孙某拒绝。下列选项正确的是？（　　）（多选）（21 年真题）①

A. 如孙某接受了 10 万元后立即上交，甲、乙均构成行贿罪既遂
B. 甲、乙构成行贿罪未遂，行贿金额为 10 万元
C. 赵某构成行贿罪既遂，行贿金额为 50 万元
D. 甲对赵某构成诈骗罪，诈骗金额为 40 万元

五、介绍贿赂罪

1. 行为性质

<u>介绍、撮合</u>行贿人、受贿人，不直接参与行贿、受贿。

介绍贿赂必须要有<u>积极</u>的引见、沟通、撮合的行为，实践中通常是提供相应的行贿、受贿信息。如果行为人超出了在行贿人与受贿人之间"居间撮合"的限度，替他人行贿或与受贿人共同收受贿赂，应当以受贿罪或者行贿罪共同犯罪论处。②

2. 对象

向<u>国家工作人员</u>介绍贿赂。向公司、企业或者其他单位的工作人员（非国家工作人员）介绍贿赂的行为，没有被刑法规定为犯罪，所以，对这种行为只能以无罪论处。

3. 介绍贿赂罪与受贿罪（斡旋受贿）的区别

（1）介绍贿赂罪的行为人在行贿人与受贿人之间进行沟通、撮合，使受贿与行贿得以实现，行为人自己并不能利用职权为行贿人办事，也不收取行贿的财物。即，介绍者只是"撮合"行贿人与受贿人。（<u>搭个线</u>）

（2）受贿罪（斡旋受贿），行为人并不是利用其本人的职权，而是利用本人职权或地位形成的便利条件，通过其他国家工作人员职务上的行为，为请托人谋取不正当利益。即，斡旋者积极协调，行贿人仅与斡旋者沟通、接触。（<u>亲力亲为</u>）

例如，商人甲欲求国家工作人员乙办事，丙如果仅仅是牵线、搭桥，介绍甲、乙，行贿、受贿行为由甲、乙完成，丙的行为构成介绍贿赂罪。（类似于婚姻介绍所，仅起介绍作用，不参与男、女双方的恋爱）

上一案件中，如果甲要求丙斡旋，丙收受甲的财物之后，利用工作上的便利，找到乙，要求乙为甲谋取利益，甲、乙并不直接接触，丙的行为属于受贿罪（斡旋受贿）。

主观题小案例

<u>案例 1</u>：某一案件的原告陈某得知承办法官甲是一个铁面无私的法官，但又希望甲在案件中

---

① 答案：ABD。
② 由于介绍贿赂罪的法定刑太低，因此，在行贿人与受贿人之间起介绍作用的，国家法律职业资格考试真题都将介绍者认定为行贿罪或者受贿罪的共同犯罪。从历年真题反馈的信息来看，无成立介绍贿赂罪的可能。

关照自己，遂找到甲的妻子丙。陈某给丙送去5万元，对丙说："请和甲庭长美言一下，要特别关照一下我的那个案子，一定要胜诉。"丙收下钱后告诉告知甲："陈某送了5万元过来，要你关照他的案子。"甲一言不发。

　　问题：甲、丙的行为如何认定，请说明理由。

　　案例2：公安机关以蒋某犯盗窃罪为由在网上通缉蒋某。蒋某看到通缉后，便找到甲市环保局副局长徐某，请徐某向公安局领导说情，并给徐某10万元现金，徐某向公安局副局长肖某说情时，肖某答应大事化小。

　　问题：徐某的行为如何认定，请说明理由。

　　案例3：国家工作人员徐毛毛的下属姜某、罗某为了与徐毛毛联络感情，连续四年逢年过节给徐毛毛送礼品、红包、"慰问金"等共合计15万元。每次姜某、罗某都表示只是为了联络双方感情，未提出任何请求，徐毛毛也就欣然收下。

　　问题：徐毛毛的行为是否构成受贿罪，请说明理由。

　　案例4：国家工作人员徐某和商人蒋某在饭店喝酒，商人蒋某有求于徐某。徐某对蒋某说，其儿子徐小毛将来大学毕业要在大城市买房，压力很大。蒋某当即表示会推荐徐小毛到其名下的觉晓教育公司从事兼职法考教辅工作。在两年聘用期内，徐小毛因频繁出国参加学业交流，仅做过少量的辅助性工作，先后共从觉晓教育公司领取薪酬、一次性奖励169万元。①

　　问题：徐某的行为应如何认定，请说明理由。

　　案例5：开发商乙于2018年送给国家工作人员甲一套门面房，当时该门面房价值200万元。在还没有办理产权登记的情况下，甲便将门面房出租给他人，两年间收取40万元租金，两年后，该门面房价值250万元，此时才将产权登记在甲的妻子名下。②

　　问题：如何认定甲的受贿金额，请说明理由。

　　案例6：肖某是国家工作人员徐某的妻子，开发商蒋某有求于徐某，但又不敢将贿赂交给徐某。于是，蒋某便将100万元送给肖某，并请求肖某帮助自己在徐某面前美言几句。事后，肖某向徐某转达了蒋某的请托，并未告知蒋某送礼一事，徐某后来为蒋某谋取了不正当利益。

　　问题：蒋某、肖某、徐某的行为应如何认定，请说明理由。

　　案例7：肖某是国家工作人员徐某的妻子，开发商蒋某有求于徐某，但又不敢将贿赂交给徐某。于是，蒋某便将100万元送给肖某，并请求肖某帮助自己在徐某面前美言几句。事后，肖某向徐某转达了蒋某的请托，并告知蒋某送礼一事，徐某知晓后没有反对。

　　问题：蒋某、肖某、徐某的行为应如何认定，请说明理由。

　　案例1-问题：甲、丙的行为如何认定，请说明理由。

　　答案：甲、丙的行为**构成受贿罪的共犯**。国家工作人员甲，明知自己的妻子丙收受了他人的

---

① 此题选自：《刑事审判参考》指导案例第1399号：赵强受贿案。
② 张明楷：《刑法学》（第六版），法律出版社2021年版，第1610页。

财物但不反对，说明其认可了权钱交易，构成受贿罪。甲、丙共同明知并由丙收受贿赂，是受贿罪的共同犯罪。

案例2-问题：徐某的行为如何认定，请说明理由。

答案：徐某构成受贿罪（斡旋受贿）。国家工作人员徐某利用其工作上的便利，收受蒋某10万元，欲通过向另一国家工作人员（公安局副局长肖某）说情，为蒋某谋取不正当利益的，属于斡旋受贿，构成受贿罪。

案例3-问题：徐毛毛的行为是否构成受贿罪，请说明理由。

答案：构成受贿罪。

徐毛毛收受下属礼品、红包、"慰问金"等，应认为是其职务行为的对价，属于权钱交易，即便徐毛毛事实上没有为他人谋取利益，但明知该15万元是其职务行为的对价，仍然收受该财物的，视为其具有受贿故意，构成受贿罪。①

案例4-问题：徐某的行为应如何认定，请说明理由。

答案：徐某的行为构成受贿罪。国家工作人员徐某利用职权，为其儿子徐小毛谋取了169万元，该钱款明显超出了徐小毛工作的劳动报酬数额，应认为是徐某职权行为的对价，符合权钱交易的实质，构成受贿罪。

案例5-问题：如何认定甲的受贿金额，请说明理由。

答案：甲的受贿金额为200万元。

首先，甲收受乙的门面房，虽然没有办理过户登记，但甲已实际控制并使用该房屋，应该认定为是受贿既遂，应以甲收受门面房当时的价格计算受贿金额，即200万元。

其次，甲在受贿既遂之后，用受贿所得（门面房）收到的租金，属于犯罪所得收益，不能认定为是受贿金额，故甲的受贿金额为200万元。

案例6-问题：蒋某、肖某、徐某的行为应如何认定，请说明理由。

答案：首先，蒋某成立对有影响力的人行贿罪。蒋某主观上希望特定关系人帮助自己谋取不正当利益，客观上将财物交给国家工作人员的妻子肖某。

其次，肖某构成利用影响力受贿罪。肖某收受蒋某100万元，利用其作为国家工作人员特定关系人的影响力，为蒋某谋取不正当利益，构成利用影响力受贿罪。

最后，国家工作人员徐某不构成受贿罪，徐某主观上并没有收受贿赂的故意，客观上未收取财物，其为蒋某谋利的行为可能构成滥用职权罪。

案例7-问题：蒋某、肖某、徐某的行为应如何认定，请说明理由。

答案：首先，蒋某的行为构成对有影响力的人行贿罪。蒋某主观上希望特定关系人帮助自己谋取不正当利益，客观上将财物交给国家工作人员的妻子肖某，应认定为对有影响力的人行

---

① 根据最高人民法院、最高人民检察院《关于办理贪污贿赂刑事案件适用法律若干问题的解释》第十三条第二款规定："国家工作人员索取、收受具有上下级关系的下属或者具有行政管理关系的被管理人员的财物价值三万元以上，可能影响职权行使的，视为承诺为他人谋取利益。"

贿罪。

其次，徐某和肖某构成受贿罪的共犯。徐某明知其妻子利用其职权收受他人财物 100 万元而不反对，说明其认可权钱交易，构成受贿罪。徐某和肖某有受贿的共同故意并收受了贿款，构成受贿罪的共犯。

可能考查的观点展示

1. 收受他人房产，即便没有办理过户手续，一般也认定为是受贿罪既遂。但是，如果该房产还存在其他权利瑕疵的，如何认定受贿罪的既遂、未遂，可能存在不同的观点：

模拟案例：徐某收受了商人蒋某提供的一套住房，未办理过户手续。该房屋的市值 1000 万元，但系贷款购买，蒋某仅支付了 300 万元的首付款，二人约定，每月由蒋某负担按揭款。徐某收受房屋应认定为是既遂还是未遂，存在几种观点，请说明理由。

答案：一种观点认为，徐某的行为成立受贿罪未遂。理由：鉴于房屋带有贷款，客观上存在蒋某不按期偿还贷款的可能性，银行随时有权收回房屋，因此宜认定为受贿罪未遂。

另一种观点认为，徐某的行为成立受贿罪既遂。理由：徐某收受了房屋即实现了客观上的控制，受贿行为已经完成。因此，应认定为受贿罪既遂。

2. 行贿罪是否要有侵犯职务行为廉洁性（不可收买性）的可能，存在不同的观点：

模拟案例：区长徐某通过朋友介绍认识了商人蒋某。在与蒋某的交谈过程中，徐某得知蒋某与省里高官肖某是亲戚关系后，便希望蒋某帮忙，让肖某关照自己。蒋某答应帮徐某在肖某面前美言几句，但是需要给肖某"意思"一下，徐某遂交给蒋某 20 万元，让其转交给肖某。但蒋某从始至终都不打算向肖某提及此事，而是将 20 万元据为己有。后蒋某欺骗徐某说，肖某已经收下 20 万元。徐某的行为是否构成行贿罪，可能存在几种观点，请说明理由。

答案：（1）一种观点认为，徐某不构成行贿罪。理由：

徐某虽然主观上有行贿的意图，但是由于蒋某只有诈骗的故意，客观上其也不打算告知肖某关于徐某的诉求。因此，徐某给蒋某 20 万元的行为，从本质上缺乏"权钱交易"的可能性，不会产生侵犯肖某职务行为廉洁性的紧迫危险。故，徐某不构成行贿罪。

（2）另一种观点认为，徐某构成行贿罪（未遂）。理由：

徐某主观上有行贿的想法，并基于此想法实施了行贿行为，但是没有成功，故可以认为是行贿罪的未遂。